当代美国丛书

当代美国文化

CONTEMPORARY AMERICAN CULTURE

（修订版）

朱世达／著

社会科学文献出版社
SOCIAL SCIENCES ACADEMIC PRESS (CHINA)

当代美国丛书编委会

新世纪以来美国的
力量变化轨迹

（代前言）

黄 平[*]

在《当代美国丛书》（修订版）出版之际，有关"美国是否正在走向衰落？"的讨论也正在美国、中国和世界其他国家和地区热烈展开。本篇短文将简单描述进入新世纪以来美国力量变化的一些轨迹，希望对已经并将继续展开的有关"美国是否正在走向衰落？"的讨论有一定参考，并权作为本丛书系列的代前言。

应该说明的是，观察和描述一个国家的"综合国力"变化，还需要更全面的数据支撑、更长期的观察、更广阔的视野。同时，还需要进一步纳入尚不能用数据说明的重要纬度，例如制度维度、文化维度和历史维度。

美国是一个极具自然资源禀赋的国家，国土面积居世界第三位，森林面积居世界第四位，人均可耕地面积居世界第五位，探明石油储量居世界第十二位，天然气储量居世界第五位，煤炭储量更是高居世界第一。

按照《全球足迹网络 2010 年度报告》统计，美国整体的生态承载能力仅次于中国，远超过法、德、英、日、意任意一国，甚至超过这些国家的总和。但另一方面，美国的生态需求也超过这些国

---

[*] 黄平，中国社会科学院美国研究所研究员、所长。美国研究所何兴强、王玮博士参与了起草，周婧、谢韫博士参与了资料数据的搜集工作。

家的总和，生态承载能力与生态需求之间有较大的缺口。以人均资源进口为标准，美国和中国大体处在同一水平，对进口资源的依赖性相对较低；德国和法国对进口资源的依赖性相对较高；日本、英国和意大利对进口资源的依赖性最高。单就进口资源依赖度而言，美、日、欧发达国家整体上不如俄、中、印新兴经济体，但美国的情况好于欧盟和日本。

从经济活动看，美国国内生产总值在 2000 年时高居世界榜首。到 2003 年，欧盟国内生产总值首次超过美国，美国退居次席，再后是日本、中国。按照现价美元计算的数据显示，美国国内生产总值占世界的份额从 2000 年的 30.7% 下降到了 2009 年的 24.3%。根据购买力平价计算的数据显示，美国国内生产总值占世界的份额已经从 2000 年的 23.6% 下降到 2010 年的 20.2%，预计到 2015 年还会进一步下降到 18.4%。两组数据都揭示出这样一个趋势：尽管美国经济规模仍然在扩大，但它在全球经济中的份额正在缩小。

美国人均生产总值从 2000 年的 35327 美元增加到了 2010 年的 47484 美元。在这一指标上，美国在 2000 年时小幅落后于日本，在当前则小幅领先于日本；它还一直领先于欧盟，且领先的优势仍在缓慢扩大。相对于新兴经济体，美国依然有着明显的领先优势，但同十年前相比优势正大幅缩小。例如，2000 年度美国人均生产总值相当于印度的 80 倍、中国的 40 倍、俄罗斯的 20 倍，2010 年时变成了相当于印度的 40 倍、中国的 10 倍、俄罗斯的 5 倍。从购买力平价法计算的人均国民收入看，大体也表现出同样的趋势。

2000～2009 年间，美国的出口额累计增加了 60%，达到 1.6 万亿美元的规模，相当于整个欧盟的出口量，也与中国的出口量大致相当。在如此高的出口总额下，美国的出口依存度并不高。十年间，美、日、欧出口总额占国内生产总值的比例均维持在一成左右，与俄、中、印"出口导向型经济"形成了明显的对比。以国际贸易对经济增长的贡献看，美国、欧盟和印度连年逆差，稍逊于连年顺差的俄罗斯、日本和中国。但是，美国贸易逆差占国内生产总值的比例并不高。

从吸收外商直接投资总额看，美国依然是外商投资的首选地。2000～2009年间，美国在任何单独年份吸收的外商直接投资都高于日本、中国、俄罗斯、印度及欧盟主要国家。外资规模除了反映一国的投资环境外，也能反映出国内投资水平。美国自20世纪80年代以来，私人储蓄开始小于私人投资，国内储蓄不足以提供足够的资金来满足其总的投资需求。为了维持经济增长，美国需要吸引更多的国际投资。

在就业问题上，尽管美国在2000～2008年间失业率从未超过6%，但从2009起连续三年接近或超过9%，就业问题已经成为美国当前最紧迫的社会问题之一。在关系民生的物价水平上，美国和欧盟在十年间大致维持了价格水平的基本稳定，既没有俄罗斯、印度的通货膨胀压力，也没有日本的通货紧缩压力。

根据联合国开发计划署的统计，2000～2010年美国的基尼系数为0.408，在所有发达经济体中属于很高的，贫富差距是美国一直没有能够解决的顽疾。

2000～2007年间，美国政府债务占国内生产总值的比例一直维持在35%左右，但2008年突破40%，2009年进一步突破50%，2010年更是超过了90%。至于财政赤字占国内生产总值的比重，美国在2008年突破了通常所说的警戒线（3%），2009年更是达到或接近10%。按照国际货币基金组织的预测，美国的赤字率在2010年虽有所回落但仍然接近7%，甚至到2011年也会超过5%。在国家财政状况方面，美、欧大致相当并优于日本，但逊于中、俄。

从军费开支看，2009年美国维持了6610亿美元的规模，占全球军费开支总额的43%，相当于排名世界第二至第十五位的14国军费开支的总和。美国军费占国内生产总值的比重也从2000年的2.96%提高到2009年的4.68%。相比较而言，主要大国中只有俄罗斯维持过高于或接近美国比例的军费支出。美国现有的核武器数

量仍然庞大，据美国科学家联合会和自然资源保护协会估计，2011
年美国实际布置的战略核弹头为 1968 枚，发射装置为 798 个。

常规力量方面，美国一直维持着一支规模庞大的军队。截至
2010 年 6 月 30 日，美国武装力量人员共计 161 万，其中海外驻军
就接近 30 万，分散驻扎在数百个海外军事基地（高峰时达 823
个）。2004 年起，美国开始在全球范围内建立供美军机动部署的小
型军事基地，旨在提高部队的战斗力和灵活性。

就太空探索能力而言，忧思科学家联盟的统计显示，2000 ~
2010 年间全球范围内发射卫星总数为 651 颗。其中，美国单独发射
了 258 颗卫星，超过俄、中、法、德、英、意、日、印单独发射卫
星数量的总和。从新增卫星的用途看，美国有 1/3 的新增卫星都有
军事用途。2000 ~ 2010 年间的新增卫星中，对美国有军事用途的新
增卫星数量约为中国的 5 倍。

在科技发展方面，美国研发投入的总额及其占国内生产总值的
比例一直位居世界前列；从版权与许可费的收入来看，美国高居世
界第一；从发表的科技期刊文章的数量来看，十年间美国的科技论
文数量遥遥领先于世界各国。世界经济论坛的国际竞争力报告亦显
示，在创新能力、企业的研发费用、科研机构的质量、科学家和工
程师数、每百万人口拥有的专利数量、产学研结合能力等指标上，
美国均名列世界前茅。

在反映一国凝聚力的民众满意度上，皮尤研究中心的调查显
示，2005 年超过半数的美国受访者表示不满意"国家的当前情
况"。这一比例大致相当于同期英国、印度民众的反应，虽低于法、
德、俄、意等国的民众满意度（各有 70% 以上表示不满意），但显
著高于中国民众（中国民众的满意度超过 72%）。调查还显示，
2002 ~ 2008 年间，美国民众对"国家发展方向"的满意程度呈下
降趋势，从 41% 一路降到 23%，2009 年民众满意度虽有所提高
（36%），但 2010 年又出现了下跌的趋势（30%）。美国民众对国
家发展方向的满意度不仅远远低于中国（2006 年以来一直在 80%

以上，2009 年和 2010 年都达到 87%）、印度（2007 年以来也在 40% 以上，2009 年达到 53%）等新兴经济体，而且即使在发达国家中也是偏低的。

到此，我们可以提出以下几个简短的判断作为下一步研究和进一步讨论的"问题"。

第一，美国综合国力的形成是一个历史过程，因此也需要从比较长的时间来观察其变化，虽然一些事变或突变（例如"9·11"）也对综合国力的变化有重要作用。

第二，美国的综合国力变化有绝对值变化和相对值变化之差别。在绝对值方面，美国在很多方面还在继续走高；在相对值方面，也是有的在提高，有的在降低或减弱。

第三，判断美国的综合国力变化，还需要把它与其他国家和地区加以比较。从与欧、日、中、俄、印的比较来看，在一些领域，确实存在力量此消彼长的现象，虽然从短期看许多方面还并不十分明显，尤其在科技和军事领域，目前尚无国家和地区对美国构成严重挑战。

第四，从对国家（或地区）的综合力量变化的一般描述、比较层面看，虽然多极化趋势已依稀可见，但目前尚未出现"几足鼎立"（特别是美、欧、亚三足鼎立）的世界格局。欧盟的整合还在进行之中，且本身并没有构成一个国家的力量形态，而亚洲各国尤其是中、日、印就更是远远没有形成统一的区域性力量。

第五，在有所变化的领域（其中许多还在发生过程之中），只能列出一些事实差别，但由于没有深入分析，目前的描述还推不出其中的因果关系。

2010 年 5 月 1 日

（本文全文原载黄平、倪峰主编

《美国问题研究报告（2011）》，北京，

社会科学文献出版社，2011 年 6 月出版）

目　录

序　关于美国文化的思考

如果我们将威廉·布雷福德（William Bradford）在 17 世纪初期所撰写的《关于普利茅斯庄园》作为新大陆殖民时期文化的发轫的话，美国文化作为一种生活方式距今已发展近 400 年了。与其同时或紧随其后的有约翰·温斯罗普、洛杰·威廉斯、安妮·布雷兹特里特、爱德华·泰勒、康顿·马瑟、罗伯脱·贝弗里、本杰明·富兰克林。在共和国时期，托马斯·杰弗逊发表《弗吉尼亚笔记》，首次批驳了一些欧洲学者，如马奎斯·德·巴培—马洛瓦的美国是一个使人们堕落的不健康的地方的观点。在这一时期，出现了一批思想家，如约翰·亚当斯、托马斯·潘恩、圣·约翰·德·克莱维克和诺阿·韦伯斯特。他们继承欧洲政治文化的传统，崇尚自由、平等的价值，认为人有追求现世幸福的权利。美国文化发展到爱默生，真正实现了本土化，也就是说，在美国本土，在这么一个移民国家中，真正有了属于自己的、具有自己鲜明特色的美国文化。从那以后，美国文化进入了一个群星璀璨的时期，出现了梭罗、霍桑、梅尔维尔、朗费罗、林肯、贾特曼、马克·吐温、亨利·詹姆斯等一大批富有才华的思想家、作家、诗人和哲学家。在现代主义盛行的 20 世纪前半叶，美国的作家和诗人进入了世界文学的行列，受到全世界的瞩目，如海明威、福克纳、T. S. 艾略特、罗伯脱·弗洛斯特、庞德等。第二次世界大战之后随着美国经济的迅猛发展，美国文化向全世界扩展。由于其现代性、通俗性、娱乐性，由于其贴近人性，美国文化得到许多国家的人民，特别是年轻人的认同。美国爵士乐、乡村音乐、摇滚乐、迪斯科，在猫王、约翰·丹佛、迈克尔·杰克逊、麦当娜的推动下，迅速传播到世界的许多角落。美国文学界出现了像索尔·贝娄、巴谢维斯·辛格、米沃什、托尼·莫里森等这样一批诺贝尔文学奖获得者。诺曼·梅勒、约翰·厄普代克、约翰·契弗、托马斯·品钦、马拉默德等一批作家的作品被广泛地翻译成世界各国语言，包括中文。

如果说爱默生是美国文艺复兴的源头的话，美国文化的蓬勃发展只历时 100 多年，它从欧洲文化的一个支脉发轫，继而发展成一个覆盖世界许多角落的文化势力。其生命力在何处？这是使许多文化学者深思的一个问题。

美国文化的生命力首先就在于它的开放性。它从来就不是一个封闭的体系。美国文化在盎格鲁—撒克逊文化的基础上发展起来，构建了它自己的宗教的、政治的、社会的、思想的和哲学的体系。而在构建的过程中，它汲取了世界诸多文化，特别是欧洲文化的精华。欧洲的政治文化对美国三权分立制衡的模式、美国的人权观念和美国的市民社会的形成与发展均产生了重大的甚至是决定性的影响。欧洲的文学对美国作家的影响也是不容置疑的。亨利·詹姆斯往来于美国与英国之间，其作品大多以异国为背景，他奠定了美国小说写作的形式。格特鲁德·斯泰因，作为美国标新立异的现代派小说的鼻祖，长期居住在巴黎，在她周围形成了一批日后成为"迷惘的一代"的作家，包括海明威和多斯·帕索斯。海明威反复阅读陀思妥耶夫斯基、屠格涅夫、契诃夫、托尔斯泰和劳伦斯的作品，从福楼拜的小说中学到精确、超然和讥讽，从司汤达那里学会了处理全景式战争场面，扩大了他的借鉴的范围，创造了他自己的独特的叙事和语言风格。多斯·帕索斯在《美国》三部曲中吸收了詹姆斯·乔依斯的意识流和表现主义的手法。格什温和伯恩斯坦在西方音乐的基础上，运用美国爵士乐的特点，创作了真正属于美国的音乐，美国音乐向世界敞开大门。在音乐史上令人惊讶的是 1968 年贝利奥创作的《交响曲》。作品的第 3 乐章完全采用拼贴方法。它采用了马勒《第二交响曲》的谐谑曲，同时拼贴了巴赫、勋伯格、德彪西、拉维尔、施特劳斯、柏辽兹、勃拉姆斯、贝尔格、兴德米特、贝多芬、瓦格纳、斯特拉文斯基、布莱、施托克豪森、艾甫的作品片断。而美国美术受到马蒂斯、毕加索、达利的影响更不在话下了。美国艺术家从杜尚那里汲取了现实题材的灵感。法国印象派画家塞尚、莫奈和欧洲的抽象表现主义对美国年轻艺术家产生了重大的影响。美国文化向世界各种思潮开放，汲取其有生命力的内容，从而构成了它自己生命力的一部分。

美国作为一个移民社会，不断地吸纳世界各地的头脑和文化。这种吸纳使美国文化总是处于一种演进的过程之中，它不断地吸收诸文化的优点，并使这些优点成为自己文化组成的有机的一部分。正是这种文化开放性，使美国文化成为近 100 多年来在世界文化的舞台上一支生气勃勃的、不断进取的、不断自我调适的文化力量。

美国文化的另一个显著特点就是它的实验性。无论是学者、科学家、思想家、作家还是艺术家，不囿于其领域内传统的固有的模式而从事创造。他们追求新奇的形式与内容，全然不顾客观与世俗的观点与要求。在 20 世纪 30 年代，多斯·帕索斯试验了他的表现主义与印象主义的"摄影机眼"，试验了他的以美国社会为主角而不是以人物为主角的文献新闻手法。多斯·帕索斯耽读意象派诗人庞德的作品，艾米·洛威尔对于诗歌新形式和技巧的探索给了他深刻的影响。他沉醉于杜利特尔的意象。瑞士法语诗人桑德拉尔对新形式的探索——用间断的节奏表达形象化比喻、联想和印象以及使意象有电影式的变换速度——激起他对文学实验的兴趣。美国诗人桑德堡的惠特曼式的自由诗也使他着迷。在艺术上，他深受温德姆·刘易斯主编的漩涡派画刊《爆破》的影响。多斯·帕索斯1925 年创作的《曼哈顿中转站》最能说明他的象征主义倾向。B. H. 盖尔芬德说："没有任何一部其他的城市小说在处理城市形象和象征主义时，像《曼哈顿中转站》那样显示这样的精湛技巧。"水和火在这部长篇小说中具有一种摧毁世界的象征的力量。在文学创作上，多斯·帕索斯可谓是一位运用光、色、影的语言大师。盖尔芬德指出："他（多斯·帕索斯）的写作手法是通过印象主义手段加以抽象化。这种抽象化手法对于创造他的城市，对于一种气氛、一种生活方式、一种时代的历史表述是根本性的。"他对于颜色的敏感的关注，几乎达到了与印象派绘画大师们异曲同工的地步。这些植根于美学细节的描写使他的作品具有一种不同凡响的感人力量。多斯·帕索斯竭力追求现代主义的艺术价值，特别在《摄影机眼》和人物小传部分，陶醉于心理的复杂、认识的精妙和文体的完美。作家在《曼哈顿中转站》和《美国》三部曲的《摄影机眼》中运用了大量抒情意象来与小说叙述中的污秽、原始的痛苦和残酷作一明显的尖锐的对比，从而造成一种同情、愤怒和厌恶的读者反应。在多斯·帕索斯的创作中，我们可以明显地发现詹姆斯·乔伊斯对他的影响。他模仿乔伊斯，在作品中出人意料地重新安排与组合词语，以构成复杂的意义群。同样，作家不用标点符号，用重叠在一起的短语、词或句子来表达一种主观意识的流动，使读者在梦境般的朦胧中产生一种自居现象。作家的这一语言倾向，再加上他在结构原则上的 T. S. 艾略特式的"分裂"和"重组"，表现了他文学创作的现代主义色彩。他作为一位文学实验家，他的笔融合了 19 世纪末期和 20 世纪初期（特别是后者）的种种文学流派，融合了第一次世界大战后先锋派对传统的反叛精神，吸收了当时的艺术成就，创造了他自己的特色。他在描述 20 世纪美国社会时，感到传统的文学叙述手法已无法表达现代工业社会的种种特征，于是他转向意象、象征、表现主义来传达他对美国社会的批判。这种试验的勇气使他成为美国文学史上一个十分独特的作家。

福克纳试验他的多角度叙述方法和意识流，以便更为直接地接近读者。他同时试验"神话模式"。在这里，人们同样发现了乔伊斯的影响。福克纳有意识地使他讲述的故事与神话故事平行展开。冯内古特在《冠军早餐》中，试验创作"反小说"，没有故事情节，也不描写人物性格。冯内古特在小说中自画许多图画，如肛门、美国国旗、一个截去了顶端的金字塔，顶上有一只发光的眼睛、八卦图、墓碑等。他在小说中画了一幅完全模仿克莱·奥尔登堡的电灯开关。他的小说具有鲜明的实验主义色彩。托马斯·品钦的《万有引力之虹》是一部可以与詹姆斯·乔依斯的《尤利西斯》相媲美的作品。小说没有故事情节，充斥了物理学、火箭工程、生物学、化学、高等数学、性心理学、变态心理学等名词。品钦用怪诞的似是而非的科学糅杂在他的小说中，以表示世界的混乱与无理性。他关注神秘性，神秘感引发出令人难以捉摸的形象和情节，引发出令人难以捉摸的叙述和议论。这些令人难以捉摸的概念和主题将真实的生活包裹起来，表现出一个非理性的、滑稽的、怪诞的、混乱的世界。与乔依斯和纳博科夫一样，他的作品充斥隐喻、双关语、反意。他在复杂的哲学、心理学和科学概念之中游泳。他不关心小说的情节，而沉溺于自己的议论与幻想，似乎要将人类知识的一切都包括在他的小说中。巴思是另一位实验主义作家。在《迷失在开心馆》中，巴思插入大量的意识流和内心独白，将故事和幻想交织在一起。同时，他在文中插入画外音式的作者的内心独白式的分析与见解。他的写作方法与传统大相径庭，可以说前无古人后无来者。巴塞尔姆试验后现代语言风格，文字简练，句式简短，犹如电影剧本。在 20 世纪 70 年代，道格多罗创作了《雷格泰姆音乐》，他继承了多斯·帕索斯的文献新闻主义的传统，将小说人物与真实的社会背景糅合在一起，写作了另一部小型的《美国》三部曲。

在美国艺术中，艺术家试图实验新的艺术形式，新的色彩，新的视角。20 世纪 50 年代，行为主义画家强调蘸满颜料的画笔横扫画布的画面效果。同时出现了洒满画面的滴色画。在这些画中，形式的等级区别消失了，没有一个固定因素可以从整个画面中分离出来。超现实主义的画家们宣称，他们的画不使用线条，不创造形体，也不创造空间，但宣告空间。他们将画面用一条非常规则的、跃动的垂直的带形分割开来。抽象画家从东方、印度和阿拉伯抽象装饰性艺术中汲取灵感。之后美国艺术家又试验波普艺术，主张更为非人化的、疏远的和明确表述的艺术。波普艺术非常轻易地作为一种新的艺术形式被大众接受。美国的波普艺术具有明显的美国艺术的特点。美术与商业界限模糊，波普艺术服务于商业广告。20世纪80年代的艺术家运用拼贴来解释消费社会。凯奇鼓励艺术家破除生活和艺术的界限。他认为噪音也是音乐，攻击那些预先设定艺术作用、含义和内容的观点。他否认主观经验与客观的关系，谴责音乐应该让听众享受的观点，认为音乐能够享受它自身的每一分钟的价值就够了。凯奇以他的戏剧性的《4分33秒》实践了他的思想。作品分为3部分，任何一种或组合的乐器都可演奏。每一部分冠之以"I""II""III"，并附有一个词"休止"。钢琴家走上舞台，坐在琴凳上，启开琴盖表明音乐开始，盖上琴盖表明音乐结束，什么也不演奏。凯奇和20世纪五六十年代的纽约学派完全改变了作曲家与演奏者之间的传统关系。实验性在美国音乐家身上得到充分的反映。在扬的《1960作品第10号》整个作品中就一句话：画一条直线，顺着它往前。他的《弦乐三重奏》，一部50分钟的作品，只基于4个音符（G，C#，C和D），而扬认为这是一个"梦幻般的和弦"，他是从电话线上听到的。他崇尚新达达主义，认为真正的音乐随着内心世界的搏动而搏动。

说到底，美国文化的实验性（在政治文化上，它就是一种制度创新精神）就是它的一种不断探求、不断更新的一种文化精神。这种实验精神是与传统、守旧以及保守相对的。可以说，美国文化的实验精神是美国文化的生命线，没有实验精神，就遑论美国文化了。虽然实验性有可能带来好的与坏的结果。但如果不实验，不实践，何以知道其好坏？正是实验，正是美国文化中的自我调适，好的持续了下去，而坏的被摒弃了。这就是文化的生命力。

美国文化在第二次世界大战之后发生了戏剧性变化。在赢得全球性声誉的同时，在发展的过程中它本身发生了问题。

社会学家认为这主要由于：

①大众社会的产生；

②中产阶级趣味成为社会审美的标准；

③美国社会的世俗化；

④科学与信息成为后现代社会的主要事业，艺术边缘化；

⑤艺术商业化，追求商业效应，艺术成为商品；

⑥普遍的享乐情绪，不再考虑终极关怀。

莱昂内尔·特里林（Lionel Trilling）在他的《文学思想的含意》中对美国的现代文化存在强烈的怀疑感，他觉得美国现代文化的形式过于抽象，对生活的完整性造成威胁，对思想和情感之间的互动造成威胁，而思想与情感的互动是一个健康的存在与一个有生命力的艺术所不可缺少的。T. S. 艾略特也表示了类似的忧虑。他认为，思想本身与情感脱节有可能损害一个作家的创造力。第二次世界大战后的美国理智历史从某种程度上反映了美国的社会与文化的变化，私人和公共生活的变化，社会态度的变化。二战后美国人对种族，对性的态度发生变化，对美国思想、美国社会、认同感和美国的世界作用也发生了影响。

米尔斯在研究美国现代社会时发现，白领阶层已经悄悄地进入了现代社会。这是引起现代社会文化发生变化的一支重要的力量。白领人士从事非体力劳动，赢得超过一般水平的薪水；在社会行为和政治态度方面，他们总是希望走中间道路。因此，米尔斯关注中产阶级广泛的孤立与异化现象，认为美国社会中的这一病态现象是由于进取的自由主义的拥有财产的中产阶级——主要是自由的农夫——的消亡和出现了一个依赖于雇主的中产群体。他一方面指出中产阶级的含义已经改变，另一方面指出，新的中产阶级是以牺牲独立的社会理想为代价的。

米尔斯认为，中间阶级仍然不足以成为一支独立的力量。它为社会提供了一个广泛的安定的基础，在各个不同的政治群体之间起一种平衡的作用。因此，它帮助延续自由资本主义。中产阶级的主要的倾向是放弃与政治的积极的关系，倾向冷漠。因此，白领群体是怀有现代异化情绪的主要群体。

米尔斯认为，大众传媒迎合并反映大众的情绪，传媒通过提供对生活现实逃避的可能性而加速了人的异化。

贝尔在《资本主义的文化矛盾》中讨论现代文化自我毁灭式的解体。贝尔认识到清教主义的"苦行"伦理让位于现代文化的"享乐主义"，他认为现代文化的享乐主义是由资本主义本身制造出来的，开始由于资产阶级要将个人和个人欲望从社会管制中解放出来的需要，然后又由于大众消费经济的建立，大众消费经济需要享乐主义的伦理以维持商品在市场上的流动。

贝尔认为文化的真正问题并不在于现代主义本身，而在于后现代主义。后现代主义使经典现代主义的反社会的自我冲动演变为一个大众态度，这种大众态度由大众消费所支撑。在追求新经验中，大众文化变成虚无主义的文化，打破了将社区联系在一起的一切。

综观美国文化在当代的发展，可以以"异化"与"疏离"来概括。

埃德蒙·富勒在1958年的一篇论文《现代小说中的人》中认为，在战后一代重要作家，诸如诺曼·梅勒（Norman Mailer）、索尔·贝娄（Saul Bellow）、贝纳德·马拉默德（Bernard Mclamud）的小说中，突出的人物形象就是在大众社会中个人在哲学的和社会的异化中瓦解的形象，在他们的笔下，他被讽喻性地描述为一个偶然的生物事件——"无能，生活中没有目标，没有任何的意义"；作为人的独创性，他被否定了或者被压抑了。他生活在一个敌对的宇宙之中。战后的文学造就了一种新的形象——"极端，冲动，无政府主义，观点模棱两可"，他们拒绝接受现实。战后，萨特的存在主义传到了北美，萨特宣布存在先于本质，没有上帝，也就没有固定的一成不变的人性；人是完全自由的，完全可以自我设计。正是这种自我设计的责任感使人感到焦虑和恐惧。美国战后的一代作家，特别是诺曼·梅勒，在战后发展了一种包含存在主义和荒诞色彩的新现实主义。

索尔·贝娄认为，现代美国人面对着来自各方的忧虑；天天为之担忧的是一切事物都在衰退和崩溃，他们既为个人生活而不安，

又被社会问题所折磨。

关于人的存在、"我们是谁"、"活着为什么"，贝娄认为，现在居于中心地位的既不是艺术，也不是科学，而是人类在混乱与默默无闻中要决定究竟是坚持生存下去还是走向毁灭。在中心处，个人则为了做自己灵魂的主人而与非人化斗争。

索尔·贝娄是一位有代表性的美国当代作家。索尔·贝娄小说的基调：隐私性，内心省视，超脱现实和绝望感，代表美国当代小说的主题。这种阴郁的基调与20世纪30年代的乐观主义完全不同了。它充满了当代美国知识分子对政治的失望感和个人的忧愁，从世界观上来说，它源于萨特和加缪，和陀思妥耶夫斯基、卡夫卡、普鲁斯特以及兰波等心理疏远大师们一脉相承。他的《赫索格》真实地极其典型地描述了中产阶级知识分子在动乱的20世纪60年代的精神生活，他们所遭遇的压力和挑战。

这是一部关于"个人病态"的小说，但它也折射出美国社会的病态。正如批评家里查德·奥赫曼所指出的，在战后，"社会矛盾极轻易地被个人病态的形象所取代了"。小说描写自认为生了病的个人，遭受了精神的创伤，在生活中缺乏支撑的力量，整日六神无主的样子。而要求顺从的社会对于个人来说却是一种敌对的力量，威胁减弱或消除人的真正的自我。个人每每非常怀旧，特别是怀念自己的孩提时代，作为对付资本主义社会关系的一种方式。贝娄在《赫索格》中描写了个人，或者说知识分子，在一个大众的后工业社会中的无能为力的软弱。在赫索格身上表现了人道主义的危机。人道主义在20世纪60年代美国社会中被现实砸得粉碎。赫索格的精神危机实际上就是丧失自我、寻找自我而不得的危机。赫索格最后回到乡间，回到路德村，回到自然的怀抱，寻求宁静的生活。他想回避现实，做一个梭罗式的人物，他相信自然有让人精神宁静的伟大力量。赫索格的悲剧并不是物质的，而主要是精神的，他的灾难是内心生活的风暴，他是被生活风暴压弯的会思想的芦苇。他的精神危机代表了美国一代人的精神危机。

　　贝娄、冯内古特、巴思、巴塞尔姆等笔下的人物形象是当代美国文学中的反英雄。在现代和当代文学中，传统的英雄形象让位于"一半是天使，一半是野兽"的反英雄形象。贝娄的人物，无论是奥吉·玛琪、汗德逊、塞姆勒先生还是赫索格都不是超人式的崇高的英雄，他们没有壮烈的鹤立鸡群的英雄品格。他们往往是为现实和生活压力所羁绊的人物，是无能为力的软弱的小人物。奥吉·玛琪内心苦闷，没有"自我"，最终只希望找到一位自己钟爱的女子结婚，到大自然中去；历尽苦难的塞姆勒先生只是美国社会的一个旁观者；汗德逊找不到生活的价值，却追求高尚的事物，是一个总是做出愚蠢事情的喜剧性人物。

　　诺曼·梅勒和索尔·贝娄都是犹太作家。晃来晃去的人、受难者、傻瓜（schlemiel）成为他们作品主要描述的对象。在马拉默德的小说中，热心肠的，有点怪癖的，牢骚满腹的，怀有自由主义、人道主义的傻瓜式的人物比比皆是。偶然的失败被视作一种精神的胜利，这是犹太道德观念的基石。马拉默德的小说反映了这种道德观念。不管马拉默德的异化的主人公在哪里，在基辅、罗马、布鲁克林、俄勒冈或者在弗蒙特，他总是生活在一种精神上的犹太区，在心理上与他想逃逸的传统无法分割，学会生活在一种自我禁锢的环境里。在厄普代克的兔子系列小说中，他描写了新的美国人：被自暴自弃和愤懑摧残的男子，如安斯特洛姆，而女子则纯粹为性爱和金钱而生，如他的妹妹明姆。治疗 20 世纪 60 年代浮躁和现代焦虑的最好的办法就是性爱。

　　从 20 世纪 50 年代的凯鲁亚克、金斯伯格，60 年代的冯内古特、巴思、巴塞尔姆，70 年代的托马斯·品钦、诺曼·梅勒、索尔·贝娄、马拉默德到 80 年代的厄普代克，这些在大众社会中出现的后现代主义的作家深刻而典型地揭示了美国人在当代社会中的精神危机，他们的自我异化和疏离。这成为当代美国的一个主要的精神标志。

　　综观第二次世界大战后美国文学、美术、音乐的发展，人们不难发现贝尔所论述的文化断裂的现象：艺术越来越抽象，越来越离奇，越来越荒诞。于是，音乐破坏了旋律与和弦的平衡，传统的音乐的乐谱也被抛弃了，采取了抽象的音响。美术仅仅是色彩的堆砌，在行为艺术中，锈迹斑斑的钢管也成为艺术品。文学的创作全部打乱了时空的界限，作家在半意识和无意识中探索。小说没有情节，没有戏剧性，更多是内心的独白。在诗歌里玩弄音位和"喘息间断"。贝尔所谓的审美距离和心理距离消蚀，艺术变得或者越来越粗俗，或者越来越不可理解。我们从美国艺术的发展可以清晰地看到两种倾向，一种就是媚俗，走大众趣味、时尚趣味、彻底庸俗化的道路；一种就是走孤芳自赏的道路，一味地抽象，使艺术成为一个很小的圈子的人才能理解的东西。于是，精英艺术与生活、中产阶级、大众疏离。中产趣味和大众文化在大众社会中成为时髦。

黑格尔曾经说过，艺术已不再吸引人的主要精力。如今吸引这种精力的是科学，是一种从事"理性探究的不懈精神"。艺术已经退居边缘。在科学时代里，人们还在画画和写诗，但人们已不再顶礼膜拜上帝和圣母玛丽亚了。社会开始世俗化，世俗化造成的最终后果必然是渎神。人们不再信神，不再有信仰。美国的品格构造——清教主义及其天职意识开始瓦解。当信仰丧失之后，又没有合适的东西替代，人们处于一种恍然的精神状态之中。在这种恍然的精神状态中，人们必然追求的是那种无需深沉思考、无需咀嚼的大众文化，大众文化可以满足他们精神的需要，可以慰藉他们的现代孤独感。在这种情境下，艺术的等级观念被否定了。根据丹尼尔·贝尔的说法，在社会中发生了艺术的解体、言路的断裂、人与角色的断裂以及天才的民主化，人们对高级与低级之间的分野嗤之以鼻。人们不能不看到在现代社会中艺术所发生的这一切革命性的变化很重要的一点就是中产阶级的崛起。中产阶级，即那些从事技术、管理、科学的人们，这些孤独的人们的中产趣味左右着艺术的发展。他们生活在一个极度紧张、竞争激烈的社会环境中。他们有一种追求享乐、追求肤浅和庸俗的需要，以调剂他们本来就十分紧张的生活。于是，那些娱乐性的、松弛神经的、荒诞的、没完没了奢谈情爱的艺术成为时尚。这就是德怀特·麦克唐纳所谓中产崇拜的结果。庸俗化的中产趣味是抵御精英文化的最强大的力量，也是美国当代文化的显著特点之一。人们从美国当代文化发展的历史中可以清晰地看到这种中产趣味是如何深刻地影响美国文化的内涵和日程。这是造成反美学的通俗文化的主因。美国通俗文化是美国中产阶级自我异化和疏离的必然结果。

从上面的分析，我们可以得出以下几点结论：

（1）美国文化是一个开放的体系。美国文化的所有方面都汲取了人类文明，特别是西方文明的一切优点，从而形成自己独特的本土文化。

（2）美国文化的另一生命力的源泉来自它的实验性。它勇于试验，不囿于固定的传统与模式。它在政治文化中的实验性，或者说创新精神，使它不断地从错误中脱颖而出；它在艺术中的实验性，使它每每成为世界性潮流的源头。

（3）当代美国文化的特点是其知识分子的异化和疏离。作为中产阶级的知识分子丧失了其敏锐的批判性，与体制认同，处于现代孤独感造成的深刻的精神危机之中。

（4）在美国文化中我们可以看到一种奇特的现象，因为追求新奇，文化形式往往会走极端。但美国文化本身有一种调适的力量，过于极端的东西往往会很快就消亡，代之以一种新的文化生命。

（5）在美国文化中可以很明显地看到精英文化的边缘化倾向。造成这一状况的主要社会原因就是中产趣味的崛起。在商业化的浪潮中，大众文化成为美国文化的主流。美国的大众文化借助全球化趋势，成为一个世界性的文化现象。

第一章
美国文化的渊源

　　法国社会哲学家托克维尔（Alexis de Tocgueville）在他的《美国民主》一书中认为美国人的习性或心灵习性是美国人得以维持其自由体制的关键。他所谓心灵的习性（moeurs 或 habits of the heart），便是那种塑造概念、意见和思想等心理习惯的东西，是社会中人的道德与智慧习性的总和。他对于美国文化在美国人和社会性格的塑造中的至关重要的作用给予了充分的肯定。

　　美国文化源自盎格鲁—撒克逊传统，但又不同于盎格鲁—撒克逊文化。在其两百年来的演变中，它像一座大熔炉吸收了世界诸多文明的精华，而成为一个独立的、具有自己鲜明特点的开放性的文化体系。然而这文化体系的终极源头仍是希腊文明，仍是亚里士多德等先哲们，这也是毋庸讳言的。

　　根据美国文化的心理趋向，按照美国文化构成的方式及其稳定的特征，基督传统、自由主义和个人主义构成了美国文化的三大要素，它们像一只鼎的三足一样，支撑着美国的政治体制。这是在美国特定的历史发展过程中形成的，具有它自己特有的历史个性和价值取向。

第一节　清教主义

　　清教主义对于美国文化有深刻的影响。清教传统像一条红线规范了从殖民时代到如今的美国的政治文化与社会文化。清教主义可以说是美国文化的根。

在新大陆，基督教与公众生活在移民伊始就是紧密地联系在一起的。基督教义是社会公认的道德准则，基督徒角色与公民角色融为一体，在新英格兰的许多地方，公众官员便是当地的牧师。我们从乔治·华盛顿的《告别演说》中也可以窥见，在他的心目中，宗教是维系美国社会秩序的主要力量。他认为，"宗教与道德"是"政治繁荣不可分割的支柱"。它们是"公众幸福的伟大的中坚"，"是公民和人的责任的最坚实的枝干"。

正如托克维尔指出的那样，"我认为，当第一个清教徒踏上美国的土地时，我就可以看到整个美国的命运就已经包含于其间了。"美国清教主义从一开始就是一种精神运动，它不仅是一种宗教信仰，而且是一种极端民主与共和的理论。

清教徒在自己的祖国遭受迫害，对英国严酷的社会现实不满而移民到新大陆。他们希冀按自己的意愿信仰上帝。于是，他们致力于建立一个乌托邦式的重视伦理和精神生活的社会模式。他们崇尚真正的自由——这种真正的自由涵盖了广泛的道德的含义。他们把一切破坏和蔑视这种自由信念的行为一概斥责为对权威的亵渎。因此，他们认为自己是一群被称为美国人的新人，命定要建立一个新的世界，为人类建造一座"山上的光辉的城市"。以清教主义为特点的、美国化的基督教改革运动从一开始就与社会改革运动结合在一起，力主个人积极自愿地参与政府的活动，按照亚里士多德在《政治学》中所阐述的关于自由、平等与民主的关系，建立了自己的"个人参与"的政治文化体系。美国诗人詹姆斯·拉塞尔·洛威尔也说："清教主义于不知不觉之中播下了民主的种子。"所以，在美国，清教主义是与民主联系在一起的，它赋予了美国民主自己的特点。

美国文化的历史实际上就是对清教主义再思考的一个演变的历史。清教运动成为美国经验的中心部分。在美国革命时期，埃德蒙·伯克和约翰·亚当斯认为清教主义具有自由的精神。亚当斯说，离开英国就意味着清教徒们与旧世界的暴政决裂了。清教主义成为美利坚民族的独一无二性的源泉，使美国成为一个独一无二的共和国，使美国社会与文化成为独一无二的社会与文化。因此，丹尼尔·韦伯斯特就认为清教徒们在普利茅斯登陆时就笼罩着一种神话色彩。

平等、私有财产权和自主权是基督徒特别是卡尔文教徒对在上帝的领地中由个人组成的社区的坚定的信念。

道德权威的源泉存在于自主的个人组成的社会之中，这些个人共同信奉一个共同的普遍的理念。这些思想深深地扎根于基督教特别是卡尔文教派对于人和社会的观念之中。这一观念独特地存在于美国社会文化之中。在诸多道德权威的源泉中，对个人的看法最为独特。卡尔文主义认为，个人是一个自主的实体，安全地、不受外界干扰地存在于人的特性之中。这些思想是欧洲政治思想中自然法传统的一个流露。它把个人看成是一个价值，在个人身上附加的价值与超验的来世领域相通。神恩是价值的源泉，是另一世界的，只有通过对另一世界的追求才能获得。卡尔文主义废除了牧师权威干预的作用，表现在将圣体非神圣化。卡尔文主义将自愿顺从于上帝作为基督徒生命的唯一的基础。这一信条成为一个新的宇宙观的基础，它重新定义个人性质以及道德权威。于是，新的理想的社会与道德秩序的基础——即新的泛基督主义——成了"自愿加入基督的神圣的社区"。这一新的关于社区的定义是组成一个新的理想的基督社会模式的基础。因此，基督社区的界限不再以是否参加圣餐为标准，而是以是否每一个个体共同地、自愿地将自己的意志服从于上帝的意志为标准。通过自愿加入基督圣体，一个新的社区被规范出来，它一方面与早期的教会一样，存在于古老的框架之中，但同时又不同于古老的框架。卡尔文是这样表述的："信奉上帝的人的责任是远离奸诈的人。"这一行为准则将每一教区两类社区居民有效地分割开来："一方面，那里有真正的、真诚的、虔敬的和积极的基督徒，另一方面，也有仅仅徒有虚名的、世俗的基督徒。"这样，纯洁的居民与不纯洁的区分开来。

卡尔文主义促进新的道德秩序模式的发展，给基督社会带来根本性的变化。一方面，卡尔文主义为现存的基督社会的团结铺平了道路，同时在人与人之间的关系上提出了新的准则。这实际上就是将个人从传统的、原始的、特别的社团中解放出来。这种个人的解放形成现代美国社会与文化的基础。卡尔文主义社区成为社会团结、信任和共同性的中心，社区成员共同献身于基督教改革的思想。北美的清教徒们组成圣约同盟，圣约同盟将清教徒团结在一个生活在天主中的爱中，这种团结是不可能被任何敌对力量所破坏的。这提供了一个新的"形而上的宇宙"，在这宇宙中，个人身份被认为是圣徒的特有的东西，每一个人不被干扰地与超经验的力量和权威源泉发生关系。

卡尔文主义不仅改革了个人的"地位"，而且也改革了个人之间纽带的性质，也即社会的性质。这些纽带不再由原始的生活在同一个亲缘团体或地区性团体之内的传统所决定，而是由共同的信仰所决定。这些信仰由苦行清教主义的救世思想所规范，从中萌发出个人的认同身份以及共享的道德原则；重新界定了社会的与个人的认同身份与含义的性质。基督教改革同时也强调了社会中权威之间关系的新的概念。它主张在教会政体领域中牧师群体建立于集体认可的基础上，信徒与牧师在上帝面前平等。这种社会存在由注重现世的清教所规范。基督教改革的重要性恰恰就在于它赋予世俗生活以一种新的宗教生活的秩序。于是，世俗目标有了一种宗教的合法性，并被认为是可以通向灵魂拯救的道路。这种更加趋向现世的思想，使个人作为人和人的日常生活合法化，这是清教伦理的基础。这就意味着，旧的宗教、世界、法和神恩的形象死亡了。道德权威的新的含义以及由此而产生的个人责任表现在现世秩序和机构的完美之中。这种对完美的追求是清教启蒙主义的一种形式，植根于神恩的现世精神。神恩摆脱了教会机构的管束，存在于当下的现世的历史中。苦行清教主义专注于社会的与体制性的改革，产生了对自

主的、道德的个人主体新的看法。这一切都与在现世的秩序中将神恩内在化有关。上帝选民的社区的活动使清教徒与以前存在的社区团结的概念发生冲突。因为只有将上帝选民的社区与不完美的世界分离出来，"神圣的共同体"才有可能实现。

在北美的新世界中，苦行清教主义的宗教与社会文化原则成为新的政治文化传统的有生命力的和主要的组成部分。新世界"圣徒"组成的社区按特殊神恩组成，以苦行内心世界为其特点。也就是说，这些社区建立在神恩的原则之上，旨在建立一个圣徒的圣约共同体。清教徒不仅建立了一个"真正的教会"，而且建立了一个基于市民与基督教会合作之上的政治秩序。清教徒的政府形式：①人民有权选择总督；②被选的人是像上帝一样的人，适宜做政府工作；③他们执行的法是上帝的法；④按上帝的旨意执行法律，分配遗产，调解民间纠纷；⑤上帝的人的意见在所有困难的事件中得到问询。这是一种建立不带任何历史腐败现象的纯洁的社会秩序的尝试。正是这种意图驱使他们来到新世界。正如爱德华·约翰逊所说："我们选择这片土地，不是要主基督在教会和共同体中统治我们。"也正是这一思想使独特的政治和法律结构合法化，成为马萨诸塞殖民地生活的基础。新英格兰清教徒面临的基本问题之一就是如何摆正教会与世俗世界的具体关系。清教徒"进入荒野的使命"的基点就是建立一个基于神恩之上的共同体。于是，一种新的民族认同感发展了，将所有的宗教与世俗认同的成员都团结在一起。清教主义以一种世俗的市民德行来界定成员，这种形式囊括全体人员。一个新的集体认同感出现了。神恩不再以来世的条件来界定，而作为现世的一个属性来构筑神圣共同体；原来神恩存在于圣徒的社区里，而现在内在化进入个人的良知。自然与神恩，俗世与教会之间的区别被改造了。规范性道德秩序的界限也从社区进入每个个人。这一过程形成了一个新的道德秩序的概念，道德秩序终极地说存在于每一个个人的道德行为之中。

佩里·米勒在清教思想中发现了一种潜在的"理性主义"，这种理性主义存在于"圣约"之中，将神的统治与人的积极性融合在一起。他同时发现清教主义将"虔诚"与"智慧"融合在一起，也就是说将天启与人的理性融合在一起。

从上面的分析，我们可以看到清教主义强调个人的自主和社区的共同性，这构成了美国市民社会的道德基础。同时，清教主义强调教徒与僧侣的平等，强调现世的生活秩序，这对形成美国特色的文化都起了奠基性的作用。

必须指出，清教主义是构成美国例外论的基础。清教徒在欧洲受到宗教迫害，来到新大陆，自认为是上帝的选民，在北美洲建立了"山上的城市"。于是，根据清教主义原则建立的美国与世界上任何一个国家都不同。这促使形成了美国的共和政府，实行相对而言较为平等的原则和以个人自主为中心的市场经济。美国例外论使美国具有一种宗教使命感，自认为美国是一个理想的自由主义社会，是世界上所有国家的典范。这是美国政治文化的一个鲜明的特色。

第二节　自由主义

在美国思想和文化形成的过程中，它受到了欧洲自由主义思想的深刻的影响。美国政治文化继承并发展了欧洲的自由主义思想。自由主义是一种代表个人主义的政治语言，是美国政治思想和文化的核心。可以说，自由主义的遗产是美国唯一的遗产。它在19世纪初最早出现在西欧政治中，反对贵族特权，支持代议制的政治机构和自由市场资本主义。由于政治经验和思想的发展和变化，自由主义的传统和内涵也不断地重组和发展。

约翰·洛克是盎格鲁—美国自由主义传统中一个重要的思想家。洛克反思了英国内战和中世纪知识权威的崩溃，提出了政治社会的基础。现代科学使他能从自然简单的状态的高度观察社会，将个人和个人自然的功能模式看成是政治的动力。洛克的个人主义也具有宗教的根源。人在自然状态，或者说在上帝面前是自由而平等的。他认为每一个人对灵魂的关怀属于他本人。洛克的理论同样源自一个漫长的法的传统，这个法的传统将自由规范成一个具体的由法赋予的权利；这个法的传统形成了自然法，自然法赋予个人以自然权利。他说，人由自然赋予生命权、自由权和财产权；人通过自由承诺建立一个主权政府保护这些权利；当这个主权政府撕毁契约，践踏这些权利时，人民有推翻这个主权政府并合法地建立另一个政府的自由。洛克强调自由的财产基础。他认为有些自然权利是人们通过劳动取得的，有些是因为有钱而获得的。保护财产是人们组织政府的主要理由。他认为通过共同承诺建立政府和为了保护权利而建立赋予有限权力的政府是合法的，私有财产和积敛财富同样也是合法的。亚当·斯密在《原富》中强调了自由主义的经济性，认为个人私利有为公共谋利的性质。对于一个自由的经济来说，政府成为一个警察，是个人动力和责任感无法起作用时的最后手段。19 世纪洛克的自由主义和经济自由主义的结合使自由主义具有了其经典的内容。

自由主义在早期面对的对手是教会与国家。自由主义认为，人的权利存在于自然法则中，而政府的权利存在于人的机构之中。政府则自称拥有超自然的裁决权和神圣的支配权。人的机构最古老的形式便是个人，最古老的社会便是基于家庭或相互帮助的人的自然的组合。政治社会是一个更为人工的安排，这种安排的目的就是为了维持秩序和共同的安全。这正如洛克所说的，是国王与臣民之间的一种契约，契约双方的任何一方毁约，契约就不复存在。按卢梭的观点，这是人民之间的契约，这是建立在无数相互冲突的意志之上的一种共同的意志。一个政府可以是代表这种意志的机构，但它的权威来自人民，所以必须置于人民的控制之下。人民至高无上，而政府只是它的代表而已。

不管洛克、卢梭和托马斯·潘恩在自由主义理论上有什么分歧，但关于人们为了具体的目的而自愿组成的政治社会是一种制约，则没有歧异。政治机构是服从与不平等的根源。单独的个人是没有力量的。他有权利，但他的权利被其他人的同样的权利所限制，除非有特殊的机遇，否则他无法实施这些权利。因此，他发现他有必要为了共同尊重权利而组成同盟，为了这个目的，他组织了政府以在社区内部维护他的权利，同时防止外来势力对他的社区的侵占与进攻。自由主义认为，政府的职能是有限的。它的职能就是为了在社会条件允许的范围内维护人的权利。任何使用国家压制性权力的行为都有悖于建立政府的原意。一旦进入契约，个人因为服从一个共同的统治的需要而必须放弃许多个人的权利。他放弃自然权利，以此为条件他获得了民权，由于以集体力量作保证，民权比自然权利更为有效。民权应该尽可能地与自然权利相吻合，正如潘恩说的，民权是与自然权利交换所致。

按照自由主义的自然理论，进步与文明的源泉在于个人的行动。个人所获得的发挥才能的空间越自由，那么，社会作为一个整体就会更为迅速地发展。这一理论的内涵意味着：如果个人是自由的，在任何两个人中，每个人都追求自己的目的，那他们势必要处于冲突之中。正是对这一冲突可能性的认识，人们才建立社会。人们必须在共同制约的问题上达成共识以使他们的自由是有效的。

边沁的最大幸福原则作为社会架构的基础，弥补了自然理论的不足。边沁的最大幸福原则就是用一个共同的标准来衡量与审视相互冲突的要求。例如，人有自由表达意见的权利吗？按照边沁的原则，人们就要问自由表达意见对社会总体来说是否有利，他认为像这样的问题应该由公众伦理和经验来决定。如果一个行动有利于促进最大多数人的最大幸福，这个行动就是好的。一个机构和一个社会制度亦然。在这里有三个决定性的因素：①把所有有关正确与否的思考放在是否幸福的思考的框架之中；②人数的重要性；③坚持人与人之间的平等。

对于边沁的激进的个人主义来说，平等是基本的。每个人作为一个人计算，任何人不得以多于一个人来计算，因为每个人都可以感受幸福和痛苦。在另一方面，自由则不是基本的，只是达到目的的手段而已。公众主权也不是基本的，因为所有的政府是达到目的的手段。

边沁认为，如果人既没有受到教育的训练又没有赋予责任，他是不会自然地考虑最大多数人的利益的。他考虑的是他自己的利益。如果一个阶级的权力没有制约，它就会按自己的阶级利益统治。保证按所有人的幸福考虑问题的唯一的办法就是让所有的人平等地享用权力。诚然，如果发生利益冲突，大多数会获胜；但大多数人中的每一个人会因为考虑个人的幸福而脱离大多数，这样便保证最终大多数作为一个整体享受到幸福。没有一个个人有天生的权利参加治理，如果一个人或一个阶级能够证明比其他人或阶级更为明智，或者一个人或一个阶级能够证明他的或阶级的统治能够向更多的人提供幸福，那么，治理的责任就应该赋予那个个人或那个阶级。

穆勒是一个介于旧自由主义与新自由主义之间的人物。作为功利主义者，他不可能赞同任何与公众福利相对立的个人权利。他试图指出公众恒久的福利是与个人权利交织在一起的。在自由的问题上，穆勒更注重决定社会的道德与精神力量。他认为正因为社会需要启蒙之光，社会需要思想与讨论的自由。真理有社会价值，任何人不可能说他掌握了完全的终极的真理。真理是由思想家凭经验探索和实践的结果。在试验的过程中充满失败与错误，自由的探索包括摩擦与浪费。错误会带来危害与损失；危害与损失本来可以通过压制错误而得以避免。但是，如果不是采取理性的劝说而是采用压制的方法无异于为了治病而把病人杀掉。压制的方法只会扼制追求真理的自由的探索。

自由的基础依赖于思想的形成，思想在由思考指引的思想运动中繁荣。自由主义者不接受和容忍他认为是虚伪的东西，他总是准备将他自己确认的东西加以证明。无论是他认为真实的或是虚伪的，都有必要加以验证。让错误自由地产生，在错误发展的过程中，在错误中衍生出真理的成分。真理的成分将被分割出来，丰富人类的思想体系，它们也有可能丰富自由主义者原先坚信的最终的真理。对错误的认识愈完善，对错误的发生与衍生愈耐心，那么，错误本身将得到愈彻底的批判。这正如癌性的病变是不可能用手术刀割掉的，只有靠自我保护的抗毒机制的演变才有可能治愈。真理也是这样。真理所有含义的发展越充分，发现控制错误的机会就越大；反之，如果没有错误，真理越将自己确认为最终的结论，那么，就没有任何发展的余裕了。

自由主义相信人性，相信社会可以建立在人性自我导引的基础之上，也只有在这个人性基础之上才有可能建立一个真正的社区。这样，自由就不仅仅是作为社会之必需的人的权利，它不仅仅意味着请乙不要去打扰甲，而且意味着乙有责任将甲视为一个理性的人。任由罪恶与错误泛滥而不加控制是不对的，但更重要的是将罪犯、犯错误的人、无知的人视为可以改正并接受真理的人，引导他们，而不是一棍子将他们打死。自由的治理实质上就是理性方法的应用。

社区的集体活动并不一定需要强制。它愈建立在自由和集体意愿之上，它就愈自由地去成就种种事业，这些事业作为个人无法完成，而作为集体就可以胜任。人类进步本质上就是社会进步——有意识的与无意识的合作的成果，在这中间自愿结社起了重大的作用。国家就是这种自愿结社的一种形式，它使用强制力，它至高无上，它有权控制所有居住在它地理范围内的人们。国家是人类结社的诸多形式之一，旨在维护和改善作为个人的生活。这是自由主义国家观的一个主要原则。自由主义关于共同利益的概念只有通过共同意志才可以充分地实现。充分的社会进步成果只有在全社会的男女不仅是被动的接受者而且是实际的贡献者才有可能获得。使公民的权利与责任成为现实的与活生生的东西，将公民的权利与责任扩大到社会条件允许的范围正是社会生命力的组成部分，并使民主原则具有合法性。

民主并不是仅仅建立在个人权利或私人利益之上。这只是盾的一面而已。它平等地建立在作为社区一员的个人的作用之上。它将共同利益建立在共同意愿之上；在这个过程中，它要求每一个有正常智慧的成人参与。诚然，一个人可以不费力而获得许多好的东西。他们也许可能获得一个好的警察系统，一个平等的私法，教育，个人自由和组织良好的工业。他们可能从一个外国统治者那里，或者从一个开明的官僚体系或者一个仁慈的君王那里获得这一切好的东西。但自由主义的民主理论认为，他们这么获得有一个致命的弱点，即他们缺乏生命力成分。一个如此统治的人民犹如一个个人，他从外界毫不费力地接受了财产、好的教师、健康的环境的馈赠。社会亦然。好的政府是重要的，但好的意愿更为重要，即使共同意愿有可能不完善、犹豫、模棱两可，但也比一部完美的机器所可做到的东西要高级得多。

美国立国的思想家接受并发扬了欧洲的自由主义思想和传统，使之成为美国政治文化的一个显著特色。美国的政治文化传统一直是洛克式的经典自由主义传统。由于美国从没有贵族存在，并充塞小生产者资本主义，自由主义得以在 19 世纪成为占统治地位的思想，随后自由主义思想在美国得到广泛的承认。在 19 世纪末和 20 世纪初，以中产阶级为基础、以个人责任感和机会为其价值标准的自由主义政党达到了其发展的巅峰。在 20 世纪 20 年代，自由主义表示自由主义的改造形式——进步主义。在 20 世纪 30 年代，由于罗斯福总统使用"自由主义"这一词来支持他的新政计划，自由主义便意指福利国家自由主义。因此，在 20 世纪，自由主义的改革派将个人主义传统适应社会民主政治，将权利领域和政府责任扩展以使市民社会更加平等。在 20 世纪 30 年代后期，自由主义成为严肃的美国知识界辩论的一个中心议题。面对法西斯主义在欧洲上升的现实，自由主义思想家们将自由主义看成是西方民主政治的政治哲学的源泉。从 20 世纪 40 年代到 60 年代，人们开始讨论自由主义的优势和缺陷，辩论现代西方社会，特别是美国社会到底能否实现自由主义理论所主张的理想。

总之，自由主义可以说构成了美国政治文化的基础。它强调私利，因此主张发展自由市场经济。它重视人的自然权利，是对欧洲的封建主义传统的一个彻底的否定。它使个人追求幸福成为一种社会的共识。而最重要的是自由主义的经典哲学构成了美国宪法中言论自由的基础，为社会提供一个思想自由争辩的环境。它使美国文化具有人性和理性的生命力。

第三节　个人主义

个人主义构成了美国文化模式的基本特性和主要内容，它最雄辩地、实在地、真正地表述了美国思想。它所包含的内涵与外延是真正扎根于美国本土的，它既不同于希伯来和希腊传统，也不同于18世纪的欧洲思想。

正如阿历克塞·托克维尔指出的，个人主义是一个新的表述，它是由一个新思想产生的。它完全不同于利己主义。个人主义有民主的根源，随着条件的平等越来越普遍，它也会越来越普遍。

伦理的终极规则应该使个人在不妨碍别人的价值体系的情况下追求他认为有益的东西，这可以说是美国文化的精髓。罗伯脱·贝拉把个人主义分为：圣经个人主义，公民个人主义，功利个人主义和表达个人主义。不管他怎么区分个人主义的传统，个人主义绝对是美国身份认同的主要特征之一。美国人信仰个人的尊严，个人的神圣性。任何干预个人按自己认为正确的方式思考、判断、决策和生活的行为不仅是不道德的，而且是亵渎神圣的。可以说，美国人的最高理想是个人主义，最高贵的社会理想和世界观也是个人主义。对于美国人来说，放弃个人主义，就等于放弃他的最深刻的最性命攸关的身份认同。

现代个人主义是在反对君主和贵族的权威和公民追求自治权的斗争中诞生的。在这个斗争中，经典的政治哲学和基督教为这场斗争提供了重要的理论资源。经典的共和主义倡导公民积极献身公共利益，而改革了的基督教鼓励个人自愿参与治理。无论是经典的共和主义还是改良了的基督教都将个人的自主置于一种道德的和宗教的情境之中。在 17 世纪的英格兰产生了一种激进的维护个人权利的哲学思潮。约翰·洛克的思想对美国产生了巨大的影响。洛克的思想包含有本体个人主义的成分，洛克的伦理学以唯我主义的快乐主义为归宿。洛克认为，快乐和痛苦是道德的大教师。自然使人期望幸福，避免悲惨，这是影响人类行动的自然倾向或自然原理。引起快感的，称之为善；造成痛苦的，称之为恶。人人都追求幸福，期望一切属于善的东西；这样追求幸福或善的欲望决定人的意志。洛克代表近代的精神，独立和批评的精神，个人主义的精神，民主的精神。洛克认为，个人先于社会，只有当个人试图使他们的个人利益最大化时，他们才通过自愿的组合组织成社会。组成社会的动机乃是个人利益。从这一点，产生了所谓功利个人主义。

　　个人主义是美国文化的一个主要信条。以追求个人利益和自主的个人主义在美国几乎有一种神圣的意义。个人主义这一独特的概念规范个人与社会、政治与经济体制的关系。个人主义既包含对体制的嫌恶，也包含对体制的互补。

　　虽然在希腊民主中已经包含对个人人生的尊重之意，虽然这一思想在文艺复兴期间得到蓬勃的发展，托克维尔发展了个人主义这一词汇，并将它牢固地与美国生活联系在一起。在托克维尔的经典的《美国民主》中，他不满地指出，美国的政治经济一方面推行机会的平等，另一方面却鼓励人们"形成专门考虑自己的利益并认为自己的整个命运都掌握在自己的手中的习惯"。在托克维尔的批评中，这种自我利益集中表现在自我中心主义之中，自我中心主义将使公民抛弃公民意识和责任感。他说：

　　"个人主义是一种平静的、深思熟虑的情感，这种情感使每一个公民与他的同僚们隔绝开来而躲进朋友和家人的圈子里；由于这个小圈子正合他的口味，他欣然地置大社会于不顾。"

　　托克维尔将美国个人主义局限于远离社会与政治事务的家庭生活之中。他提出这一观点的前提是私域是一个隐退之所。而美国的改革家们却将个人主义既置于私域也置于公域，认为家庭生活对于个人主义来说既有一种互补性，同时也有一种潜在的腐蚀作用。

　　本质地说，美国人是以非常赞同的态度来看待个人主义的。爱默生在他对个人主义所作的著名的定义中，不仅改变了对个人主义评价的意义，而且也改变了对个人与体制之间关系的理解。托克维尔对个人主义所作的批判在爱默生对"自助"的德行所作的描述中瓦解了。

　　爱默生认为，如果社会被认为是反对每一个社会成员人格的一个阴谋的话，人们应该躲避社会。爱默生深知社会并不是一种抽象的力量，而是由人组成并创造的，他继而说，社会是一个其成员同意成立的合资经营的企业，为了更好地保证每一个股东能得到面包，必须换取吃面包人的自由和文化。他认为社会是建立在其成员允诺的基础之上，社会受制于个人的选择与行动，所以，社会制约不是不可逾越的。正因为一个体制是一个人的影子的伸长而已，社会和社会体制反映了塑造它们的个人。对于爱默生来说，不墨守习俗与体制对于个人的平衡是至关重要的。为了前进，必须忽略那社会的拖曳的影子。

　　爱默生关于能动的个人和社会之间关系的思想使托克维尔关于个人与体制之间关系的思想黯然失色。托克维尔的思想犹如一个空间的图形，一个范畴涵盖另一个范畴。而爱默生对个人的捍卫在个人与体制之间作了一个世俗的划分，在这种个人与体制的关系中，总是在不断运动的个人使他们以前的行动和效果成为过去时。既然个人不断地运动，重新规范自己，体制也总是处于改变之中。从爱默生的观点来看，既然个人主义是个人的活动，个人主义既不能规范在公域，也不能规范在私域。个人主义的性质因此是一个变数，随个人所为而改变。

　　爱默生对个人主义的富有弹性的定义为美国两类个人主义传统

的发展提供了一个逻辑思想。这两类个人主义传统即经济个人主义和政治个人主义。经济个人主义主张自由竞争和保护私有财产的资本主义信条；政治个人主义则主张个人的自然权利以及自由主义的民意政府。这两类个人主义传统在美国立国之前就存在了，它们萌发于 17 世纪，当时市场经济刚刚发育，民主国家在渐渐成长。在那时，出现了一个新的关于个人的定义，这个个人是一个白种男性。按照占有个人主义的理论，每一个人占有他自己，因此，他有权管理自己，可以随意管理自己的劳动和财产。这样，经济利益和政治利益在个人中融合在一起。在 19 世纪的美国，在自由放任的政治经济环境中，经济与政治个人主义得到进一步发展。

正当经济和政治个人主义在发展时，爱默生有力地雄辩地提出了自助，这无疑给自我占有的自由和特权提供了理论的依据。各种迥然不同的私利都可以从爱默生的个人主义模式中找到灵感。无论是奴隶主还是奴隶，工业主义者还是保守主义者，企业家还是工人，东部居民还是西部居民都可以发现他们的行动反映了爱默生所强调的自我能动性。爱默生式的个人主义既鼓励要求妇女的参选权，又激励政治家实行粗莽的个人主义。

超验主义者的爱默生对美国个人主义作了最好的注释。他说，有一条永远新鲜而崇高的教义，那就是：有一个"人"。人不是一个农民，或是教授，或是工程师，但是他是一切。人是祭司、学者、政治家、生产者、军人。"认识你自己"与"认识大自然"是同一个格言。

他主张人自己启示自己，而不是从另一个心灵那里接受真理；人应该经过相当时期的幽思，反省，自己掌握住自己。他说，一切美德都包含在自我信赖里。哲人应当是自由的——自由而勇敢；没有一点阻碍，除非是从他自己的素质里兴起的阻碍。勇敢，因为一个学者的天职是要把恐惧这样的东西撇在脑后。恐惧的产生永远是由于愚昧无知。他认为，我们可以按我们具有的神性，捏塑这世界。他说，一切人都是一个人。我们这时代的又一征象——它类似政治运动——是对个人给予一种新的重要性。将每一个人围上出于本性的敬意的栅栏，使每一个人都觉得这世界是他的，使人对待另一个人像一个独立国对待另一个独立国。他说，这世界是不足道的，人是一切。一个"人的国家"将存在，因为每一个人都相信他自己是被神灵赋予灵感的。他认为自由主义的基础是力量，在自由主义者看来，和人自身比较起来，一切都属次要。

20世纪美国生活由于经济个人主义的工业和技术进步而发生的变化引起人们对个人主义的忧虑，人们开始担忧过分追求个人利益所带来的危险。随着大众社会的兴起，个人淹没在大规模的工作机构、政府和媒体机构中。在20世纪，不少思想家对个人主义发出了哀叹，宣布它的死亡。约翰·杜威在《老的与新的个人主义》（1929）中说，"非但没有个人主义所预言的个性的发展，个人主义的整个思想却发生了颠倒以适应金钱文化的习俗。"按照杜威关于个人主义的观点，在美国，个人被体制，或者说被公司所压垮。他说，"美国稳步地从早期开拓者个人主义演进到统率一切的公司共同身份。商业公司在决定当前的工业和经济活动中所行使的影响力是使生活在所有方面结合在一起的倾向的原因和象征。紧密地或松散地组合在一起越来越规范个人的机会，选择和行动。"杜威因此建议废除老的经济和政治个人主义以稳定地恢复个性。杜威呼吁一种新的、复原的个人主义，为20世纪讨论美国个人主义提供一个标准。

总之，经典的自由主义思想家将自然法的传统演绎成个人主义的哲学。美国的个人主义源自清教主义的理性原则，源自清教主义对个人自主的追求。在美国政治文化发展的过程中，它成为美国民主思想的出发点与归宿，成为美国关于人的价值的核心。个人就是目的本身，终极的价值就是个人的生命和幸福。不了解个人主义，就无法理解美国的政治、社会与文化。

第二章
社会与理智背景

第一节　战后的美国社会

　　第二次世界大战后世界政治格局的显著特点之一就是产生了两个相互对立的阵营：以美国为首的西方世界和以苏联为首的社会主义阵营。1945 年 5 月 12 日，欧战胜利之后第四天，丘吉尔给杜鲁门发了一份电报说："在欧洲发生了什么事？在（俄国的）前线拉上了一条铁幕。在铁幕后面，我们不知道正在发生什么。"这是丘吉尔首次使用"铁幕"一词。1947 年初，美国驻莫斯科使馆参赞乔治·凯南在一份内部文件中写道，苏联"狂热地相信如果苏联想维护它的安全，上策是破坏我们社会的内部和谐，我们的生活方式和我们国家的国际威信"。1947 年 7 月，凯南在《外交》发表文章鼓吹"对俄国大规模的倾向实行长期的、有耐心的、坚定的、有警觉性的遏止"。凯南的遏止战略预示着冷战的到来。杜鲁门在国会宣称："我相信，美国必须采取支持自由人民的政策，他们正在抵御武装的少数人或者外界势力征服他们的企图。"杜鲁门主义的实行标志着伯纳德·巴鲁克所谓"冷战"的开始。与此同时，国务卿马歇尔认为美国低估了战争对欧洲的摧残，只有大规模的援助计划才有可能将西欧从共产主义的颠覆中拯救出来。从 1948 年到 1951年，马歇尔计划为欧洲的复兴投入 130 亿美元。在杜鲁门总统的第二任期内，对世界政治的关注仍然是他政策的中心。他提出了四点：联合国、马歇尔计划、北大西洋组织和对不发达地区实行技术

援助的新的计划。1949 年 10 月 1 日，中华人民共和国成立，国民
党退守台湾。在美国国内引发了"谁丢了中国"的辩论。20 世纪
40 年代末美国失去了对原子弹的垄断地位，1950 年美国开始研制
杀伤力更大的氢弹。同时，爆发了朝鲜战争。这场战争造成美国死
亡 33000 人，伤 103000 人。杜鲁门主义使美国背上了全球"警察"
的重担。二战后，在经历了一个短暂的萧条时期之后，美国经济进
入了繁荣期。从 1945 到 1960 年，国民生产总值增长了一倍。到
1970 年，美国和世界其他地区生活水平的差距迅速扩大。只占世界
人口 6% 的美国人生产与消费了全世界三分之二的产品。于是从
1945 年到 1965 年，乐观主义弥漫于美国的社会思想中。经济学家
认为由于实行了一系列新政，在经济中已不可能再出现戏剧性下降
的趋势。二战后的婴儿潮（从 1945 年到 1960 年，美国出生 4000
万婴儿，人口增长率为惊人的 30%）拉动了消费的增长。从 1945
年到 1960 年，美国拥有自己居室的人口增加 50%。1946 年，全国
拥有黑白电视机 7000 台，而 1960 年，则为 5000 万台，90% 的家庭
拥有电视机。1970 年，38% 的家庭拥有彩色电视机。在调和的顺从
的 50 年代，社会机构的参与率上升，人们参与各种市民组织，诸
如园艺、桥牌、高尔夫和汽车俱乐部。与此同时，参与宗教活动的
人数大大上升。冷战的现实是刺激宗教热情的主要因素之一。在
1940 年，只有不到一半的成人属于宗教组织，而到 1960 年，该数
字则达 65%。传教的方式也从"谴责、批评和歧见"转入传布
"爱、快乐、勇气、希望、信仰和善意"，告诉人们他们的舒适的生
活正是上帝的意志。在这大众的宗教复兴浪潮之中，在 1952 年，
诺曼·文森特·皮尔（Norman Vicent Peale）出版了《积极思维的
力量》。这本书成为畅销书，持续达 10 年之久。他教导人们如何对
待在个人幸福中出现的问题。他说："摆脱掉所有令人烦闷的、否
定性的和令人困倦的思想，开始思考信仰、热情和快乐。"他认为，
读者照此做去，即可以成为一个受人欢迎的、令人尊敬的和喜欢的
人。皮尔的说教正中许多追求安全感的美国中产阶级人士的下怀。

当时正有许多美国人正为自己在"核时代"生命的意义而感到困惑。皮尔的"别担忧，开始生活"的简单信条提供了镇静剂，提供了心灵安宁的处方。莱因霍德·尼布尔（Reinhold Niebuhr）作为"新正统运动"的领导人之一对皮尔的"没有根据的满足与顺从"提出质疑。他认为，皮尔所提出的自信和物质成就的心理不足以医治现代社会的弊病。他说，负责任的宗教与世俗人士是不会把它们当真的，因为它们无法解决核时代的基本的综合性的问题，因为它们追求的和平过于简单。他说，真正的和平造成痛苦的现实，这种痛苦是由对人类的福祉的爱和责任感而引起的，而不是仅仅由对痛苦的自我的关心而引起的。他认为自爱是一切罪愆的根源。尼布尔和许多与他持相同观点的人对美国社会中存在的道德上的自满和社会上的顺从提出挑战。

莱昂内尔·特里林（Lionel Trilling）在他的《文学思想的含意》中对美国的现代文化存在强烈的怀疑感，他觉得美国现代文化的形式过于抽象，对生活的完整性造成威胁，对思想和情感之间的互动造成威胁，而思想与情感的互动是一个健康的存在与一个有生命力的艺术所不可缺少的。T. S. 艾略特也表示了类似的忧虑。他认为，思想本身与情感脱节有可能损害一个作家的创造力。二战后的美国的理智历史从某种程度上反映了美国的社会与文化的变化，私人和公共生活的变化，社会态度的变化。二战后美国人对种族，对性的态度发生变化，对美国思想、美国社会、认同感和美国的世界作用也发生了影响。

对美国生活的文化批评从20世纪50年代初期就开始了。不久，便在知识分子、神学家、小说家、戏剧家、诗人和艺术家中成为一股思潮。社会科学家批评时下的盲目乐观情绪。经济学家约翰·K. 加尔布拉斯（John K. Galbraith）在《富足社会》（1958）中警告说，美国的经济增长并不一定能解决美国深层次的社会问题，特别是市中心的颓败问题和农村的贫困问题。有的学者也对战后中产阶级的郊区生活提出质疑。约翰·基茨（John Keats）在

《画窗上的裂缝》（1956）中认为这些大规模生产的郊区社区像坏疽一样，住在郊区的人们仿佛住在一个单调乏味的战后地狱里。学者们指出现代公司文化在战后将美国生活禁锢在一个僵硬的体制之中。

20世纪50年代，是美国灵魂探索的时代。在这一时期，当世俗的问题在20世纪后半期变得愈加重要的时候，美国开始进行向内的意识形态审视。我们看到一个奇异的美国社会：外在的力量与内在的无能为力的情绪交织在一起。在这一时期，美国社会学家撰写了一系列有关"新中产阶级"的著作，反映了当时存在于美国社会文化现实中一些新的现象。其重要者，首推大卫·里斯曼（David Riesman）的《孤独的人群》（1950）、赖特·米尔斯（C. Wright Mills）的《白领阶级》（1951）和威廉·瓦特（William H. Whyte）的《组织人》（1956）。这一流行的社会文化学的繁荣表明在美国的阶级阶梯中形成一个中间阶层，这个中间阶层成为美国战后市民社会的中流砥柱。普林斯顿大学历史教授爱立克·戈德曼（Eric F. Goldman）列举了8部最佳的反映战后美国社会与文化存在的著作，此三部全部列于其中。

第二节 孤独的人群

大卫·里斯曼（David Riesman）在《孤独的人群》（1950）中分析了群体社会或大众社会，研究了改变中的美国人性格。他认为，美国人性格随社会结构和经济结构的变化而变化。美国人在后现代社会中发现自己处于一种新的悖论之中：顺从的个人处于一群相互不联系的人们中。在书中里斯曼描述了社会性格的类别：传统性、内向性、外向性。所谓社会性格就是指个人看待世界与人们的思想，这些思想影响个人的动力与满足感。他同时全面地分析了顺从的公司文化特点。他认为，美国人格已经从内向性向外向性转变。内向性的人具有内化了的基本价值观，这些基本价值观都是性格坚强的父母和长辈向他们灌输的。这些价值观的核心，如清教主义传统的虔诚、勤奋和节俭，在他们身上起着陀螺仪的作用。内向性的人们的行为都受到这一切固定的价值标准的指示。这种充满自信的、自力更生的人格在 19 世纪的美国人中占主要地位。然而，在 20 世纪中期，一个新的外向性的人格取代了它。在大的等级制的公司里，善于交朋友和影响别人的人容易获得提升的机会，而那些粗俗的对个人名声不在乎的个人主义者却吃不开。适应这种公司文化的外向性的人没有信仰和原则；他们随波逐流，见风使舵。他们更关注别人是否喜欢他们，而对个人独立性并不太在意。里斯曼指出，外向性人格不仅是商业世界的特点，而且也是当代中产阶级的特点。总之，美国人格从自律、自励的个人变为向同辈看齐、顺从他人压力的人。里斯曼对于美国人格从内向向外向的转变深感困惑。他则比较倾向于"自主的"个人，他认为自主的个人有能力应付消费社会的诱惑，应付休闲和弥漫社会一切方面的不安感，而不丧失其独立性。在后现代社会中，富足的生活使清教主义的伦理不再能控制人们的生活。人们不再遵从清教主义的使命感和工作伦理，也不再拥有个人的明确的目标。外向性的人们没有明确的可以反对的目标，没有道德的热情和旧个人主义的正义感，他们听命于社团来捍卫他们的利益，与体制在一切方面合作。他们没有雄心壮志，弥漫一切的物质利益也消融了他们的战斗性。

　　里斯曼认为，外向性的人是一种文化力量，他们填补了内向性人留下的真空，成为一种充满忧虑的不安的顺从主义者。他们寻求精神调整，从广告和大众传媒获取刺激。里斯曼写道：

　　　　这些经济上处于特权地位的美国人是否有一天会醒悟到他们对体制过于顺从了？他们是否会发现一系列行为性的礼仪仅仅是社会形象的结果而已，而不是不可躲避的社会规定的结果……

他又说：

如果外向性的人发现他们做了多少无谓的事，发现他们自己的思想和生活与别人一样的有趣，那么，他们就不会在一群同伴中欣赏自己的孤独感，正如人们不可能饮用海水来解渴一样，那样的话，我们就可以期望他们对他们自己的感情和希冀更为关注。

里斯曼在这里认为人们需要的不是一个新的社会，而是新的形象。个人不再是内向性的，而是外向性的，受制于社会机构和媒体。个人在艺术中通过复制其他人的形象或媒体形象来塑造他或她自己。

第三节　白领阶级

《白领阶级》（1951）树立了米尔斯作为社会分层研究领域重要的一位经验性研究学者的声誉。在他的这本著作中，他开宗明义地指出，白领已经悄悄地进入了现代社会了。他运用"白领"这个词泛指中产阶级中的各色人等。白领人士从事非体力劳动，赢得超过平均水平的薪水；在社会行为和政治态度方面，他们总是希望走中间道路。他们在经济上依赖于雇主阶级，由不同的利益分割成更小的团体，组成了日益扩大的所谓"城市群众"。他们代表当时时代的社会心理。当时美国正处在一个矛盾两难的境地，作为生活方式和社会文化价值的独立个人主义渐渐消隐，那些使个人主义成为美国生活现实的社会团体消失。粗俗的、自私的、勇猛异常的工业巨头、土地的自由投机商、农村的小企业家都让位于更新颖的城市文化的"小人物"——今天办公室的职员们。

因此，米尔斯创立了20世纪50年代美国文化环境中一个主要话题。他关注中产阶级广泛的孤立与异化现象，认为美国社会中的这一病态现象是由于进取的自由主义的拥有财产的中产阶级——主要是自由的农夫的消亡和出现了一个依赖于雇主的中产群体。他一方面指出中产阶级的含义已经改变，另一方面指出，由于科技的发展而产生的新的中产阶级是有所失的，也就是说，是以牺牲独立的社会理想为代价的。米尔斯的分析包含了对科技进步所造成的后果的批判。由于社会日益复杂和专门化，公众所面临的所有问题都变得更加复杂。公众的回应与参与受到阻碍，甚至成为不可能；这样，在国家与社区事务中完全实施社会责任受到了阻挡。对于米尔斯来说，政治的职业化造成公众领域的消失，生活中政治的一面以及生活与政治的积极的关联崩塌；而政治的职业化又是财产与组织的集中化而造成的。在这个演变的过程中，原先的在政治上左右社会的中产企业家让位给现代社会对政治漠视的白领中产阶级。由于他们放弃了作为人民的一部分特性，在一个调控的社会中他们比老一辈中产阶级处于更为分割的状态。米尔斯认为，可以通过加强社区化并使个人参与在更广泛的层面上最大化来克服这种分裂状态。

新中产阶级构成为占人口2%或3%的群体。中产阶级在全国人口中的比例不断稳步上升，这种擢升是与"从财产到非财产"、"从财产到职业"的新的分层化过程同时发生的。职业由管理物转移到管理人和符号，即管理办公室、服务和生产的技术合理化。政府由此扩大了它的官僚机构以适应日益复杂的技术所带来的挑战，同时集中了大批白领阶层。国家的运作更加专门化，依赖复杂的技术和专门人才，而高一级的专门人才更加依赖低一级的专门人才，以此类推。职业的结构大部分由基于非劳力技术的非生产性劳动组成，按照权力的层次组成信誉金字塔。虽然中间收入的白领阶层与工薪阶级相比往往并不突兀，但社会给以非生产性技术以更大的特权，因此，白领阶层比工薪阶层享有大得多的信誉。由于物与服务的管理在工业和政府中扩大并集中化，管理层对于社会结构来说更为至关重要。

米尔斯发现了政府官僚化的程序。这种倾向主要是由公共与私有产业和政治运作的中央集权化造成的。问题在于在这种复杂的情境中很难找到管理权威之所在。人们按家长制的声誉与收入拥有职位，但决策层似乎并没有最后决断的权威。管理似乎仅仅成为一种生活方式，一种对技术复杂性的回应，在一个组织的高层培育一种特殊的行为而已。这样，典型的管理人格都愿意从属于管理阶层，而不愿负指挥的责任。这种风格由于招收更多的新人得以加强。这些管理人士中很少有人是因为独立的企业经验而得以提拔的，他们从管理层内部提拔，从较小的企业经理中提拔，从技术或商学院毕业生中提拔。一个新的企业家阶层充塞了官僚机构。他们销售商业、公共关系和劳资关系研究的成果和观点。他们将商务与广告以及传播联系起来。他们的特长就是处理棘手的问题，为企业与公众或为企业之间的沟通铺平道路。老的企业家靠建立新的企业发展自己；而新的企业家则为了弥补权力层人士的种种不足与缺憾而存在。

大企业的经理人士是 20 世纪新的经济精英。在一个企业组织中，所有权作为控制与权力的手段已经让位给管理。米尔斯注意到财产的集中赋予了它的管理层以极大的权力。虽然所有者仍然保留合法的权利，但强大的公司经理们已经成为拥有财富的阶级。米尔斯不同意一般学者认为的引进一个高层的管理阶级表明财产所有权的衰落，他认为所有制和所有制所伴生的所有的合法权益并没有受到损害。这只是扩大了拥有财富的阶级，给予新的经理人士以巨大的权力。经理人士并不是专家，他们只是财产的经营者。这就造成所有权与管理之间的分裂，这将在阶级分层一端引起更大的权力和财产的集中，在另一端使小的独立的部门无能为力。米尔斯认为，这无所不在的两极化是非民主的与不负责任的。

米尔斯认为，资本主义制度还没有成为劳资之间斗争的场所，在他们中间夹杂着中间阶级。中间阶级的政治方向有几种可能性。这一阶级的不断壮大给自己赋予了力量，但仍不足以成为一支独立的力量。它为社会提供了一个广泛的安定的基础，在各种不同的政治力量之间起一种平衡的作用。因此，它帮助延续自由资本主义。中产阶级的不断发展使它的成员数目增长，但仍然不可能赋予自己独立行动的力量。它将获得管理现代社会的中心作用，但不可能控制它。这一资产阶级阶层将在一股更大的资本主义动力驱使下前进，有时候会支持反动的或者法西斯的方式以解决对体制的威胁。

财产的集中化使受自由主义模式指引的个人没有可能进入拥有财产的群体中。他们放弃与政治的积极的关系，倾向冷漠，而不是忠诚。也许白领群体并不比其他群体更感到异化，在小规模的市民参与这一层次上，也许他们更不会这样感觉。但是，因为他们无法说清他们的阶级意识模式，因为他们是依赖别人的人，他们被社会组织之巨大以及问题之复杂所征服，他们无法使自由主义模式充满生命力，因此，这个白领群体是怀有现代异化情绪的主要群体。

米尔斯论述了文化与自由主义互动的问题——这是他极喜欢的一个课题。大众传媒迎合并反映大众的情绪。它们通过简单的方式增加自己的销售，却无法完成它们作为信息传递者的使命。它们专门销售世俗接受的东西，这更增加了大众的冷漠。公众对传媒的水平与内容却乐于接受。也许这与整个社会的结构与情绪有关。中间白领阶层对擢升已经绝望，极大富裕所造成的绥靖（pacification），自我和个人独立性丧失，日常生活的沉闷与无聊取代了由地位带来的满足，对民族主义的疲倦，为了追赶时代的发展而透支个人的才能，等等——这一切都保证传媒会有大众的追随。大众传媒与大众情绪结合，传媒通过提供对生活现实逃避的可能性而加速了异化。

在米尔斯看来，最可怕的后果是政治对社会变化关注度下降，本来人们可以通过自觉的理解而更好地安排自己的生活的。美国的体制从未经历过群众性的对现行体制怀疑的政治运动。美国的富裕和自由主义有可能促成妥协和共识。20 世纪 50 年代的政治现实要求美国对广泛的异化的原因进行审视。然而，美国运用老的政治技巧和妥协的思想躲避了这一切。而白领人士也不会要求在道德层次上对体制再度审视。独立的自由主义的基础缩小了。白领人士缺乏作为一个阶级模式的凝聚力，结果是谁也不去承担振兴的重任。

20 世纪 50 年代中期美国摆脱了几乎要将它自己置于死地的文

化压迫——麦卡锡时期。米尔斯觉得有必要对正在庆祝战后胜利的美国进行批判性审视。他出版了《权力精英》（*Power Elite*），试图在美国的自满情绪上浇上一盆冷水，他提出警示：这种权力有可能将美国历史上最优秀的民主传统引向反面。

在权力问题上，二战后美国社会文化学者中有两种不同的阐释，即共识观点与否定效应的观点。第一种观点的代表是米尔斯，第二种观点的代表为里斯曼。权力共识观点认为由个人组成的群体视他们的领导地位为共同利益的源泉，尽管他们之间有分歧，但他们共同守护他们的权力以对付广大的多数。他们权力的源泉可能是经济财富，个人或职业的声誉，或对政治机器的控制，有可能民主地也有可能非民主地行使他们的权力。无论他们的权力的源泉来自何方，个人控制巨大的权力有可能产生对行为的制约。米尔斯的这一观点符合他对上层进行分层化的经验性方法。里斯曼的否定效应观点是不同于权力精英的一种权力理论，它将有影响力的群体看做利益成分。里斯曼强调不断使用权力的高度危险性，跟能源一样，权力也有衰竭的时候。

米尔斯认为"受过教育的公众"是一个抗衡不负责任的或者秘密的权力机构和决策的力量。他将社会秩序分为统治的少数和一个广泛的、基本上是分割的群众。米尔斯认为有必要恢复、保护、激活甚至引导"受教育的公众"参与公众生活。他相信理性、信息和公众批评的潜力。他认为，对权力精英的制约来源于受教育的公众的政治意识，遗憾的是，这种政治意识在日益淡漠。

《权力精英》表明基本上基于财产占有的权力集团已经让位于广泛的、无名的权力网络。通过家庭继承而得以延续的财产占有制让位于系统化的公司财富管理制度，这使美国权力的行使与维持发生了巨大的变化。权力的集中化是由生产物质财富的技术机器发生变化造成的，因为这种变化使社会关系按集中的管理和控制社会财富的形式理性化。尽管相互竞争的群体在一定的时期组成联盟，作为现代技术理性化的一部分的权威集中化赋予大批的官僚机构的头目、联邦政府执政官以及非民选的顾问们以越来越大的权力。

权力精英不是一个一成不变的铁板一块的集团，而是一个无名的、非民选的，因此是不需负责任的群体，他们可以无需广大公众的支持和了解而行事。正因为缺乏公众舆论的监督，正因为他们全力致力于保护自己的权利并扩大影响，这才使精英的存在成为可能。也正是在这一点上，权力精英成为一种凝聚的力量。米尔斯希图在高层决策者身上恢复对公众的责任感，恢复觉悟的公众与民选官员之间的紧张关系。总之，他希望恢复一个利益驱动的公众，使他们关怀问题，而不要使他们成为沉默的"群众"。

在《权力精英》中，米尔斯关注的与其说是"资本主义"，还不是说是"现代性"的总的条件。他认为，现代科技的合理化以及随之而来的权威的集权化比任何一个社会制度的特点更为重要。米尔斯按建筑构建了他的体系：高层，中层，和公共、大众层次（这一层次基本上处于休眠状态）。大众层次呈现一种无能为力的状况。由相互竞争的家庭与政客领导的政府现今受制于中层的权力。为了取得巨大的财富，有必要将赚钱与进入国家级的精英层结合起来。

尽管权力精英们占有着稳固的公司、国家和军事职务，但他们在社会上并不像欧洲老贵族精英那么显眼。美国从未经历过封建阶段，因此对于炫耀权力的关注比封建社会要少得多。尤其当中产技术人员提拔到一个日益复杂的社会的权力层时，情况就更是如此。

米尔斯认为有三点可以帮助理解精英们的凝聚力：①由于拥有相同的教育背景、相似的社会出身和声誉，他们相互之间有一种心理的认同感；②这些心理因素因为体制的等级结构而得以加强，组织上的相似性与同样占有领导地位进一步促进了由利益和个人相似性构成的社团意识；③这些层次上的运作机制和相互融合产生更严格的协调的需要。

在权力和财富涌向大城市之前，在美国地方控制权是很重要的。美国过去实质上是由一批在地方上有权力的精英所控制，在他们的手中掌握着国家的财富。职业政治家仅仅代表这些精英利益而已。新技术创造了一个新的群体，他们的财富不再来自财产或原始产品，而是来自技术、制造业和工业投资，最终垄断王国建立了起来。

在到达这一步之前，新的工业阶级成功地在争夺社会显赫地位、财富和工业实力的战斗中击败老的当地家庭。财富的权力的战略性源泉——制造业很快克服了老的当地社会的声誉和权力体系。老的家族被"新的金钱"所击败，新的金钱来自与老的家族毫无联系的企业。新的制造业中产阶级就财富而言成为全国性的一支力量。

在公司财产后面，个人继续聚敛史无前例的财富。这一阶级的人们被称为"极富者"。他们不一定是经理或财富的管理者，但他们是公司最大的金钱报酬的获得者。他们占有着高层的职位，并且是公司的主要投资者。那些在进入公司时没有掌握大量财富的人几乎是不可能爬上高位的。拥有财产的家庭和富有者通过合法的技术人员和代理人保护他们的财富。公司使极富者较为不显眼，但绝不会使他们减少权力和财富。公司的首席执行官是权力精英的另一个组成部分。这些新的工业巨子和过去的企业家不同。他们不拥有公司财产，但他们管理公司。他们和极富者之间很难区分开来，但他们组成了 20 世纪特有的一群人，这群人是由私有财产的集中化和合理化造成的。最大的公司在各自的工业部门和地区按共同的利益组成联合。这一机器，即公司管理的技术被组织成赚取利润的中心，必然会导致中央控制。这些位于公司高级职位上的首席执行官大都来自城市中产阶级上层、清教徒和企业家。就类别和背景而言，这些因素将首席执行官们紧紧地联系在一起。

军事领导人上升到权力的上层是与美国上升为国际主要政治力量有关。国家垄断了"暴力手段"，新的军方领导人是中央高度集权的组织的头目，这些头目在民族事务中的发言权越来越大。米尔斯追踪军事领导人的背景——训练、教育、宗教和心理——发现这些新精英有许多重合与相似之处。由于他们的声誉，由于他们捍卫民族国家，他们处于与公司极富人一样的地位。军事领导人成为工业和公司高级职位的源泉。由于武器的复杂性，新型的军事对峙和现代暴力手段的空前危险性，执行外交政策确实需要真正的军事专长。权力的中间层——国会，特殊利益集团，等等——不可能提供足够的决策需要的信息。所以，与其说军方领导人争夺权力，还不如说他们填补了空缺。军事领导人不被民意或选举所左右；只有来自政府的抵制对军方权力造成制约。军方可以比其他政府机构较少受限制，他们的权力于此得到了加强。

美国外交人员来自商业和政治阶层，但从没有一个坚定的职业外交家来源中心。军方由此有可能进入外交的高层圈内。军方和公司工业之间的生产合同，两者之间高层领导的互换性以及在地位体系中的相互吸收使军方和商界在高层达成共识。于是，他们之间越来越相互依靠彼此的政策和计划，相互处于一个利益和人员互补的网络之中。

国家机器膨胀，它的活动范围达到史无前例的境地。国会膨胀，变得日益复杂，由于地方和州的压力，政治家几乎不可能独立地考虑国家的与国际的问题。他们所从属的党派越来越像是他们的对手。战争与和平等重大问题每每置于党派政治之外。由于要有效地处理国家与国际问题，行政当局负起了更大的责任；行政当局周围围绕着一批来自军方与公司精英的顾问。

职业政治家让位于所谓"高级政治家"，这些关注政策的人士通过理想化的或机会主义的动机被征召到他们的岗位上。在这样一个决策的岗位上，他们得到的权力和地位是无与伦比的。他们与行政当局联系，超越国会，成为决策者。对他们的决策权力很少有制约，他们享有着其他国家所没有的运作自由。根据米尔斯的观点，在高级政治家之下有所谓"政治外人"。国会中的党的政治家因为他们对选民的责任以及党培育了他们的事业，所以在种种方面受到限制。"官僚政治家"安身于行政当局之中，在那里他们可以同意也可以反对党派政治家，但他们受官僚擢升制度所制约。政治外人既不是党派政治家，也不是官僚政治家。他们直接从军方或公司来到高层为行政当局做顾问。他们有可能与民选官员建立相互利用的关系，但他们比民选官员在决策中更为自由。党派政治家与党派官僚主要处于权力的中间层面，而非民选的、由总统聘用的顾问直接置于高级政治家之下。这样，决策过程就置于权力精英圈子之内了。

旧的美国权力模式由一个多元的独立的相互摩擦的群体组成，形成一种社会平衡。在米尔斯看来，中层权力中的多元群体处于一种僵持状态。尽管它们有利益的重叠，但基本上是分裂的。联邦制约和平衡使集权化在美国很困难。对于米尔斯来说，它们更多的是制约公众压力。"分而治之"使权力避免集中在一个个人或办公室中间，但它无法拒绝权力精英。它安身于不同利益的和谐之中。

米尔斯认为，政治的代表来自富裕的有钱阶层，在美国，中产阶级在中间权力层面上的代表危险地下降。缩小中产阶级政治力量的因素减弱了制衡理论的有效性。他认为在高层的权力相对来说是没有制约的。权力精英超越并凌驾于传统的美国中产阶级政治之上。

20世纪50年代产生了充塞美国的明显的保守主义情绪。米尔斯认为美国保守主义远非一种哲学，它缺乏一个真正的阶级基础或者阶级传统。他说，经典的保守主义的形式具有天然的贵族性。

但是，在美国，并没有一个前资本主义的支持天然贵族的阶级基础。美国资本主义的竞争性鼓励自我奋斗的个人主义者理想，对天然贵族造成不断的挑战。美国官方的意识形态从一开始就是自由主义。自由主义拒绝承认今日权力的事实，它的言语本身是一个新的美国保守主义政策的主要形式。由于没有经典保守主义的阶级基础，自由保守主义在道德上优越的人士身上看到了天然的贵族性，这些精英基于地方，具有中层政治领导的素质。对地位感到不满的个人也许会倾向于小资产阶级右派，但这些政治分裂的组织不可能完全归进保守主义的情绪之中。它们会聚合在"政治左派"的旗下以支持在美国的真正的变化,至少对美国现状提供一些批判。

新政加强甚至使自由主义更为适应现代。新政在 1933 ~ 1945 年的胜利造成了一群坚实的对自由主义忠诚的公众。世界大战结束了大萧条,并加强了这一自由主义的胜利。社会问题从大规模失业转向大众文化。捍卫马基雅维利主义的人们压制公众的政治批判,对社会权力高层的任何人不提出挑战。这样,上层领导失却了最聪明、最敏感的成分,因为缺乏批判性的公众压力以保证最佳人选进入高层领导。在高层领导,甚至在中层权力结构中,知识与政治敏感性分离,这成为大众社会非道德化的精髓。这一切对当代美国文化产生了深远的影响。

第四节 意识形态的终结

丹尼尔·贝尔在《意识形态的终结》(1960)中指出,过去几十年中发生的非人性化造就了大众社会的理论。人们在关心社会自由的总的条件之外更加关注个人的自由和在美国机械的社会中获取个人自主的可能性。根据丹尼尔·贝尔的观点,"大众社会"为:运输和通信的革命使人们接触更为接近,并用新的方式将他们联系在一起;劳动分工使他们互相依赖;社会之一隅的震动将波及所有其他的阶层。尽管相互更加依赖,但个人之间变得更为疏远。旧的主要的家庭和地方社区的联系被打破了,古老的教区信念受到怀疑;几乎没有统一的价值可以取而代之。更为重要的是,教育良好的精英的批判性标准不再引导舆论。人与人之间的关系被分割化了。人们更加关注地位。每一个人拥有一系列角色,必须在新的情境中证明他自己。因为这些变化,个人丧失了前后一贯的个人意识。人的现代性忧虑增加了。于是,人开始寻求新的信仰。

丹尼尔·贝尔总结大众社会有如下几个特点:

①大众作为无法区别的一个数;

②大众作为无竞争力的人们的一个判断;

③大众作为机械社会；

④大众作为官僚化的社会；

⑤大众作为群氓。

丹尼尔·贝尔思想主要关注社会与文化，理性社会的希望与绝望。哈贝马斯在论及贝尔的思想时，说贝尔接受现代主义的社会原则（科学理性），同时拒绝现代主义的文化原则（世俗化和道德的衰退）。在贝尔的思想中有二分法的成分。在他的作品《后工业社会的来临》（1973）和《资本主义的文化矛盾》（1976）中，他同样用了二分法，二分法成为他思想深层的结构——怀疑主义与道德，利益和理想，客观的结构与主观的目的。贝尔的心理明显是乌托邦的。在政治领域，他坚持呼吁道德的意志行为，而道德的意志行为没有任何社会力量作依托；他认为，道德的意志行为将完成一个政治上可以管理的经济的诺言。正是社会民主目的驱动了他的思想。

在20世纪60年代初期，贝尔在现代异化文化的基础上是否有可能构建一个新的激进主义向新左派提出挑战。正当贝尔在等待公共哲学的产生时，新左派提出了一个更为有意义的挑战：社会变化主要仍在于发现与激活变化的动因。

在《意识形态的终结：五十年代政治思想的枯竭》中，贝尔指出了20世纪30年代后期的僵局所造成的差异一直持续到20世纪50年代，他论述了福利国家意识形态的临时性性质。事实上，贝尔的思想揭示了福利国家意识形态的矛盾。他将理性化看成是通向一个理性道德导引的社会的途径，同时又是这样一个社会的制约因素。贝尔的理论提出了理性社会的希望，而同时又否定了这种希望。意识形态的终结理论植根于福利国家理论。贝尔采用了后资本主义管理社会的定义：由于家庭所有制与公司企业分离，由于随之而发生的一个凝聚的统治阶级的消失，私人生产性财产在美国大部分是一个虚假的现象，经营本身而不是利润成为美国公司的驱动力。贝尔提到了美国资本主义秩序，并批判了美国资本主义的意识形态。这种社会秩序便是"有组织的资本主义"。在贝尔看来，非资本主义秩序之所以产生，就因为一个不受干扰的自治的市场条件不复存在。这一不正常的现象使贝尔一方面接受功利社会主义，同时又批判它。他赞赏西方的社会主义者接受了混合经济作为进步的媒介、市场机制作为经济理性化手段的思想而与他们所在的社会合作；但是他又批评这些社会主义者没有对市场理性化加之于生产与工业工人身上的效率要求提出挑战。在一个既是资本主义又不是资本主义的秩序中虽然劳动仍然不是自由的，生产越来越被理性合作的共识所导引。

在 1952 年，贝尔在论及社会发展时使用了国家资本主义、管理社会或者公司资本主义等概念，在 20 世纪 70 年代，他找到一个合适的定义：后工业社会。贝尔将 1945～1950 视为后工业社会的诞生时期，这一时期也正是他的关于一个新的社会秩序的社会理论形成的时期。

在《后工业社会的来临》（1973）中，贝尔坚持说后工业社会不是后资本主义社会。但他所规范的后工业主义，即使不是资本主义的末日，至少也表明资本主义的衰落。在《后工业社会的来临》中，他提出了五种变化的范围：在经济中，服务部门超过生产部门；专业—技术职务的增长；理论知识或科学成为社会的中心；由于试图评估技术发展的后果，社会总处于一种前瞻的状态；决策依赖于知识技术。在贝尔的社会理论中，他将社会结构、文化和政治三个领域分割开来。他将后工业主义归属于社会结构，定义为"技术—经济秩序"。

与其说贝尔是一个杜威的信徒，还不如说他是一个韦伯的信徒。韦伯关于理性与含义（meaning）之间的区分帮助贝尔区分社会与文化。这一基本的二元论在《后工业社会的来临》与《资本主义的文化矛盾》（1976）之间建立了联系。贝尔说，后者与前者有一种辩证的关系。

这两部著作既相互对立又相互补充，如果不是将两部著作作为互动的和互相补充的著作，人们就无法了解贝尔思想的主貌和真髓。《资本主义的文化矛盾》讨论当社会趋向以科学治理的时候，现代文化自我毁灭式地解体。贝尔认识到清教主义的"苦行"伦理让位于现代文化的"享乐主义"，他认为现代文化的享乐主义是由资本主义本身制造出来的，开始由于资产阶级要将个人和个人欲望从社会管制中解放出来的需要，然后又由于大众消费经济的建立，大众消费经济需要享乐主义伦理以维持商品在市场上的流动。

贝尔认为文化的真正问题并不在于现代主义本身，而在于后现代主义。后现代主义使经典现代主义的反社会的自我冲动演变为一个大众态度，这种大众态度由大众消费所支撑。在追求新经验中，大众文化变成虚无主义的，打破了将社区联系在一起的一切。

贝尔认为，现代主义扰乱了文化的一统天下。动乱来自三个方向：对艺术与道德分治的坚持，对创新和实验的推崇，以及把自我（热衷于原创与独特性的自我）奉为鉴定文化的准绳。他简要地勾勒出现代主义的三方面特征。①从理论上看，现代主义是一种对秩序，尤其是对资产阶级酷爱秩序心理的激烈反抗。它侧重个人，以及对经验无休止的追索。②在体裁上，产生出一种他称之为"距离的消蚀"现象，其目的是为了获得即刻反应、冲撞效果、同步感和煽动性。③对传播媒介的重视。他说，近百年来，如果说有一个主宰性影响的话——至少在高级文化层——它正是资产阶级自身不共戴天的敌人：现代主义。

贝尔深刻地揭示了资本主义经济冲动与现代文化的关系，揭示了自我异化的根源。这对我们了解当代美国文化是至关重要的。他说，资本主义经济冲动与现代文化发展从一开始就有着共同根源，即有关自由和解放的思想。它在经济活动中体现为"粗犷朴实型个人主义"，在文化上体现为"不受约束的自我"。尽管两者在批判传统和权威方面同出一辙，但是它们之间却迅速生成了一种敌对关系。人们可以用弗洛伊德的理论来解释此种现象，指出是转移到文化方面的性本能威胁了生产工作所必需的纪律。这种说法虽有些道理，但太抽象了。较为符合历史的解答似乎是这样的：资产阶级精打细算、严谨敬业的自我约束逐渐同他们对名望和激动的孜孜追求发生了冲突。当工作与生产组织日益官僚化，个人被贬低到角色位置时，这种敌对性冲突更加深化了。

贝尔讨论了粗鄙的流行文化成为时尚的原因。他说，如今的现代文艺不再是严肃艺术家的创作，而是所谓"文化大众"的公有财产。对后者来说，针对传统观念的震惊已变成新式的时尚。文化大众在口头上已经采取了对资产阶级秩序和质朴作风的反叛态度。资本主义的双重矛盾已经帮助树立起流行时尚的庸俗统治：文化大众的人数倍增，中产阶级的享乐主义盛行，民众对色情的追求十分普遍。时尚本身的这种性质，已使文化日趋粗鄙无聊。

贝尔指出了现代社会内部紧张局势的结构性根源。他说，紧张存在于官僚等级制的社会结构和郑重要求平等参与的政治体系之间，存在于依据角色和专业分工建立的社会结构与迫切希望提高自我和实现个人"完美"的文化之间。从以上矛盾中，我们可以洞察出许多潜伏的社会冲突，它们在意识形态上被称为异化，非人化，以及"对权威的攻击"，诸如此类。

贝尔富有独创地提出，中产趣味成为大众社会中的一种文化趋势。他说，与20世纪50年代美国中产阶级的丰裕现状相呼应，中产趣味的文化也形成了普及趋势。"中产趣味"一词本身就反映了文化批评的一种新形式。他认为，美国大概是历史上第一个大规模将文化变革融合于社会结构的国家，许多社会地位问题的产生，完全是因为这种变革快得令人晕头转向。大规模消费和高水平生活被视为经济体制的合法目的。销售活动变成了当代美国最主要的事业。销售本身直接与节俭习惯相冲突，它强调挥霍；销售活动也反对禁欲主义，它鼓励讲排场、比阔气。

他指出在美国社会中充斥享乐主义和娱乐道德观，对性和情欲的追求，娱乐道德观代替了行善道德观。他说，享乐主义的世界充斥着时装、摄影、广告、电视和旅行。这是一个虚构的世界，人在其间过着期望之中的生活，追求即将出现而非现实存在的东西。10
年前，一份取名《花花公子》的杂志大肆畅销，此事并非偶然——
1970 年它的发行量达 600 万份——主要原因是它怂恿男子的幻想，
夸大他们的性能力。正如马克斯·伦纳所述：如果说性是美国生活
最后的边疆，那么这个不断进取的社会在性的问题上也表现出最强
烈的成功欲望。20 世纪五六十年代，人们对情欲高潮的崇拜取替了
对金钱的崇拜，成为美国生活中的普遍追求。他认为，放弃清教教
义和新教伦理的结果，当然是使资本主义丧失道德或超验的伦理观
念。这不仅突出体现了文化准则和社会结构准则的脱离，而且暴露
出社会结构自身极其严重的矛盾。一方面，商业公司希望人们努力
工作，树立职业忠诚，接受延期报偿理论——说穿了就是让人成为
"组织人"。另一方面，公司的产品和广告却助长快乐、狂喜、放松
和纵欲的风气。人们白天"正派规矩"，晚上却"放浪形骸"。

　　贝尔从思想和文化领域分析了大众享乐主义。他说，在美国，
心理学取代了传统的道德观，心理焦灼取代了负罪感。

　　享乐主义时代也自有它合时宜的文化方式——流行艺术。流行
艺术反映了大众的审美观。

　　20 世纪 60 年代生成了一种新型文化，它可以被称为幻觉文化，
或者"反文化"。它高喊要反对资产阶级价值观和美国传统的生活
方式。这种宣言的可笑之处是它滑稽地模仿六十年前青年知识分子
的论战口吻和理论姿态，对一系列准则大肆践踏。它不过是 20 世
纪 50 年代享乐主义扩展的结果，是上层阶级早已实践了的放荡行
为的民主化过程。正像 20 世纪 60 年代的政治激进主义承接了十年
前失败的政治自由主义那样，幻觉文化的极端行为——表现在性行
为、裸体狂、变态、吸毒和摇滚乐方面——和反文化延续了 20 世
纪 50 年代强装作态的享乐主义。

　　贝尔论述了大众文化造成的距离的消蚀。他说，大众社会的最
触目的方面就是：尽管它把广大群众合并到社会里来，但又创造了
更加纷繁多变的局面和一种对经验的剧烈渴求，因为世界越来越多

的方面——地理的、政治的和文化的——进入了普通男女的眼帘。这种眼界的扩大、这种艺术的融合、这种对新事物的追求，不论把它看做探索之途，还是作为一种想出人头地的势利的努力，它本身就在创造一种新风格，创造一种现代性。造成涣散感的不仅仅是五花八门令人眼花缭乱的文化领地（以及严肃的、半生不熟的、业余的文化实践者的剧增），而且还因为缺乏一个既提供权威又提供地点的（地理上或精神上的）中心，现代主义文化都缺乏中心。而文化又割裂成分门别类的断层，这就不可避免地要割断为整个社会维持一种文化的言路。

丹尼尔·贝尔一直非常关注西方社会中的文化与社会结构之间的距离：文化的发展日益成为反体制的（如反文化），而社会结构则走向职能合理化和能者统治（中产阶级的专业化）。他注意到在20世纪50年代美国中产阶级在丰裕的状况下，中产趣味的文化形成了普及趋势。文化成了消费的生活方式。德怀特·麦克唐纳（Dwight Macdonald）认为，"中产崇拜或中产阶级文化却有自己的两面招数：它假装尊敬雅文化的标准，而实际上却努力使其溶解并庸俗化。"汉娜·阿伦特（Hannah Arendt）认为，中产阶级社会——此处指兴趣相投的受教育群体——长期视文化为商品，并从它的交换中获得了一种势利的价值观。实质上，贝尔、麦克唐纳和阿伦特都认为从中产阶级中有可能产生俗文化。现代社会本身失去了它的文化支撑点，精英文化遇到了危机。从社会经济背景来看，中产阶级是从19世纪小企业主和自由农夫发展而来的，新中产阶级的产生是随现代公司经济的产生而产生的。它是现代主义的产物。因此，它带有激进性、进取性、猎奇性和追求时尚（即贝尔所谓"入时"［in］）的特点。它不想也不可能将自己围于所谓雅文化的羁绊之中。它设法创造和享受适合现代社会快节奏、理性、紧张、非道德化特点的文化趣味。这就是贝尔所谓资本主义社会的文化困境，现代主义的文化时尚，不论现代制度把它吸收多少，它总是带有颠覆性的影响。

在后现代美国社会中，人们惊异地发现传统的精英文化的衰落，人们已经不像在 19 世纪那样耽读托尔斯泰、左拉、巴尔扎克、狄更斯的巨著了。弥漫社会中的是大众文化，是流行文化，是快餐式的文化。流行文化吸引了社会中最年轻的、最有生气的人们。有人指责流行文化肤浅，世俗，没有优雅的风度。

综观二战后美国文学、美术、音乐的发展，人们不难发现贝尔所论述的文化断裂的现象：艺术越来越抽象，越来越离奇，越来越荒诞。于是，音乐破坏了旋律与和弦的平衡，传统的音乐的乐谱也被抛弃了，采取了抽象的音响。美术仅仅是色彩的堆砌，在行为艺术中，锈迹斑斑的钢管也成为艺术品。文学的创作全部打乱了时空的界限，作家在半意识和无意识中探索。小说没有情节，没有戏剧性，更多是内心的独白。在诗歌里玩弄音位和"喘息间断"。贝尔所谓审美距离和心理距离消蚀，艺术变得或者越来越粗俗，或者越来越不可理解。我们从美国艺术的发展可以清晰地看到两种倾向，一种就是媚俗，走大众趣味、时尚趣味、彻底庸俗化的道路；一种就是走孤芳自赏的道路，一味地抽象，使艺术成为一个很小的圈子的人才能理解的东西。于是，精英艺术与生活、中产阶级、大众疏离。中产趣味和大众文化在大众社会中成为时髦。

黑格尔曾经说过，艺术已不再吸引人的主要精力。如今吸引这种精力的是科学，是一种从事"理性探究的不懈精神"。艺术已经退居边缘。在科学时代里，人们还在画画和写诗，但人们已不再顶礼膜拜上帝和圣母玛丽亚了。社会开始世俗化，世俗化造成的了最终后果必然是渎神。人们不再信神，不再有信仰。美国的品格构造——清教主义及其天职意识开始瓦解。当信仰丧失之后，又没有合适的东西替代，成为大众的中产人们处于一种恍然的精神状态之中。在这种恍然的精神状态中，中产人士必然追求的是那种无需深沉思考、无需咀嚼的大众文化，大众文化可以满足他们精神的需要，可以慰藉他们的现代孤独感。在这种情境下，艺术等级观念被否定了。根据丹尼尔·贝尔的说法，在社会中发生了艺术的解体、言路的断裂、人与角色的断裂以及天才的民主化，人们对高级与低级之间的分野嗤之以鼻。人们不能不看到在现代社会中艺术所发生的这一切革命性的变化很重要的一点就是因为中产阶级的崛起。中产阶级，即那些从事技术、管理、科学的人们，这些孤独的人们的中产趣味左右着艺术的发展。他们生活在一个极度紧张、竞争严重的社会环境中。他们有一种追求享乐的需要、追求肤浅和庸俗的需要，以调剂他们本来就十分紧张的生活。于是，那些娱乐性的、松弛神经的、没完没了侈谈情爱的艺术成为时尚。这就是德怀特·麦克唐纳所谓中产崇拜的结果。庸俗化的中产趣味是抵御精英文化的最强大的力量，也是美国当代文化的显著特点之一。

从本质上讲，中产阶级对美国的文化环境是至关重要的；中产阶级趣味或中产阶级文化应该是美国当代文化的代表。每一个时代都有其特殊界定的雅文化和俗文化。一个时代的俗文化有可能成为另一个时代的雅文化或精英文化。这是一个历史演进的过程。因为衰微的是那些不适应时代潮流的文化价值，而兴起的正代表新的正在酝酿的社会的本质。

第五节　21世纪初美国面临的文化悖论

弗朗西斯·福山在 1992 年冷战结束后将他在 1989 年发表在《国家利益》杂志上的《是历史的终结吗》扩充为一本书，名为《历史的终结和最后一个人》。在这本书中，他认为，西方自由民主体制的来临预示了人类社会文化演变的最后的一个阶段，同时也显示西方的自由民主体制将是人类政府的最后形式。他说："我们正在目睹的也许并不仅仅是冷战的结束，或者是战后一个特别时期的结束，而是历史在如下的情况下终结：即人类意识形态演变进入最后一个阶段，普世的西方的自由民主成为人类政府的最后形式。"福山认为，自从法国大革命以来，就种族、政治和经济而言，民主不断地证明它基本上是一种比其他政府形式更好的制度。

　　有些西方学者认为福山的《历史的终结》没有充分地考虑种族忠诚和宗教原教旨主义，例如伊斯兰原教旨主义或者激进的伊斯兰的力量，这种力量是西方自由民主的一种对立力量。

　　2001年9月11日恐怖主义者对美国施行的恐怖袭击表明，福山关于冷战结束意味着全球主要冲突结束的论断过于天真，过于乐观了。

　　"9·11"事件对福山的历史终结的理论、对美国的乐观情绪来说是一个巨大的冲击。美国国内社会文化和道德情绪从此发生明显的变化。新保守主义思潮开始在美国占主导地位。总统的权力得到空前的扩大。美国的移民政策更为强硬。反恐成为国家政治生活的中心，爱国主义高涨。在美国公众中有普遍的不安全感。反恐成为美国国内政治和对外关系中的主要因素。在美国将反恐引向世界的同时，它也使自己陷于困境，从而面临一系列文化悖论。

　　"9·11"事件后，美国面临的主要的文化悖论之一便是民主制度与帝国的关系。由于美国在世界上在政治、经济、文化和军事方面都占绝对优势，它成为无与伦比的霸主和世界警察。正如丹尼尔·贝尔说的，"美国成长为一个帝国主义强国……作为世界最强国，它在世界各地卷入（有时是主动加入）了第二次世界大战后随即而来的意志的较量。这样，美国开始在世界上施加一种权威的影响……"于是，它几乎处于所有人的怨恨与谴责之中。

　　美国无论是硬实力还是软实力都是世界第一。根据约瑟夫·奈（Joseph S. Nye Jr.），软实力是通过吸引或劝导其他人或国家做你期望做的事，即期望其他人或国家采取你的目标。硬实力是通过使用胡萝卜加大棒的经济和军事的力量使其他人或国家遵从你的意志的能力。软实力是"一揽子计划"，包括流行音乐、美国职业篮球、人权等，总之是"美国的生活方式"。根据罗伯特·库珀（Robert Cooper）的理论，新帝国主义是指后现代国家动用它的国家力量（包括军事力量）来控制还是民族国家的现代国家，同时也制止前现代国家那些诸如屠杀之类的行为。

美国成为冷战后唯一的一个超级大国，对伊拉克的占领标志着一个新帝国的诞生。这个新帝国主义的政治文化特点是：（1）不再是以占领殖民地作为标志；（2）它是以对全球化的市场控制作为标志；（3）以绝对优势的经济和硬实力为后盾；（4）以软实力，即美国文化和价值为吸引力；（5）以先发制人为其战略；（6）它的目标是在全世界实行美国式民主，将美国生活方式普世化。

亨廷顿曾指出，建立全球帝国是不可能的，维护世界安全则需要接受全球的多元文化性。如果现代化和全球化造成的断裂存在于美国与世界其余地区，那么，那将意味着单边主义美国与世界其余地区的对峙。丹尼尔·贝尔在谈及修昔底德的《伯罗奔尼撒战争史》时论及一个民主政体进退两难的困境。他指出，"帝国的角色对于任何国家来说都是难以扮演的，因为它意味着国家必须承担起提供大量的人力和财力的义务。如果这一切不能得到回报，就会在内部导致严重的紧张状态。"美国的民主制度与帝国的关系反映了美国政治与文化的分裂。

美国在当今世界上独霸的地位，其先发制人的战略，使它在世界政治中具有不可一世的优势，它的权威几乎是不可扼制的。而这与美国信奉的基本民主价值背道而驰。科罗拉多学院教授大卫·亨德里克森（David C. Hendrickson）认为，"其实美国人民无须别人来提醒他们，任何行使不加限制的权力的情况表明一种初期政治病症的危险的信号。对权力的制衡正是我们建国元勋们留传给我们的思想遗产，这一思想是我们宪政的中心议题。"他说，"如果这种倾向失控的话，它将导致毁灭。"

鲍勃·赫伯特（Bob Herbert）认为，美国在伊拉克发动的战争是一场悲剧性的、不可能打赢的大灾难。美国的战争加剧了伊斯兰激进分子的反美情绪。美国在伊拉克驻军正是圣战分子所希冀的，因为它提供了一个与美国人面对面战斗的机会。美国不可能以武力威胁的手段赢得在伊拉克的胜利。历史证明，给一个国家外加一个政府，奉行一个在本国没有文化基础的信条，是不可能成功的，不管这个信条是多么的美好。布什在"敌人"的概念上含糊不清，并挑起了一场没有时间限制的战争。由于对"敌人"概念在定位上过于宽泛，有可能使美国错误的反恐战略合法化，将美国陷入其他国家内部的权力斗争中。如果以暴易暴，将使更多的人走向恐怖主义的阵营，使美国更加不安全。不问其他国家的文化背景，而施行美国主义，使美国的国际形象受到挑战。这是美国作为新帝国所面临的一个无法解脱的文化悖论。

在"9·11"事件后，美国重新审视其社会文化的特点之一开放性，实行一个较为强硬的移民政策。这对美国社会的根本特点——移民性——构成挑战。这是美国所面临的另一个文化悖论。

"9·11"事件暴露了美国开放社会的许多致命的弱点及其脆弱性。虽然大多数美国人，包括美国政治家并不希望"9·11"事件使美国改变其传统的开放社会的根本原则，但面对国际恐怖主义的威胁，其开放性不受到影响是不可能的。国会和白宫都认为要改进签证发放工作，边境巡逻和对在美国的外国人的监测。美国着手削减入境签证数。从 2000 年 10 月 1 日至 2001 年 9 月 4 日，美国共发放 28.4663 万份签证，而从 2001 年 10 月 1 日至 2002 年 9 月 4 日，则只发放 22.4324 万份签证。同期签证拒签数从 10.7754 万增至 11.0893 万，被拒签者大多数是亚洲人和中东人。以在肯尼亚的卡库玛（Kakuma）难民营为例，在 7 万战争难民中只有 2.7 万人在 2002 年得到前往美国的签证，是 25 年以来最低的。

2002 年 4 月，移民局宣布加强对留学签证的管理，规定持商务旅游 B 类签证进入美国的外国人，不得进入各种学校就读，也不能转为 F-1 类学生签证。规定同时缩短了持旅游和商务签证的外国人在美停留的时间，持 B 类签证的外国人在美停留的最长时间由一年缩短到 6 个月，持旅游签证的则缩短为 30 天，而且没有足够理由不得延长。同时，布什政府决定加强对外国学生申请在美国从事课题研究的审查，以防止恐怖分子获得敏感领域的信息和技术。这些敏感领域包括激光、高性能金属、导航系统、核技术与导弹助推技术等。

据纽约国际教育学院的一个受到国务院资助的名为《门户开放：2003》的调查报告，在 2002～2003 年度外国学生的入学率虽然有上升，但增长率只有 1%，而前 5 年每年的增长率是 4.9%。沙特入学学生数降至 4175 人，下降 25%，科威特入学学生数下降至 2212 人，下降 25%，阿联酋入学学生数下降至 1792 人，下降 15%。在送留美学生最多的 20 个国家中有 13 个国家的学生数下降，其中印度尼西亚学生数下降至 10432 人，下降 10%，泰国学生数下降至 9982 人，下降 14%，马来西亚学生数下降至 6595 人，下降 11%。在 276 个学院中，46% 说它们的外国学生数下降了，21% 说没有变化，33% 说它们的外国学生数上升了。

美国众议院于 2002 年 10 月 24 日，参议院于 10 月 25 日批准、总统于 10 月 26 日签署的《美国爱国者法》（USA Patriot Act）包括了对外国学生进行监控的条款，并规定为此调拨 3600 万美元专款。美国众议院于 2001 年 12 月 19 日通过、众议院于 2002 年 4 月 18 日通过、美国总统于 2002 年 5 月 14 日签署的《关于加强边防安全和入境签证改革法》（The Enhanced Border Security and Visa Entry Reform Act）加强了对外国学生的监控，并堵塞了漏洞。国土安全部将原来移民局的职能全部移交给公民与移民局及边境安全局。边境安全局负责对外国学生的监控。在美国，也有人担心将外国学生视为主要的安全与恐怖危险因素是一种对形势的错误估计，这有可能使政府的监控走向极端，却无补于减少恐怖威胁。美国政府要求来自 25 个阿拉伯和穆斯林国家的非美国公民从 2002 年 12 月到 2003 年 4 月到移民当局作特别登记。在 8.2 万登记的人群中，发现 1.3 万阿拉伯人和穆斯林为非法移民。这些人将面临被递解出境的命运。据美国官员说，自 "9·11" 以来，在第一轮递解非法移民中，已有 600 名阿拉伯人和穆斯林被送回来源国。此后，有 3000 名阿拉伯人和穆斯林被捕。具体被递解出境的数字美国官方拒绝公布。被递解出境的亚洲和非洲非法移民在过去两年中上升了 27%。

　　这些措施与美国社会的开放性是相悖的，与美国的自由资本主义原则是相悖的。而开放性与自由资本主义正是美国社会的生命线。减缓了移民的速度，对移民实行种种严酷的限制从长期来说将对美国经济、政治与文化产生影响。

　　"9·11"后，美国面临的另一个文化悖论就是行政与国会之间的权力制衡受到了挑战。美国的反恐战争在国内被当作政治的和意识形态的工具。在政治上，由于美国处于战争之中，美国总统拥有极大的行政权力，可以较有利地面对政治反对派。小布什总统所拥有的行政权力大大超越了"水门事件"之后的所有总统，并可以与当年罗斯福总统的权力相媲美。美国学者认为小布什恢复了历史学家小亚瑟·施莱辛格所谓"帝国总统"的做法。

　　在国内事务中，行政当局改组了移民与归化局而无须国会批准。小布什总统签发了允许在军事法庭审判恐怖分子的命令。由于美国战时的政治权力完全掌握在行政首脑手中，他现在拥有绝对的个人权力决定是否攻打伊拉克。小布什政府以保密和国家安全的名义拒绝与国会分享机密。小布什无视 1947 年通过的《国家安全法》，命令 535 名国会议员中仅 8 名成员能参加敏感性的发布会，后来由于议员反对并保证不泄露机密，小布什才后撤。小布什政府无须国会与法院批准就可以军事法庭的名义对美国人作为"敌方战斗人员"进行审判。小布什说，"敌人已对我们宣战，我们不能让外国敌人利用自由来摧毁自由本身。"小布什在 2003 年 7 月中旬宣布，将有 6 名被俘人员接受军事法庭审判。这将是美国 50 多年以来第一次使用军事法庭。2003 年 9 月 10 日，布什要求扩大《美国爱国者法》（USA Patriot Act）的执法范围，扩大联邦法律执法权力，去除妨碍追查与恐怖有关的犯罪嫌疑人的"不合理的障碍"。具体地说，他要求允许联邦机构在与恐怖有关的事件中签发"行政传票"的权力，以获取私密的、医疗的、财务的，以及其他资料，无须法官或大陪审团的同意；扩大联邦法关于死刑的规定，以涵盖与恐怖有关的罪行，并使与恐怖有关的犯罪嫌疑人较难获得保释。

美国有学者担心政府权力的过分膨胀会有损于美国最高权力的分权体系。

"9·11"事件之后，崇尚自由主义价值原则的美国国内社会面临着自第二次世界大战以来最严峻的文化挑战。在国家与市民社会之间，行政部门与立法以及司法部门之间，政府机构与非政府机构之间，产生了失衡现象。美国正在进行一场反恐战争，战争要求政府的运作按非同寻常的方式进行。在这过程中，它不可避免地遇到一系列与限制公民自由（civil liberties）有关的问题，如政府可以无限制地拘留任何人，将外国人遣返出境而不进行任何公开的听证会，拒绝将关押在关塔那摩的人员送交法院审判，司法部人员可以窃听可疑分子与律师的谈话，以及降低搜索住家的标准。政府可以在美国窃看和拦截可疑分子的电子邮件，根据《美国爱国者法》可以跟踪、追索、拘留或遣返疑犯，同时，司法部有更大的权力不经起诉就可以拘留移民。对此法在美国争论颇多。

美国以其宪法、民主治理、独立司法而自豪于世。而美国的司法精髓——独立的法官、独立的检察官和最高法院裁决——被认为是美国民主的象征。然而，有人认为，《美国爱国者法》所列的不经过独立上诉便判决的军事法庭，无限期的拘留权，对内部侦查行为监督的放松，等等，却与这一切背道而驰，此法涵盖过于广泛。联邦调查局（FBI）从2002年11月开始发公函，要求全美各大高校向该机构提供在校外国学生及教师的个人信息，其内容包括姓名、住址、电话号码、出生地、出生日期及其携带的各种证件的资料，以确定他们是否与已知或有嫌疑的恐怖分子有联系。在此之前，许多高校已向管理20万外籍学生的移民和归化局提交了类似的信息。移民和归化局根据美国移民法有权获知外籍学生的所有信息，但联邦调查局和其他执法机构在这一方面的权限则相当有限。

美国政府建立了一个广泛的电子追踪系统，即所谓"学生和交换学者信息系统（SEVIS）"，控制100万在美的外国学生和学者，特别是来自穆斯林国家的学生和学者。在2003年初，政府已批准

3900 所学校入网，1748 所学校在待批的过程中。没有批准入网的学校不得招收外国学生。系统记录外国学生和学者的所有个人信息，包括受学校处罚的信息。来自穆斯林国家的学生和学者处于一种被怀疑的境地。除了在总的追踪系统记录在案之外，移民和归化局有另一套系统，每年将来自 24 个穆斯林国家的学生和学者的手印和近照登记入册，并进行个人访谈。这种将美国学生和外国学生加以区别的做法是对美国学校多元化的自由主义传统的一个挑战。这一挑战涉及美国的根本价值体系，涉及美国往往引以为荣的根本的宪法权利。

在理念上，美国政府可以反恐的名义限制公民自由，可以说限制美国价值中的核心部分。司法部长阿什克罗夫特（Ashcroft）在 2001 年 10 月 12 日给各媒介头面人物的备忘录中根据《信息自由法》（The Freedom of Information Act）的精神强调在发布新闻时有必要考虑报道的敏感性与保密性问题，而司法部以前的方针是只要没有"可预见的害处"便可以发布。民权主义者指责政府篡夺了宪法所赋予的权利，侵害了个人的自由。于是在美国国内展开了一场关于民主价值的辩论，即在面对外来威胁的情况下，如何做到不损害民主，重要的是如何做到个人自由与国家安全的平衡。对国家安全的重视与强调往往会影响民主与人权。

五角大楼制订了"整体信息意识计划"（Total Information Awareness），旨在通过窃收互联网上的电子邮件和商业性资料库中的有关健康、金融和旅游信息而达到发现恐怖分子的目的。一组情报分析家可以从网络上收集情报，追索个人与个人或与团体的关系，并互相分享情报。他们可以与机场摄影机、信用卡交易机、机票预订网络和电话记录系统联网。美国众议院和参议院均认为这一做法只能针对外国人，不能针对美国人。他们认为这是对美国人隐私权的威胁。国会要求国防部在 60～90 天之内提供一份报告，在此期间不得继续研究，除非总统向国会表明这一中止有可能损害国家利益。国会曾否定了《美国爱国者法》中关于政府有权不经过法官而签发传唤传票的权力。由此，可以看到美国权力制衡机制的运作，国会对政府的一些有可能损害个人自由的做法进行控制。

自反恐战争进行以来，美国政府以"物证"名义已拘留了至少20多人。104名外国人被指控破坏了移民法而被监禁。阿卜杜拉·埃尔·默哈杰尔，原名胡塞·帕蒂拉，生于布鲁克林，是波多黎各后裔，在芝加哥长大，后皈依伊斯兰教。他被指控阴谋制造并引爆带有辐射的炸弹，俗称"脏弹"。如果按美国正常法律程序审判，美国法律中有许多条文将可以保护他。首先，因为揭发他的是物证，而在美国法律中由物证指控而进行的逮捕不能是无限期的，现美国政府把他定为"敌对战斗人员"，则便可以无限期地拘留他。美国五角大楼认为，美国从阿富汗战场所拘捕的罪犯将是无限期的，即使军事法庭判他们无罪，美国也不会释放他们。在整个战争时期，他们将被拘留，这场战争本身就是无限期的，这就意味着他们的拘留也将是无限期的。

另一案例是哈姆迪（Yasser Esam Hamdi）。他生于路易斯安那州的巴吞鲁日，父母是沙特人。当他在阿富汗为塔利班战斗时，被北方联盟所俘，现关押在弗吉尼亚州，没有经过任何法庭指控程序，也不被允许见律师。诺福克联邦地区法庭的法官罗伯特·道默尔请控方提供审讯记录和其他文件以判断哈姆迪是否是敌方战斗人员。8月6日，美司法部宣布拒绝提供给法官任何文件，并声明法院无权过问此事，并认为在战争期间美国政府拥有此权力。哈姆迪的案例牵涉到美国司法内部的分歧和美国司法与行政之间就公民自由权利所发生的分歧。

指控一个美国公民为敌方战斗人员，并剥夺其宪法所赋予的权利，显然属于国内公民自由权利的范畴。哈姆迪案例表明，小布什政府拥有绝对的权力决定谁是敌方战斗人员。政府可以任意抓捕任何人，而法院无权将这些人从监狱中释放，也无权为他们提供律师帮助。这显然与建国元勋们在建国之初所确定的监督与制衡的机制，政府的任何部门不拥有不受控制的权力的原则相违背。使美国学者感到忧虑的是小布什政府所做的一切是"秘密的"——秘密的拘留，秘密的移民听证会，对见证保密等。有学者认为，"从公众对小布什政府反恐措施的反应来看，人们可以得出结论，美国正在变成一个警察国家。"

格莱维尔·比福德（Grenville Byford）在《外交》杂志中提出将反恐战争说成是善对恶的战争是否公平的问题。他说，所谓明确的道德性（moral clarity）并不明确，是虚无缥缈的，最好尽快不用这样的措辞。有的学者认为，小布什政府决心使用军事手段来解决问题是许多新保守主义运动创始人托洛茨基主义在理念上的遗产。新保守主义运动正统率着小布什政府的外交政策。新保守主义运动是托洛茨基主义的"不断革命论"的右的表现，以摧毁现存的体制和结构为目标。

保罗·克鲁格曼（Paul Krugman）认为，在美国，有一种由道德所驱使的故意的无知，即一种对反恐形势的"认知上的差距"，这种无知实际上反映了国内的政治文化。他说，一种新的后"9·11"的"政治正确"使人们公开地讨论他们的观点变得很困难。在美国，任何人试图理解在世界上发生的反美的反应就会遇到充满道德义愤的激烈的攻击。这些攻击者自认为在捍卫清晰的道德性，实际上他们在国内政治斗争中被利用了。

小布什政府所面临的一个令人困惑的文化悖论是反恐战争所反映的宗教性问题。"邪恶轴心国论"反映了小布什战略的宗教内涵。"邪恶"本身是一个宗教概念。小布什提出"邪恶"的概念表明宗教二元论（dualism）对小布什和美国心理的影响。白宫中有许多福音派清教徒，白宫的宗教狂热（religiosity）是现代美国新教的一个重要的支脉。小布什政府的国内政治战略看上去越来越像是一支十字军，小布什在演讲中曾经失言说过"十字军圣战"。美国五角大楼国防部负责情报工作的副帮办中将威廉·伯伊金（William Boykin）2003 年 10 月中旬在俄勒冈的一次宗教礼拜上穿着军装在布道台上说，他正在领导一场反对撒旦的"精神战争"，对于基督国家美国来说，"击败恐怖主义的最好的办法是以耶稣的名义去面对他们"。他将自己描述为一个走向战场的基督战士（Christian Soldier）。国内的新保守主义者讨论的竞选纲领包含的无非是堕胎、安乐死和同性恋婚姻。保罗·克鲁格曼（Paul Krugman）认为，这不是文化战争，这是宗教战争。

宗教二元论认为人类分为被拯救和重生的人和罪人，宣传善与恶、光明与黑暗的对峙，在上帝和撒旦之间存在永恒的战争。恶是物质性的，而不是一件道德的事。它在宗教中的影响一直是很大的。卡尔文主义（Calvinism）和17世纪天主教的非正统派别詹森主义（Jansenism）受到宗教二元论的影响。而卡尔文主义和詹森主义对美国思想产生很大影响。卡尔文主义影响17世纪的清教主义，而清教主义形成了18世纪的公理会和19世纪以及20世纪的福音派新教。它们鼓吹世界上充斥撒旦的陷阱。而詹森主义则通过爱尔兰天主教影响美国。虽然摩尼教（Manichaeism）在欧洲的影响在6世纪时就衰落了，但它的宗教二元论对美国心理的影响则一直延续下来，特别是在美国的外交政策方面和这次反恐战争中。小布什的"邪恶轴心论"具有明显的宗教道德色彩，因为其出发点是具有宗教内涵的道德判断，而不是以政治学的概念来加以精确的规范（小布什政府显然意识到了这一点，在他的2003年初作的《国情咨文》中再也没有提这一说法）。欧盟外长索拉纳在评述美国和欧盟在攻打伊拉克前夕所发生的分歧时说，这是白宫关于世界事务的宗教观点和欧洲人的世俗的理性的看法的对峙。

新正统派尼布尔（Reinhold Niebuhr）对美国现代政治思想和外交政策思想产生重大影响。从20世纪30年代以来，他一直鼓吹在国际关系中使用武力。小布什和他的新保守主义的顾问们遵循的正是他的思路。另一个值得注意的方面是小布什在其2003年的《国情咨文》中在谈及诸如艾滋病、吸毒、恐怖主义和伊拉克问题时流露出他的福音派宗教道德情绪。在谈及伊拉克时，他说"邪恶的"（evil）；在谈及预防艾滋病的道德责任时，他说这是一项慈悲的工作（a work of mercy）；在谈及开展宗教计划帮助吸毒者时，他说"促使他们放弃吸毒习惯的奇迹是可能的"（the miracle of recovery is possible）。小布什称攻打伊拉克是"符合我们国家的最高道德传统的"。2002 年 12 月 29 日在密歇根州的大急流城（Grand Rapids），小布什称美国为"一个道德的国家"（a moral nation）。小布什的助手们称此为"明确的道德性"（moral clarity），实际上是一种道德的优越感或天真的道德性。这一观念使小布什所看到的世界不是黑便是白，不是是就是非，这一观念促使他去从事别人不敢去从事的冒险行为。

法国总统密特朗的顾问杜勃雷（Regis Debray）撰写了一部书，名为《占上风的上帝》（*The God That Prevailed*）。在这本书中，他指出，以秩序的名义而造成混乱，造成嫉恨，而不是造成感激，是所有帝国惯于做的事。但这样会驱使它们从一个军事胜利走向另一个军事胜利而最终走向衰亡。他说，美国应该像它的欧洲盟友一样善于区分政治和宗教。"美国用《圣经》的关于超验的命运的自我信念来弥补它的短视、它的权宜之计。清教的美国被神圣的道德所羁绊；它将自己视作善的命中注定的寄存之所，肩负着打击邪恶的责任。它只相信神意，追求一种从本质上说是宗教教义驱动的政治，和罗马教皇格利高里的政策一样的古老。"他又说，"老欧洲已经知道这个星球太复杂了，太多元了，不可能仅仅持一神教的两元逻辑：不是白就是黑，不是善就是恶，不是朋友就是敌人。"在这里，美国面临一个悖论，即后现代的美国追求的却是前现代的价值。

与此有关的便是美国国内种族关系紧张的问题。"9·11"事件的策划者和实施者们是把这一行动看成是其"圣战"（Jihad）的一部分。从本·拉登的言论来看，穆斯林激进主义者们把美国人与犹太人相提并论，对于他们来说，反美与反犹是一回事。这也就是说，国际恐怖分子在一开始就把这场斗争定格在宗教与种族的范围之内。这对美国社会心理是有影响的。在美国一部分人中，特别是草根阶层，有人怀有宗教与种族情绪。这就是为什么在美国种族关系中会发生阿拉伯族裔和其他种裔关系的紧张。在美国，种族关系本来就是最敏感的问题之一。种族宗教问题将作为一个潜在因素始终影响这场斗争。它将使这场斗争变得日益复杂而扑朔迷离。

阿拉伯裔美国人和其他族裔关系紧张。据美国—伊斯兰关系委员会发言人伊卜拉欣·胡珀（Ibrahim Hooper）所说，美国的穆斯林已经失去了许多公民自由权利。最突出的是一种基于族裔出身背景的预警系统（ethnic profiling），这种系统将阿拉伯人和穆斯林假想为恐怖分子，要求来自被美国指定为鼓励恐怖主义的国家的外国人登记并留下手印，申明他们将前往美国的什么地方，当他们更改地址或离开美国时将通知移民局。这种做法本身就构成了种族歧视。

虽然美国官方竭力将反恐战争与伊斯兰教及 12 亿穆斯林教徒分开，小布什总统多次说伊斯兰是一个"基于和平、爱和同情心的信仰，一个献身于道德、学习和容忍的宗教"，但布什政府中的新保守知识分子（许多人是犹太裔）、福音派基督教领导人和宗教保守分子，包括曾在布什就职典礼上作祈祷的福兰克林·格雷厄姆（Franklin Graham），在"9·11"事件后谴责伊斯兰教为一个"邪恶的"宗教。2002 年 8 月初在电视上，格雷厄姆公开说《古兰经》宣扬暴力，全世界"主流"穆斯林支持恐怖主义。宗教台主持人帕特·罗伯特逊（Pat Robertson）曾说："希特勒是糟糕的，但穆斯林想对犹太人所做的更糟糕。"曾在里根政府任职现为小布什政府国防政策委员会成员的肯尼斯·艾德尔曼（Kenneth Adelman）认为，"将伊斯兰作为一种和平的宗教越来越困难。你越研究这一宗教，你就越会发现它是好战的。伊斯兰教的创始人穆罕默德是一位战士，而耶稣是一位和平鼓吹者。"霍普金斯大学高级国际关系学院教授，也是小布什政府国防政策委员会成员的埃略特·科恩（Eliot Cohen）在《华尔街日报》撰文认为，美国的敌人不是恐怖主义，而是好战的伊斯兰。保罗·韦里奇（Paul Weyrich）说得更为直率，认为把伊斯兰教说成是一个与犹太教和基督教一样的和平的宗教是不妥当的。这一分歧与争议反映了许多美国人对伊斯兰教的怀疑与不信任。有人认为修习伊斯兰教教义是不爱国的表现，是对恐怖主义软弱的表现。宾夕法尼亚州哈维福特学院比较宗教学教授迈克尔·赛尔斯（Michael Sells）认为，这场争议的背后潜伏着一个旷日持久的宗教争议，认为与和平的基督教相比，伊斯兰教是一个主张暴力的宗教。美国宗教保守分子的极端言论使美国穆斯林非常担忧。美国—伊斯兰关系委员会发言人伊卜拉欣·胡珀（Ibrahim Hooper）说："这些右翼分子跟拉登一样企图煽起文明的冲突。我们竭力阻止这种浪潮，但它似乎每天都在向这方面发展。"

国际恐怖主义实际上是对美国"新帝国进取"（neo-imperial aggressiveness）的一种反动，对美国"文化霸权"的一种反动，对美国超常的财富积敛的一种反动。"9·11"事件反过来震撼了美国社会。这种震撼产生两种作用：一种是打破了美国的孤立主义倾向，打破了美国人的"美国例外论"，另一种是使美国人开始自省。"9·11"之后，美国攻打了阿富汗和在阿富汗的"基地"组织，进攻并占领了伊拉克。后"9·11"时代与冷战时期十分相像。冷战也是一种战争界限十分模糊的、没有规范的冲突，偶然的行为有可能演变成真正的战争，但大部分时间是对峙。

从"9·11"后的美国，我们看到了其社会文化内部结构的困境。我们在"9·11"后的美国社会中看到文化这一领域（含宗教与思想）对政治领域（含法律）的冲击，而政治领域又反过来作用于文化领域。在反恐的战时体制下，三权分立的政治结构受到挑战，行政权力得以扩大，增加了其私密性；美国的某些宪政原则也不得不对特殊的战时体制让步。美国所面临的种种文化悖论从表面上看源于其反恐所采取的战略。美国不是依靠现行的国际机制采取政治的手段，而是采取先发制人的单边主义的军事手段来对付隐蔽的、分散的、往往是跨国的国际恐怖主义。这种战略产生两个效果：一方面，在国际上，它败坏了美国的民主使命，使美国与阿拉伯世界的矛盾加深，并扩大了有些阿拉伯国家国内如亨廷顿所谓种族的、文化的与宗教的断层（fault lines），恐怖活动不是减少了，而是增多了；另一方面，美国采取的每每无法自圆其说的国际性军事行动反过来对美国国内的民主和公民自由造成巨大的压力，加深了后资本主义的文化矛盾。这种矛盾的表征之一就是小布什政府在国外鼓吹民主，而在国内在对待"敌方战斗人员"方面，如美国公民帕蒂拉，却并不准备实行。同时，正如调查所显示的，美国目前是基督教西方世界中一个最具宗教性的国家。基督教信仰在美国市民生活和政治生活中经历了一个复兴。根据 2003 年哈利斯公司（Harris）的调查，79% 的美国人说他们信仰上帝，他们中，超过1/3 的美国人说他们在一个月中至少去做一次宗教礼拜。有的欧洲政治家指出在美国有可能产生犹太和基督教原教旨主义的现实危险。这样，这些文化矛盾由于国际恐怖组织所赋予它的宗教目标和含义，由于犹太—基督教（Judeo-Christian）美国社会本身及新保守主义所蕴含的宗教冲动，而变得更加纵横交错，扑朔迷离。

从本质上说，这些文化悖论源于美国政治文化的韦伯所谓"攫取性道德"，源于其扩张性的"解放世界"的天赋使命感（manifest destiny），源于其普世主义。普世主义即美国主义。美国评论家和学者有人将这场反恐战争描述成"思想的战争"（a war of ideas）。弗里德曼说："反恐战争是一场思想战争，为了赢得这场战争，美国必须保持其思想的可信性。"克莱蒙斯（Steven C. Clemons）说："这场反对那些惧怕或仇恨美国社会的人的思想的战争不可能通过将美国与世界隔绝而赢得。"如果我们引申其意的话，这是一场美国价值对伊斯兰原教旨主义的战争。这场战争含有诸多的文化与道德的含义。所以，最近揭露的在伊拉克阿布·格莱布监狱（Abu Ghraib）虐待伊拉克战俘的情况不仅使美国，而且使美国价值，特别是美国人权思想，处于非常窘迫的、尴尬的、矛盾的境地，就是一个明证。同时，国际和美国国内学者指出，在关塔那摩无限期关押的 600 多来自 44 个国家的"敌方战斗人员"被剥夺了最基本的权利，这违反美国的根本的价值原则，在司法上和道德上都是错误的。所以，美国国内的政治文化、道德与价值体系受到巨大的压力就不足为奇了。再加上美国在司法上实行的双重标准，诸如美国人与非美国人，美国本土与美国本土之外等概念，使美国陷于更深的文化困境。正如亨廷顿所说的，在当今的世界中，美国文化的"普世观念遇到了三个问题：它是错误的，它是不道德的，它是危险的"。他还说："帝国主义是普世主义的必然逻辑结果。"而"在国外推行普世主义则对西方和世界构成了威胁。"在另一个国家推行外来的所谓普世的价值，诸如民主、自由、追求幸福的权利、选举领导人、自由贸易，等等，无论这种价值是多么诱人，多么冠冕堂皇，它们没有在当地扎根，没有融入当地的血脉当中，是注定要失败的。历史显示，这不仅不会造就出追随者，反而会催生出敌视美国价值的人。美国的普世主义的使命为自己制造了危险的不断扩大的对立面，危险的不断扩大的敌人。这是迫使美国面临"9·11"后一系列现代文化悖论的真正根源。

历史学家小阿瑟·施莱辛格（Arthur Schlesinger Jr.）认为，美国和世界处于一种十分危险的关系之中。美国的一系列行动是否会引起阿拉伯世界陷于混乱和不稳定，是否会造成美国与整个阿拉伯世界或整个穆斯林世界对峙的局面，是否会酿成一场全球战争，还需要假以时日以观察。英国历史学家埃里克·霍勃斯鲍姆（Eric Hobsbawm）也认为，未来 10 ~ 20 年间将是一个非常混乱的时代，在很大程度上这是由于目前在华盛顿掌权的人们的政策造成的。美国国内安全和国防的不安全联系在一起，美国又回到了冷战心理，回到了福音教派的善与恶、黑与白分明的世界。在国际上成为压制持不同看法的力量的一部分。在国内方面，对美国公民的权利进行侵犯，人身保护令（habeas corpus）的范围被缩小了。总统权力迅速地扩大，越战和"水门事件"后不遗余力地制定的对总统权力的限制都被轻易地否定了。如果这种倾向不加以制止，便会产生一个很重要的总统，不管好坏，这将根本地改变美国国家权力部门之间的权力关系、政府与人民的关系。

从 20 世纪 60 年代以来，特别是冷战结束以来美国社会与思想的演变进程来看，"9·11"事件和此后的反恐战争将起到一种划时代的作用，成为美国思想文化冲突的主要议题。小布什上台，新保守主义抬头。新保守主义本来就对 20 世纪 60 年代以来的新左派和激进主义不满，对诸如女性主义、有利于少数种族的肯定性行动计划、自由主义的堕胎权利和允许少数种族文化向主流文化挑战的多元文化主义不满。它认为，由于政府企图顺应太多的市民社会公民提出的要求，政府已经失去了它的权威性，政府几乎变得无法管理。因为在社会上有太多的来自各阶层的反映各种不同利益的期待。在市民社会内，各个团体都追求自己的地位和利益，而不顾别的社会团体的利益。它认为，20 世纪 60 年代以来美国社会政策的失败和无力的原因之一就是因为美国社会为自己设立了太多的几乎无法实现的目标。因此，新保守主义利用反恐战争的需要而要求美国人民为了国家安全利益而忍受牺牲。在经济上它主张自由经济和减税，小布什已经在这样做了。在政治上，它主张政府拥有更大的权力，总统拥有更大的行政权力，人民应该忍受反恐战争给个人自由、经济和生活水平带来的影响。而这一切招致自由派人士和民主党人的质疑和反对，亦成为市民社会辩论的焦点。

虽然"9·11"事件给美国社会带来极大的震撼，虽然美国面临一系列文化悖论，但也不能过分地估计。就美国开放社会的生命线——移民问题而言，美国目前的移民闸门确实缩小了。这使许多潜在的学生，也是潜在的未来的朋友，转向其他国家。据美国研究生院联合会的 2004 年 3 月的统计，美国 90% 的大学 2004 年秋季国际学生的申请数都有所下降。中国学生的申请数下降 76%，印度下降 58%。连中央情报局前主任罗伯特·盖茨也惊呼，美国"在疏离未来的盟友"。美国在历史上，按照国内政治与经济的需要，移民的闸门都曾时开时关过，时大时小过。由于一个开放的社会是美国富有生命力的自由经济、文化与价值的生命线，美国的生产力、创造力，美国之所以成为今天的美国，全赖于此，它是不可能放弃移民政策的。就美国社会内部发生的损害公民自由的现象而言，这种损害现象仅仅是战时的一种表现，而且从历史的角度和美国所面临的安全威胁来说，对民权和公民自由的限制局限在一个非常有限的范围之内。它们不可能根本改变美国社会。任何将这些现象无限夸大都是不符合事实的，也是不符合美国社会实际的。如果认为这会使美国社会失去方向，那同样是愚蠢的。新保守主义学者克利斯托夫（Nicholas D. Kristof）认为，"小布什所做的符合在危机时增加（国家）安全的传统。他比禁闭日裔美国人的罗斯福总统，策划帕尔默大搜捕的威尔逊总统，以及暂停执行人身保护令的林肯总统克制多了。公众在有安全需要时会愿意牺牲权利的。例如，一项最近的民意调查表明，49%的美国人认为，宪法的第一修正案走得太远。"他认为，是自由主义分子与时代脱节了。美国的整个市民权利体系并没有遭到破坏的危险。美国的基本的自由并不是那么脆弱，美国的制度也并不存在危险。美国政治文化本身具有自我调节的可能。正如贝尔曾指出的，"尽管这些直接的和明显的祸端非同小可，然而若是以为它们便会使美国这样一个既庞大又强大的社会完全失去方向，那同样是愚蠢的。"要估计美国社会文化真正的变化，仍需多年的时日才能看清。

第六节　奥巴马现象提供的文化启示

在小布什总统在任的 8 年中，美国陷于伊拉克和阿富汗战争的泥潭，遭遇金融危机，经济衰退，失业率居高不下，新保守主义遭遇空前的质疑。新自由主义社会思潮开始占上风。在这样的背景下，在马丁·路德·金发表《我有一个梦》的讲演 45 年、被暗杀40 年之后，来自伊利诺伊州的参议员贝拉克·奥巴马（Barack Obama），一位非洲裔美国人，经过了长达 15 个月艰苦的初选，终于被民主党提名为总统候选人。2008 年 11 月 4 日，他又击败共和党参议员麦凯恩而入主白宫。奥巴马从美国第一位黑人总统候选人一路走来，到赢得大选，当选为美国总统，从所谓"历史的政治"（德文 Geschichtspolitik，英文 the Politics of History）角度看，这对于长期被种族问题所困扰的美国，对于自里根政府以来一直将黑人青年妖魔化的美国，在社会文化方面具有里程碑的意义。正如美国专栏作家托马斯·弗里德曼（Thomas L. Friedman）所说，"这使我们自己感到惊讶，也使世界感到惊讶，同时这也告诉了世界，我们的国家是一个充满了新的开端的国家。"

从奥巴马在民主党内与希拉里的初选竞争，到最后与共和党总统候选人麦凯恩的大选角逐，人们可以看到美国政治舞台上的一种发人深省的政治文化现象。我姑且把这种政治文化现象称为"奥巴马现象"。这标志着以奥巴马为代表的新一代黑人政治家在美国政治舞台上崭露头角。这一代的黑人政治家不同于他们的 20 世纪 60 年代的先辈。他们受过很好的教育，是黑人中产阶级的精英，在美国主流文化的环境中长大；他们更加关注自己的美国身份，而不是自己的种族身份。他们已经融入了美国主流社会。这是一种值得我们加以密切关注的美国社会文化现象。在 1965 年，在南方的 11 个州中，在 600 万够年龄参加选举的黑人人口中，只有很少的一部分黑人登记选举。在佐治亚州仅 27%，在亚拉巴马州 19%，在密西西比州 6%；更遑论竞选州长、国会议员和总统了。而在 2008 年的大选中，非洲裔美国人投票的人数是史无前例的，占整个美国投票选民的 13%。这个数字凸显了美国社会思潮在过去 40 多年中所发生的一些变化。

我们说奥巴马现象是一种非常特殊的现象，是因为它是在美国的一个特殊的历史与政治文化环境中产生的，也就是说，共和党在执政了近 8 年之后面临困境，这给奥巴马当选美国总统提供了条件。

自 20 世纪 60 年代以来，美国政治社会氛围改善，种族关系较为缓和；与肯尼迪竞选时一样，人们期待一个年轻的总统来改变美国的航向。奥巴马就是利用这种社会氛围提出"你可以相信的改变"，赢得了选民的支持。奥巴马将人们从未见到过的"激情"注入了竞选之中。由于他年轻，美国选民认为他充满一种基于自信的"智慧、快乐和希望"。他鼓吹"改变"，鼓吹超越党派。他坦率地承认自己曾经吸过大麻和可卡因，这反而使他在战后婴儿潮中出生的人们感觉他充满人情味儿，对他怀有好感。支持奥巴马的民主党选民大多是年轻人。

　　奥巴马声称，他"拒绝完全基于种族身份的政治"，将自己定位为一个美国人，而不是一个"美国黑人"参加竞选；在竞选中不把种族问题，或者所谓"黑人受害化"（black victimization）或者"白人负疚感"（white guilt）作为一个问题来攻击对方。他在竞选中致力于推进一种"新的共识"，在有分歧的问题上达到"理性的共识"，主张超越种族，超越党派纷争，主张再也不要分蓝色的州和红色的州，不要再分民主党和共和党。他宣称，"在这次选举中，将不是在左派和右派之间，在自由主义者和保守主义者之间做出选择，而是在过去和将来之间做出选择。"在他的身上和他的政策中融合了两极化的美国。他打出的旗号就是"你可以相信的改变"。怪不得美国保守主义的专栏作家乔治·威尔（George Will）评论说，奥巴马"是一个在清晨的时间的一个伟大的醒觉"。在新保守主义的内外政策使美国陷于困境的情况下，在经济每况愈下的情况下，在现任总统不受欢迎的情况下，仍然坚持这条路线的麦凯恩不得不对付年轻的奥巴马声称"改变"的攻势。奥巴马选择参议员拜登（Joseph R. Biden）作为自己的副总统竞选伙伴，弥补了他在国际政治和外交方面经验的不足。同时，拜登是一位白人，是信奉天主教的爱尔兰人后裔，在种族上使这个竞选班子更为平衡，有利于吸引白人劳动阶级的选民。

　　奥巴马筹集了大量的捐款，其数目之大超过了历史上任何一位竞选总统的黑人，同时也超过了除希拉里之外的任何一个竞选者，这是出乎人们意料之外的。奥巴马不仅拥有小额资助者，也拥有大额资助者，他们包括本土对冲基金（Citadel Investment Group）的肯尼斯·格里芬（Kenneth Griffin）；佛罗里达律师凯克·威格（Kirk Wager）；通用动力（General Dynamics）总裁詹姆斯·克朗（James Crown）；旅馆、办公楼和赌场开发商尼尔·伯鲁姆（Neil Bluhm）。

奥巴马个人的复杂的种族背景，使他在少数族裔中具有一种亲和性，更容易得到移民的支持。奥巴马的多种族多文化的出身背景，成为奥巴马赢得民主党选民支持的主要资源。奥巴马的父亲是一位肯尼亚黑人，母亲是白人。他的父亲是一个多妻主义者，在非洲有3个妻子，她们生了6个孩子。他外祖父在第二次世界大战中是一名在轰炸机生产线上工作的工人。他的童年在继父的祖国、穆斯林人口最多的国家——印度尼西亚度过。他的祖母仍然生活在非洲的一个小村庄里，没有自来水，人们经受着疟疾和艾滋病的威胁。正如他自己说的，"我拥有各种种族和肤色的兄弟们，姐妹们，侄子们，外甥们，叔叔们和堂表兄弟姐妹们，他们分别生活在三个大陆；只要我活着，我就永远不会忘记在世界上任何别的国家里我的故事是绝对不可能的。"

奥巴马从他的白种母亲那儿了解了美国黑人的历史，从他的肯尼亚黑人父亲那儿继承了与外国父母所生的美国人的关系。黑人和白人都非常欣赏奥巴马的种族交叉的身份和遗产，他的故事本身就是一个移民的故事。这无疑对于美国新移民来说具有巨大的吸引力。

移民问题在美国的社会文化中一直是一个重大而敏感的楔子问题（the wedge issue），它涉及什么是美国人和美国根本的文化与价值问题。在移民问题上，共和党基层的保守人士，即共和党的政治基础，都支持强化与墨西哥交界的边防，阻止非法移民潮。这使共和党失去拉丁裔选民的支持。这些拉丁裔选民便转而支持奥巴马。

为了应对目前在美国有1200万非法移民的问题，小布什政府从所谓"富于同情心的保守主义"（compassionate conservatism）出发，提出了一个全面移民改革方案。改革方案的核心就是给予非法移民以合法的地位，给他们提供走出地下成为美国公民的可能性。根据这一方案，在 2007 年 1 月之前来美的非法移民在支付 5000 美元的罚款和 1500 美元手续费，以及通过犯罪记录调查后，可以开始申请 4 年重签一次的 Z 签证。如果他们希望申请绿卡的话，他们必须首先离开美国。目前羁留美国的 40 万临时工人可以作为客工获得 Y 签证。客工必须在工作两年之后回祖居国，在国内待上一年后，才可重新签证一次，最多可签证 3 次。通向正式公民的道路将长达 13 年。

此方案遭到来自国会左的和右的攻击。反对者认为这实质上是一个与 1986 年大赦方案一样的方案，而并不是如小布什政府所说的是一个"妥协方案"。而 1986 年的大赦并没有如原来期望的那样，一锤子解决美国的非法移民问题。由于执法的松弛与边界存在无数漏洞，非法移民有增无减，在 20 年间增加了 4 倍。所以，反对者认为，美国不应再重复 1986 年的错误了。美国根本就不应给违法者以成为公民的机会。民主党认为，这一方案并没有给非法移民以通向公民身份的可能性；同时，它限制了家庭团聚。众议院院长佩洛西希望方案增加对家庭关系的关注。美国劳联主席约翰·斯韦尼（John J. Sweeney）认为，这个方案的做法实质上是一种奴役，客工在工作场所没有任何权利。同时，在另一方面，客工计划降低了工资水平，将危及美国工人的利益。奥巴马在竞选中承诺，"这 1200 万非法移民不会被驱赶，我们不会驱赶他们，而是给他们一条成为美国公民的道路。"这使 2/3 的西班牙裔选民投了奥巴马的票。

从奥巴马现象可以看出，在美国的大选中，虽然以黑白种族划分的政治仍然存在，但美国社会的种族关系已经有了长足的进步，人们担心的"布莱德利效应（Bradley effect）"并没有发生。根据在大选当日在选举场所出口的抽样调查，只有 20% 的选民认为种族是影响他们选举的一个因素，没有人说种族是最重要的因素；60% 的选民认为在奥巴马的领导下，美国的种族问题在未来几年会有改善。在这次大选中，黑人选票占全部选票的 13%，在这些选票中 95% 支持奥巴马。根据美国大学选民研究中心主任凯蒂斯·甘斯（Curtis Gans）的研究，在历史上，黑人选票从来没有超过 11%。而此次黑人选票占奥巴马获得的选票的 23%。

奥巴马的当选，并不等于说在美国已没有种族问题，或者说种族问题已经得到相当改善了。在竞选过程中所收集到的各种数据表明，在美国社会中存在对奥巴马的偏见，在一部分群体中这种偏见还相当严重。

在美国历史上，还没有任何一个问题像种族问题这样引起分歧。正如詹姆斯·亨特（James Davidson Hunter）在讨论选举政治时所说的，作为"文化战争"的一部分，选举实际上也就是界定"我们作为一个民族是什么人，我们将选择变成什么样的人"。他说，目前的"文化战争"并不一定局限于意识形态。它还影响选民的选举习惯。自 1964 年以来，民主党总统候选人从来就没有获得过白人选民的绝对多数的选票。调查显示，白人认为在大选中种族是一个分歧性的问题。种族问题一直是一个决定性的因素。在 2000 年，戈尔获得的白人选票比布什少 12 个百分点，4 年后，克里获得的白人的选票比布什少 17 个百分点。在 2004 年的总统选举中，58% 的白人支持布什，41% 的白人支持民主党的克里。在 2006 年的中期选举中，白人选票占 79%，黑人选票占 10%，拉丁裔选民的选票占 8%。在白人选票中，47% 选民主党人，53% 选共和党人。在黑人选票中，88% 选民主党人，11% 选共和党人。根据皮尤宗教与公共生活论坛的调查，在 2004 年，弗吉尼亚的里士满的白人清教福音派教徒中有 78% 的人支持共和党的小布什，而 91% 的黑人教徒则选举民主党的克里。根据美联社与雅虎所做的一次联合调查，1/3 的白人民主党人对黑人存有否定的看法，40% 的白人民主党人对黑人或多或少地持有否定看法。59% 原先支持希拉里的白人民主党人表示他们不会选奥巴马，17% 的人说他们会选举麦凯恩。美国政治分析家认为，这就是为什么在总的政治气候有利于民主党的情况下，在有些场合，奥巴马仅仅领先麦凯恩几个百分点而已。

在大选争取提名的竞争中，民主党内部就已经经历了在种族和阶级问题上的分化。这种分化在现代美国是空前的。90%的黑人支持奥巴马，70%的白人支持希拉里。黑人选民大多遗弃希拉里，在加利福尼亚，希拉里只得到黑人选民的19%的选票。在北卡罗来纳州，奥巴马赢得的白人选民的票比希拉里低23%，在印第安纳州则低22%。奥巴马丢掉了白人大州宾夕法尼亚州和俄亥俄州的初选。

2008年的大选由于在竞争总统的两人中有一方是非洲裔美国人，因此竞选便会反映出美国种族问题的现状，以及在美国社会中人们是如何对待黑人的这样一些敏感的问题。这种特殊的情况使美国的"文化战争"显露无遗。根据《纽约时报》和哥伦比亚广播公司做的一份联合调查，虽然奥巴马被民主党提名为该党的总统竞选人是一项划时代的创举，但大多数美国人并不认为这意味着美国种族关系的缓和。该调查还发现美国选民在种族问题上存在的分歧。在白人选民中，46%支持麦凯恩，37%支持奥巴马；在少数族裔黑人选民中，89%支持奥巴马，2%支持麦凯恩。支持率因种族关系而有相当大的偏移。人们从这些数据中可以看出美国人在种族问题上的分界。

虽然在美国政治文化中，主要的分界存在于党派政治中，但人们在对待两位竞选者的观念上，仍然存在着种族的分界。黑人选民为拥有一个黑人总统候选人而感到激动不已，所谓出动选举的比率明显上升，据报道，几乎所有的黑人选民都出动选举了。20%的黑人选民是第一次参加选举。20%的拉丁裔选民是第一次参加选举。在这种情况下，所谓政治的忠诚度，在白人选民中比在黑人选民中更为歧异。在黑人选民中，他们在奥巴马的候选资格上比在对待诸多其他黑人领袖的问题上更加达到空前的统一。80%的黑人选民说他们对奥巴马有好感；只有30%的白人选民持同样的观点。几乎60%的黑人认为种族关系总的来说是糟糕的，只有34%的白人持同一看法。40%的黑人说近年来在消除种族歧视方面没有什么进展。

不到20%的白人赞同这个看法。25%的白人认为在消除黑人所面临的种族性的障碍方面，国家和社会已经做得太过分了，而50%的黑人认为在这一方面还做得很不够。黑人选民远比白人选民更倾向于认为奥巴马关心他们的需求和问题，并认为他是爱国的。白人选民则认为奥巴马仅仅说人们喜欢听的话，而他自己未必真正相信那些话。50%的黑人认为在奥巴马的领导下，种族关系会有所好转，而这么认为的白人仅仅占29%。40%的黑人认为，如果麦凯恩当选的话，他将做对白人而不是对黑人更有利的事。

这种种族的分野是有其经济和社会文化根源的。在美国的黑人群体中，经济收入的分层化越来越明显了。富有的黑人和贫穷的黑人之间的差距日益拉大了。三个黑人学生中有一个学生不会读完中学；几乎所有没有读完中学的学生都来自贫穷的家庭。虽然美国全国的暴力犯罪下降了，但年轻黑人的谋杀案件却上升了。在美国，实际上有两个黑人社群，一个是富有的，受过良好教育的，而另一个则是日益落在后面的黑人贫民。根据最近的城市联盟的一个调查，黑人青年的失业率是17%，比全国平均失业率高出3倍多，50%的黑人孩子逃学，单亲黑人母亲的生育率为79%。这些数字可以大致描述目前美国黑人的境况。这与20世纪60年代相比，没有多大的改善。

60%的黑人认为，一般的说，种族关系仍然是糟糕的，而这样认为的白人只占34%。60%的黑人认为，在最近几年中，美国在消除种族歧视方面并没有什么大的进展，而这样认为的白人只有20%。一半的黑人认为，在奥巴马当总统的美国，种族关系会有所改善，只有29%的白人这样认为。另外，虽然奥巴马赢得大部分白人民主党人的支持，但在一系列问题上，支持奥巴马观点的黑人民主党人比白人民主党人高出24个百分点。在价值问题上，根据《华尔街日报》和国家广播公司（NBC）做的一份联合调查，54%的美国人认同麦凯恩的价值观，而只有35%的不认同他的价值观。而对于奥巴马，46%不认同他的价值观，45%认同。这表明，虽然奥巴马在政治上跨越了门槛，但在美国社会中存在的种族界限并没有改变。

在美国社会中存在对奥巴马的偏见。奥巴马面临的是所谓"没有种族主义者的种族主义"。正如一位政治观察家所说的，"那种认为在这次大选中不存在种族问题是天真的"。根据斯坦福大学、美联社和雅虎的联合民意调查，要是奥巴马是白人的话，他的支持率将会增加 6 个百分点。他失去的选票属于表面上并不介意种族的白种人，他们也并不介意选举一个黑人当总统，然而他们却没有选奥巴马。这就是所谓"种族以一种没有恶意的形式（racism without the need for racial animus）起了作用"。虽然故意而为之的种族主义在这些年间在美国减少了，但所谓"嫌恶的种族主义"（aversive racism）是经常存在的。美国政治评论员尼古拉斯·克里斯托夫（Nicholas Kristof）认为，从这一调查中，人们可以得到的教训就是，在美国，"种族的偏见深深地埋藏于美国社会之中"。由于奥巴马在国外的成长经历，他的外国背景，他姓名中间的名字侯赛因是他的父亲和祖父的教名，人们对他存在误解。根据皮尤研究中心 2008 年 3 月、6 月和 9 月的民意调查，10% 到 13% 的登记选民误认为他是一个穆斯林。克里斯托夫认为这是人们用宗教偏见来掩盖实际上存在的种族偏见而已。有的人企图将奥巴马非美国化（de-Americanize），认为他不是一个真正的美国人。佩林爆料奥巴马在 20 世纪 70 年代初期与激进分子威廉姆·阿耶斯（William Ayers）的关系，说他"与恐怖分子为友"。共和党试图利用牛津大学哲学博士彼特·米利根设计的一个计算机软件程序，证明奥巴马的自传畅销书——《源自父亲的梦想》（Dreams from Father）是出自恐怖分子威廉姆·阿耶斯之手。弗吉尼亚共和党领袖、众议员乔弗里·弗莱德里克甚至说奥巴马"与拉登攻击五角大楼的一伙人是朋友"。共和党选民将奥巴马描述为一个"与他要求选他的选民在文化价值上是不同的人"。有人甚至说，"他不是我们中的一个"。"从文化价值上说，他是安全的吗？"在拉斯姆逊（Rasmuson）的调查中，有一半以上的白人认为，奥巴马仍然保有他原来所在的芝加哥南区教区牧师小杰里迈亚·莱特（Jeremiah Wright Jr.）关于美国的观点。这些情况都显示了在竞选中的种族因素。甚至奥巴马自己也说："我从来就没有那么天真，以至于认为通过一次选举，或通过一个竞选人，就可以跨越种族的界限。"

支持奥巴马的白人选民大多是受过很高教育的人。他无法获得白人蓝领的支持。由于他曾在旧金山说小镇生活的贫困使蓝领工人"死抱住枪支和宗教"，这大大地得罪了白人小镇居民。麦凯恩指责他说，这表明他"脱离了普通的美国人"。这牵涉到美国蓝领一个非常微妙的心理因素。在美国历史上，他们作为一个阶层一直不喜欢黑人对他们表示直率的同情。这被认为是"精英主义"（elitism），含有一种傲慢的意味。美国黑人作家詹姆斯·鲍德温（James Baldwin）就此曾经指出过，白人有时候会惊讶地发现黑人居然对他们评头论足，他们是不会轻易原谅竟敢对他们表示同情的人的。同时，另一个导致美国的蓝领阶层对黑人怨恨的原因是白人对有利于黑人的肯定性行动存在不满情绪。

奥巴马现象的产生得益于 20 世纪 60 年代民权运动所开创的时代氛围，这一时代氛围使新一代黑人领导人崭露头角。他们是在"伟大社会"计划和冷战结束后形成世界观的，奥巴马就是其中之一。

奥巴马这一代人得益于自 1972 年在印第安纳州的加利召开的全国黑人大会之后被选进地方、州和全国机构的数千黑人领袖的努力。他们的前期工作才使奥巴马进入参议院成为可能，从而使他有可能获得民主党提名。他得益于肯定性行动（affirmative action），在哥伦比亚大学接受高等教育，从美国常青藤大学之一的哈佛大学法学院毕业。他在哈佛时曾经是《法学评论》杂志的主编。毕业后在芝加哥大学教授美国宪法。他曾经在芝加哥南区黑人社区做过社会组织工作。他是一个"举止文雅、看上去从来就不是一个一脸愤懑的年轻黑人"。他与自里根政权以来被妖魔化的黑人青年形象大相径庭。他是一个"和你的儿子一块儿上学的真正的黑人好孩子"。他纯熟地在黑人和白人世界之间穿梭，懂得了各个世界都有它们自己的独特的语言、习俗和价值结构（the structures of meaning）。他说："只需我做一点儿演绎，这两个世界就可以融合起来。"他深深地了解这两个世界之间的分歧。他青年时期与白人女朋友在纽约的分手，使他懂得了只有通过同化，黑人才有可能得到成功的机会。奥巴马似乎可以将美国国内的种族分歧弥合起来。另一方面，他从国际的视角来看种族问题，比黑人保守主义者有更广阔的视野。正如约瑟夫·奈所说的，他拥有美国所需要的"软实力"。

美国40岁以下的婴儿潮后出生的一代人体验到了这世界现在是如何相互联系在一起，急于想找到一个适应改变了的世界的新的美国话语（American discourse）和做法。在美国中产阶级中，有许多人非常热切地希望美国呈现于世界的是一张黑人的脸。在他们看来，他的脸本身就是一个可以使美国与世界打交道的象征。奥巴马凝聚了美国人最多样化的元素，他代表了美国人想看到的"变化"。在他的身上凝聚了美国社会最底层的因素，同时又含有美国文化中的精英因素。因此，支持他的选民认为，他的背景将使他在处理美国国内政治，特别是有关美国在种族政治方面的问题的时候，处于更有利的地位，在跟穆斯林国家和发展中国家打交道时，能得到更多的理解。奥巴马的胜利表明，他有可能建立一个广泛的多种族多文化的联合阵线。他有能力在各种各样的美国人中间建立"桥梁"，将他们团结在他的旗下。奥巴马竭力希望代表一种所谓"新的政治"，代表一种改变了的自由主义，不同于希拉里和麦凯恩所代表的"旧的政治"，即所谓"执行官政治"。

奥巴马并不是沿着黑人种族政治的道路在美国的政治舞台上崛起的，他是在多元文化和全球化时代在美国主流文化环境中成长起来的。所以，在谈论美国的种族政治时，他倾向于从普世的角度来讨论，而不是从特殊的种族主义的角度来讨论。在他的言论里，没有上一代的黑人领袖言论中的异化、愤懑和悲观主义情绪。他声言："我拒绝完全基于种族身份的政治。"他认为，黑人也应该对他们的福利承担起集体的和个人的责任。他批评20世纪70年代和80年代的自由主义决策者和民权领袖，认为他们没有很好地考虑"贫穷的黑人墨守成规的行为模式"。他认为正是这些行为模式造成了他们的贫困，并一代一代地延续下去。他正视黑人身份的复杂性，从一种国际的视角来考量种族身份问题，不像保守的黑人领袖那样仅仅拘泥于国内的视野。由此，上一代的黑人领袖，如杰西·杰克逊（Jesse Jackson），怀疑他是不是"够黑"，他是不是"会像一个白人一样地行事"。一般的黑人选民则怀疑他到底代表谁的价值，在他的思想中什么是需要优先处理的问题。由于他公开地申明他代表被压迫的少数族裔，他必须明确地回答这些问题。

根据皮尤研究中心的调查，50%的美国黑人认为，奥巴马所信奉的文化价值跟他们的一样；另一半黑人认为他并不和他们一起信奉美国黑人的价值观。61%的美国黑人认为，奥巴马所代表的美国黑人中产阶级和穷困的黑人的价值观越来越不同。在美国黑人中，受过教育，特别是受过高等教育的黑人认为奥巴马的价值观和黑人群体的价值观是一致的。但有41%的受过中等教育或更少教育的美国黑人认为奥巴马并不是美国黑人群体中的一分子。

总的来说，只有29%的各色人种的人认为奥巴马反映黑人的价值观。他代表所谓"干净的"、"出众的"美国黑人。奥巴马这一代黑人领导人则公开地宣称他们和美国白人拥有相同的价值观，对于什么是美国需要优先处理的问题与白人的看法也一致。

由于美国1/3人口是有色人种，奥巴马就代表了美国新一代的多种族政治文化。他呼吁为了建立一个"更为完美的联邦"，美国人应该超越种族。他说："这一联邦也许从来就不是完美的，但一代又一代的人们的努力表明，它总是可以成为完美的。"只有当人们关注联合他们的目标，而不是关注使他们分歧的痛苦时，这才有可能。他承认这种痛苦在许多方面而非在一个方面，是现实存在的。黑人必须直面奴隶制和种族分离政策的余孽，而白人也有他们自己的不满之处，特别是由于实行了肯定性行动而对穷困白人造成的不平。关键的问题是，正如加利·威尔斯（Garry Wills）所指出的，像老一代小莱特（Jeremiah Wright Jr.）那样，他们将整个黑人群体看成是一个人民，而奥巴马将黑人看成是美国民族中的一部分。他呼吁黑人跨越种族和民权运动的界限而走向一个与白人分享同样价值观的美国政治文化。他宣称，在他当上美国总统后，他将会带领美国人走向一个后种族主义时代的政治文化。

奥巴马的成功加快了代际过渡的转移。这种重新规范黑人政治的代际转移已静悄悄存在了10多年了。年青一代黑人在老一代黑人传统的选区向老一代发起了挑战。这一次民主党的初选和总统竞选加速了这种代际的转移，并使之公开化了。

这种代际的转移可以从奥巴马与小杰里迈亚·莱特牧师之间的关系中很明显地看出来。非裔中心主义者小杰里迈亚·莱特从文化种族主义出发所作的针对美国的激烈言论，如"不，不，不，不是上帝祝福美国。上帝愿美国死去。"莱特又说，"对纽约世界贸易中心的袭击是对美国外交政策的反应，美国全国应该对此做出反省。"这一言论引起全国哗然，使奥巴马处于十分尴尬的境地，并使他当时未能得到宾夕法尼亚州白人选民的支持。奥巴马不得不与莱特保持一定的距离。他指出："莱特牧师的布道最内在的错误并不在于他提到了存在于我们社会中的种族主义，而在于他这样说，好像我们的社会处于一种停滞的状态；好像这方面没有取得什么进展，好像我们的国家在不可挽回地往回走到悲剧性的过去。事实上，我们的国家使它的每一个成员都有可能竞选最高的职位，并建立起一个包括黑人与白人，西班牙裔人和亚裔人，富人与穷人，以及年轻人与年长者的联合。"

在奥巴马现象中，人们看到了美国黑人与黑人教堂之间非常复杂的文化关系，这种复杂的关系有可能成为追求全国性公职的黑人领袖的一个历史与文化的负担。黑人教堂对于底层的黑人来说，甚至对于世俗的民权运动来说，都是处于政治和社会生活的中心位置的。即使对于对宗教没有兴趣的世俗的领导人来说，他们也受到黑人教堂很深的影响；他们也相信美国历史学家威尔逊·杰里迈亚·莫西斯（Wilson Jeremiah Moses）所说的"完美主义的社会福音，这种社会福音认为变化是进步的，必然的，是上帝所激发的"。黑人一般来讲对别的黑人所发出的对种族歧视的激进和不满的言论，不会表示反对，即使他们并不同意这样的观点。从历史上看，因为黑人没有别的地方可以自由地发表他们的看法，人们对在黑人教堂里发表的言论是十分包容的，这是一方面。另一方面，教区的黑人牧师是"黑人在美国的土地上发展的一种非常独特的人物"，对于黑人来说，他们无异于"领袖，政治家，演说家，鼓动家，理想主义者"。人们可以从这一方面来理解奥巴马在成长的岁月和小莱特的关系。

另一个案例，即奥巴马和杰西·杰克逊的关系，也可以看出这种代际的变化。像杰西·杰克逊那样的老一代的黑人领袖在奥巴马刚开始竞选总统时，根本就没有把他放在心上。一方面，基于他们自己从政的经验和对于对黑人歧视的年代的回忆，他们认为一个黑人不可能赢得提名，更不用说总统职位了。他们认为奥巴马名不见经传，无足轻重，根本就没有成功的可能。奥巴马在芝加哥南区2008年父亲节的集会上指责黑人父亲逃避责任。杰克逊对此非常气愤，他指责奥巴马"居高临下地对黑人说话"，说他个人不会在意将奥巴马"阉割了"。在他看来，奥巴马在刻意以牺牲黑人向白人世界表示他的诚意。对杰克逊的反应莫过于小杰克逊对他父亲的指责更发人深省的了。他说，他被老杰克逊的言论"深深地激怒了，感到非常失望。"这是问题的一个方面。

另一方面，在老一代黑人领袖们看来，新一代黑人领袖是一些被美国白人主流文化同化了的黑人精英，例如，美国专栏作家、胡佛研究所研究员谢尔比·斯蒂尔（Shelby Steele）说，由于奥巴马的特殊出身和教养，在奥巴马身上存在一种所谓"身份空白"（identity vacuum），他认识到同化比黑色皮肤更为重要。而在老一代黑人领袖们的心目中，同化就意味着不再考虑民权，就会把民权当作是一个过时了的问题了（passé issue）。这实际上反映了在新一代与老一代黑人领袖之间在黑人领袖的含义上的分歧。

老一代的黑人领袖是从 20 世纪 60 年代的民权运动中走出来的。在当时，黑人面临的民权方面的问题比较明显。在美国的政治体制中，存在对黑人的歧视，黑人被剥夺了公民的权利。所以，黑人领袖的主要任务就是设法废除这些法律，制定出更为进步的、维护黑人权益的法律来。因此，他们习惯于讲台和运动，将黑人领袖的含义仅仅界定为为黑人说话。他们所面对的是一个种族主义的白人体制。在后 60 年代岁月里，他们强调黑人身份（black identity），将黑人身份变成一种极权性的身份认同（totalitarian identity），将黑肤色政治化。这反而削弱了黑人的力量。

从 20 世纪 60 年代民权运动走出来的黑人领袖认为他们政治生涯的最高成就不过是市政厅或者众议院，而奥巴马这一代黑人政治家则不同。他们清醒地看到他们所处的美国社会已经不同于 20 世纪 60 年代的美国社会了。在社会中所存在的不平等已经显得更为隐蔽，更为微妙了：黑人子女上较为次等的学校，缺乏他们能够支付的房屋，等等。因此，改变现状的路子就更具有挑战性了。奥巴马是新一代黑人专业人士，在深刻变化了的美国社会中，在歧视黑人的法律已经被打破的今日，他勇于去改变自己的命运，拒绝承认在他们的追求中有任何界限。奥巴马是新一代的在白人文化体制内被同化的黑人领袖的代表。这一代黑人领袖把目光放得更远，追求更为广泛和高级的职位。他们本身就非常恬适地处于白人的政治体制之内，他们受过很好的大学教育，甚至是在常青藤大学受的教育，他们把自己看成是通向黑人社会的大使，另一方面又把自己看成是黑人的发言人。他们竭力在黑人社区推行白人中产阶级价值。这意味着黑人政治的转变，从仅局限于民权，转向更为广泛的全国性政治文化议程。

如上所述，小布什在执政了近 8 年之后失去民心、共和党的基础萎缩、美国面临经济危机，以及伊拉克战争不得人心，给民主党参议员奥巴马走上全国的政治舞台提供了条件。这是奥巴马得以当选美国总统的决定性因素。而奥巴马自身复杂的文化和种族背景使他在少数族裔中，特别在黑人中具有一种亲和性。他参与的此次总统大选，吸引了黑人史无前例的高投票率。这在一定程度上影响了大选的结果。

总的来讲，奥巴马现象的产生得益于 20 世纪 60 年代民权运动所开创的时代氛围。奥巴马并不是沿着黑人种族政治的道路而在美国的政治舞台崛起的，他是在主流文化环境中成长起来的。他是在"伟大社会"计划和冷战结束后形成世界观的。奥巴马的成功加快了美国老一代黑人领袖向新一代黑人领袖的代际过渡。以他为代表的与美国主流文化融合的新一代黑人领袖视野更为广阔。

奥巴马的当选表明，虽然以黑白种族划分的政治仍然存在，但是自 20 世纪 60 年代民权运动以来，美国政治社会氛围改善，种族关系已经有了长足的进步。另一方面，不能由于奥巴马的当选就断定在美国已没有种族问题，或者说种族问题已经得到相当的改善了。在竞选过程中所收集到的各种数据表明，在美国社会中存在对奥巴马的偏见，在一部分群体中这种基于种族的偏见还相当严重。

总之，奥巴马现象给我们了解和观察美国社会文化提供了一个极好的机会，如同 2006 年的中期选举是一次美国全民公决一样，这次大选中的奥巴马现象使我们看到了美国政治文化的一个重要的侧面。但必须指出，奥巴马在人口学意义上，是极不寻常的。根据哈佛、耶鲁和芝加哥大学的一份联合调查，在 2000 年，不同族裔之间的婚姻占全部婚姻数的 5.7%，美国人口中黑白人种婚生的孩子仅占同龄的孩子的 1/70，在 20 世纪 80 年代是 1/200，在奥巴马出生的 20 世纪 60 年代则几乎没有。作为一个不同族裔婚生的孩子，奥巴马有可能使美国人对黑人和白人的关系产生一种新的看法，这在美国社会文化发展中将具有非常重要的意义。

第七节　美国文化软实力

　　美国在 21 世纪初面临的悖论是，一方面它是世界上最强大的国家，另一方面，它又是世界上最大的债务国；一方面，它太强大了，没有任何别的国家可以与之匹敌，另一方面，它又不太强大，无法独自解决诸如恐怖主义和核扩散等全球问题。美国需要别的国家的帮助和尊敬。美国发现它所面临的大部分最困难的问题，诸如恐怖主义，重建治理失败的国家，有组织的犯罪，更不用说全球经济和环境问题，都不可能用纯粹的硬实力来解决。

　　哈佛大学肯尼迪政府学院教授约瑟夫·奈（Josef S. Nye, Jr.）在 1990 年发表在《外交政策》杂志的《软实力》一文中首次提出了与硬实力相对的"软实力"（soft power）这样一个概念。他继而在 2004 年的《软实力：在世界政治中通向成功的途径》中进一步阐述了他的关于软实力的观点。

　　美国作为唯一的世界霸权（hegemon），在世界政治中，它天然有一种优越于其他国家的地方，这种优越性使它具有一种自然吸引力（natural attractiveness），这就是它的软实力。根据约瑟夫·奈的观点，"软实力是一种通过吸引和劝说其他人采取你的目标，得到你所希冀得到的东西的能力。"他说，美国的形象和对别的国家和人的吸引力是由许多不同的思想和态度合成的。它一部分依靠美国文化，一部分依靠美国国内政策和价值，一部分依靠美国外交政策的内容、战术和风格。美国的软实力"来自美国的文化和美国的政策"。也就是说，它来自美国的文化、政治理想和政策的吸引力。文化吸引力每每会使别人默认你的行为，因此，软实力不仅仅具有一种稍纵即逝的大众性，它还是美国希冀获得它想获得的结果的手段。约瑟夫·奈指出，软实力之所以变得十分必要，不仅是由于苏联实验的垮台使世界政治日益复杂，而且还因为它将使美国更容易达到外交政策的目的。

　　美国价值是美国软实力很重要的组成部分。美国相信通过实施软实力,可以更好和更有效地推行美国的价值。美国奉行个人主义,社会和政府的唯一目的就是人的幸福。它同时奉行人人平等、机会均等的价值观。在政治上美国创造了自治结构的模式,实行权力制衡的宪政原则。以好莱坞电影、爵士乐、乡村音乐、麦当劳为代表的美国的俗文化以其平民性、通俗性、民主性、非贵族性和娱乐性而适合广大民众的需要。美国本质上是一个移民的国家,它兼收并蓄地吸收了世界各地的精英文化,具有种族和文化的多样性。它的移民性和文化的多样性使美国成为当今世界前沿科学和技术的家园。美国社会具有完善的鼓励创新的机制,它鼓励与众不同,鼓励独立思考的个人主义精神。这是美国文明的理性部分,也即其软实力,吸引其他国家和人民。然而,我们看到一种奇特的国际政治文化现象:本来是美国的软实力的一个重要的方面,或是在错误的时间错误的地方错误地运用,或是与当地文化相违背,却也有可能收到适得其反的效果,成为文化冲突与反美主义的主因。有些美国学者认为反美情绪"不是由于我们的文化"。这一观点是不符合客观事实的。有些反美情绪是源自美国文化的,源自从美国文化衍生出来的政策。

　　我们如果从美国的宗教性以及从其宗教性而衍生出来的政策来进行分析,就可以很好地来证明这一结论。例如,虽然美国和欧洲在文化上都同属希腊理性主义和基督教,但在奉行界定西方的核心价值——多元性方面,美国和欧洲产生了重要的歧异。一方面,欧洲人仍然保持着他们根深蒂固的文化优越感,另一方面,美国在世俗化方面远远落在欧洲的后面。美国领导人怀着清教徒的宗教使命感,致力于建立一座建在山巅上的城市。美国外交政策的核心的帝国动力便是"一种使命感,一种历史的必然感,一种福音的狂热"。希拉里·克林顿在竞选总统的历次演说中提到要在世界上重建美国的"道德权威"(moral authority)。由于其宗教性,美国在世界范围内执意推行福音,推行民主普世化,美国的使命感本身就是一种福音布道的延续。美国的"不是善就是恶"的二元论(Manichean vision）以及宗教的作用在美国公共生活中日益扩大，这是造成美国与多元的世俗主义的欧洲之间出现裂痕，也是造成欧洲反美情绪的主要原因之一。

根据 BBC 的一次就"世界如何看待上帝"的问题在 10 个国家 10000 人中的调查，54% 的美国人经常前往教堂做礼拜，而在英国仅为 21%，在俄罗斯只有 7%。79% 的美国人相信有神论，在英国这个数字仅为 46%。根据皮尤（Pew Research Center）的一次调查，在荷兰和法国大多数人，在英国和德国许多人认为美国人具有太强的宗教倾向，而大部分美国人却认为他们的国家宗教性还不够。欧洲的世俗性（secularism）和美国的宗教性（religiosity）之间的分歧就在于，欧洲将宗教视为个人的一种反省和选择，将其纳入私人领域，公民身份与政治身份相联系；而不像美国那样，宗教进入公共领域，左右社会和公共政策，公民身份与信仰相联系。马塞尔·范·赫本（Marcel Van Herpen）认为，在美国，在公众的自我意识中存在一种明显的宗教色彩，许多人相信美国"在世界上需要起一种特有的执行神意的作用"，他们相信美国人是"上帝的选民"。小布什政府在其外交政策的言辞中特别明显地显示了其宗教的影响。在过去的几十年中，福音派和灵恩运动（charismatic movement）新基督教右派在政治方面的影响力日益增大，成为左右美国总统选举的重要力量。他认为，这种原教旨主义的宗教复兴"使美国政府更加透过（不是善就是恶的）两元论的视角来定位反恐战争"。这种宗教性语言使世俗的欧洲人深感忧虑，美国的例外论和基督教原教旨主义的世界观进一步间离了欧洲人。根据皮尤研究中心 2004 年 3 月的一个调查，62% 的法国人，59% 的德国人，34% 的英国人对美国持有"非常"或者"有些"不赞成的看法。BBC 在 2005 年 1 月的一个调查显示，54% 的法国人、64% 的德国人和 50% 的英国人认为美国在世界上是一种"负面的力量"。欧洲人由此发展到对美国社会和道德价值的评价日渐负面。罗伯特·卡根（Robert Kagan）指出，"由于历史的原因，也由于意识形态的原因，欧洲在美国公众看待美国在世界上应该如何行动起着重要的作用"。"和我们有着共同的价值的（欧洲）总是说我们非法地行动，我想，随着时间的推移，也许会在更早一些的时间里，消融我们行动的能力"也即消融美国的软实力。皮尤中心2005年全球态度调查显示，欧洲人在赋予美国人诚实、有创新精神和勤劳等美德的同时，又认为美国人贪婪和暴力。欧洲人持续对美国不受控制的资本主义以及文化霸权有一种恐惧感，对美国化所可能造成的对欧洲政治、经济和文化的自主性的冲击深感忧虑。我们在这里看到价值因素，特别是它的关于"必须履行其特别的历史使命的"宗教道德，在美国外交政策决策中的作用，同时反过来，其宗教道德又遏制了美国自身软实力的影响力。这是美国在软实力方面面临的一个悖论。

美国在海外实施其软实力的过程中，往往发现其所奉行的所谓普遍的价值与当地的文化价值发生冲突和矛盾。这是一种认知上的错位，每每造成误解甚至对抗。

以中美关系为例。中美交往过程中的一些问题，并非都在于国家之间的利益冲突，还在于双方之间的误解，在于自我认知同对方对自己认知之间的反差，正如彼得·门德尔逊（Peter Mendelson）所说的，对中国的期望与中国对自身扮演的角色和责任的估计之间存在错位（mismatch）。这种错位属于政治文化范畴，是影响美国软实力的因素之一。

研究发现，在美国的软实力在中国的影响体制内（the regime of the exercise of soft power），这种错位的反映之一就是政治影响与文化价值影响存在一种分裂的现象。美国一方面被视为一种威胁，一种精神污染的腐败的源头，另一方面又被看做一种现代化的模式；一方面美国被视为敌人，另一方面美国文化价值（这主要是包括其普世性的价值）又享有一定的尊敬。"在中国，关于美国的话题是无处不在的，无论是在高层还是在底层，无论是城市还是农村，无论是知识分子还是贩夫走卒，无论是关于国际事务还是国内生活，美国永远是一个被用来比较、夸赞、羡慕、嘲笑，甚至咒骂的对象。中国人对美国的爱恨交加可以说到了极致。""笼统而单纯地谈论起美国来，人们往往更多地持批评态度，特别是对美国在国际事务中所扮演的角色，诟病很多。但是，如果结合国内的情况和具体的事例，特别是涉及与己有关的生活和工作的细节时，相应的美国因素往往就变成了一个正面的标准，人们拿这个标准来衡量自己在生活和工作中的处境，对美国生出无限的艳羡之心，美国的形象在这种时刻顿时高大起来。"

我们以中国民众对美国的反应数据为例。当1996年美国国会有人提出提案要向西藏派驻使节，批准李登辉访美，在中国加入世界贸易组织问题上设置重重障碍时，《中国青年报》在《中国青年看世界》读者调查中，认为美国是对中国最不友好的国家的人占87.1%。在1996年另一次调查中，53.5%认为美国社会的民主、自由是虚伪而不真实的。对美国在国际上推行民主的行为，持否定态度的则上升为81.2%，大学生群体中持这一看法的达87%；93.8%认为美国在台湾问题对中国的态度不友好，大学生中的比例最高，达95.9%；91%认为美国对中国加入世界贸易组织设置障碍，大学生群中的比例最高，达94.7%；86.9%认为美国对中国人权状况的指责是干涉内政，大学生群中的比例最高，达91.8%；90.3%认为美国在对华问题上表现出的态度是霸权的，大学生持这一看法的比例最高，达95.7%。然而，在同一次的调查中，中国青年87%认为美国是一个物质生活富裕、国家综合实力强大的国家，74.3%认为美国社会的文化娱乐生活丰富，75.1%认为美国社会的办事效率较高。65.49%认为美国民主制度适合于美国国情，如加上认为美国民主制度有普遍意义的，则达84.13%。这种在软实力问题上的政治与文化的分裂现象也表现在中国大学生留学目的地的选择上。尽管存在着反美情绪，中国人最乐于出访和旅游的国家、最乐于让孩子前往留学的国家中，美国都居首位。根据在2004年2月至4月对北京、上海、广州、厦门、成都等地886人（寄发1000份问卷，回收886份，回收率为86.6%）进行的调查，在大学生中，12.81%的大学生会"毫不犹豫"地去美国留学，如加上"想去，但要视条件"，则达89.95%。作家刘方炜曾列举一位初中生，对于美国纽约的世贸双子星大楼被炸，兴高采烈，说"美国人活该，谁叫它在世界上这么霸道"。然而多年后当他要出国去留学时，"不是美国的大学，坚决不上"。这种政治与文化分裂的现象我们也可以从中国年轻人对好莱坞电影《阿凡达》热烈的追捧上看出来。尽管中美之间因美国对台军售、美总统会见达赖等事件发生摩擦，《阿凡达》最终票房在国内超过惊人的9亿元。

所以，大卫·香博（David Shambaugh）和汤玛斯·赖特（Thomas Wright）认为，就总的软实力而言，美国在中国高居第一，美国影响力（包括政治的、外交的、人力资本和经济的影响力）在过去的10年中增长了，这种影响力包括政治的和外交的影响力。在中国的知识精英中确实存在一种美国情结，这是美国软实力在中国保持持续影响的原因之一。据1997年9月对北京、上海、广州1500人的调查显示，27.1%的受访者认为目前美国在国际上是中国的朋友，58%的受调查对象对美国总体上抱有好感。北京零点咨询公司（Horizon）在"中国人眼中的世界"调查项目中，发现在1999年60.9%的受访者对美国持积极看法，在2004年，63%持积极看法。调查指出，虽然数字渐进的变化微不足道，但在大部分受过高等教育的男女中对美国的看法发生了改变。根据芝加哥世界事务委员会（Chicago Council on Global Affairs）2008年在日本、韩国、中国、印尼和越南的一次调查，近年来，中国人对美国的态度明显地更为热情，中国答卷者对美国在亚洲的影响力持续地持积极的态度。中国人在2009年对美国的赞成率为47%，在2010年为58%；在2009年对奥巴马总统的支持率达62%。

中美关系是21世纪世界政治中极其重要的一种关系，已经成为国际体制中的支柱。在构建未来世界新的政治与经济秩序中，这种关系是不可忽略的因素。我们发现在中美关系中存在一种"台地"式的线性模式，关系陡然地升温，然后经过一段时间之后又陡然地降温，这主要因为在中美关系中存在诱发冲突的因素。在这些诱发冲突的因素中，有一部分是关乎相互认知方面的。比方说，中国说是和平发展，而美国则说中国的崛起对美国是一种威胁；中国说自己仍然是一个发展中国家，而美国说中国已经是发达国家；中国人均国民生产总值在世界上居第 99 位，位于牙买加、泰国、萨尔瓦多、纳米比亚之后，而美国说中国是世界第二大经济体，应负起相应的国际责任。

这种在相互理解和认知方面的错位是两国发生冲突的主要原因之一，这种错位也是影响美国软实力的因素之一。

软实力本质上是一个变数。它是受政治和经济实力的影响的。实际上，在劝说和吸引力的背后是有强大的经济和政治力量作后盾的。即使存在巨额的债务而引发的泡沫，美国经济在 1991 年和 2009 年之间增长 63%，而在此期间，法国经济仅增长 35%，德国 22%，日本 16%。在 1975 年，美国经济占全世界的生产总值 26.3%。而今天，在亚洲诸国经济增长的情况下，它仍然占世界总产值的 26.7%。美国的经济实力将仍然为它的软实力提供最重要的后盾。正如哈佛教授尼阿尔·弗格森（Niall Ferguson）所一针见血地指出的，"软实力仅仅是一副包藏铁手的丝绒手套而已"。

软实力和硬实力的目的是一致的，相辅相成的，它们实质上是大棒与胡萝卜、刽子手和牧师的关系。在鼓吹美国政治体制和新自由主义资本主义的背后有一只军事和经济实力的铁手腕在支撑着。所以，硬实力和软实力有一种内在的互补的关系。保罗·范·汉姆（Paul van Ham）是这样叙述两者的关系的："美国的硬实力和软实力是辩证地联系在一起的：美国的干涉主义需要合法的外衣（道德的或者国际法的外衣），没有这种外衣，强制性的手段会引起太大的抵抗……软实力需要必要的资源和决心，将承诺付诸行动……因此，当今的美国外交政策基于这样的一个认识：即没有美国的硬实力和'它作为世界上唯一的超级大国的地位'，那么，它在文化与价值方面的软实力就会立刻消融。"

第三章
美国文学

　　美国作家辛克莱·刘易斯在 1930 年获诺贝尔文学奖。这不仅表示对刘易斯本人的文学成就的承认，也表示对美国文学的成就的承认。瑞典文学院在致辞中说："是的，辛克莱·刘易斯是一个美国人。他用一种新的语言——美语——写作，他是创造了新的伟大的美国文学的 1 亿 2000 万人的代表之一。"在辛克莱·刘易斯之后，尤金·奥尼尔（1936）、赛珍珠（1938）、T. S. 艾略特（1948）、福克纳（1949）、海明威（1954）、斯坦贝克（1962）、索尔·贝娄（1976）、辛格（1978）、米沃什（1980）、托尼·莫里森（1993）相继获得诺贝尔文学奖。在创造新的美国文学的过程中，美国作家将文学创作视为一种事业。自马克·吐温以来，一代又一代的才华横溢的美国作家不懈努力，实现了如爱默生所期望的使美国文学"本土化"。他们不仅使美国文学本土化，而且使美国文学走上了世界舞台。在 20 世纪 20 ~ 30 年代，他们的作品不仅在美国本土，而且在欧洲被广泛阅读；到了 20 世纪 50 年代，他们的作品被翻译成了包括阿拉伯文、希伯来文和日文在内的外国语言。美国文学在世界上广泛传播，这是任何另一种文学所无法比拟的。美国作家使他们所创造的文学本身的魅力达到史无前例的辉煌。

第一节　20 世纪 50 年代：垮掉的一代

　　1945 年，以美国为首的同盟国战胜了纳粹德国和日本，取得了第二次世界大战的胜利。虽然美国比过去任何时期都富足和强大，经济繁荣，美国成为购物者的天堂，但它也面临一系列严重的难以应付的问题。繁荣带来尖锐的紧张与分裂。人们开始渐渐意识到社会学家加纳尔·默达尔（Gunnar Myrdal）在《美国困境》中所指出的美国民主中存在的种族不平等，并认识到这种不平等对民主的挑战，在美国社会中出现了社会批评。在20世纪50年代，这种社会批评仍然集中在中产阶级的白人群中，他们虽然有牢骚，有不满，但他们居住在郊区过着富足的生活，享受着美国的消费的繁荣。他们忧虑的是富足可能带来的心理上的损害与弊端，商业公司的非人化结构可能给个人自由带来的威胁。不管怎么样，在20世纪50年代冷战的背景下，美国的社会与生活发生了迅速的根本性的变化。一方面，美国生活随着大众社会或大众化的来临而趋于一致，另一方面，社会的裂痕却越来越明显，社会中各社团之间的文化冲突与对峙日益尖锐。美国社会越来越追求工业与政府的理性化，追求机构与公司的宏大规模与非人化，用科学的方法对个人、家庭和社团生活的传统方式进行审视。这一切构成了一个新的社会运动，也就是所谓现代化运动。但在美国社会中还存在一股逆此而动的潮流，即反现代主义的潮流，反对现代的思想。他们认为，大政府、大公司、大劳工组织——这些现代方式令人厌恶，是非人化的，是一种威胁，而传统的方式更好，更健康，更美国化。同时，出现了代沟的思想。时髦的年轻人反对顽固的、保守的老一代人的生活方式和思想。

在20世纪50年代初期，美国经历了参议员麦卡锡反共的以莫须有的罪名而进行的政治迫害时期。麦卡锡对政府工作人员和知识分子的疯狂迫害在当时社会心理上投下了可怕的阴影。这对美国政治、社会，乃至文化言语造成深刻的影响。这从另一方面促使文化言语向地下的、荫蔽的、反文化的方向发展。

美国社会的现代化进程并不是在二战后开始的，早在20世纪20年代就开始了。理性的思想要求对公共的和个人的生活进行有效的控制。这个进程只是由于大萧条、罗斯福新政和第二次世界大战才停顿了下来。在这个现代化进程中，人们放弃了关于性的斯文传统态度，放弃了对小镇价值的崇尚；现代化进程由于电子媒体和由此产生的流行文化而加速了。20世纪20年代是美国大众文化的第一个时期，大众文化的概念影响了战后关于社会与文化的思想，关于个人、灵魂和上帝的思想。美国知识分子的演变正是造成这种现代化进程的关键。他们对自身的认识和对自身的作用的认识发生了变化。在20世纪美国社会中至少有两个现象是十分明显的：一方面，知识分子参与到美国社会的正统体制之中，特别是政府、大学和媒体；另一方面，激进的知识分子对这种知识分子与正统体制同化的过程不满，他们惧怕这种同化会使个人失去自主和独立性，惧怕由于社会接受了知识分子，给予其地位与物质的福利，知识分子会丧失他们赖以存在的理性基础——即对社会的怀疑与批判。

在20世纪50年代这样的人文与文化背景下，在美国产生了以嬉皮士和"垮掉的一代"为代表的反文化浪潮。在文学上，最典型的代表是J. D. 塞林格、杰克·克鲁亚克和艾伦·金斯伯格。

塞林格于1951年出版了"现代经典"《麦田里的守望者》。这给他带来了声誉，引起批评界和读书界的关注，使他成为二战后界于神秘主义和奇想之间小说的代表。小说刻画了一个出身于富足的中产阶级的16岁中学生霍尔顿·考尔菲德，是当代美国文学中最早出现的反英雄形象之一。小说反映了20世纪50年代对现状不满的中产阶级少年的情绪：既不能与社会同流合污，又不能与社会隔绝。当他们了解了成人社会的种种欺骗之后，决意与它分裂。霍尔顿代表美国20世纪50年代城市青年的苦闷和彷徨，在他身上凝聚着垮掉的一代的许多特征。小说取名为"麦田里的守望者"，寓意是深刻而富含讽喻的。霍尔顿自己过着浑浑噩噩的生活，却想望当一名麦田的守望者，自己正在向悬崖跑去，还想拯救千千万万向悬崖跑去的孩子：

　　不管怎样，我老是在想象，有那么一群小孩子在一大块麦田里做游戏。几千几万个小孩子。附近没有一个人——没有一个大人，我是说——除了我。我呢，就站在那混账的悬崖边。我的职务是在那儿守望，要是有哪个孩子往悬崖边奔来，我就把他捉住——我是说孩子们都在狂奔，也不知道自己是在往哪儿跑，我得从什么地方出来，把他们捉住。我整天就干这样的事。我只想当个麦田里的守望者。我知道这有点异想天开，可我真正喜欢干的就是这个。我知道这不像话。

　　作家通过《麦田里的守望者》首先对美国教育进行了鞭挞。霍尔顿认为美国学校要把孩子"栽培成优秀的、有脑子的年轻人"完全是骗人的鬼话。"不少学生都是家里极有钱的，可在学校里照样全是贼。学校越贵族化，里面的贼也越多。"他恨透了"那个混账中学爱尔敦·希尔斯"。他说：

　　　　你有时间最好到男校去念书试试。你有时间去试试，我说，"里面全是些伪君子。要你干的就是读书，求学问，出人头地，以便将来可以买辆混账凯迪拉克；遇到橄榄球队比赛输了的时候，你还得装出挺在乎的样子，你一天到晚干的，就是谈女人、酒和性；人人在搞下流的小集团，打篮球的抱成一团，天主教徒抱成一团，那般混账的书呆子抱成一团，打桥牌的抱成一团。连那些参加他妈的什么混账读书会的家伙也抱成一团。你要是聪明点儿——"

　　他也痛恨中产阶级的家庭教育。"我是混账州长的儿子，我父亲不让我跳踢踢舞。他要我上牛津。可这他妈的是我的命——"美国家庭和学校使霍尔顿几乎生活在一种窒息的环境中。小小年纪就谈女人、酒和性，一方面固然是社会环境所致，另一方面也是他稚嫩的灵魂对美国社会现实的一种无力的反抗。他生活在伪君子的环境中，连他唯一尊敬的老师也是个搞同性恋的，这对他的灵魂震撼极大。

　　我一下子醒了。我也不知道是什么时候，可我一下子醒了。我感觉到头上有什么东西，像是一个人的手。嘿，这真把我吓坏了。那是什么呢？原来是安多里尼先生的手。他在干什么呢？他正坐在长榻旁边的地板上，在黑暗中抚摸着或者轻轻拍着我的混账脑袋。嘿，我敢打赌我跳得足足有一千英尺高。

　　令霍尔顿最为困惑的是，正是这个伪君子刚刚向他说教"一个不成熟男子的标志是他愿意为某种事业英勇地死去，一个成熟的男子的标志是他愿意为某种事业卑贱地活着"。

　　在第四次被学校开除后，他独自在纽约城里闲逛了一天两夜，出没夜总会，与女人鬼混，酗酒。在他流浪街头和小客店之时，目睹了美国社会各种丑恶的方面，接触了形形色色的人物。在霍尔顿身上，作家刻画了一个涉世不深的孩子面对复杂的美国社会时的矛盾心理。在他的内心中，他这人也许是天底下最大的色情狂。有时候，他能想出十分下流的勾当，只要有机会，他也不会不干。但他终究是个孩子，在他的身上仍然保持着庄严的人性。他真诚地认为，你要是真不喜欢一个女人，那就干脆别跟她在一起厮混；你要是真喜欢她呢，就不应该对她干那种下流事。但他是矛盾的，"真正糟糕的是，许多下流的事情有时候干起来却十分有趣"。

　　美国文学在塞林格之前每每是将童年理想化，孩提的时代被描述成比成年的时代远为快乐和优越，被天真地美化了，总是含有一种美国式的乐观主义。然而，在20世纪50年代的美国文学中，在塞林格的描写"成长的烦恼"的小说中，它却含有一种悲观主义的意味，对成年时代种种可能的遭遇有一种惧怕感。塞林格在《麦田里的守望者》中将罪恶与成年时代牢牢地结合在一起，在霍尔顿成长的过程中充满了陷阱。霍尔顿拒绝了一切标志进入成年的传统的礼仪：他拒绝读完中学，甚至大学，可能的话，在牛津或哈佛毕业；他拒绝与妓女发生性关系。一个十几岁的妓女来到他的旅馆房间让他感到十分沮丧，在霍尔顿看来，她简直已经非人化了。

> 她进房后马上脱下大衣，往床上一扔。她里面穿着件绿衣服。她斜坐在那把跟房间里的书桌配成一套的椅子上，开始颠动她的一只脚。她把一条腿搁在另一条腿上，开始颠动搁在上面的那只脚。对一个妓女来说，她的举止似乎过于紧张。她确实紧张。我想那是因为她年轻得要命的缘故。她跟我差不多年纪。我在她旁边的一把大椅子上坐下，递给她一支香烟。"我不抽烟。"她说。她说起话来哼哼唧唧的，声音很小。你甚至都听不见她说的什么。你请她抽烟什么的，她也从来不说声"谢谢"。她完全是出于无知。

当福克纳读完塞林格的《麦田里的守望者》之后，他为霍尔顿·考尔菲德的处境大为惊异。福克纳认为，霍尔顿不为美国社会所接受，并不是因为他不够坚强，不够勇敢，而是因为在他周围根本就不存在他可以接受的社会和人。他认为，霍尔顿与马克·吐温的哈克不同，虽然哈克受人凌辱，但他说什么也是在人群中受凌辱，他是在人群中长大的。

除《麦田里的守望者》之外，塞林格还出版过一个短篇集《九个故事》（1953）和两个中篇集《弗兰尼与卓埃》（1961）、《木匠们，把屋梁升高；西摩：一个介绍》（1963）。从《九个故事》开始一直到后来出版的中篇，他主要描写格拉斯一家的生活片断，刻画了格拉斯年青一代（西摩、弗兰尼·卓埃、布迪）的形象。格拉斯家是一个富有的上层中产阶级家庭，父亲是犹太人，母亲是爱尔兰人（塞林格本人也是犹太—爱尔兰血统），生有子女7人，西摩是长子，弗兰尼是最小的女儿，卓埃和布迪是弗兰尼的哥哥。格拉斯家的兄弟姐妹们非常聪颖，但他们的困境和霍尔顿的一样。他们厌恶日常生活中的虚伪。他们具有诗意的锐利的目光，沉浸在基督教神秘主义和东方的禅之中。西摩是一个睿智的、坚忍不拔的理想人物，信仰印度教。他主张不仅要爱这个世界，宽恕这个世界，而且要在这个世界上努力尽自己的责任。然而，有一天，他突然大彻大悟开枪自杀。在格拉斯家属的小说中，塞林格仿佛专注于死亡和精神的主题，作品中充满了死亡的影子。

他最后发表在 1965 年 6 月 19 日的《纽约客》上的小说《哈泼沃斯》（*Hapworth*）是迄今为止人们所能读到的塞林格的最后一篇小说，这篇小说从来没有成书发行过。小说全篇是一封由 7 岁男孩西蒙·格拉斯从夏令营营地给父母和兄弟写的信。从信中，我们得知他已经学会了数种语言，并在暗恋营地老板的年轻的妻子哈匹夫人。他以一种居高临下的态度对待他的营地朋友，并对他的家人们自以为是地作出一系列劝告。信的结尾列出了一大串西蒙想寄给他们的书单："列夫·托尔斯泰……查尔斯·狄更斯全集，无论是以可祝福的全部作品结集，还是以一种令人感动的形式结集。我的上帝，我向你致敬，查尔斯·狄更斯！"然后是普鲁斯特和歌德。他一方面对自己的精神生活感到忧虑，一方面又猛烈抨击他的营友；一方面他想成为耶稣那样的人，另一方面他又想和哈匹夫人睡觉。他一方面希冀独处，另一方面又非常想引起别人的注意。他想成为一个伟大的圣人，想成为一个伟大的作家。不管作家是有意还是无意，这男孩俨然是作家的一个缩影。

塞林格笔下的格拉斯一家的编年史最突出的一个主题便是无以名状的自我和自我意识所带来的问题，即在一个物质享受为上的庸俗的社会里如何拥有自己的精神生活。格拉斯一家人对于这个世界都是那么的敏感，那么的特别。

塞林格在 20 世纪 70 年代便停止接受任何记者访谈。他一直隐居于新罕布什尔州考尼西小镇达 50 多年之久，于 2010 年 1 月 27 日逝世。

据在 20 世纪 70 年代初一直和塞林格住在一起的乔伊斯·迈纳

德在 1998 年的回忆录中所说，她曾经看到在塞林格的书架上放着大量的关于格拉斯家庭的笔记，并认为至少有两部小说存放在他的保险柜中。按照塞林格所说，他这些年一直在写作关于格拉斯家庭的故事，但拒绝在生前出版它们，也许正如弗兰尼所说的，是因为对于"自我，自我，自我的怪异行为，我自己的和每一个其他人的自我的怪异行为"的厌恶。他似乎将自己的文学上的成功看成是一种道德的污点。在美国当代作家中，再没有一个作家在个人生活方面像他那样忠诚于自己的小说的那种精神特质。

塞林格是美国战后一代的代言人。他创作了一部现代的《哈克贝里·费恩历险记》，为中产阶级的城市青年说话，申述他们的理想和苦闷。在这些娇生惯养的年轻人的世界中，没有任何饥饿，他们听不到贫穷的痛苦，整天耽于安乐之中。他们不关心公共问题。塞林格创作了一部"成长小说"，这部成长小说与乔伊斯的《青年艺术家画像》和歌德的《威廉·迈斯特的漫游时代》不同，它拥有鲜明的美国特色。塞林格笔下的霍尔顿和格拉斯家属有如海明威笔下的人物一样的鲜明，但他们没有海明威的硬汉子的英雄性。他们非常真诚，他们痛恨虚伪。塞林格笔下的理想人物是儿童和少年，他崇尚的是纯真和稚嫩。当他小说中的人物长大时，没有一个不被社会腐蚀的。实际上，他们不是在长大，而是在腐蚀下去。塞林格创造了一个现代美国社会的模式，傲慢、求全、自我陶醉。对于以后的美国人来说，塞林格属于 20 世纪 50 年代，也只属于 20 世纪 50 年代，虽然他活到了 21 世纪的最初 10 年。

杰克·凯鲁亚克和塞林格几乎都是在 20 世纪 40 年代末和 50 年代在社会的两个极端写作。然而，他们小说的不与社会同流合污的精神实质却是相同的。与塞林格相比，凯鲁亚克更典型地代表一种美国式的浪漫主义。与塞林格的狭隘的纽约空间相反，他崇尚的是美国的开阔的空旷的大路。

凯鲁亚克是垮掉的一代最著名的小说家，虽然只活了 47 岁，但留下了 18 部小说。他的第一部小说《小镇与城市》（1950）表现小镇传统的保守的社会道德价值与城市的工业文明的冲突。他模仿托马斯·沃尔夫（Thomas Wolfe）的风格以传统的自然主义的手法描写成长的故事。小镇和城市的冲突实际上是上帝和人类的冲突。人们可以从这部小说中感受到凯鲁亚克风格的端倪。他崇尚自然、灵性、直觉、个性，主张兴之所至的散文叙述风格。与诺曼·梅勒的《巴巴利海岸》（1951）、约翰·克莱伦·霍尔姆斯（John Clellon Holmes）的《走》（1952），钱勒·勃洛萨德（Chanler Brossard）的《在黑暗中行走》（1952）以及威廉·巴罗斯（William Burroughs）的《吸毒者》一样，《小镇与城市》已经试图将一种新的形象带进美国文学，一种异化的形象，对现状不满、逃避现实。20世纪50年代的繁荣对他们毫无意义，他们指望新的艺术的诞生，在爵士乐中，在吸毒中寻求刺激。他的最有名的小说是《在路上》（1957）。他在创作上与奈尔逊·艾尔格伦（Nelson Algren）接近，同时亨利·米勒的第一人称小说对他影响颇大。《在路上》可以说是作家的一部自传体小说。

凯鲁亚克生于马萨诸塞州的罗维尔城，父母是加拿大籍的法国移民。第二次世界大战期间他曾在商船队服役，战后在美国各州漫游。《在路上》描写马丁一家的故事。父亲乔治·马丁是一个传统的印刷工人，后自己建立了一个小印刷厂，不久破产。小说着重描写了他的3个孩子，激情奔放的大儿子杰奥，自我欣赏的弗朗西斯和好耽于幻想的里兹—彼特·马丁。里兹—彼特·马丁在思想上、气质上和精神上同作者十分相似。老马丁破产后，来到纽约布鲁克林，在工人聚居区他感到孤独而不合时宜。老马丁死后，里兹—彼特·马丁便上路在国内到处漂泊，寻找生活中的支柱和内心的力量。"我"同一个"垮掉的一代"的青年狄恩·莫里亚迪三次从美国西海岸到东海岸旅行。小说描写了他们在路上的种种见闻和感受。

《在路上》是作家在短短三个星期内在电报纸上不经意之中写成的。他发现这样写作的形式正适合他想表达的事件和思想，他可

以全然不顾传统的预设情节的写法。他并不是从多斯·帕索斯（Dos Passos）、麦尔维尔、詹姆斯·法雷尔（James Farrell）或奈尔逊·艾尔格伦那里汲取松散叙述的力量。他的小说和许多其他的战后小说一样更为注意流浪汉的冒险生涯，更为注意亡命之徒对社会的反叛。凯鲁亚克不仅仅像流浪汉一样在观察世界，他简直可以说就生活于其中。他将自己寓于小说之中，使他的视野更为个人化，这样，他描写的狄恩·莫里亚迪和奈尔逊·艾尔格伦的宿命的失败者不同，狄恩代表一种凯鲁亚克正在寻觅的新的价值。他的人物并非生活中的失败者和专事捣蛋的那种人，而是一些有点羞赧的逃避社会的放浪形骸的人。他们希冀按自己的理想塑造自己，希冀回到一个更为个人主义的、更重视个人价值的美国社会中去。在《小镇与城市》和《在路上》出版之间的岁月中，他创作了他一生中大部分的作品，编织了一幅关于他个人和朋友生活的图画，这些图画是富有诗意的、严酷的、可爱的和超现实的。这些图画描述了遍及美国的关系网，犹如一个大家庭，驱车没完没了地互相访问。虽然凯鲁亚克的大部分作品带有一种忧郁的情调，但他的叙事顺畅而流利，即使在叙述最可怕的或最让人激动不已的经历时，仍然不失其自然。他笔下的人物，他的朋友们，都是边缘人，不是吸毒者就是流浪汉，他们组成了一个独特的社区，温暖而富有情义。与奈尔逊·艾尔格伦所创造的相互倾轧的城市社会截然不同。凯鲁亚克描述行走在路上的流浪汉们，他可以完全无视令人压抑的城市生活的习俗和文学传统。他从纽约描写到西海岸，专事于发现一种新的存在的方式，在这种存在方式中，美国的浪漫的原始主义和东方的神秘主义占统治的地位。主人公过着一种疯狂的生活方式：

> 狄恩也向卡洛谈到一些一般人不大知道的西部人物，比方像汤米·斯纳克，那位平脚板儿的出入赌场的轮盘赌光棍、纸牌能手和奇异的圣者。他还和他谈到罗伊·约翰逊、大块头埃德·邓克尔，谈到他的那些儿时的朋友、街道上的伙伴，谈到

他的无数的女人，他所参加的各种性爱集会，谈到他的春宫图片，他的男英雄、女英雄以及许多冒险活动。他们一起在大街上四处乱窜，按照他们早年的方式，对任何事物都要摸摸底。这情况虽然由于后来一眼就可以看透一切的空虚无聊而显得颇为可悲，可那时候，他们却像一对无忧公子欢欣鼓舞地走过大街，让我跌跌撞撞地追随在他们的身后。我一生一直也就是这样追随着那些使我感兴趣的人们，因为我唯一喜爱的正是那些发疯的人，是那些疯狂地渴望生活、疯狂地热爱谈讲、疯狂地希望得救，在同一个时候希望把一切全都得到的人，是那些从来不打一个哈欠、不讲一句废话，而只是像神话中的黄色的、古老的蜡烛不停地燃烧、燃烧、燃烧，像在无数星星之间结网的蜘蛛一样到处探索的人们。

他们崇尚的是及时行乐，醉生梦死。从《在路上》的人们的癫狂预示 20 世纪 60 年代伍德斯托克镇嬉皮士们的反习俗、反传统的集会：

狄恩在及时行乐；他放了张爵士唱片，一把攥住玛丽露，紧紧地搂住她，合着音乐的拍子乱蹦乱跳。她也随着他又蹦又跳。这是真正的爱情之舞。伊恩·麦克阿瑟带着一大群人来了，于是新年的周末开始，持续了三天三夜。

在生活中，他们没有目的，任凭生活将他们漂流到世界的任何角落。他们的身上打着深刻的 20 世纪 50 年代反文化的烙印：

"我们住到哪儿去呢？"我们提着自己的几捆破烂东西，在富于浪漫气氛的狭窄街上到处游荡着。这儿每个人都像个潦倒的临时的电影演员，一颗暗淡了的明星；失掉了魅力的杂技演员，小不点儿的汽车赛跑家，深恨到了大陆的尽头而面露愁容的加利福尼亚人，漂亮的、腐化堕落的卡萨诺瓦型男子，金鱼眼的旅馆女招待，盗贼，王八，妓女，按摩师，旅馆侍者——应有尽有，在这帮人中间，叫一个人怎样谋生呢？

他是另一种不同的文化的接生婆，他用他的作品创造了一种新的存在。他用自然主义的方法观察了社会生活中见不得人的下腹部，并将这种观察诉之于文字，诉之于文学，诉之于宣言。凯鲁亚克的自然主义带有一种浪漫的、神秘的和超现实的色彩，他试图在社会遗弃的一切中寻找价值。

文学的现代主义每每十分重视结构、语言和艺术传统。而在美国，战后的美国小说家都专注于创造一个非文学的甚至反文学的现实。他们致力描述不同于资产阶级享乐的人性、与社会习俗相悖的人性。凯鲁亚克在传统文学一般不屑描写的地方发现新的力量和新的价值。凯鲁亚克将自己描述为"我"，一个观察主人公行动的旁观者，他没有给作品中主人公的非文学的生活和行为涂上一层浪漫的色彩。凯鲁亚克主张兴之所至自然地创作，他强调禅宗的顿悟、体验和启示。他认为写作时无须去寻找理性，为了贴近他的直觉和灵感，他甚至借助于毒品和梦幻药。

垮掉的一代的文学作品，特别是塞林格和凯鲁亚克，与其说具有文学的价值，还不如说具有社会文化的价值。它们仿佛是一面镜子反映了那个时代的美国的情绪以及美国社会可能的发展动向。马库斯·坎利夫在《美国的文学》中，在谈及凯鲁亚克时说："他只是陈述而不传达，他在闲谈，而非创作。他发表的东西太多，而修改甚少。凯鲁亚克和他的一群人们集体自恋，令人厌烦，令人觉得琐碎……他对于自发性创作的强调几乎使他无法获得严肃的文学成就。'垮掉的一代'的文风可能有助于美国俚语的发展，但无助于美国正统的文学。那种文体饶舌、模棱两可，那是一种个人的、散漫的、怀疑主义的、感伤的文体。"

在 20 世纪 50 年代，在美国出现了"垮掉的一代"的诗人，所谓鄙德诗人；他们是文学的先锋派，对现行体制具有极大的挑衅性。"垮掉的一代"诗人运动是由 1955 年秋天在旧金山六画廊举行的一次诗歌朗诵会引发的。肯尼思·莱克斯洛斯（Kenneth Rexroth）主持诗歌朗诵会，参加朗诵诗作的诗人包括艾伦·金斯伯格（Allen Ginsberg）、菲利浦·拉曼蒂亚（Philip Lamantia）、迈克尔·麦克罗尔（Michael McClure）、盖利·斯纳达（Gary Snyder）、刘·韦尔西（Lew Welsh）、菲利浦·瓦伦（Philip Whalen）、在听众席中有尼尔·卡萨迪（Neal Cassady）、劳伦斯·弗林盖蒂（Lawrence Ferlinghetti）、杰克·凯鲁亚克（Jack Kerouac）。几乎所有"垮掉的一代"诗人和作家都在座。金斯伯格朗诵了他的《嚎叫》，成为朗诵会的高潮。

"垮掉的一代"的诗人们将神秘、政治和身体结合在一起。在他们的诗中性欲与身体的感受占有一席之地。可以说，他们在美国诗歌中发起了一个所谓身体的起义和反叛。他们以超乎寻常的坦率谈论人的性欲，甚至同性恋。对于麦克罗尔、斯纳达和金斯伯格来说，对身体的探索成为原始主义或者自然神秘主义的一部分。

诗人艾伦·金斯伯格可以说是"垮掉的一代"的发言人。他在新泽西州帕特森城犹太社会主义者的环境中长大。他自小相信信仰和政治行动的力量。他父亲是中学的英语老师，平时也自己赋写一些传统形式的诗歌。他父亲的诗将幼小的他引进了诗歌的殿堂。他母亲是他诗歌灵感的源泉。他在哥伦比亚大学上学，因为在窗玻璃的尘土上写了一句淫秽的反犹太的话而被开除。开除后，与威廉·巴罗斯和杰克·凯鲁亚克生活了一段时间，然后又回到哥伦比亚大学，1948 年毕业。毕业后不久，因为朋友偷窃的赃物藏于他处而被控告，为了躲避囚禁，他自称精神失常，被关在哥伦比亚心理疾病医院 8 个月。

英国抗议性的诗人威廉·布莱克成为他崇拜的对象。他曾自述在 1948 年一次幻觉中听见布莱克吟诵他的诗作。他在抒情小诗《纯真和经验之歌》和长篇的神秘诗《耶路撒冷》中表达了布莱克式的对压迫力量的憎恨。金斯伯格也像布莱克一样，赋写小诗和长诗，从来没有从抗议的立场上后退过。他自幼目睹了移居美国的人们所经受的巨大的心理压力。当他创作《嚎叫》时，他已 30 岁了。他代表了他那一代的诗人，由于各种社会问题压抑了他的成长，他在寻求替代现行体制的选择中经历了漫长的过程。就他的视野和意识而言，他从一开始就是一个文学的边缘人。他的诗是对美国资本主义的控诉，对艾略特式的美学的反叛。洛威尔称 20 世纪 50 年代为"安静的 50 年代"。但金斯伯格则认为在 20 世纪 50 年代传统的诗人与体制同流合污，进入了大学，大学是为消费社会服务的，与体制合作与认同的政治统率着公共与私人的生活。他用不押韵的自由诗和放浪的生活方式来反对这种与体制合作与认同的思潮。金斯伯格关心大的社会与公共问题，如核弹、朝鲜和越南战争、联邦调查局的窃听、种族主义、生态，等等。同时，他的诗歌也充满幽默感地描述了他的个人生活：旅行、性史、吸毒、对佛教的兴趣、对父亲的悼念，等等。在加利福尼亚，他成为完全的个人自由、毒品文化、极乐和东方宗教的歌者。金斯伯格出版《嚎叫》（1956），给美国诗歌带来一种新的粗俗的力量。

金斯伯格的长诗《嚎叫》表达了被异化的美国的呐喊，表达了他对美国社会乃至整个世界及人生的看法。他将超越的世界与物质的世界结合在一起，将神秘的狂热和城市生活的痛苦结合在一起。他的诗是愤怒的，打破一切传统的束缚。他的诗作打开了一个全新的领域，斯文的诗歌传统所拒绝的领域。他在《嚎叫》第一部分中唱道：

> 我看到这一代精英毁于疯狂，
> 他们饥饿，歇斯底里，赤裸着身子，
> 在黎明时拖着沉重的身躯，
> 穿过黑人区街巷，寻找疯狂地吸毒的机会。
> 一群嬉皮士吸毒者渴望在夜间体验到

那古老的经验：和星际相通。

他们贫穷，褴褛，眼眶下陷，吸毒致醉，

在只有冷水的寓所，坐在鬼蜮般的黑暗中，

吸毒，飘过城市的上空，默想着爵士节奏。

……

他们在低级旅馆内吞火，

或在天堂巷饮松节油，死；

或者夜夜让躯壳经受炼狱火烧，

都为的是追求梦幻，毒品，醒着的噩梦，

酒精，性，无穷的寻欢作乐。

……他们在白人体育馆里号啕大哭，在别的骷髅机器前赤身裸体，发着抖，

他们咬侦探的脖子，在囚车里高兴地尖叫，

因为他们除了自己造成的吸毒及同性恋之外没有犯罪。

　　从《嚎叫》的第一部分，我们看到诗人愤世嫉俗的澎湃的激情。他对现实和未来都是充满批判性的，甚至不惜用沉醉于精神麻醉品来反叛美国社会。他继承了惠特曼的诗的传统，全诗不押韵，自由信手写来，甚至连语法也不顾，但是人们从诗歌的行间能感到一种自然的韵律。金斯伯格在第一部分诗行中，全部用"who"带出诗句，而所有这些痛苦、悲哀、愤懑的人们都是第一句开首诗行中的"这一代精英"。他所谓一代精英实际上是指他在旧金山与之为伍的"垮掉的一代"的人们，如莱克斯洛斯、弗林盖蒂、斯纳达和杰克·凯鲁亚克。在诗中，他暗喻了他被哥伦比亚大学开除的情节和纽约下东区穷人居住的天堂巷。他引用了基督教标准信条的拉丁文："Pater Omnipotens Aeterna Deus"（万能的父亲，永恒的上帝）和《马太福音》写在十字架上的耶稣的希伯来文的话："eli eli lamma lamma sabacthani"（我的上帝，我的上帝，您为什么如此遗弃我）哀叹"人生的诗歌的绝对的心从他们的躯体中被宰割了"。

在《嚎叫》第二部分中，他仿佛是一个吸毒者在责问：

> 莫洛克神的思维是纯粹的机器！莫洛克神的血液中充满的是金钱！莫洛克神的手指是十支军队！莫洛克神的胸膛是一台食人肉的发动机！莫洛克神的耳朵是一座冒烟的坟地……
>
> 莫洛克神的灵魂是电和银行！莫洛克神的贫困是天才的幽魂！莫洛克神的命运是一片无性别的氢气云！莫洛克神的名字叫脑袋！
>
> ……莫洛克神没有爱丧失了雄性！
>
> ……
>
> 莫洛克神早就进入了我的灵魂！在莫洛克神之中我是一副没有意识的躯体……

莫洛克神是古代菲尼西亚人的火神，以儿童为祭品，比喻要求重大牺牲的可怕力量。金斯伯格在这里将美国资本主义直接比喻为莫洛克神，它的思维是纯粹的机器，它的血液中流淌的是金钱；莫洛克神吞噬青年，使诗人成为一个没有意识的行尸走肉。长诗的第二部分实际上是回答造成第一部分中疯狂、恍惚、无奈和吸毒的原因。冷酷的社会现实将人们，特别是诗人异化了。在这里，我们不妨回顾一下同样是1956年完成的《美国》。在《美国》中，诗人写道：

> 美国，我给了你一切，我现在一无所有。
> 美国，2美元27美分，1956年1月17日。
> 我受不了我自己的思想。
> 美国，你什么时候结束人性的战争？
> 去你妈的原子弹。
> ……
> 你什么时候成为天使？

你什么时候脱去你的衣服？

……

我厌腻你的疯狂的要求。

……

　　这就是诗人对美国的看法。他将一切对美国的批判都凝聚在莫洛克神这一形象中了。

　　在第三部分，诗人描写了卡尔·所罗门在洛克兰精神病院的疯狂情境，以作为对莫洛克神，也就是对美国社会现实的一种反叛。

卡尔·所罗门！我同你在洛克兰

你在那儿比我更疯狂，

我同你在洛克兰，

你在那儿一定感到异常古怪，

我同你在洛克兰，

你在那儿追随我母亲的幽灵，

……

我同你在洛克兰，

在我的梦里你结束了一次海上旅行出现在高速公路上，

横越美国流着泪水在西部夜色中来到我小屋的门前。

　　在《为嚎叫所下的脚注》中，全诗达到高潮，反叛的情绪也达到高潮，人们仿佛看到那些吸毒的愤世嫉俗的"垮掉的一代"的诗人们在烟雾缭绕之中赞美自我的力量。

世界神圣！灵魂神圣！肌肤神圣！鼻孔神圣！……

万事万物皆神圣！人人神圣！何处不神圣！每一天神圣！

每一天都是永恒！每一个人都是天使！

　　金斯伯格的信徒们认为他的《嚎叫》有《旧约》一样的预言
的力量，既谴责罪愆，又指明出路。

　　《嚎叫》描述了折磨人的现代城市生活，它将失败转化为一种
神圣的经验。"垮掉的一代"的诗人们被生活击垮了，但他们仍然
追求一种极乐的生活。《嚎叫》像20世纪50年代疲惫不堪的诗歌
一样认为诗歌不仅不可能也不应该使生活发生变化。在《嚎叫》
中，金斯伯格像惠特曼一样成为美国诗歌的预言家，他是一个愤懑
的社会预言家，他的诗也成为社会抗议运动的一部分。他露骨地暴
露自我，崇尚一种自发性的文风。他受到凯鲁亚克《自发性散文要
点》的影响，主张毫无虚饰地表现自我。于是，他大胆地写毒
品——疯狂和各种极端的经验。金斯伯格将诗比喻为即兴创作的爵
士乐，认为诗是一种口语性的文学行为，他汲取了不少流行的美国
俚语，而这正是艾略特所警告忌用的。

　　金斯伯格在对他母亲娜阿米的赞词《卡第绪》中追忆了她母亲
的一生。她母亲在俄国曾是青年社会主义同盟的成员，后移居美
国。长诗回顾了她初次抵达美国的情境，并描述了她的婚姻。她母
亲最后在疯人院中终其一生。娜阿米的一生成为金斯伯格笔下所有
贫困的、痛苦的、被囚禁的和被压迫的人们的典范。"卡第绪"是
为死者祈祷的希伯来经文，全篇并不提死亡，而只是一味地赞扬人
生："愿上帝的名字在全世界得到扩大和圣化，这世界是按照他的
意志所创立的。愿他在你的生命的日子里建立他的王国。"金斯伯
格一反传统卡第绪的格式，在他的《卡第绪》中同样赞扬了死亡。

　　　当我在格林尼治村阳光灿烂的人行道上漫步时，我奇异地
想起你，你死时竟然没有胸衣和眼睛。

　　　在曼哈顿市中心，一个晴朗的冬天的中午，我彻夜未睡，
聊呀，聊呀，大声朗读卡第绪，听瞎子雷·查文斯的布鲁斯，
在留声机里大声嘶叫

　　　这旋律这旋律——3年后又想起了你——大声地朗读雪莱

悼念济慈的诗最后的凯旋式的诗句——我哭了，意识到我们是
多么痛苦——

　　死亡是一种何等样的补偿呀，所有的歌者所梦想、吟诵、
记忆或预言的，有如希伯来赞歌或佛教的答经——我梦见了一
片枯叶——在黎明时分——

长诗的第二部分是传记性的。它记叙了诗人在幼时在帕特逊对
母亲的模糊的印象，娜阿米在格雷斯通医院的情境，她的脑白质被
切除，以及当诗人在伯克莱获悉她死亡时的震惊。她死亡两天之
后，诗人得到了她的信：

　　钥匙放在窗上，在窗上的阳光里——我有把钥匙——结
婚——艾伦，别吸毒，——钥匙在餐柜里——在窗子上的阳
光里。
　　我爱你，你的母亲。

然后，诗人模仿卡第绪中对上帝的赞美，赞美起生活中的一
切——它们具有与上帝一样崇高的地位：

　　祝福同性恋的人！祝福疯狂的人！祝福城里的人！祝福书
里的人！
　　……
　　祝福你，娜阿米，在医院里！祝福你，娜阿米，在孤独之
中！祝福你的胜利！祝福你的餐柜！祝福你临终前数年的孤
单！
　　……
　　祝福上帝！祝福将降临我们所有人的死亡！

在《卡第绪》中，金斯伯格表述了美国移民的痛苦的心理历

程。在金斯伯格的笔下娜阿米成为一个象征，一个被美国社会机器碾碎的人的象征。他嘲笑、揶揄和谴责美国令人压抑的法制，这种法制完全是由美国主流道德所控制的。在他的诗中，疯狂是诗人心目中的正常，而社会行为理性原则所要求的正常则是体制化的疯狂。

金斯伯格回归到了美国诗歌的口语传统，产生了深远的影响。他的诗受到从惠特曼到威廉斯·卡洛斯·威廉斯的诗歌的熏陶。他的诗歌充满美国俚语，是真正美国式的诗歌。金斯伯格的诗风甚至使罗伯脱·洛威尔强烈意识到在诗歌中必须要加进美国式的旋律和风格。金斯伯格充满幽默感的坦率的直白的诗歌揭示了一代新的诗风，表明诗人在自我揭露时无需感到羞耻或自卑，而政治抗议也无需过分充满仇恨。他是美国 20 世纪一位重要的、里程碑式的诗人，他对美国诗歌的影响一直延续到今天。

第二节　黑色幽默

20 世纪 60 年代在美国的历史上是一个不平静的时期。在 20 世纪 60 年代，发生了学生的反战运动，黑人要求民权的运动，如黑豹党和妇女运动，在文化上，出现了嬉皮士和反文化运动。肯尼迪总统在 1963 年，马尔科姆·爱克斯在 1965 年，马丁·路德·金在 1967 年，罗伯脱·肯尼迪在 1968 年被暗杀。尼克松总统在 1974 年因水门事件而辞职。在 20 世纪 60 年代发生的一系列重要事件，与其说是政治性的，还不如说是文化性的。它们大部分与美国的文化言语有关。美国 20 世纪 60 年代的文化言语使中产阶级有了更多的选择，改善了少数民族的处境，使妇女问题，例如性别歧视，成为美国社会关注的一个重要问题。美国的文化与理智环境发生了戏剧性的变化。

1959 年出版了威廉·巴罗斯（William Burroughs）的《裸体的午餐》，这标志着一个新的美国文学的时期的到来。在 20 世纪 60

年代出现了一批新的作家，如威廉·巴罗斯，小库尔特·冯内古特（Kurt Vonnegut, Jr.），约翰·巴思（John Barth），里查德·布劳蒂根（Richard Brautigan），托马斯·品钦（Thomas Pynchon），伊斯梅尔·里德（Ishmael Reed），杰捷·考辛斯基（Jerzy Kosinski），威廉·加斯（William Gass），罗伯特·库弗（Robert Coover）和唐纳德·巴塞尔姆（Donald Barthelm）。他们是一群被称为后现代的作家。他们反对现代主义，向传统的写作方法挑战，也就是说向描述的成分和表述社会现实和语言的倾向挑战，向意识流、内心独白和心理分析挑战。他们构成了一种新小说的倾向，虽然他们各人相异，并没有形成一个一致的声音，或一个统一的理论指导原则。他们向批评家的理性分析挑战。

在这样的背景下，在 20 世纪 60 年代，在美国出现了黑色幽默，成为美国文学的一支重要流派。其代表人物为约瑟夫·海勒，小库尔特·冯内古特，托马斯·品钦，约翰·巴思和唐纳德·巴塞尔姆。黑色幽默是美国后现代主义文学运动的一部分。黑色幽默的小说和美国现实以及美国历史建立了一种新的关系，这种关系是基于怀疑主义。它旨在填补主流言语和个人言语之间由于含糊不清而造成的语言隔阂。当历史言语作为语言被篡改，一切便变得异常可笑的了。黑色幽默的作家对美国的主流言语，甚至历史言语加以嘲弄和揶揄。虽然他们作品的句法仍然是惯用的句法，叙述是转喻性的，但他们作品的主题异常勇敢，甚至可以称之为反现实主义的。虽然他们仍然认为讲故事的原则不可废除，但他们的叙述支离破碎，互不关联，充满了讥消，仿佛生活本身，甚至死亡，都是由荒诞决定的。在他们的小说中，历史和个人是一个巨大的集体的笑料的两面，而文本本身则显示这两面之间的荒诞的关系。在 20 世纪60 年代的小说中，作者唾弃描摹历史和个人。他们的小说并不提供任何建议和主张，只是描摹事实，在他们的笔下，现实只是一个欺骗性的口语网络。变换现实是毫无意义的，因为这只是将一种象征性体系置换成另一种象征性体系而已，将一种幻想置换成另一种幻

想而已。哈利·肖将黑色幽默称为黑色喜剧，认为它是一种变态的，甚至是病态的幽默，因为它与当代社会采取不相容的态度。黑色幽默把痛苦与欢笑、残忍与柔情并列在一起，对倒行逆施、暴行、不公和不幸，像丑角一样耸一下肩膀，一笑了之。黑色幽默派的小说一反亨利·詹姆斯关于小说创作的理论而以"反小说"、"反现实"出现，这是对亨利·詹姆斯的文艺理论的一个反动。他们企图在新的时代中探索新的创作手法，提出新的美学观念，探索新的美学价值。黑色幽默把调子定在精神行将崩溃的破裂点上，一旦达到这一点，痛苦、忧虑、焦躁便演变成一种怪异的喜剧。

约瑟夫·海勒（Joseph Heller）于 1961 年发表长篇小说《第二十二条军规》，是最早出现的黑色幽默的代表作，被认为是美国当代文学的经典之作。《第二十二条军规》是一部描述第二次世界大战的作品，描述战争机器的荒诞不经，因此也折射出世界的荒诞不经。这部小说讽刺美国的投机狂、发财狂、权欲狂，同时描写美国轰炸飞机驾驶员尤索林在第二次世界大战后期在地中海一个美国空军基地，置美国空军一切信条和军规为儿戏，为了活命进行荒诞的、几乎发疯的挣扎。正如我们在前面叙述的那样，作家并不十分关注情节的时间顺序，叙述也是支离破碎的。所谓第二十二条军规实际上是子虚乌有，并不存在的；然而它又无处不在，规范着一切非理性的行为。尤索林一直纳闷弄不明白丹尼卡医生为什么不让一个疯子停止飞行。丹尼尔医生的荒诞的、令人不禁哑然失笑的推理是：几次三番死里逃生仍然执行飞行任务的，必然是疯子；但如果疯子不自己提出来停止飞行，医生就无权停止他飞行。实际上，第二十二条军规就是一个圈套。医生认为，凡是千方百计想逃避战斗的，不会真是疯子。再如，食堂管理员迈洛中尉，呼风唤雨，搞投机买卖。他的逻辑就是：行贿是犯法的，但做买卖赚钱是合法的，为了赚钱去行贿，就是合法的。这种自相矛盾的推理逻辑，犹如一种具有神一般的神秘力量统治着尤索林的生活，使他对世界的一切产生了怀疑，产生了幻灭感与恐惧感，一切都显得如此荒诞而不可理喻。《出了毛病》是海勒的第二部长篇小说。小说主人公鲍勃、斯洛克姆是一家公司的高级职员，他用自己的话叙述自己的惶惶不可终日的精神状态。他老感到什么地方出了毛病，他害怕关着的门，害怕探望病人，害怕参加葬礼，害怕同事。在家里，没有一个人是愉快的，他妻子歇斯底里，他女儿感到压抑，他儿子喜欢孤独。家庭关系如同冰块一样冷漠，如同陌路人。小说侧重心理分析，包括不少阴沉沉的笑话和调侃，是一种自我解嘲，特别典型地揭示了黑色幽默的本质。

　　我看见关着的房门，就会神经过敏。即使是在我现在工作得如此得心应手的地方，看到一扇关上的房门就往往足以使我感到惊恐不安，担忧房内正在搞一些令人心寒的勾当，也许是对我不利的勾当吧。如果是由于整夜的扯谎吹牛，或是狂饮烂醉，或是恣意纵欲，或者就算是普通的神经紧张和失眠，弄得我精疲力竭和神情委顿的时候，我几乎能够嗅出即将来临的灾祸，正在冲破那门上的磨砂玻璃朝我迎面扑来。我会双手冒汗，说话时声音也变了。我不明白这是什么缘故。

海勒在这部小说中十分逼真地、细致地描写了美国中产阶级的精神生活，他们在现代生活中遇到的种种困惑。在他们的内心独白中，充满了令人啼笑皆非的悖论：

　　我的妻子不愉快。她是这么一类结了婚的女人，她们感到非常非常厌倦，孤独，我不知道我有什么办法好想（要么离婚，可是离婚使她越发不愉快……）
　　我妻子是一个好人，真的，或者说，过去是好人，有时候我为她难过。她现在白天喝酒，还在我们参加的晚会上调情，或者说，想轻浮一下，可是她实在不懂如何调情（她调情很笨拙——可怜的东西）。她不是一个高高兴兴的女人，只是在特殊的场合，通常是喝了酒或威士忌有点醉的时候才高兴（我们合不大来）。她以为她老了，发胖了，不像从前好看了——当然，她这是对的。她以为我在乎这一点，这个她想错了，我并不在乎（她要是知道我不在乎，她可能更加不愉快）。

无论是《第二十二条军规》还是《出了毛病》，海勒都试图创造一种令人感到压抑和无奈的疯狂，创造一种歇斯底里的气氛。这实际上反映了美国社会的病态，美国中产阶级的病态。

小库尔特·冯内古特是美国当代以幽默风格著称的小说家，是当代最优秀的美国作家之一。他 1943 年应召服役，在欧洲作战时被德军俘虏，到德累斯顿一所屠宰场服苦役。战后，从 1950 年起开始写作，主要作品有《自动钢琴》（1952）、《猫的摇篮》（1963）、《五号屠宰场》（1969）、《冠军的早餐》（1973）、《囚鸟》（1979）。他开始时用科幻小说这一文学体裁创作，被认为是科幻作家。但他写科幻小说，不是为科学而幻想，他有更深刻的用意，借科幻以讽喻今日的美国社会。他认为，科学技术的发展给人类带来不幸：人变成了机器，战争危害人类。他的创作描写了对人类社会的失望感和恐惧感。他于 2007 年 4 月 11 日逝世。

《猫的摇篮》描写作家乔纳为写书结识了原子弹之父霍尼克的三个孩子。霍尼克博士已经去世了，他生前发明了能使全世界的水都结成冰的"9 号冰"。他的 3 个孩子利用这一发明的专利换取了自己的利益。大儿子弗兰克在加勒比海一个叫"圣洛伦佐"的岛国换取了少将头衔。在这个岛国，麦克凯布是政治领袖，一个暴君；博克农是宗教领袖，他创立了以他自己名字命名的宗教。麦克凯布下令追捕博克农，而教民却保护博克农。实际上，麦克凯布并不想真正地抓住博克农。在这个岛国，政教势力勾结在一起愚弄人民。《猫的摇篮》讽刺的对象是整个时代的问题。冯内古特在小说中谴责政治与宗教勾结，反对利用宗教麻醉人民。他认为这一切威胁着人类的生存。同时，他在小说中也表达了他的反战的思想。

在《五号屠宰场》中，主人公随军牧师助理比利·匹尔格林生活在一个草菅人命的杀戮和伤害的世界之中。冯内古特运用打乱的时间顺序来使原本天真的气氛复杂化，使情节多层次展现，仿佛世界上所有的灾难都同时降临在比利·匹尔格林的头上。冯内古特将比利描写成一个神圣的蠢人。他凌驾于时间之上，进行时间旅行，自由往来，独来独往，不断地重演一生中不同的时刻。如：

> 听，比利·皮尔格林挣脱了时间的羁绊：他就寝的时候是个衰老的鳏夫，醒来时却正举行婚礼。他从 1955 年的门进去，却从另一扇门——1941 年出来。他再从这扇门回去，却发现自己在 1963 年。他说他多次看见自己的诞生和去世，发生在这生死之间的事情他不按顺序地任意造访。

《冠军的早餐》是冯内古特的第七部小说，也是他的代表作之一。这是一部关于"两个孤独而瘦削的、年纪相当老的白人在一个迅速死亡着的星球上相遇"的故事。汽车业资本家德威·胡佛受科幻小说家基尔戈·特劳特的影响，把周围的人都看作机器，让他们为他服务。这部小说讽刺美国掠夺的历史，指责它倚仗核武器反对共产主义运动；揭露资本家对工人的剥削与掠夺。在书中，冯内古特讽刺了美国本身。他写道，美国"国歌，真是废话连篇"，美国是"唯一一个国歌里带着许多莫名其妙的问号的国家"。"许多公民很无知，而且长期受到欺骗和侮辱，因此他们觉得很可能是自己犯了极大的错误，进错了国家。"这部小说是一部典型的"反小说"作品，没有故事情节，也不描写人物性格。冯内古特在小说中亲自画了许多插图：肛门；美国国旗；一个截去了顶端的金字塔，顶上有一只发光的眼睛；八卦图；墓碑；等等。冯内古特在小说中画了一幅完全模仿克莱·奥尔登堡的电灯开关插图。

冯内古特认为，像克莱·奥尔登堡和安迪·华霍尔那样的画家，为了赚钱，卖身给大企业画广告，结果汽车、可口可乐瓶子之类成为艺术家的题材。通用面粉公司用"冠军的早餐"牌子做广告，结果生意兴隆。冯内古特用这牌子做书名，在封面上还画了一个盛有谷物的早餐盒。他说，他要把其他人塞到他头脑里的乌七八糟的东西在 50 岁生日时通过这本书统统扔出来。

冯内古特的小说风格具有鲜明的实验主义色彩。在他的创作中，与其说他在实验风格，还不如说他在实验价值。在他的小说中，他为了减轻由于暴力和侮辱而带来的震撼，他极力模糊生活中胜者与失意者的界限。所有的愤懑和罪愆不是内化，而是外化了。他的主人公关心的不是直面他所面临的处境，而是设法回避它。批评家将他的小说列为被动的小说。在冯内古特的小说中，如《泰坦星上的海妖》，特拉马多人的"机器"——萨洛由于航天器缺少一个零件而困于一个卫星上。于是，他就无法给宇宙中的每一颗行星传递一个信息。通过萨洛的困境，冯内古特实际上想表示地球文明的兴盛与衰落仅仅是特拉马多人给萨洛送去他需要的部件复杂计划的一部分而已。萨洛要传递的信息仅仅是一个句号，这在他的语言中意为"祝贺！"冯内古特想表示，我们在地球上承受痛苦与奋斗，是毫无意义的，根本就无法改变我们的命运。他的悲观主义同样在《猫的摇篮》中得到体现。9 号冰原本可以给费利克斯·霍尼克的三个孩子带来幸福和权力。但终究未能给他们带来幸福。到头来，他们希望成为一个正常生活的人，即使这样的愿望也已不能实现了。冯内古特在作品中经常讽喻宗教，但他的讽喻带有悲观主义的色彩。《5 号屠宰场》的副标题为"儿童十字军"。它通过科幻小说与现实的并行发展表现了人生与人的感情的分裂。在 1945 年，冯内古特和其他美俘正待在地下屠宰场时，德累斯顿遭受燃烧弹袭击，全城一片废墟，而他们幸存下来了。以后，这成了冯内古特小说中的一种意象，他的人物往往用埋葬自己的办法而获得新生。比利是冯内古特许多钉死在十字架上的人物之一，他们与暴力抗争的办法就是不去想它，将自己埋葬在遗忘里。他的人物有一种麻木不仁，而麻木不仁正是他们解决矛盾和痛苦的方法。在冯内古特的笔下，在时空中旅行是最终极的对现实的躲避，将痛苦埋葬在百无聊赖之中。他对人类前途表现出彻底的悲观主义和宿命思想。

　　托马斯·品钦一生只写过三部长篇小说《V》（1963）、《叫卖第49批》（1966）和《万有引力之虹》（1973），但小说的影响却非常巨大，使他成为黑色幽默派中的一位重要的作家。《V》的叙事结构由两条线索组成，一条线索是赫伯特·斯坦西尔对V的追寻；另一条线索是本尼·普罗费恩及整个病态团伙的活动。品钦的叙事时间并不按照传统的原则，而是采取时序颠倒的手法，第一章的时间为1955年，而尾声的时间为1919年。斯坦西尔的父亲西德尼·斯坦西尔是英国外交部的特务，在他的日记中记载了关于V的含义：V不是某个人，而是某种事物。这个神秘的V引起赫伯特·斯坦西尔的兴趣，他要去追寻V。按照品钦的叙述顺序，在1898年的开罗，V是一个英国少女，在开罗旅游，和西德尼·斯坦西尔发生恋情。1922年，V出现在西南非。第二次世界大战中，她出现在马耳他，以"坏神父"的名义在马耳他布道。1913年，她在巴黎，和女芭蕾舞演员搞同性恋；1919年，她又出现在马耳他，成了一个无政府主义者。V是一个不断变换身份的神秘的女人，是一个与一系列重大政治事件有牵连的女人。同时，V又代表诸多的事物，V是极地内部的一个神秘莫测的地名；纽约地下污水管道中的一只雌鼠；火山维苏威；委内瑞拉；爵士乐俱乐部。V具有一种莫名的神秘的力量，代表生活中诸多的方面。V最终从美女物化为金属，这正是人异化的一个象征。斯坦西尔追寻生母V，实际上就是对20世纪政治现实的追寻。普罗费恩和整个病态团伙的活动反映了美国的社会文化现实。病态团伙中包括公司小职员、酒吧女郎、流浪汉和失业工人。他们整天互相殴斗、酗酒、淫乱，无所事事。他们是美国病态社会的病态产物。

　　《万有引力之虹》获得全美图书奖，批评家认为是一部可以与詹姆斯·乔伊斯的《尤利西斯》相媲美的作品。丽莲·海尔曼认为这是20世纪最伟大的作品之一。第二次世界大战中德军V-2火箭

对伦敦进行攻击时，美国军官泰洛尼·斯拉斯拉普与女人发生性关系的地方无一例外地遭到袭击。火箭攻击总是发生在他与女人发生性关系之后的第 2~20 天之内。然而，科学家无法从科学的角度对此奇怪的现象作出阐释。有的科学家认为泰洛尼的头脑里有个支配生死的开关，美国军方决定派遣泰洛尼到德军敌后刺探火箭秘密。他看到的是德国军官的性虐待和性变态。正如黑色幽默所显现的特征那样，品钦将世界描摹成一个疯狂的、混沌的世界，在这世界里一切都是怪诞的，不可理喻的——连性交的地点都成了火箭攻击的战略目标。他摒弃了一切内在的原因，认为有一个神秘的外力在作用，这个外力要把理性变成疯狂，把人性变成兽性。在小说中，品钦提出了"热寂说"，即宇宙中的热能散发完之后会冷寂下来，整个世界将会冰冻，他认为人类社会也可以用热寂说加以解释，人类会趋向冷寂，趋向死亡。所谓"万有引力之虹"实际上就是死亡的象征。

这部小说没有多少故事情节，全书内容包括物理学、火箭工程、生物学、化学、高等数学、性心理学、变态性心理等。品钦故意用怪诞的似是而非的科学糅杂在他的小说中，以表示世界的混乱与无理性。如：

> 确乎存在运数这种依之衡量却根本辨认不出来的标准。但是对于雇员如罗杰尔·墨西哥一类人物，音乐，不是没有庄严性的，这种幂级数 $Ne-m\{1+m+(m2/2!)+(m3/3!)+\cdots+[m(n+1)/(n-1)!]\}$，带数的项，根据每一平方的火箭坠落，布洼松分配不仅控制这些无人能够脱逃的歼灭，而且也控制兵马灾难，血球数和比率，放射性腐烂，每年的战争数……

神秘感充斥了品钦的小说，神秘感引发出令人难以捉摸的形象和情节，引发出令人难以捉摸的叙述和议论。然后，这些令人难以捉摸的概念和主题则将真实的生活包裹起来，呈现在读者面前的则是一个非理性的、滑稽的、怪诞的、混乱的世界。有的批评家赞扬他的独创性，他的洞察力；有的批评家则认为他的作品过于模糊不清晰。对他的作品辩论甚多。和詹姆斯·乔伊斯以及纳博科夫一样，他的作品充斥隐喻、双关语、反意。和艾伦·波以及韦斯特一样，他的人物形象既有喜剧性、讽喻性，又有启示性。和约翰·巴思以及沃克·帕西一样，他在复杂的哲学、心理学和科学概念之中游刃有余，应付自如。和梅尔维尔一样，他对非正规的秘方性的信息有特殊的嗜好，他对于当代的数据材料的掌握是惊人的。品钦是一个拥有稀有才能的作家，他能很好地保持他才能的平衡。他似乎并不在乎他小说的情节，而耽于自己的议论与幻想，将人类知识的一切似乎都要包括在他的小说之中。品钦和他的同时代的作家们一样，他对一切都产生疑问。他似乎站在时间的终点回首人生，审视甚至欢庆自由与文化的死亡。

约翰·巴思被有些评论家称为存在主义喜剧家。巴思和梅勒一样，作为作家表现了极度的不安分；也和梅勒的不安分一样，他致力于一个又一个文学实验。他主要关注心灵的冲突。1956 年他发表第一部长篇小说《飘浮的歌剧》。小说主人公塔特·安德鲁企图自杀，后又改变主意。当他说起他为什么改变主意时，他说，他的脾性总是倾向于赋予抽象的思想以生死攸关的意义。巴思创造安德鲁，意在描写一个在决意与否定之间、行动与不行动之间游移不定的人物。安德鲁本人就是一个律师，在以后的岁月中，他花了 10 年工夫调查那天他决定不自杀的事实情况。而调查的逻辑结果是："没有任何理由活下去，也没有任何理由自杀。"在《路的尽头》，我们可以看到在乔·摩根和贾各勃·霍纳之间的生与死的冲突。乔·摩根决定过一种完全理性的和正规的生活，而贾各勃·霍纳则认为，存在先于本质，对于人来说，存在甚至唾弃本质。霍纳是巴思笔下一个典型的当代人，在生活中没有任何目的，精神处于完全瘫痪的境地，因为他已不能感受任何东西了。他在约翰·霍布金斯大学通过硕士论文答辩之后，离开了宿舍，来到汽车站，愿到 20

美元可以搭乘的任何地方去。关于到什么地方去，他举棋不定，犹豫不决，他就像一辆没有汽油的车一样，丧失了一切动机，没有任何理由到任何地方去，没有任何理由做任何事情。贾各勃·霍纳没有性格，没有人格；没有自我，没有我。他一动也不动地在汽车站坐了24小时。巴思提出：你怎么建立起一个自我呢？巴思引进了一位医生。这位医生对情感毫无兴趣，蔑视自省的功能，他主张人们必须要有严格的规则来约束他们。他的治疗方法被称为神秘疗法。他的神秘疗法基于两个认识：一个认识就是人的存在先于人的本质；另一个认识就是人不仅可以自由地选择自己的本质，而且可以任意改变这种本质。如果霍纳不能再以自己的身份生存下去，他可以模仿另一个人。医生推荐的就是假面具，他说："自我意味着我，我意味着自我，而自我的定义就是假面具。"这位医生的本领就是将生命变成戏剧，将虚构的意识注入进人们之中。医生希望人们成为能演多种角色的普罗秋斯式的人物，不能感受任何东西的人物。无论是霍纳的病态和医生的治疗方法都旨在堵塞情感，否认个性的连续性，只关注没有内容的形式。霍纳从来就不清楚这些内容是什么，兀自沉浸在自己的绝望之中。巴思描述了拉奥孔的半身雕像，是寓意深刻的。特洛伊祭师拉奥孔深知木马中的内容。拉奥孔因为充满了对特洛伊人的热爱，对特洛伊人提出了警告，他终究被愤怒的天神所遣使的巨蟒缠死，甚至他的儿子们也不能幸免。拉奥孔是一个被知识和感情诅咒的人。拉奥孔半身像对于霍纳来说犹如一个死亡的假面具，提醒他卷入与关怀有可能导致你热爱的国家的毁灭，导致你希望保护的孩子的毁灭，导致你一生为之效劳的神的背叛。拉奥孔是书中的一个悲剧启示，一个预兆：卷入导致毁灭。巴思将《路的尽头》写成了一个有关哲学与不忠的悲喜剧，关于爱与思想的滑稽剧。霍纳作为一个新生的诗人，一个实用主义者，与作为超理性主义者、理想主义者和鼓吹极端的乔·摩根相对。在他们之间的是乔的可爱的妻子，诚实的、忧郁的莱尼。莱尼审视了自己，发现自己一无所有。这三人都纠缠在一部滑稽剧中，他们都以为思想可以拯救他们，但到头来陷于一种致命的关系之中。莱尼怀孕了，但她无法忍受怀上了霍纳的孩子，决心自杀。巴思让霍纳眼睁睁看着莱尼在手术台上死亡。

在 20 世纪 50 年代，在经济繁荣之下潜伏着荒诞。这种荒诞感是从欧洲传到美国的存在主义所带来的，在这两部小说中得到极好的反映。在 20 世纪 60 年代，他从创作短小的、结构严谨的小说转向创作大部头的、结构松散的作品，先后发表《烟草商》（1960）、《羊童贾尔斯》（1966），中篇小说集《吐火女怪》（1972），长篇小说《信函》（1979）和《休假年》（1982）。《吐火女怪》取材于阿拉伯和希腊神话，获 1972 年美国全国图书奖。巴思的人物通过神话和历史来寻找对于生活中产生的痛苦的答案。《羊童贾尔斯》描述受教育的经验。它讽刺的场景是一所学院，分为东、西两处校园。学生们都正在期盼救世主式的大督导出现，以将学生从魔鬼奥弗兰克斯手中救出。学院东、西两处都由一架电脑统治。贾尔斯父亲是一架 WESCAC 电脑，并且是一个处男。他曾作为一头羊在羊群中被一位科学家领养；这位科学家对人类有仇恨情绪。他离开了羊群，来到学院西部校园，宣称自己就是那个他们盼望的大督导。作为一头羊，他有情欲，但没有责任感。作为一个人，他拥有好奇心，雄心壮志，希望有人抚摸他。他和一个美丽的姑娘进入了电脑内部，并做爱。他发现了一种非羊所有的温柔和女性所赋予的快乐。在电脑里他结束了对于暴虐和顺从的寻索。在这部小说中，巴思鼓吹为了控制暴虐和痛苦，可以实行人际关系的电脑化。《烟草商》是一部辉煌的历史小说。荒凉的美洲大陆给一切冲动提供了自由驰骋的场所。埃勃内兹·库克受父命来到新世界淘金，决心成为马里兰的桂冠诗人，歌吟新的文明。然而，他仅仅是贪婪、海盗和嫖娼的一个观察者。他原来的导师，既是一个海盗，一个美洲印第安人，又是英国贵族，拥有实现一个人愿望的钥匙。《烟草商》和《羊童贾尔斯》使人想起塞万提斯嬉闹的丰美的笔调和宏伟的规模。这两部作品都肯定艺术中的做作成分，都对传统的文学形式进行调

笑。在《烟草商》中，巴思叙述了埃勃内兹·库克的传奇式的流浪
冒险经历。埃勃内兹·库克在 1708 年发表 18 世纪的喜剧长诗《烟
草商》。小说以颠倒的顺序回忆殖民时代。它不是写欧洲人到美洲
大陆寻找财富所遇到的种种滑稽经历，而是写美国人回到旧世界追
索根，在这过程中，将美国历史非神秘化。在《羊童贾尔斯》中，
巴思描写现代的大学（这是他最熟悉的题材之一），表现了他更强
烈的谐谑的才能。《羊童贾尔斯》和品钦的《V》、冯内古特的《五
号屠宰场》一样，挪揄美国历史，把历史写成了荒诞和滑稽。

　　巴思的《迷失在开心馆中》（1968）是他崇尚的实验的代表
作。小说描写一个 13 岁的少年安布罗斯随全家到海滨度假，在露
天游乐场的开心馆中漫游的经历。巴思在小说中插入大量意识流和
内心独白，将故事和幻想交织在一起，如：

　　　　他想象多年以后的自己，成了名，娶了老婆，舒坦地活在
　　世界上，青春期间的种种考验早抛在脑后了。他带上一家子上
　　海滨来度假：欧欣城变得多厉害啊！可是在板条路的人迹罕至
　　的一端难得有人，过去的时代遗留下一些被抛弃的娱乐设施：
　　世纪初的大旋转木马，有着鹰头狮身的有翼怪兽和机械操作的
　　自动乐队；一九一六年起就传说要宣判死刑的盘绕升降铁道；
　　机器操纵的射击廊，里面只有敌人的形象换了样。他自己的儿
　　子随着胖妹一起大笑，要打听开心馆是怎么回事；安布罗斯一
　　把紧紧抱住这健壮的小子，咬住了烟斗冲他妻子微笑。

　　同时，巴思在文中插入画外音式的作者的内心独白式的分析与
见解，表达他对传统的戏剧性记叙文的意见。他的这种写作方法与
传统大相径庭，可以说前无古人，后无来者。在巴思看来，生活犹
如一个片断，犹如流动的歌剧，你在岸上观看，你看到的只是一个
特定地点的特定的情景。在巴思心目中，生活本身就是断裂的，片
断性的，不连贯的，这种思想贯穿了他整个的作品创作。现代世界

仅仅是一场断裂的游戏而已。在描写安布罗斯的游历时，他竟然发表议论：

> 传统的戏剧性记叙文的情节可以用一种名叫弗赖伊塔格三角的图形来表现：BAC 或者更精确些，用这种图形的一种变体来表现：

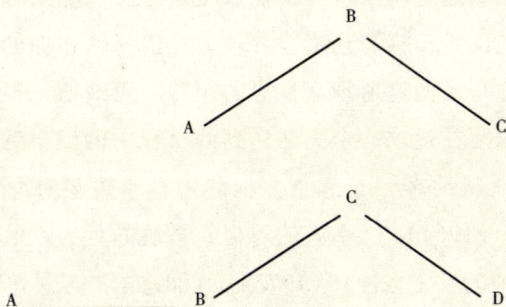

> 其中 AB 代表展示部分，B 为冲突的出现，BC 为 "情节高涨阶段"、纠葛或冲突的发展，C 为高潮或情节的转折点，CD 为结局，或冲突的解决。

有的文学评论家认为这部小说是对传统写作的一个反叛的檄文。巴思将开心馆看成是当代的迷宫，在现代社会的迷宫中，有些要迷失，最终竟然找不到出路。

巴思说，迷宫象征所有选择的可能性，当人抵达中心时，所有的选择都应该被试过，也就是被 "枯竭"。在迷宫的中心处，人面临两个最终的可能性：失败和死亡或者胜利和自由。

巴思的文学主张在他的文章《枯竭的文学》（1967）中表述了出来。他所谓 "枯竭" 并不是指身体的、道德的或理智的堕落，而是指某些形式的枯竭或某些可能性的枯竭；但没有什么理由为此而绝望。他崇拜博尔赫斯，认为他代表了一个技术上老派的艺术家和一个技术上创新的艺术家之间的差异。他认为，博尔赫斯和贝克特是当代最好的文学试验家。

纳博科夫认为《迷失在开心馆中》是他心目中最伟大的几篇短篇小说之一。但莫里斯·迪克斯坦却认为，巴思絮絮叨叨，浅薄无聊，书中不时掺杂装腔作势的文学宏论，却见不到淳朴而自然的风格。他的故事没有生动感，更不必说迷人的魔力了。故事本身死气沉沉，难以卒读，又淹没在东拉西扯和品头论足之中。

艺术总是为逃避现实世界提供一个避难所。越来越多的作家描写这种逃避的困难，描写艺术世界被人生的感情扭曲的程度。这类小说便集中描写试图逃避现实世界的困窘。唐纳德·巴塞尔姆最好的小说就是描写在追求一个无法达到的目标中的绝望感。他的作品大都发表在《纽约客》杂志上。他的短篇小说集有《回来吧，卡利加里博士》（1964）、《不齿的习俗，怪癖的行为》（1968）、《城市生活》（1970）、《愁苦》（1972）、《罪恶的欢乐》（1974）、《业余爱好者》（1976）和《节日》等。中篇小说有《白雪公主》（1967），曾获全国图书奖。长篇小说有《亡父》（1975）、《天堂》（1986）。《城市生活》中的故事主题集中表现意识的崩溃，创造力的衰竭，分裂的个性。《玻璃山》模仿一个神话故事，那故事讲一个青年必须爬上一座玻璃山峰巅以解救一位美丽的令人着魔的公主。巴塞尔姆的主人公是一个纽约人，在纽约第8大道和13街之间借助两把厕所刷子正在痛苦地往玻璃山上爬。他期望爬到峰顶以解救一个令人着魔的象征物。他一步步地往上爬，在他周围散躺着无数的企图爬玻璃山而夭折的人们的尸体。街上散落着狗粪，充斥着行人，他们在向他嘶喊污浊的秽语。他意识到他将永远不可能解救他的象征物了，他只能心向往之了。他抓住了一只老鹰的腿，便腾飞起来，快到山顶时，他斩断了鹰腿，正掉落在峰巅。他找到了那令人着魔的象征物。当他一碰它，它便变成了一个美丽的公主。他将她头朝下往山脚下观望的行人扔去。巴塞尔姆笔下的艺术家无论在山顶或在山下体验的只有对人的绝望。在《脑损伤》中，巴塞尔姆为庸俗的愤懑的形式提供了另一种选择。对于巴塞尔姆来说，不相信艺术，就像对生活充满悲观主义一样，有一种特殊的力量。巴塞尔姆对爬玻璃山的艺术家的愤懑和仇恨的回答仅仅是无聊而已。但他对脑损伤却发现了一种疗法："电梯姑娘们相互站得很近。一位姑娘往另一位姑娘的嘴里塞了一根棒棒糖，另一个姑娘往这位姑娘嘴里塞了一只汉堡包。"集中心思品尝棒棒糖可以使一位姑娘忘却升上降下的感觉。任何会产生腻烦以使人感情麻木的东西可以稳定日益衰退的个性。空虚和无聊可以替代愤怒和痛苦。如果一切都毫无意义的话，那么，感觉和不感觉，拥有和不拥有，就是一回事了。

巴塞尔姆的作品表明他对童年时代就熟稔的神话的兴趣，表明他得益于其建筑师父亲的关于现代艺术的知识。它们也表明巴塞尔姆在很小的年纪就开始阅读法国象征派作家以及现代主义大师如庞德、艾略特和乔伊斯的作品。在他编辑《论坛与地点》杂志时，他发表了萨特、罗伯—格里耶、索尔·贝娄和威廉·加斯的作品。他比他同时代的任何作家都更关注文学实验，他是一个实验语言的行家。他曾经说过："因为发明了摄影术，画家必须到全力重新发明绘画，我认为电影为我们做了同样的东西。"

在《亡父》中，巴塞尔姆叙述一位名亡实存、死而不僵的"亡父"的长子托马斯和女儿裘利以及另一对儿女爱德蒙和爱玛，带领 19 个义务劳动者，为了不让亡父复活，用电缆拖着亡父尸体，长途跋涉，通过母系社会国境来到葬地。其中插入一本《儿子手册》，共 23 节。小说描写了希腊神话中俄狄浦斯和美狄亚取金羊毛的故事。小说模仿俄狄浦斯发现自己杀父乱伦的罪行以后的事迹。亡父就是俄狄浦斯。小说同时描写了《荒原》中的故事。荒原需要雨，雨究竟下了没有？巴塞尔姆将象征回春之力的金羊毛放到"生命的所在"——即女人的裙子底下。埋葬亡父时，天下雨了，裘利高举衣裙。

巴塞尔姆的文字简练，句式简短，犹如电影剧本，有时自问自答，形成了他特有的后现代语言风格。如：

路边。桌布。摇了一圈吃饭铃。烤大虾。他们围着桌布依次坐下，有如下图：裘利托马斯之父烤大虾。

太好啦。

不坏。

有芥末吗？

在瓦罐里。

里面有个玩意儿。

什么？

往里看。

用手指拣出来。

讨厌的小虫子。

把大虾递过来。

什么甜点心？

纽顿牌无花果。

他们心满意足地坐在桌布周围，咀嚼着。在他们面前，义务劳动者煮饭的野火。电缆散落在路旁。

巴塞尔姆的叙述中带有对话，意念跳宕，给人一种神秘的意象：

我们生活在一起，希尔达说，而且永远在一起。你们太老了不会理解的。

我太老了？

你大概有二十六岁了。

一点不错。

而且他更老，她说，指指托马斯。

相当老了，托马斯承认。

还有他，她指着亡父，那一定，我猜不出。也许有一百岁。

错了，亡父高兴地说。错了，但是差不多。比这还老，可是还年轻些。我喜欢什么事情都能两可。

对巴塞尔姆来说，虚构小说拥有语言创造的巨大的资源，并拥有探索这些资源的不同方式。他的人物常常显得古怪而抽象，这部分是因为他们并不是完全由传统的语言创造的，而是由革新的语言创造的。巴塞尔姆喜欢将字奇异地组合在一起，他创造令人诧异的词，将它们融入进传统的陈词滥调之中。传统的文学比喻常常和滑稽卡通物、电影、迪斯尼式的人物、名牌产品混杂在一起。由于他创造生词，他的故事有的令人震惊不已，有的则叫人忍俊不禁。他的人物既是这种怪诞组合的创造者，又是这种怪诞组合的本身，即使他们在讨论诸如时间与道德这样古老的话题时，仍然显得十分怪诞。巴塞尔姆对别扭的东西有一种特殊的爱好。他坚信，"艺术家可以抵达一切可能的知识的领域，这个领域是不能用数字公式来证明的，但确确实实存在。"他在1974年曾说过："抽象派是把互不相关的事物拼凑在一起，如果效果好，就创造了新现实。"他是新小说派的代表。

第三节 存在主义，自然主义和新现实主义

埃德蒙·富勒在1958年的一篇论文《现代小说中的人》中认为，在二战后一代重要作家，诸如诺曼·梅勒（Norman Maiter）、索尔·贝娄（Saul Bellow）、贝纳德·马拉默德（Bernard Malamud）的小说中，突出的人物形象就是在大众社会中个人在哲学的和社会的异化中瓦解的形象。在他们的笔下，人被讽喻性地描述为一个偶然的生物事件，他无能，生活中没有目标，没有任何的意义；人的独创性被否定了或者被压抑了。人生活在一个敌对的宇宙之中。伊哈勃·哈桑在《激进的天真》（1961）中认为，存在于美国社会中的主要精神就是一种"激进的发现"。战后的文学造就了一种新的

形象，"极端，冲动，无政府主义，观点模棱两可"，他们拒绝接受现实。马库斯·克莱因在《异化之后》（1964）中认为，曾经作为现代主义特征的异化的自我的形象在战后的美国小说中得到了矫正，其总的精神是期望超越异化而达到一个新的形式的调和，这种形式是喜剧性的，常常是荒诞的。纳桑·A.斯各特在《三个美国道德家》中将关注的焦点集中在诺曼·梅勒、索尔·贝娄和文艺批评家利昂奈尔·特里林（Lionel Trilling）身上，认为战后的文化战斗和谨慎的时代给小说带来一种新的道德重心，通过给文化赋予道德的动力来克服绝望和粗暴。

战后，萨特的存在主义传到了北美，使美国作家开始认真思考个人以及个人与宇宙、个人与上帝的关系。萨特宣布存在先于本质，没有上帝，也没有固定的一成不变的人性；人是完全自由的，完全可以自我设计。正是这种自我设计的责任感使人感到焦虑和恐惧。美国战后的一代作家，特别是诺曼·梅勒，在战后发展了一种包含存在主义和荒诞色彩的新现实主义。

威廉·福克纳在1944年写的一封信中说，第二次世界大战"对于写作来说在许多方面是不好的"。这场战争直接打断了年轻的或者年长的一代作家的创作。索尔·贝娄参加了商船队，约翰·契弗和诺曼·梅勒则参加了美军，海明威再一次当上了战地记者。福克纳则因生计无着，前往好莱坞编剧（《北方追纵》、《戴高乐的故事》）。战争使一切与战事无关的事情，特别是文学，中止了。然而，战争一结束，文学就复苏了。关于战争的题材从20世纪40年代后期一直绵延到20世纪70年代。其中包括约翰·赫西（John Hessey）的《广岛》（1946）、詹姆斯·戈尔德·科曾斯（James Gold Cozzens）的《仪仗队》（1948）、诺曼·梅勒的《裸者与死者》（1948）、詹姆斯·琼斯（James Jones）的《从这里到永恒》（1951）、赫曼·沃克的《凯因号哗变》（1951）、托马斯·伯杰（Thomas Berger）的《在柏林发疯》（1958）、约瑟夫·海勒的《第二十二条军规》（1961）和托马斯·品钦的《万有引力之虹》。这些作品大部分是由于作家的敏感受到刺激而创作的，它们构成了一种所谓"反现实"。第一次世界大战之后，海明威、多斯·帕索斯等"迷惘的一代"在描写战争的小说中充满了失望感，但是，在20世纪40、50、60和70年代作家的关于战争的作品中却没有这种失望感。尽管战争造成了伤亡和损失，但第二次世界大战似乎在他们的心中深深地扎下了团结的根。

在这一批作家中和战后文化保持最密切关系的并有影响的便应是诺曼·梅勒了。辛克莱·刘易斯认为他是那一代里最了不起的一位作家。他生于1923年，仅比凯鲁亚克年轻一岁。他希望成为年轻时的海明威，写作《裸者与死者》（1948），基本上是模仿约翰·多斯·帕索斯（John Dos Passos），对于多斯·帕索斯的文学形式改变不大。直到他发表《性的囚犯》（1971），他在多斯·帕索斯的自然主义、詹姆斯·法雷尔（James Farrell）的宿命主义和约翰·斯坦贝克（John Steinbeck）的神秘自然的节奏的基础上，才形成了自己的独特的风格。海明威笔下与世隔绝的作家主人公在梅勒的作品中变成了文化风潮中的风信鸡；他们成为梅勒将现代主义的优雅和自然主义的自我意识结合在一起的中心点。

在珍珠港事件之后，年轻的梅勒便开始思考伟大的战争小说将是以欧洲战场为背景还是以亚洲战场为背景。他认为伟大的战争小说将出自描写欧战的作品。而他自己起先在一个短篇小说《天堂的微积分》后来在长篇小说《裸者与死者》中将小说的背景置于太平洋地区。他认为这主要是因为他没有"过去时代的感觉"，而这对于写好欧洲的文化以及美国在欧洲的摩擦是必不可少的。

诺曼·梅勒于1946年1月14日在给他父母的信中说，"我一直在散步，开始对这部小说做一些构思，关于这部小说，我没有跟你们谈得很多，我计划写一排士兵（大约30至40人）所作的一次漫长的侦察巡逻。到目前为止我还没有一个成型的故事，但两三个主要人物已经在心中形成了，也随之想好了一些不太重要的人物，我所要写的故事将围绕着这些人物而展开。那故事将表现我在军中所体会到的关于体能和精神上的勇气，关于领导的谜，当然啦，还有关于人的灵魂中的一些模糊的令人生畏的一些东西——我总是在最后要讨论这些东西。再加上许多关于与其他战争和其他民族不同的这场战争以及打这场战争的美国人的事情"。

"我将让故事在太平洋的一个无名的小岛上展开，侦察队要寻找一条可以让一营士兵从日本阵地的后方进攻的道路。路上横亘着一段山脉，巡逻队已经逼近了山峦，但无法爬越过去。巡逻队有一个非常聪明的队长，是一个狂人，但即使是他，也无法使他的十几个犯着病而又心生恐惧的士兵超越他们身体的极限——他们在肛门和睾丸处遭受着腹泻、热带皮肤病和黄疸的痛苦——他也无法让他们超越他们心理的极限。这是些普通的人，他们被要求去做一件极不普通的事，事先也不知道这任务是如此的不同寻常，他们当然失败了，但我想我可以在这件事情的过程中写出一部史诗来，写出一些微妙的情绪来——山峦将象征人的视野，与人的视野相对的另一极则是人对到达那山之巅一览周边无限风光的野心的惧怕。"

《裸者与死者》包括了他文学的想象和实际的经验，成为一部十分成功的作品。就像多斯·帕索斯的《美国》三部曲一样，他的小说没有中心的人物，描写太平洋岛上的一幅十分多样化的美国文化图景。与其说小说描写美军与日军的战争，还不如说描写自由主义的少尉罗伯特·候恩和保守的爱德华·卡明斯少将之间在热带丛林中的冲突。整个的行动是攻取菲律宾的一个热带小岛。作家一方面写侦察排里的美国士兵，写上士克洛夫特的权欲和跛扈，士兵们的庸庸碌碌；另一方面写指挥部里的军官，写卡明斯少将的法西斯作风和哈佛自由主义分子、贴身副官候恩少尉的分裂的人格。小说关注士兵们之间以及上级与下级之间生命的互动，大部分笔墨和时间用来议论战略、作战和回忆过去。赢得战争仅仅是靠一个偶然的机会。梅勒在小说中运用了传统的自然主义的手法，描写了一场达尔文主义的战斗，将日美之间的战争非政治化，而仅仅变成野心、贪婪和个人力量的问题。这部小说关注的是权力，是毁灭。它描述了非理性的暴力和男性的性疯狂。有的批评家认为《裸者与死者》是悲观主义的，因为书中的人物都以失败或幻灭而告终。但梅勒本人并不同意这种说法，他说："有人认为从这部小说中看不到一丝希望……我的本意是想用这个故事来比喻人的历史发展进程。我想探索一下在一个病态社会中，因与果的关系是如何荒谬。书中固然写了人的堕落、糊涂到了令人绝望的地步，但也写了人之被驱策并不是漫无止境的。人尽管堕落了，变老了，然而胸中还是向往一个比较光明的世界。"有批评家认为，《裸者和死者》是一部象征主义作品，其主题写人身上兽性和悟性之间的冲突。梅勒自己认为，这部作品不论成败都是一部现实主义的小说。他把小说构想成关于人在历史中发展的一种寓言。他的人物都"渴望一个更好的世界。"梅勒将大规模的暴力个人化了，将暴力置于扭曲了的人性之中。梅勒的那些强人的目的就是"成为上帝"。"当我们啼哭着来到这个世界时我们是上帝，宇宙是我们感觉的极限。当我们老了，当我们发现宇宙并不是我们时，那是我们存在的最深刻的创伤。"梅勒的人物厮杀就是为了弥补他们脆弱的创伤。

在《裸者和死者》中，梅勒表现了他所受到的多斯·帕索斯的自然主义的影响。如：

> 他一直痴呆呆地坐在圆台边，时而在台上猛地击上一拳，他的两眼直望着墙壁。（墙上的画是树木葱茏的山谷里几个牧羊女。那是从月历上剪下来的，绿油油的画面都挂得发了红了）这鬼地方！
>
> 拳头一捶台子，架子上的三联雕刻都打了个颤。
>
> 韦尔，可别喝得太多了。
>
> 闭嘴！闭上你的蠢嘴。他晃晃悠悠地站起身来，一步一歪地挨到墙前。喀嚓一响，牧羊女给掷在地上，镜框玻璃碎片四溅。他摊开了手脚，往灰褐色的破沙发里一躺，眼睛瞅着地毯破处那磨得亮光光的灰色的筋筋须须。干得累死累活的，换来

个啥呢？

妻子想把桌上的酒瓶偷偷拿走。你少给我动！

韦尔，你还是想办法另外去找个活儿干吧。

对……对。当初都是你尽缠着我瞎叨叨，这个也得买点儿，那个也得买点。杂货店铺子只管跑。逼得我只好把卡车没命地开，连脊梁骨都差点儿累断。今天你还想叫我去另外找个活儿干！我可是山穷水尽、走投无路了。把酒瓶给我放下！

他站起身来，东倒西歪地过去给了妻子一个巴掌。妻子倒在地上，躺在那儿一动也不动，低声呜咽，感情却已经枯竭了（妻子本来倒是长得挺苗条的，现在也憔悴了）。

别他妈的瞎吵闹啦！他对妻子默默看了一眼，又抹了一下鼻子，就摇摇摆摆地向门口闯去。让开点儿，劳埃！在门口他绊了一下，叹了口气，然后就跌跌撞撞走到街上，消失在黑暗里。

梅勒和多斯·帕索斯一样，描写了生物性的人，生活在极端无聊之中无奈、看不到出路的人。但梅勒终究与多斯·帕索斯不同，他在多斯·帕索斯自然主义实验的基础上，增加了直接的叙述、戏剧性的小插曲、传记性的白描；他既关注细节，又给人物赋予一种移情作用，这样，使超脱的自然主义的作家与参与其中的人物合二而一了。梅勒的变形，他与人物融合在一起的能力，创造了一种多斯·帕索斯所没有的感情力量。他们之间不同的目标造成了他们之间的差异：多斯·帕索斯描写整个的美国生活，他的读者并没意识到这一点；而梅勒描写二战旨在构筑一种新的经验和冲动，这些正是他的读者也正在试图弄明白的事。梅勒经常从第一人称换成第三人称，这使读者很难把握哪些是作家的思想或形象，哪些是人物的思想与形象。如：

从此以后，他就专搞别人的老婆。

　　你瞧我，就这样跟你一块儿出来玩儿了，你心里一定觉得我挺轻贱的吧。

　　哪儿的话呢。寻寻快乐嘛，谁都喜欢的。

　　是这话，（她喝起啤酒来）我的做人哲学就是这样，总要寻点快乐才好。你真的一点也没有瞧不起我的意思，当兵的大哥？

　　哎呀呀，你这样漂亮的太太，我怎么会瞧不起你呢。（再来一杯）

　　过了些时候。杰克待我不好。你才了解我。

　　对了，亲爱的，我才了解你。于是他们就上了床。

　　这种做人的哲学又有什么不好呢——她说。

　　是没有什么不好。（吃……我……一鞭！）

　　可他心里想的却是：你们这帮娘们全是臭婊子！

　　他的祖上发了狠心，忍着痛苦，拼着性命，赶着牛群，连老婆也一起跟着吃苦受累，千里迢迢来到了这里。

　　他也暗暗发了狠心，忍着痛苦，在胸中默默燃烧起一股没完没了的憎恨。

　　（你们这帮娘们，全是臭婊子）

　　（你们这帮家伙，全是废物）

　　（你们都是我枪口下的鹿）

　　我恨我身外的一切！

　　在以后的岁月中，他创作了《北非海岸》（1951）。这是他的第二部小说，一部奥威尔式的政治小说。这部小说包括两个部分：一部分是关于列宁论述的帝国主义是美国资本主义的最后阶段；另一部分是关于作为警察国家政治的副产品——性的失败。他用第一人称来写。叙述者将一切都遗忘了。他已经分辨不清事实与虚构，记忆和想象。他说："我也许参战了。"唯一的证据是他脑袋上的伤疤，那似乎是战伤。小说将故事放在布鲁克林的一幢公寓里，与其说它是历史，还不如说它是一个政治寓言，它讨论的是政治与心理之间的关系。在这之后，梅勒越来越关注政治的心理学，或者说，正如他自己描述的，他极有兴趣在马克思和弗洛伊德之间建立一座桥梁。他继续探索他在《裸者和死者》已经探索过的暴力、竞争和固执的主题，只是现在是在和平的条件下探索这些主题而已。他1955 年发表《鹿苑》，描写好莱坞电影界的放荡、颓败和空虚。这部小说描写了电影剧作家查尔斯·埃特尔作为人和作为作家的失败，关于埃特尔和埃莲娜的爱情是梅勒写的最令人信服的爱情，它实际上是一部关于性与感情失败的小说。1959 年发表《我自己的广告》。他的创作方法仍然是承袭多斯·帕索斯的杂拌式的自然主义方法，将小说、政论、诗歌、文学批评和自传糅合在一起宣告自己，作品的基调是非常个人化的。他考虑到海明威曾经很难调整他的公众角色、私人角色和作家角色之间的鸿沟，梅勒试图通过"广告"这一形式很好地协调这些角色之间的互动。他既避免了斯各特·菲兹杰拉德（F. Scott Fitzgerald）在《崩溃》（1936）中那样无情地揭露自己，也避免了海明威在《过河入林》（1950）中言不及义的缺陷。将"梅勒"人格化使作家避开了海明威式的陷阱。在20 世纪60 年代，梅勒将自己分裂成一个公众的梅勒和一个私人的梅勒，这使他避免了风格与自我的矛盾。他对多斯·帕索斯或法雷尔的明晰反其道而行之，对海明威的大刀阔斧的简洁反其道而行之。他形成了自己的风格和对美国的看法。1965 年，他创作《一场美国梦》。这部作品标志梅勒作为小说家的戏剧性转变。《一场美国梦》写斯蒂卡·理查兹·罗杰克一生中的 32 小时的经历。他曾荣获十字勋章，当过国会议员，现已退出政界，在大学当心理学教授，潜心研究魔力、恐惧和死亡意识是动机的根源这一命题。他杀死妻子来改善心境，把她的死说成是自杀。同时，他与两个女人发生性关系来发泄他失败的痛苦。他爱上柴丽，后又失去柴丽。他在拉斯维加斯赌桌上走运。于是他决定抛弃美国，到异国去寻找那个美国的自我。他的似乎是自传性的幻想激怒了许多批评家。有的批评家认为这是一部对传统小说荒诞的、无目的地滑稽模仿的小说。有的则认为这是一部后现代派小说。有的批评家认为，这是一部但丁式的梦幻小说，梅勒用的是美国罗曼司的传统，作品中的夸张是叙述者的文学创作，不能混同一般现实主义小说。正如批评家约翰·奥尔德里奇说的，"这部小说用那种必然被称作可怕的、黄色的细节，在某些我们社会公认的最应谴责的行为里——在凶杀、自杀、乱伦、私通和肉体暴力的行为里，探讨可能找到的拯救方式而不是一味谴责。小说把一个人为了得救而可能犯罪的各种方式加以戏剧化，为了得到上帝他可以与撒旦为伍，可以通过恢复原始的心理活动来变得神圣和完整，而这种心理活动使他能够自我和谐一致，找到他的勇气，但却不管他的勇气是否寻求在爱情的挑战中或者在谋杀的诱惑中得到考验，也不管他最终是变成了圣者还是精神变态者。简单说，这是一部写激进的非道德题材的激进的道德论著作，是一部超脱传统的亵渎语言局限的宗教著作，其目的是为了揭示为心理赎救而进行的斗争，而这种斗争我们隐蔽的自我天天都在进行。"

梅勒自己在《总统文件》中道出了造成罗杰克由踌躇满志而转向毁灭的美国现实，正是美国社会所造成的精神压力使他走向精神堕落。梅勒说，自从第一次世界大战以来，美国人一直过着一种双重性的生活，而且我们的历史也沿着两条河发展，一条是看得见的，另一条在地下；曾经出现了政治的历史，它是具体的、真实的、实际的，如果不是某些人活动的影响也是非常不活跃的；还有一条地下的、没有支流的、凶猛的、充满孤独和浪漫欲望的、集中了狂喜和暴力的河流，它是这个国家的梦的生活。

自从《裸者和死者》之后，梅勒写的一切东西都避免使用第三人称，他认为，像 E. M. 福斯特那样用第三人称写作在战后的美国已不可能了。《我们为什么在越南》（1967）重现了海明威和福克纳式的捕猎，整本书写一个得克萨斯州青年的内心独白。他仍然崇尚 19 世纪的道德价值，在 19 世纪的道德价值中充斥了美国流行文

化的口号、符号和偶像。在《夜行军》中，梅勒摆脱了他自然主义
的创作方法，同时运用第一和第三人称，通过"梅勒"的眼睛半同
意、半反对地回顾 1967 年的向五角大楼的反战进军。有二节分别
冠之以《作为小说的历史》和《作为历史的小说》。在这部作品以
及他以后写的作品中，他将想象融进事实和历史之中，使事实与历
史更为"真实"。写作《裸者和死者》的梅勒被一个处于纷争的世
界秩序取代了。冷战宣传鼓吹美国的一切都是好的，美国体制是好
的，只是个人出了毛病。在这样一个世界中，人们要么上路流浪，
要么转向内心。梅勒醉心于将作家写成一个个人的形象，思考美国
经验的复杂性。而这正与战后作家索尔·贝娄（《奥吉·玛琪历险
记》，1953）和凯鲁亚克重新发现流浪冒险的力量相吻合。浪漫的
第一人称的视野也许至少可以从愈益严重的社会压力中解脱出来。
在 20 世纪 50 年代末和 60 年代初自然主义的宿命论变成了妄想的
超现实主义，用国家生活中的事件和流行文化中的习语来创造一个
世界，在这世界中，技术、政治和历史都发疯了，唯一可能的人
道主义便是黑色幽默。梅勒在《一场美国梦》中试图这么写，然
而，他终究还是转向了新闻、报道和公共人物的秘闻（如穆罕默
德·阿里，1971，梦露，1973）。他 1983 年发表充满神秘色彩的
《古老的夜晚》，1984 年发表小说《硬汉不跳舞》，1991 年发表史
诗般的巨著《妓女魂》。这部作品描写中央情报局内部的工作，涵
盖了从二战到 20 世纪 60 年代初的所有重大事件。1997 年，他发
表《儿子眼中的福音书》，1999 年将 50 年作品结集为《我们时代
的高潮》。

　　梅勒在相隔 10 年之后，于 2007 年年初出版他的小说《森林中
的城堡》，这几乎实现了他在半世纪之前所吹嘘的："我想试图进入
谋杀、自杀、乱伦、纵欲、性高潮和时间的神秘的领地之中去。"
这部小说描述年轻的希特勒，他的家庭以及他们所遭遇的不同的命
运，表现了梅勒对绝对被排斥在人类之外的那些人的颖悟。小说的
叙述者是一个魔鬼，他寄生在一个叫蒂埃特的党卫军党徒的身上。

小说超越了一般的回忆录，也是一部异常奇异的传记。梅勒按照他的一贯忠于事实的原则，真实地表现了叙述者的心理和自我，以及他与周围物质环境的关系。梅勒认为，伟大的作品应该将生活的最严酷的谜清晰地富有同情心地呈现在读者面前；它应该将生活处理成一种上帝没有赐予给我们的永恒的永远不变的东西。他说，也许我们理应厘清那总是这样或那样地与我们在前一日所看见的世界不同的一个世界。

在此小说出版前夕，极度衰弱的梅勒在马萨诸塞州普罗文斯顿家中接见记者时说，他希望正在日益衰退的视力将能够支撑他再写一部续集。然而，他再没有能实现他的这一愿望，于 2007 年 11 月 10 日逝世。

索尔·贝娄是一位学者型的作家，可以说，他是当代美国作家中最杰出的。他获得 1954、1965、1971 年全美图书奖，1976 年成为第 7 位获诺贝尔文学奖的美国作家。

瑞典学院在诺贝尔文学奖授奖文告中说，它授予索尔·贝娄诺贝尔文学奖是因为他的"丰富的思想，闪光的讽喻……和热烈的同情心"。因为他描述了现代的反英雄，描述了当代的人，这种当代的人在我们这个摇摇欲坠的世界中竭力想在流浪之中找一个立足之地，这种当代的人永远不会放弃他的信念：生活的价值依赖于尊严，而不是依赖于成功。瑞典学院认为贝娄对当代文化富有人性的理解和精妙的分析。瑞典学院在授奖词中说，"就贝娄来说，从先前那种理想主义的风格中解放出来的过程，可分为两个阶段。在第一阶段，他回头求助于一种观察事物的方法，这种方法已经找到了它不朽的先驱，也许主要是莫泊桑、亨利·詹姆斯和福楼拜。贝娄所仿效的大师们也是措词严谨的，和他所不屑一顾的那些作家们毫无二致。但这不是主要的，赋予小说以趣味的并非戏剧性的情节和不时出现的激烈行动，而是照进主人公内心的光辉。依据这一观点，就能使小说的男女主人公得到尊重，暴露无遗，被人看透，但不是加以美化。现今的反英雄式的主角已在成长，而贝娄就是抚育关怀这些主角的人们中的一个。""他超越了先前的那套写作方法，因为它那严谨的形式和受到限制的结构，不能发挥丰富的思想、闪光的冷嘲、欢闹的喜剧以及明达的同情；而这些他也知道他自己是具备的，他必须设法找到发挥的机会。结果就产生了一种相当新颖的东西。贝娄以他独特的风格，把丰富多彩的流浪汉小说与对当代文化的精妙分析结合在一起，融合了引人入胜的冒险故事与接连出现的激烈行动和悲剧性的情节，其间还穿插着与读者之间富于哲理性的、同样十分有趣的交谈，这一切又都通过一个评论员来进行，这个评论员言辞诙谐，能够洞察外界和内心的一切复杂情况，而正是这些复杂情况驱使我们去行动，或者阻止我们去行动，也可称之为我们时代的令人进退维谷的窘境。"

贝娄对美国人、美国社会有他自己精辟的看法。他说："人的状况也许从来没有像现在这样难于明确阐述。那些说我们正处在一个世界历史的初期的人说得对。我们可以说是过多地涌流在一起了，似乎正在经历形成新的意识形态的痛苦。在过去四十年里，美国几百万人受到了'高等教育'——在很多情况下说不清这究竟是福还是祸。在六十年代的社会制度中，我们才首次感觉到现代的学说、概念和感情的影响，以及心理、教学和政治观念的渗透作用。"

"每年都有许多书和文章告诉美国人，他们的处境是如何如何不妙——其中有的明智，有的天真，有的言过其实，有的危言耸听，也有的像是狂人呓语。它们都反映了我们所处的危机，同时还告诉我们应该怎样对待这些危机；这些分析家正是他们为之处方的混乱和不安的产儿。我作为一个作家，正在思考他们提出的一系列问题；对道义的极端敏感，对完美状态的想望，对社会缺点的不能容忍，他们那种感人的同时又是可笑的无止境的要求，他们的忧虑、急躁、敏感、脆弱，他们的善良，他们爆发性的情感。他们对待吸毒、接触疗法和投掷炸弹的轻率态度。""让我花点时间比较仔细地来看一下这种苦难吧。在个人生活中，是不安或者近乎恐慌；在家庭中——对丈夫、妻子、父母、孩子来说是一片混乱；在公民品行、个人忠诚和性生活方面（我不愿列举所有的方面，对此我们已经听腻了）——则更加混乱。而且，随着个人不安而来的是全社会的困惑。"他说，"对我们来说，在光明与黑暗的追随者之间没有简单的选择。善与恶并不是对称地按政治路线来划分的。但是我已经说明了我的论点，我们面对着来自各方的忧虑；我们天天为之担忧的是一切事物都在衰退和崩溃，我们既为个人生活而不安，又被社会问题所折磨。"

关于后现代的艺术和文学，贝娄认为，在艺术和文学中，"是有一场激烈的骚动，但是我们并没有完全受它支配。我们还能思考、鉴别和感受。更为纯正、精妙、高尚的活动，并没有屈服于狂暴和胡闹。还没有，人们还是在写书和读书。要打动一个现代读者混乱的心，或许是更为困难了，但穿过喧嚣到达宁静的地带还是可能的。在这宁静的地带里，我们会发现他们正在热诚地等待着我们。探索本质问题的愿望随着精神混乱的加剧而增强……在他们身上偏见明显减少了，他们抛弃了使人失望的空洞理论，他们具有与各种愚蠢行为共处的能力，并极其想望人类的某些永恒优点——譬如，真实，或者是自由，或者是智慧……不少东西是在四分五裂，但我们也正在经历一种奇怪的精炼过程……没有敢于正视个人或集体的恐怖的艺术，我们就认识不了自己或别人。只有艺术才能穿透世界的表面现实，这就是由骄傲、激情、智慧和习惯在各方面所建立的一切。还有另一现实，即我们所忽略的真正的现实。这另一现实经常给我们一些暗示；可是没有艺术，我们是无从领会这些暗示的。普鲁斯特把这些暗示称为我们的'真实印象'。如果没有艺术，我们就看不见这种真实印象。"

关于人的存在、"我们是谁"、"活着为什么"，贝娄认为，"那么现在居于中心地位的到底是什么呢？眼下，既不是艺术，也不是科学，而是人类在混乱与默默无闻中要决定究竟是坚持生存下去还是走向毁灭。全人类——每一个人都不例外——都卷入了这一行动……有头脑的公众总是期待着从艺术那里听到他们从神学、哲学、社会学那里听不到的和不可能从纯科学那里听到的信息。从这中心处的斗争，产生了范围宽广的、令人痛苦的渴望，要求能有一种更加广泛、更加灵活、更加丰富、更有条理、更为全面的叙述，阐明人类究竟是什么，我们是谁，活着为什么等等问题。在中心处，人类为取得自由而与集体势力作斗争；个人则为做自己灵魂的主人而与非人化斗争。"

贝娄的作品反映了当代文学中的现代主义和现实主义潮流的一种混合。贝娄曾经说过，"我想，无论有意识或者无意识，每一位现代作家都有一种关于历史的理论……我的历史理论在很大程度上是属于现代主义的主张。"

贝娄说："我把自己看成社会的历史家，因为我不能超出我所看见的事物。正如一位历史家受到他所描写的时代的限制一样，换句话说，我也是受到我生活于其中的形势的限制。"他还说，"我发现，我们时代中一些使我激动和困惑而且有时的确使人震惊的事情，同时也使许多人感到了激动、困惑和震惊。作为一个作家，我的职业在很大程度上就是要尽我所能达到戏剧性和准确性，使我们大家都感觉到的痛苦和折磨获得一种形式。"又说，"如果进行得顺利，一部小说可以提出最高类型的真理。"

马库斯·坎利夫认为，索尔·贝娄是现代美国最精致的作家。他的作品最早出现在20世纪40年代初的《党派评论》上。当时为其撰稿的作家包括 W. H. 奥登、埃德蒙·威尔逊、乔治·奥威尔和玛丽·麦克阿瑟。从这些作品中，人们不难发现索尔·贝娄的混杂着战斗性与绝望的声音。他当时醉心于黑格尔关于矛盾与综合的思想，追求世界主义的文化。他出生于蒙特利尔和芝加哥西区穷困的犹太人聚居区。贝娄创造了一种新的文学的声音，这种新的文学的声音将芝加哥街头巷尾的洋泾浜外国语变成了中欧的优雅文化，似乎芝加哥犹太人聚居区成了一个用口头教育犹太孩子关于老一代中欧经验的地方。索尔·贝娄的第一部小说《晃来晃去的人》（1944）是这样开始的："曾经有一段时光，人们有一种习惯，常常通过记录内心的活动而自省，并不为此而感到有任何羞赧的地方。然而如今，记日记被认为是一种自我放纵，一种弱点，一种极糟糕的趣味。因为如今是一个冷漠无情的时代。"从这里我们可以看到索尔·贝娄的小说的基调：隐私性、内心省视、超脱现实和绝望感。这种阴郁的基调与 20 世纪 30 年代的乐观主义完全不同了。它充满了对政治的失望感和个人的忧愁，从世界观上来说，它源于萨特和加缪，和陀思妥耶夫斯基、卡夫卡、普鲁斯特以及兰波等心理疏远大师们一脉相承。

索尔·贝娄的《晃来晃去的人》描写一个等待应征入伍的青年约瑟夫，他辞去了工作，追求个人的绝对的自由。他整天无所事事，靠妻子养活，精神越来越空虚，越来越不平衡，心理上也越来越苦闷。他求自由而不得，只得要求应征入伍，顺应这个荒诞的世界。和萨特的日记体小说《恶心》（1938）一样，这本书以日记形式出现，主人公终日担忧"在这太人性的城市中存在不人性的东西"。《晃来晃去的人》继承了犹太传统，它是一部将自己关在房间里遐想的作品：

> 在我目前沮丧的状态中，对于我来说，记日记——也就是说，跟我自己说话——是非常必要的，我一点都不感到有自我放纵的愧疚。冷漠无情的人因为他们的缄默而得到了补偿；他们乘飞机，斗公牛或去逮大海鲣，而我却很少离开我的房间。

这段文字很明显是与海明威式的行动相对的，崇尚行动是 20 世纪 30 年代文学的特点，无论是社会主义现实主义还是多斯·帕索斯的记录性的现实主义，都有严肃的责任感。新的文学使人们对已经不适用的东西引起注意：在进步思潮的影响下的所有向前看的社会理论和文学理论已经不适用了。现实变得不可捉摸了。贝娄的约瑟夫具有一种存在主义的含义，是陀思妥耶夫斯基和卡夫卡人物的现代版本。他拒绝所有理性的唯物主义，认为现实是不可理解的，人类的条件是不可解释的，未来是不可能改善的。《晃来晃去的人》预示战后丹尼尔·贝尔提出的"意识形态的终结"，意识形态的终结并不是因为知识分子的舒适，并不是因为理论家阶级的优越，而是因为他们的痛苦和忧虑。《晃来晃去的人》和同它类似情调的小说构成了一种可以称之为哀悼的文学，它关注的是失落感。这种失落感很少表达出来，但随处可以觉察出来。约瑟夫很少离开他的房间，因为他觉得没有必要离开他的房间。他居住在一个虚无的宇宙之中，他拒绝工作，拒绝家庭的资助，撇开朋友，从不将妻子和情妇放在心上。他实际上是一个写日记的忏悔者。他处在与世隔绝的状态之中，为他自己都难以名状的死亡而痛苦。12 年之后，贝娄的《捉住这一天》（1956）中的汤米·威尔海尔姆是另一类的约瑟夫式的人物。他的感情受阻，无以发泄，终于在一个完全陌生的人的葬礼上号啕大哭起来。约瑟夫的哀悼的情绪正符合战后几十年在美国知识界弥漫的那种忧郁的情绪，而犹太籍作家，如贝娄、阿瑟·米勒、诺曼·梅勒、马拉默德通过他们的忧郁的晃来晃去的主人公加以表述了出来。在这一时期，"异化"、"受损害"、"边缘化"等构成人的普遍的疏远化的内容。

索尔·贝娄对城市生活的结构和习俗有一种本能的了解，这使他在一群现代和当代美国作家中（可能除亨利·詹姆斯和斯各特·菲兹杰拉德之外），凸显出来。在美国文学中他和亨利·詹姆斯一样，描写如何在两个不同的世界中学会生存下去——这也是现代犹太经历中的一个鲜明的特色。在贝娄的笔下，犹太人日常生活中一个重要的部分就是正确地阐释外国言语。从历史上说，就是习惯于在他们的身份上打上外国标记，漫游于两个世界之间。贝娄具有描述习俗的天才。他从来就不是一个社会题材的小说家，虽然他的小说的题材十分关注现代社会对人的冷漠与疏忽。他是一个描述情绪与性格，以及情绪与性格冲突的小说家。忧绪是生活中一个事实，不是个人意志能左右的。在贝娄的心理小说中，性格是一种风格，沿着一种情感的轴线运转。在贝娄的小说中，正是情感与性格的辩证法创造了一种紧张度，如《晃来晃去的人》中的约瑟夫屈服于他的绝望，而后又变得十分的超脱，奥吉·玛琪发现兴奋本身也是一种爱国的方式，洪堡·弗兰西将所有的历史都蕴含在他的疯癫的情绪之中。洪堡·弗兰西的情绪变化代表了贝娄所有小说的情绪。贝娄的小说可以归类为情绪小说，如《晃来晃去的人》、《受难者》、《捉住这一天》、《萨姆勒先生的星球》、《系主任的12月》（1981），乐观豁达的小说，如《奥吉·玛琪历险记》、《赫索格》、《洪堡的礼物》。《受害者》描写两个人物：善良忠厚的犹太人阿萨·利文塞尔和疯疯癫癫的柯尔比·阿尔比。阿尔比是一个反犹太主义者，利文塞尔深受其害，但阿尔比说是利文塞尔造成他的失业，他是受害者。到底谁伤害了谁呢？他们两人都是这个世界的受害者。在这部小说中，贝娄进一步阐释了他在《晃来晃去的人》中提出的"人性"的问题。阿尔比不懈追求的便是他认为"人性"的东西。正如在《捉住这一天》中，我们谈到的，"这精神，他的存在的奇异的负担压在他（托米·威尔海尔姆）身上犹如一个肿块，一个重负，一个驼峰。"

　　《赫索格》真实地描述了中产阶级知识分子在动乱的20世纪60年代的精神生活，他们所遭遇的压力和挑战，小说讨论人应该怎样生活这样一个严肃的命题。贝娄对当时后现代派艺术家追求古怪不满，他说："现代作家擅长于专攻古怪的事物……他们现在或许应该使自己对有别于古怪的事物产生兴趣了。"赫索格是一位大学教授，一向崇尚理性的生活，关心人道和文明的发展。他研究思想史，发表过《浪漫主义和基督教》等论著。他两次结婚，他的生活和婚姻都是一个失败。他的第二个妻子和他最好的朋友格斯贝奇私通，他被迫离婚，还失去了女儿。他精神处于崩溃的边缘，成天给人写信。离婚后，他在纽约和花店女主人雷蒙娜保持着一段暧昧的关系。雷蒙娜是个中年妇女，她爱赫索格，愿与他建立一个家庭。但赫索格却有点怕她，便离开了纽约，前往芝加哥。他去故居取父亲遗下的手枪，前往玛德琳的住处，准备将玛德琳和格斯贝奇都干掉。然而关键时刻，他改变了主意，出了车祸，因身上携带实弹手枪被警察拘留。从警察局释放后，独自一人去乡间隐居，以恢复生活与理智的平静。

这是一部关于"个人病态"的小说。正如批评家里查德·奥赫曼所指出的，在战后，"社会矛盾极轻易地被个人病态的形象所取代了。"小说描写自认生了病的个人，遭受了精神的创伤，在生活中缺乏支撑的力量，整日六神无主的样子。而要求顺从的社会对于个人来说都是一种敌对的力量，威胁减弱或消除人的真正的自我。个人每每非常怀旧，特别是怀念个人的孩提的时代，作为对付资本主义社会关系的一种方式。贝娄在《赫索格》中描写了个人，或者说知识分子，在一个大众的后工业社会中的无能为力和软弱。令人可叹的是，尽管他们无能为力，却仍然相信个人的敏感的人格的存在。在赫索格身上表现了人道主义的危机。人道主义在 20 世纪 60 年代美国社会中被现实砸得粉碎，赫索格的精神危机实际上就是丧失自我、寻找自我而不得的危机。赫索格最后回到乡间，回到路德村，回到自然的怀抱，寻求宁静的生活。他想回避现实，做一个梭罗式的人物，他相信自然有让人精神宁静的伟大力量。赫索格的悲剧并不是物质的，而主要是精神的，他的灾难是内心生活的风景，他是被生活风景压弯的会思想的芦苇。贝娄为赫索格找到生存的立足点，这个立足点就是自然，就是路德村。

贝娄笔下的人物形象是当代美国文学中的反英雄。在现代和当代文学中，传统的英雄形象让位于"一半是天使，一半是野兽"的反英雄形象。贝娄的人物，无论是奥吉·玛琪、汉德逊、萨姆勒先生还是赫索格都不是超人式的崇高的英雄，他们没有壮烈的鹤立鸡群的英雄品格。他们往往是为现实和生活压力所羁绊的人物，是无能为力的软弱的小人物。奥吉·玛琪内心苦闷，没有"自我"，最终只希望找到一位自己钟爱的女子结婚，到大自然中去；历尽苦难的萨姆勒先生只是美国社会的一个旁观者；汉德逊找不到生活的价值，却追求高尚的事物，是一个总是做出愚蠢事情的喜剧性人物。

贝娄是一个道德家，在他的大部分小说中，他都试图在一群异化的人中发现道德的、创造的和高贵品格的可能性。他的小说主人公面对的历史的和心理的挑战往往就是每部小说的道德出发点。贝娄作为小说家面临一个两难的抉择：当他淋漓尽致地描述情感时，他将如何面对世界。贝娄的每一个人物有他自己的独一无二的现代性，他的现代性以绝望的忧愁为表现形式，周围的世界似乎变得不重要了。《晃来晃去的人》、《受难者》和《萨姆勒先生的星球》的主题是描写战争、法西斯对犹太人的大屠杀和西方的衰落。约瑟夫、阿萨·莱文瑟尔和阿瑟·萨姆勒都患有焦虑症，这反映了他们对历史的一种被压抑的愤懑。对于他们来说，世界似乎成为一个荒疏的、堕落的地方，正如在《受难者》里写的："7点半时，街道已经因为炎热和强烈的阳光而瞧上去死气沉沉。云儿低垂，缓缓地飘飞着。在南方和东方，空气是黄浊的，工厂开始冒烟，将大量印度红和棕黄色的浓烟向太阳吐去，烟雾掠过桥梁的炽热的、绿色的铁架。"在《奥吉·玛琪历险记》中，流浪汉奥吉·玛琪被塑造成一个强壮的美国人，一个城里的哈克·芬，他比哈克·芬远为冒险，兴奋时很难有自制力。在这部小说中，贝娄继续探索关于"人性"的哲学含义，流浪汉奥吉·玛琪一直保持乐观的情绪，认为"你做一切你可能做的使世界人性化、亲近化，但你突然发现它比任何时候都让你觉得疏远"。《捉住这一天》是一部现代杰作，描述在一个人们无所归依的世界中人们有一种渴望人性接触的需要，但他们又无法沟通。贝娄的人物是社会的人物，城市的人物，对于他们来说自然是一个陌生的世界。而他们生活其中的城市又使他们变得麻木、困顿和消耗殆尽。贝娄的人物一般都有强烈的家庭责任感，又有强烈的宗教意识。他们的人格被羞耻感或负疚感所驱使，同时迫切祈求有所释放。他对于流浪的人有一种特殊的嗜好，认为流浪中有一种神秘感。因此，他的小说具有十分强烈的犹太性、美国性和现代性。

《奥吉·玛琪》和《受难者》都体现物质对思想的关系：思想是历史或境遇的产物，而现实是心理的安排，一半是创造出来的，一半是所见的。正如在《受难者》中所描述的那样，城市的风光展示了心灵隐蔽的思想。在《赫索格》中，世界是按其本身的逻辑和成熟性来了解的。例如，当玛德琳行将成为赫索格夫人前，赫索格坐在洗澡盆的边上，穿着他的战壕雨衣，望着玛德琳用快速的专家般的敏捷打扮自己，以呈现在公众面前：

> 她先在脸颊上涂上一层雪花膏，将雪花膏往直直的鼻子、孩子般的下颌和软软的脖颈那儿擦。那是一种灰色的、珍珠粉色的蓝幽幽的玩意儿。这是底色。她用一条毛巾扇了一下。然后，她涂上化妆品。她用棉花球拭擦，先在额头，眼圈边，然后是脸蛋和脖子。虽然她的脖项是一圈嫩嫩的女性的肉，但在她那喉咙处已经明显地呈现出颐指气使的劲儿了。她不让赫索格抚摸她脸以下的部分——因为那对肌肉不好。

这是一段典型的关于女性矫揉造作的描写，在厌恶女人的文学作品中，从斯威夫特到 T. S. 艾略特，人们已屡见不鲜了。她是一个典型的芝加哥城的女人，化妆了自己以准备去谋害别人。赫索格为了摆脱离婚的痛苦而与拉蒙娜上床，但拉蒙娜仍然是一个毫无趣味的、穿高跟鞋、穿黑花边内裤的女人。赫索格追求的不过是一种虚荣而已。虚荣最终造成了赫索格的失败，但虚荣是赫索格存在的理由。他只是一个花花公子而已。玛德琳化妆她的脸蛋，赫索格以惊羡的目光注视她化妆，作家的注意力从社会事实转向了社会事实所包含的心理影响。贝娄从最原始的动作中揭示了最社会化的内涵；这一群毕竟全是生物的存在。这种原始性，你同样可以在《洪堡的礼物》中关于芝加哥迪维逊街俄式蒸汽浴中找到：

　　常来洗俄式浴的主顾们似乎是按远古的外形雕塑出来的。高高翘起的屁股，肥肥的乳房黄黄的，犹如黄油一般。他们站着，两只厚实的像柱子一般的大腿，脚踝上似乎涂上了铜绿，又像是发霉的乳酪。洗完蒸汽浴之后，这些老家伙大吃大块的面包和咸青鱼或者吃萨拉米香肠和油渍渍的牛排，喝烈酒。他们用他们坚硬的、壮实的、老式的肚皮足可以推倒一堵墙。在这里，一切都十分原始。你可以感觉到这里的人们对他们的退化十分清楚，他们深知在进化中他们是被自然和文化所抛弃的一群。

　　贝娄的人物大都是尼采式的，他们躲避矛盾以解决竞争造成的紧张。在他的作品中不时出现赖希、弗洛伊德、斯特纳和尼采，作为超越社会价值的借口。他的人物在他们的欲望和他们的经验之间存在差距。贝娄在《雨王亨德森》之后的小说都是社会小说，描写社会存在中的斗争主题。他的人物分裂在现实世界与生物世界之间。赫索格由于一个女人的帮助而获得了终极的视野，而洪堡则以他的一些抽象事物的名义："诗歌，美，爱，荒原，异化，政治，历史，无意识"而毁了自己。芝加哥是贝娄的文学源泉，就像纽约对于沃顿，巴黎对于左拉，波士顿对于詹姆斯，伦敦对于狄更斯和都柏林对于乔伊斯一样。芝加哥不仅是一个熟悉的地区或富有生气和色彩的背景，而且具有终极的意义，它在贝娄的人物身上打上了一个集体的身份："生于芝加哥的美国人。"在贝娄的晚年，他曾经用非常优美、宁静，几乎是牧歌般的文字来叙述他9岁时在洪堡公园的生活："在后门廊上，你的邻居一溜都在他们的后门廊上，毫无风韵的棉白杨往你那儿伸将过来，你聆听着从对面路上、从街那一头传来的手风琴、自动钢琴和口琴演奏的马祖卡舞曲……有一个孩子被叫唤去街角买一罐苏达汽水（杂货店老板则称它为磷酸果汁汽水）。在芝加哥每一家杂货店门口晃悠着一只偌大的臼和捣杆，围之于电灯泡，每一年夏天，那有着一对绿色透明翅膀的白蛉爬满了橱窗玻璃。"

贝娄对政治不感兴趣，无论是玛琪的芝加哥，还是约瑟夫或赫索格的芝加哥都与政治无缘。在贝娄的作品中，无论是芝加哥、纽约还是美国，都与权力无关。在这一点上，他与对权力十分关注的梅勒就不同了。如果说梅勒是一个浪漫主义者的话，那么贝娄就是一个古典主义者了。

贝娄极善于运用意识流手法描写人物貌似杂乱无章的内心活动。在《赫索格》中，他写了赫索格的书信、回忆、联想和意念，将这一切融合在现实的场景之中。他迅速从第三人称转为第一人称，在人物的冥冥的想象之中，客观世界得到了反映，而在对现实世界的评析之中，又可以感觉人物的内心活动。如：

> 你最好去做个结核菌素注射试验。我没有想到你会……写到这里，他停住了。餐车列车员摇铃通知午饭时间到了，但赫索格没有时间去吃饭，他正准备开始写另一封信。
>
> 亲爱的贝什可夫斯基教授，谢谢您给我在华沙时的款待。由于我的健康关系，您一定对我们那次会晤感到很不满意。当他想方设法找话跟我谈时，我却坐在他的房间里，用《卢杜论坛报》折着纸帽、纸船玩。看到我这种举动，他一定十分惊讶。贝什可夫斯基教授长得又高又大，穿着淡茶色花呢猎装：灯笼裤、诺福克产的夹克衫。我确信他是个慈祥的人。他那对蔚蓝的眼睛十分和蔼可亲。脸膛胖胖的，但很匀称，看上去很有思想，颇具男人气概。我一直折着纸船纸帽——我一定是在想念孩子了。贝什可夫太太探过身来，客气地问我茶里要不要放果酱。室内的家具很古旧，但擦得很亮，属于湮没了的中欧时代的产品。不过，我们这个时代不是也在湮没么？或许比任何别的时代都湮没得快。我希望您会原谅我。我最近有机会拜读了您的有关美军占领西德的文章。里面的许多事实，非常令人不快。但无论是杜鲁门总统还是麦克劳依先生，都没有征求

过我的意见。我得承认，我迄今没有好好研究过德国问题，虽然我理应仔细研究一番。在我看来，那里没有一届政府是诚实守信的。还有一个东德问题，可在您的专论中，甚至只字未提。

在汉堡时，我曾到红灯区去逛过。因为有人告诉我，非去那儿看看不可。那儿的一些妓女，穿着黑色饰边的内衣裤，足登德国军靴，用马鞭敲打着窗玻璃来招引嫖客。这班下流女人，脸孔搽得红红的，叫着，笑着。那天又冷又乏味。

在这里，我们可以确实地感受到亨利·詹姆斯和多斯·帕索斯对他的影响了。

欧文·豪认为，美国在战后出现了大众社会的后现代主义的小说。在战后出现的美国重要的作家中，除了诺曼·梅勒、索尔·贝娄、赖特·莫里斯、J. D. 塞林格、奈尔逊·艾格伦、赫伯特·戈尔德之外，便是贝纳德·马拉默德了。他作品的主题是寻求新生活，描写下层犹太人的苦难和中产阶级犹太人的苦闷。他在作品和风格上是一个特别看重犹太特性的作家。他曾说过："我很看重我的犹太血统。"他认为，"人人都是犹太人。"实际上，他所谓犹太人意味着苦难，因为人人都无法躲避生活的苦难，所以，人人都是广义上的犹太人。正因为此，他说："使得犹太作家在美国文学中崭露头角的重要原因是他们对人的价值的敏感性。就我个人而言，我运用犹太人作为人类生存的悲剧性经历的象征。我竭力把犹太人看做普通的人。犹太人的戏剧性是为生存而斗争的象征。犹太人的历史是上帝戏剧性的礼物。"

诺曼·梅勒和索尔·贝娄都是犹太作家。晃来晃去的人、受难者、傻瓜（schlemiel）成为他们作品主要描述的对象。在马拉默德的小说中，热心肠的、有点怪癖的、牢骚满腹的、怀有自由主义、人道主义的傻瓜式的人物比比皆是。偶然的失败被视作一种精神的胜利，这是犹太道德观念的基石。马拉默德的小说反映了这种道德观念。马拉默德笔下的傻瓜式的人物，穷人、城市犹太人、推销员和商店老板，从犹太传统汲取力量，是很特别的一类人。他们并不滑稽，并不热心，也不和善。他们每每是与社区隔离的孤独的人物：流浪汉，孤儿，作家，或者是一个逃避过去、追求新生活的知识分子。他们追求自己的梦想，然而，他们的过去以未来的面目又在他们生活中重新出现，如噩梦一般。和贝娄一样，他的反英雄的新生活并没有给他们提供自由。他们安于受苦，正如《自然之子》（1952）中的教练埃利斯·莱蒙对棒球运动员罗伊·霍布斯说的，"受苦可以使好人更完善"。不管马拉默德的异化的主人公在哪里，在基辅、罗马、布鲁克林、俄勒冈或者在弗蒙特，他总是生活在一种精神上的犹太区，在心理上与他想逃逸的传统无法分割，学会生活在一种自我禁锢的环境里，生活在文明生活规范的轨迹之中。他们无法摆脱良知、责任感、怜悯和爱，他们是自由主义者。《伙计》（1957）中的弗兰克·阿尔派恩，《新生活》（1961）中的萨莫、莱文和《装配工》（1966）中的雅柯夫·博克都是有严肃良知的英雄，而罗伊·霍布斯和《房客》（1971）中的哈利·莱塞和威利·斯必明特则提供了多灾多难的个人主义的教训。人们发现马拉默德的人物在犹太外衣底下都跳动着一颗基督徒的心。马拉默德希冀他的人物在一个自私和社会达尔文主义盛行的世界中学会合作与谦卑。在一个集体生活的伦理是不切实际的世界中，马拉默德因为他的人物怀有合理的态度和想望而惩罚他们。所以，对于一个现代的读者来说，马拉默德的小说的教训人的味道使人有点无法接受。他让人在性事上小心，他赞扬延迟的报答，他注重伦理责任感。他教育人要谦卑，要知道自己的局限性，要坦率地承认自己的犹太特性。

　　马拉默德小说主要描写痛苦与幽默之间的互动。他的幽默是冷峻的。马拉默德说，他从卓别林的电影学到不少东西，特别是卓别林电影的节奏感，喜剧色彩，从痛苦中引发笑料，情节每每出奇制胜。马拉默德的小说总是使读者处于悬念与不安之中，其感情的节奏在伤害与戏谑之间来回摆动。有的批评家指出，马拉默德小说的犹太场景，无论是《伙计》中的杂货店，《装配工》中的单人牢房，还是公寓、村庄和阁楼，都隐喻监狱。马拉默德认为，要做一个完善的人就要接受最痛苦的限制；那些逃避限制的人得到的只是虚幻的自我否定的自由。他说，监狱是整个历史中所有的人的困境的隐喻。

马拉默德笔下的人物大都是一些失意者和孤独者，他们没有爱，也不被人爱。在美国文学中，他的最令人难以忘怀的形象就是《魔桶》里的利奥·芬克尔，一个贫穷的犹太人，没有任何社会地位，然而每每在生活中遇到魔术般的戏剧性的变化。马拉默德在小说中描述魔术的力量往往是为了让魔术的力量拯救失落的灵魂。例如，利奥·芬克尔的没有任何激情的生活，由于一个神出鬼没的媒人宾尼·沙兹曼运用了魔术的力量而得以改变。

列奥·芬克尔在纽约雅西哇大学读犹太教法典，眼看就要当上拉比，他想先结婚。他找到媒人沙兹曼。沙兹曼给他介绍了寡妇、教师、有钱人的女儿，他都不满意。在一封媒人留下的信封里，他突然见到一张照片，不禁鬼使神差地为之怦然心动。

　　这张脸把他迷住了，为什么呢，他开头说不清。她给人一种青春的印象，好比春天的花朵，然而，被岁月销蚀，又留下了风尘的浪迹。这从她分外熟悉而又完全陌生的眼神里看得出来。他印象鲜明，像在哪儿见过她，他几乎叫得出她的名字来，似乎见过她亲笔写下的名字，可是怎么也想不起来。不，这怎么可能呢，他该想得起来。她这脸蛋儿是够动人的，却不能说漂亮得出众，不能这样说，这一点他心里明白，只是她脸上有一种什么东西，使他心摇神驰。把她的五官分别开来看，其他几张照片上面的妇女比她还强些。但是她一下子跳到他的心上——她享受过生活，起码是想享受，还不止这个，也许悔不该当初过那种生活——心灵上似乎受过很深的创伤：这从她那对含恨的眼睛深处、从她灵魂所蕴藏和散发出来的光彩之中看得出来；她打开了未来的境界：她有自己的个性。列奥要的就是她这样的人。

芬克尔问沙兹曼她是谁，沙兹曼却说，"她配不上你。她是个野姑娘，野，不要脸。""像一头畜生，像一只狗。在她眼里，贫穷就是罪孽。"在芬克尔和女朋友约会时，他总感到神秘的沙兹曼躲在什么地方在跟踪他，他仿佛是羊腿潘神使着魔法：

他总是疑心沙兹曼躲在什么地方，说不定趴在沿街一棵大树上，用一面小镜子给莉莉姑娘发什么信号；也说不定有个羊腿潘神，隐起身子，在他们面前边跳舞边吹着成亲的小曲儿，一面将野花的蓓蕾和紫葡萄撒了一路，象征着他俩早生贵子，其实呢，连结婚的影儿都没有哩。

芬克尔是一个除了父母亲，谁也不爱的人。正因为他不爱人类，所以也不能全力爱上帝。然而，他却爱上了一个像一头畜生、一只狗的女人。他魔术般地去会见了她，希望从她身上获得新生。然而，就在此时，小说最后一句话说："沙兹曼靠在拐角的墙边，为死者唱着祷文"。马拉默德为他们的爱情蒙上了一层象征主义的死亡的色彩。

马拉默德的《自然之子》、《伙计》和《魔桶》中的短篇小说描述的都是20世纪中期的社会风俗，他的写作风格让人感到不合时宜。它们的基调是训诫性的，它们顺应个人的欲望，它们大量运用意第绪方言，它们崇尚犹太—基督团结，它们不断引用T. S. 艾略特、瓦格纳和《圣经》；这些都是注重象征主义和正统时代的思维特点。1961年，肯尼迪时代开始，马拉默德发表《新生活》，这表明马拉默德的文学生涯进入一个新的时期。他抛弃了他的老派风格，而走上了新的理智与政治批判的道路。1966年，他出版了

《装配工》。虽然雅柯夫·博克不是一个革命家，这部作品本身揭示了一个新的开端。在以后的岁月中，虽然马拉默德在《房客》（1971）中竭力想通过描写纽约城中黑人与白人的文化冲突，而保持其时代性，他的声音却越来越狭窄了。在发表了《费德尔曼写照》（1969）、《房客》、《伦布兰特的帽子》（1973）和《杜宾的生活》（1979）之后，马拉默德不再是一个道德说教的作家，而成为一个有点古怪的作家了。莫里斯·博伯所崇尚的人道主义德行消失了，曾经用神秘手法解决冲突的手法让位于公开的斗殴了。萨莫·莱文、吉拉德·吉利（《新生活》）或者弗兰克·阿尔派恩和莫里斯·博伯（《伙计》）也许因为利益的冲突而想把另一个人干掉，但到头来，他们没有进行人身的攻击，而以文明方式解决。但是，在《房客》中，哈利·莱塞和威利·斯必明特，两位在空置的地下室里试图完成小说的作家，却互相拳脚相向。《房客》表面上寓意于怜悯，但其深层的感情却是愤怒。马拉默德的小说都存在这种表面说教与深层情绪之间的差异。如《湖滨女郎》，为自己的过去所困的犹太职员亨利·莱文前往意大利，他隐瞒了自己犹太身份，而陷于性冒险之中。他称自己为亨利·福里曼。在马乔湖的一个小岛上，他找到自己梦寐以求的情人依莎贝拉。他以为依莎贝拉是意大利贵族，傻乎乎地千方百计地追求她。她不断地引他上当，并不断地问他："你是犹太人吗？"他说，他当然不是犹太人，最终他愤然地问："你要我说多少次'不'？你为什么总问这一愚蠢的问题？"然后发生了意想不到的情景：

　　因为我希望你是犹太人。她缓缓地解开了紧身胸衣，这极大地刺激了福里曼的性欲，虽然他仍然懵然无知她这到底是为了什么。当她将自己的乳房完全显露在他面前时，他简直要惊呼它们的美了（他这时想起她曾经邀请他观赏她的乳房，只是因为他乘木筏抵达太迟了）——令他惊骇不已的是，他发现在她那柔嫩的肉上有一组蓝幽幽的扭曲的数字。

亨利·莱文万分惊愕，他成了一个完完全全的傻瓜。依莎贝拉说："我小时在布亨瓦尔德集中营留下的遗迹。我不能嫁给你，因为我是犹太人。我有一阵子以为你是——我希望你是，但我弄错了。"依莎贝拉脱去了她的伪装，露出了犹太的本性，而亨利·莱文卸下了他的伪装，露出了他傻瓜的原形。在最后的绝望之中，他往那两只乳房扑过去：

> 他伸手去摸索她的乳房，去抓，去吻，或者去吮吸；但是，她走进了石雕像群中。当他徒然在湖面升起的雾气中寻觅她，呼唤她的名字时，福里曼拥抱的只是月光照耀着的一块石头。

这个故事说教的是你永远不能隐瞒你的犹太身份，一旦你隐瞒了，你的梦中情人就要离你而去；但它以荒诞而结束。小说具有深刻的寓意，它从一个侧面揭示了法西斯德国对犹太民族的迫害和屠杀，同时又揭示了一个深刻的道德的主题。这是一个典型的马拉默德的小说：被性所拒绝，同时被拒绝者道德化。莱文和罗伊·霍布斯、福兰克·阿尔派恩等小说主人公一样，追求他不可能得到的东西，或者说，追求他本来可以得到的东西，如果他处置得当的话。

马拉默德不愿给它的小说以快乐的结尾。这被认为是一种道德现实主义。这是因为他对生活有一个清醒的认识：生活是艰难的，对于一个犹太人来说尤为艰难；道德调和是人生成熟的核心和标志。马拉默德将个人的命运归结于一个人对性的态度，这是一种清教徒式的偏见。马拉默德的受历史煎熬的主人公一般通过一个女人而与这种偏见遭遇，他们的新生活便是对性欲的追求，这种追求将他们引向钥匙孔、楣窗和百叶窗偷窥他们的梦中情人。但是，他们的欲望从来就没有得到完全的满足，于是便给他们的期望留下很大的空间，在这空间中马拉默德驰骋他的想象力。性的苦闷与痛苦是马拉默德小说创作的主题之一。他的小说的主要的道德含义并不在于享乐与现实之间的矛盾，而在于欲望本身的两重性。他的人物因为有欲望而失望；他们的欲望无法得到满足，是因为欲望本身遭到夭折，或者马拉默德根本就不想让这种欲望得到完全的满足。

在《杜宾的生活》中，马拉默德似乎用性的满足掩饰了杜宾短暂的负疚心理。在一场勇敢的情景中，作家威廉·杜宾对情妇方妮·别克道出了他的人生信条："如果你不充分地享受生活，特别当你渐渐衰老的时候，你每天都会遗憾。"这个人生信条充分揭示了杜宾的中年危机。然而，杜宾的突破，与情妇的纵情欢乐，到头来变成一个幻觉，充分地享受生活到头来变成杜宾心头的极大的负担。他获得了情妇的情欲反而变得比当年秘密地怀有这个欲望时更痛苦。由于他婚姻的解体，孩子的疏远，记忆力日益衰退，杜宾的痛苦与他的偷欢同样与日俱增，他为自己的偷情付出了巨大的精神代价，性解放成为痛苦的源泉。

马拉默德的关于好色与责任感的故事从潜在的性僵局中汲取艺术的力量。从性僵局引发出令人惊讶不已的戏剧性场景，并构成了一个模棱两可的引人入胜的故事。福里曼抱着一块冰冷的洒满月光的石头，令人遐想不已。《魔桶》的结尾，也让人浮想联翩：

> 一个春天的夜晚，她在路灯底下等着他。列奥来了，手里拿着一束紫罗兰和玫瑰花蕾。斯妲拉站在路灯柱子旁边，吸着烟。她一身白的装束，配上红色的鞋子，正合他的心意，只是他心慌意乱，看花了眼，以为身上穿红的，脚上穿白的。斯妲拉不安地、腼腆地等着。列奥老远就看到：她的眼睛分明是她父亲的眼睛，流露出无比的纯洁。他在心中描绘：他怎么从她的身上获得新生。空中回荡着提琴的声音，闪烁着烛光。列奥奔向前去，花儿冲着斯妲拉。

马拉默德极善于描写没有实现梦想与价值的人生，极善于描写失望与失落。他是一个杰出的描写平庸人生的作家，描写界于完全成功与完全失败之间的人生。虽然他将绝望的故事置于 20 世纪 30 年代，但他的故事却真正反映了美国的生活和美国繁荣背后的阴暗面，具有永恒的性质。马拉默德的短篇小说辛辣而动人，一般来说，比他的长篇小说要好。

马拉默德是美国犹太作家群中的一位佼佼者。他擅长描述矛盾处境和矛盾心理。他的相互冲突的文化视野使他能创造出在常人看来几乎不可能的世界，有一种魔幻般的力量。他从犹太传说和民间故事中汲取营养来创造他的人物和情景，同时又不失他的现代性。他一方面创造了关于性的浪漫的小说，另一方面又以忧郁的眼光阐释现代经验。在这一点上，他与索尔·贝娄有共同之处。索尔·贝娄十分熟练地将两者合二而一。而在马拉默德身上，我们似乎看到分裂的两个作家，一个作家照管行文，叙述，情景的真实性，英语，而另一个作家照管情节，跌宕起伏，寓言，道德的力量和戏剧性高潮。

有的批评家指出，马拉默德在小说创作中采用了魔幻现实主义的手法，描写现代神话，他的作品中充斥许多源自《旧约》、犹太神话的隐喻，他将它们与社会现实结合，给人一种似是而非、模棱两可的感觉，增加了他的作品的冷峻的幽默气氛。如《伙计》中，弗兰克总记得在孤儿院时僧侣常讲的关于圣方济各的故事。

> 我在图书馆里正好在念圣方济各的传记。你一提到雪，我就想起那个故事，讲方济各冬夜醒来，问他自己，当僧侣这桩事他做得对不对。他想，我的上帝啊，假如我碰上哪个美好的年轻姑娘，跟她结了婚，到现在我就有了妻室儿女了吗？这样一想，他难过得再也睡不着了。他从草铺上爬起来，走出教堂，也许是寺院，反正离开他待的地方。地上盖满雪。他堆了个雪人，是个女的，就说："喏，这是我的妻子。"然后他再用雪堆了两三个小孩。接着，他吻遍每个雪人，就走进屋里又在草上躺了下来。他感到痛快得多，就此睡着了。

在小说尾声，弗兰克历尽痛苦，终于完成了"净化"，也即"犹太化"（割包皮）的过程。于是，寓言性的圣方济各重又出现，弗兰克终于得到了海伦的爱情：

> 他看到圣方济各穿着一件褐色的旧法衣，从林中翩翩地走出来，一对瘦瘦的鸽子在他头顶盘旋。圣方济各在店门口站停下来，把手伸进垃圾桶，掏出那朵木雕的玫瑰花，往空中一抛，再接到手里，它已经变成一朵真花。他把花给了才从屋里出来的海伦，同时鞠了一躬。"小妹妹，给你这朵玫瑰花，它是你的小妹妹。"海伦从他手上接了过来，但这朵花带来的却是弗兰克·阿尔派恩的爱情和最美好的愿望。

《伙计》里的弗兰克·阿尔派恩最终成了一个犹太人，杂货铺老板，他选择永远等待海伦的爱。但是马拉默德给利奥安排的这个结局，与其说是一个未来，还不如说是一个可怕的无休止的陷阱。

马拉默德在《魔桶》中同样带有这种魔幻现实主义的味道。同样，我们在《银冠》中可以读到关于犹太教士利夫希茨的幻术："那个犹太教士的眼睛不像彩霞映空一样，光芒四射。在蔚蓝色的天空里，升起一轮明月。""他头上戴着一顶闪闪发光的银冠。开始时，它像一条编织的珍珠头巾，然后，它闪烁着像是夜空中的一颗奥妙不可测的星星。"他的魔幻现实主义的手法同样可以在《上帝的恩赐》中读到。

菲利普·罗思是在第二次世界大战之后，在美国出现的一批富有才华的、享有盛名的犹太作家之一，著有《再见，哥伦布》（1959）、《波特诺伊的怨恨》（1969）、《欲望教授》（1977）、《捉刀作家》（1979）、《萨巴斯的戏院》（1995）、《美国牧歌》（1997）、《反美阴谋》（2004）、《凡人》（2006）、《义愤》（2008）、《卑贱之人》（2009）、《复仇女神》（2010）等。《萨巴斯的戏院》获1995年全国图书奖。

　　他的作品很大一部分是探讨犹太移民在美国的命运，犹太特性与美国社会的冲突。罗思特别关注他所谓文化神话——"犹太的伦理特性"（ethical Jewhood）。他以他擅长的心理分析，以所谓"心理分析现实主义"，来阐释在心理冲动驱动下的社会生活，带着黑色的讽喻和挖苦的笔触，从"道德现实主义"出发描写中产阶级的犹太知识分子对生活的悲剧性感受、苦闷和种种怪异的行为，他们每每在爱情和性生活中失败，希冀在性中寻找出路，然而陷于更深沉的绝望之中。罗思特别擅长于描写"被摧毁的希望和摧折的愿望"。

　　在《萨巴斯的戏院》中，罗思刻画了一个第二代的犹太木偶艺术家。他的第一任妻子，一位戏剧艺术家，不明不白地消失了。在极度痛苦之中，他将家搬迁到新英格兰，过上了隐居的生活。然而，第二任妻子又染上了酒瘾，与他有 13 年之久婚外关系的德伦卡因患癌症死亡。在企图自杀之前，他回访了童年生活的泽西城犹太居住区，希冀从犹太第一代移民的质朴和贫困生活中，从对他的在第二次世界大战中阵亡的哥哥的回忆中汲取活下去的勇气。

　　在罗思的笔下，萨巴斯是一个傲慢的、自我夸张的以个人为中心的人；"一个失败的人生"。他没有了妻子，没有了情人，不名一文，没有使命，没有家。他把他的一切的失落都归咎于战争。在第二次世界大战中，他的哥哥莫迪在菲律宾阵亡。他死亡的那一天，改变了他的犹太家庭的命运，改变了他的命运。他在 16 岁上就离开了家，出海当了海员。海员的生活引他在拉美走上了一条嫖妓的"浪漫之旅"。他为艺术付出了一切，而没有得到任何回报。他承受了所有旧日的艺术带来的痛苦——离群索居、贫穷、绝望、心理的和身体的障碍。他最终变成了一个丑陋、年迈和心力交瘁的人。

　　罗思在小说中运用了传统的自然主义的手法来描写人的生物性的一面，从最原始的动作中揭示了最社会化的内涵。他描写了生物性的人，生活在极端无聊之中无奈、看不到出路的人。《萨巴斯的戏院》实际上是一部弗洛伊德式的关于性与感情失败的小说。在

《萨巴斯的戏院》中，我们可以看到罗思从弗洛伊德的《玩笑以及它们与下意识的关系》一书得到许多启发。作为犹太现代主义的一部分，他和马拉默德一样，在作品中给予性非常突出的地位，不断地探讨性的问题，希冀找到性的意义和解决的方法，作为他的人物对美国社会的文化反叛的一部分。正如萨巴斯自问的："在我身上是否可能有一种宗教的东西呢？我所做的——也就是说，我所没有做的是不是神圣的呢？"

从《萨巴斯的戏院》，我们可以看到《一场美国梦》中斯蒂卡·理查兹·罗杰克的影子。他是一个失败者，他杀死妻子来改善心境，把她的死说成是消失。他与婚外的女人长期发生性关系来发泄他失败的痛苦。于是他决定抛弃纽约的生活到新英格兰去，希冀寻找那个自我。批评家约翰·奥尔德里奇对《一场美国梦》所说的，也完全适用《萨巴斯的戏院》。他说："这部小说用那种必然被称作可怕的、黄色的细节，在某些我们社会公认的最应谴责的行为里——在凶杀、自杀、乱伦、私通和肉体暴力的行为里，探讨可能找到的拯救方式而不是一味谴责。小说把一个人为了得救而可能犯罪的各种方式加以戏剧化，为了得到上帝他可以与撒旦为伍，可以通过恢复原始的心理活动来变得神圣和完整，而这种心理活动使他能够自我和谐一致，找到他的勇气，但却不管他的勇气是否寻求在爱情的挑战中或者在谋杀的诱惑中得到考验，也不管他最终是变成了圣者还是精神变态者。"

贝娄的现代反英雄"一半是天使，一半是野兽"，而罗思的现代反英雄则完全是野兽了。萨巴斯早在1956年就因淫秽而遭逮捕，他是犹太作家所描写的"反叛者"的形象之一。这种现代反英雄希望在摇摇欲坠的美国社会中在流浪之中找一个立足之地。这些反英雄，用贝娄的话来说，"在个人生活中，是不安或者近乎恐慌；在家庭中——对丈夫、妻子、父母、孩子来说——是一片混乱；在公民品行、个人忠诚和性生活方面则更加混乱。而且，随着个人不安而来的是全社会的困惑。"罗思将萨巴斯描写成"不仅是一个具有巨大的潜在的戏剧才能的初试者，而且是一个年轻的和生活发生激烈冲突的冒险家，一个相信现实生活的人，被一种激烈的脾性所驱使总是去做一些过分的事，这样的人具有令人惊讶的异端的东西"。萨巴斯所考虑的问题仍然是哈姆雷特的那个亘古的问题：是坚持生存下去还是走向毁灭。这些反英雄，这些晃来晃去的人，为做自己灵魂的主人而与非人化斗争。萨巴斯说："我心中已经没有任何想控制任何东西的想法了。那就是我所选择的生活方式。"他身上的怀疑主义、犬儒主义、讽喻、尖刻、嘲弄、自我解嘲，以及他曾经有过的简练，前后一贯，客观性都已经被荡涤干净了——除了绝望之外，他已经丧失了标志萨巴斯的一切；而绝望却多多。正如萨巴斯在小说中自我怀疑的："难道阻止尿液流动是那良知的墙吗？良知已经将这个人的最可贵的东西剥夺殆尽了。他对于人生的整个的看法发生什么问题了？为了在这个世界上有一席之地，可以恣意妄为地随心所欲地与世作对，他花费了巨大的精力。他面对他们的仇恨所显示出来的藐视现在在哪里呢？他竭力希冀摆脱法律和行为准则所愚蠢地追求的融洽的期望，这些法律和行为准则现在在哪里呢？是的，那些激起我的小丑行为的束缚开始报仇雪耻了。所有的那些旨在将我们的魔鬼般的行为减少一些的禁忌阻塞了他的尿道。"

萨巴斯具有一种存在主义的含义。他的感情生活空虚，于是他玩世不恭，成了一个总是做愚蠢的不合逻辑的事来的傻瓜（shlemiel），勾引他遇到的女孩和女佣，作家几乎用一种滑稽剧式的情节来表现他的调侃。他的这种情绪反映了战后几十年在美国知识界弥漫的那种忧郁的情绪，罗思则通过萨巴斯的"异化"、"边缘化"、"疏远化"加以表述出来。萨巴斯和赫索格一样，也去乡间隐居，希冀以此恢复生活与理智的平静。甚至他自己也自问，他在漫长的人生中在逃离什么呢？然而在宁静的新英格兰，他并没有找到平静。在这部关于"个人病态"的小说中，美国社会对于萨巴斯来说，成为一种敌对的力量，威胁减弱或消除人的真正的自我。萨巴斯每每非常怀旧，特别是怀念在泽西城海边的无忧无虑的童年生活，非常优美的罗思式的散文叙述将读者带回到那犹太区贫穷然而是快乐的田园牧歌式的生活场景中去。萨巴斯企图用回忆来作为应对资本主义社会关系的一种方式。萨巴斯企图用性，用喜剧和愤懑相结合的办法来使自己摆脱精神危机。

罗思的幽默是苦涩的。性的苦闷与痛苦是他的小说创作的主题之一。萨巴斯跟马拉默德的杜宾一样，与情妇的纵情欢乐，到头来变成一个泡影，充分地享受生活到头来变成心头的极大的负担。他获得了情妇的情欲反而变得比当年秘密地怀有这个欲望时更痛苦。由于他婚姻的解体，记忆力日益衰退，他的痛苦与他的偷欢同样与日俱增，他为自己的偷情付出了巨大的精神代价。性解放成为痛苦的源泉。马拉默德的关于好色与责任感的故事从潜在的性僵局中汲取艺术的力量。从性僵局引发出令人惊讶不已的戏剧性场景，并构成了一个模棱两可的引人入胜的故事。厄普代克也直率地以非常细腻的笔调描写性爱，把那写成一种美的享受，几乎是一种神圣化了的礼仪；而罗思是一个戏谑、搞笑的专家，通过对性爱的露骨的直率的描写来表现一种黑色的幽默，表面上非常滑稽，但骨子里是异常冷峻的道德谴责。萨巴斯把性看成是一种逃逸社会的庇护所，然而他在所有的性的冒险中都失败了，得到的是更深更严重的痛苦和绝望。由于过度沉溺于女性，他被极大地非人化了，正如小说中一段对话所表示的：

　　你是一个动物。
　　一个动物？
　　你这么想吗？
　　是的。
　　一个人样的动物吗？
　　是的。

"一个人样的动物"，这就是对萨巴斯的关键的结论。罗思用魔幻现实主义的手法，写出萨巴斯在石窟与德伦卡偷情时总是显出他母亲的鬼影，这实际上是一种道德谴责。小说最后揭示，与他进行了13年的婚外关系的德伦卡对他并没有爱，而她之所以与他交欢是因为他强迫她干的。罗思在最后无情地将这一切温情脉脉的面纱撕得干干净净。在写作上，作为在当前美国文坛上重要的作家之一的罗思在本书中娴熟地运用心理现实主义，将幻想与现实、过去和现在通过意识流和心理分析有机地流畅地结合在一起。

在《卑贱之人》（2009）中，罗思描写了另一个在生活和事业中失败的人——埃克斯勒。在演艺界数10年的成功之后，他突然发现自己已无法在舞台上演戏了，在肯尼迪中心饰演普洛斯彼罗和麦克白接连失败。全书开头的第一句便是："他丧失了他的魔力。"他考虑要自杀。

埃克斯勒是一个凡人，他无法将他个人生活中的恐惧和痛苦融进那令人痛彻心扉的戏剧独白中去。即使他如此熟悉的艺术也无法缓解他的痛苦。一天下午，一位不速之客访问了他。那是他的一位朋友的女儿贝珍。她大学毕业之后，他一直没有见过她。她最近在佛蒙特州一所学院中找到一份教授环境科学的差事。那地方离埃克斯勒的家所在的北纽约州不远。她的到来使埃克斯勒大吃一惊。她给他做饭，并不拒绝他吻她，最终两人上了床。然而，贝珍是一个同性恋者。不管怎样，贝珍仍然和埃克斯勒保持情人关系。埃克斯勒心中一直在纳闷，为什么一个女同性恋者会对他感兴趣。贝珍的同性恋趋向成为埃克斯勒的另一个痛苦的源泉。他知道，在他目前脆弱的心理状态中，和一个年轻的姑娘发生关系本身就是一种危险的事儿，更何况这个姑娘对异性并不感兴趣。然而，埃克斯勒性格温和，自己又处在极度孤独之中，所以，他没有将贝珍驱赶开去。尽管他们的关系是一种性关系，但罗思在这儿却强调了贝珍所提供的伴侣般的关怀。

埃克斯勒的卑贱有多种表现，其中之一便是，埃克斯勒的性欲并没有成为小说的中心，处于小说漩涡中心的恰恰是贝珍的性欲。

贝珍起先信誓旦旦地表示她对埃克斯勒感兴趣。后来，她坦言她曾经有两次欺骗了他。为了保持他们的关系，埃克斯勒建议他们去找一个女人来做三人戏。他在当地的一家酒吧中找到了一个经常喝得醉醺醺的姑娘特拉西。然而这一切仍然无法弥补他在事业上的失败。后来，贝珍对他说，她无法替代他的演艺事业，离开了他。贝珍无疑是一种非人的力量，代表一种命运，变化无常而无法捉摸。最终，埃克斯勒假设自己在饰演契诃夫的《海鸥》的康斯坦丁·卡夫里罗维奇的角色，结束自己的生命。当初，他正是因在纽约饰演康斯坦丁·卡夫里罗维奇这个角色而获得了极大的成功，被认为是一个有着远大前途的戏剧界的后起之秀。

罗思在 2009 年一次接受《华尔街日报》的专访中说，《卑贱之人》是他打算写的四部曲中的第三部。第一、二部为《凡人》、《义愤》，第四部为《复仇之神》（2010）。

在《复仇之神》中，罗思描写的主人公是尤金·巴基·康特，一个在生活中苦苦挣扎的犹太人，新泽西纽瓦克的一座夏令营的指导员。他心地简单、善良，是一个极为循规蹈矩的年轻人。在他很小的时候，他妈妈就因为难产过世了。他父亲是一个难以自拔的赌棍和贼。他跟着祖父母长大，他们教育他在生活中要自立和做一个负责任的人。移民美国的祖父鼓励他"像个大丈夫那样，像个犹太人那样，挺直起腰杆"。祖母是一个心肠很软的女人。巴基是家里第一个大学生，1944 年第二次世界大战期间他因为近视而未能跟他的同龄人一样参军。他对此非常地遗憾。由于他身体很好，他投身于纽瓦克犹太社区的社会工作。

在夏令营他对他的学生非常友善、耐心，而学生也都很尊敬他。由于他在夏令营工作做得很好，他在学生的眼里是一个"真正的英雄"。而他也想用祖父母教育他的信条教育夏令营的孩子们，要他们坚强，意志坚定，勇敢，并身体健壮；他永远不能允许他们成为意志薄弱的娘娘腔的软骨头。

这时，纽瓦克正处于一场突如其来的天花瘟疫之中。这场瘟疫是"一场真正的战争，一场充斥杀戮、毁灭、毁损和死亡的战争"。他所照管的孩子一个一个地死亡，这时他感到非常地痛苦。他更加精心地照料他的孩子们。这场瘟疫也考验了犹太社区的团结精神和凝聚力。

这时，他的漂亮、聪明、善良的女朋友玛西娅从宾夕法尼亚打来电话。她说，在她打工的印第安人主题公园里正好有一个水上公园指导岗位空缺。她说，如果他能去的话，他们就能在晚上单独在一座无人小岛上见面。对于他，这是一种性的诱惑，那是一座天堂，远离正经历瘟疫和死亡的纽瓦克城。然而，被严格的祖父一手带大的巴基却婉拒了她的提议。他回答说，在这特殊时刻，他照管的孩子们更需要他。不过，到了第二天，他又改变了主意。他毕竟才23岁。

在世界大战的大火正在欧洲燃烧，在纽瓦克天花每天都在夺取孩子的生命的时候，无忧无虑的孩子们在宾夕法尼亚主题公园的印第安山上整天欢快地玩耍。玛西娅所答应的浪漫的插曲终于在小岛上发生了。

最终，巴基被自己的正派思想给毁了。他决心从此不让自己再有任何幸福的念头。巴基在性事上被彻底地摧毁了。正如叙事者在篇末所说的："我必须说，不管我对于他所经受的众多的痛苦有多么同情，他的被摧残的人生仅仅不过是由于他的愚蠢的傲慢，不是意志或欲望产生的那种傲慢，而是那种对宗教的异想天开的幼稚的阐释而产生的傲慢。"

在当代美国文坛上一直保持上升势头，并成为一位重要的、不容忽视的作家的便是约翰·厄普代克（John Updike）。厄普代克1932年3月18日生于宾夕法尼亚州西林顿镇。西林顿镇对他的创作产生极大的影响。在他的作品中，他不断地回忆西林顿镇的建筑、宠物、风景、友伴和家庭，这一切成为他艺术和生活的一部分。对于厄普代克来说，艺术犹如一根穿越西林顿的素描线，超越时空，而延伸到他的人物的心灵之中。厄普代克起始将写作当作一种逃避现实的消遣，很快便沉浸在创作的快乐之中，将艺术看做一种演绎他熟悉的世界的一种方式。他说，他所谓熟悉的世界便是郊区的"中产阶级，充满满足感和神秘的中产阶级"。他的艺术打开了一扇观察美国中产阶级在 20 世纪后半叶的生活的窗户。厄普代克说，"我描写美国小镇清教徒中产阶级。我喜欢中产阶级。"虽然演绎世界几乎是不可能的，但它却是十分必要的，因为"那七叶树，那电话线杆儿，那门廊，那绿色的树篱都集中到了一个安静的点上，那个点在我主观的地图上便是世界的中心"。厄普代克在哈佛大学就读 4 年，以优异成绩毕业。毕业后前往英国牛津大学学习美术一年。1955 年，回到美国。他在《纽约客》杂志当记者两年，不久便给该杂志写小说，和《纽约客》建立了终生的关系。1957年，他离开纽约，前往马萨诸塞州大西洋边，在那儿生活了长达 50年。虽然还不能说他像塞林格那样绝对地与世隔绝，也不能说他像品钦那样是一个幽灵，但他过着一种"隐居的生活"，除了每星期去"近视亨特俱乐部"打两次高尔夫，他闭门谢客从事创作。1959年，他出版短篇小说集《同一扇门》和第一部长篇小说《贫民院集市》。《贫民院集市》是受赫胥黎和奥威尔的影响而创作的。这是一个未来主义的小说，描写一座老人院的生活。1963 年，他发表描写中学科学老师和他儿子生活中三天的故事。20 世纪 60 年代中期，婚姻成为厄普代克创作的主要题材。他在这一时期创作的许多短篇小说都是描写婚姻中的龃龉的，描写指导婚姻与性事的传统的宗教价值的丧失。在《农场》（1965）中，厄普代克探索一对夫妇维系婚姻的内在动力。《夫妇们》（1968）描写新英格兰一个很小的社区里十对夫妇的性爱和背叛，在这部小说中，厄普代克赋予婚姻中的问题以一种礼仪的和宗教的意义。在《全是星期日的一月》（1975）中，厄普代克探讨了在美国清教道德框架中关于爱情与性、婚姻与背叛的问题。他在《请与我结婚》（1976）中又重复了这一主题。这部小说描写的是在夏季发生的一场爱情，它是一部关于现代道德的书：该书的主人公说道："我们生活在古老道德的晚期，一切道德足够折磨我们，但无法将我们控制住。"在 1979 年，他将他的关于梅帕尔斯家的故事收集在《路途遥遥》中，同时发表《问题及其他小说集》。

厄普代克在继续关注爱情、性和现代家庭生活的同时，也关注文学、文化和政治。在 1970 年，他发表《贝赫：一本书》。这是一本关于一位美国犹太作家贝赫的相互关联的小说集，这位犹太作家不无幽默地思考他的文学的一生。继后，他又出版了关于亨利·贝赫的故事集《贝赫归来》。1973 年，厄普代克作为富布赖特学者访问非洲，回国后发表《政变》（1978）。这是一部政治性小说，关于一个想象的专制的非洲政体。厄普代克在创作小说之外，写了大量的散文、评论和文学性书评，结集《分类散文》（1965）、《拾零》（1975）和《拥抱海岸》（1983）。他在 1984 年出版《伊斯特威克镇女巫》，用一个现代巫术的例子来评论以电视与大众传媒为主的现代文化，1986 年出版《罗杰斯的版本》。

厄普代克的大部分早期小说都发生在一个想象的小镇奥林格。奥林格实际上是西林顿的翻版，厄普代克在小说中回忆了他的童年和青年时期。这些小说充满了一种怀旧的情绪，一种对过去时日的淡淡的哀愁。在厄普代克笔下的青春是开放的，诚实的，天真的，不朽的。他的创作源泉是城市化以前的美国和城市化以前的美国生活。

在厄普代克的所有文学成就中，最重要也是最突出的便是他的"兔子四部曲"：《兔子，跑吧》（1960）、《兔子归来》（1971）、《兔子富了》（1981）和《兔子安息》（1990）。兔子是哈里·安斯特洛姆的外号。他在中学时代曾是篮球明星，为廉价商店推销厨刀。一天，他被烦琐的家庭生活所激怒，离开怀孕的、酗酒的妻子詹妮斯和两岁半的儿子纳尔逊，驱车前往西弗吉尼亚。他途中认识了妓女露丝，便与她同居。两个多月后，妻子分娩，他回到了家。不久，他又跑到外面的世界晃悠。詹妮斯不慎将刚出生的女儿淹死在浴盆里，他回到家中。在孩子的葬礼上，他说的话激怒了众人，又当场跑掉。他去见露丝，得知她已怀孕，又跑了。10 年后，在动荡的 20 世纪 60 年代他走上了父亲的道路，在一家印刷厂当工人。在车行工作的詹妮斯爱上了同事斯达夫洛斯，最后弃兔子而去。他和儿子纳尔逊同住，此时，又结识 18 岁的嬉皮士姑娘吉尔，与之同居。同时，吉尔又引进一个黑人青年斯基特进入他们的生活的圈子。邻居对这一奇怪的结合愤懑不已，放火烧了房子。斯基特逃脱，吉尔被烧死。兔子被工厂解雇，成了一个没有工作、没有妻子、没有房子的人。这时，詹妮斯与情人关系断裂，回到了兔子身边。到卡特执政的 1979 年，由于能源恐慌，他交上了好运，升任总代理人，代销丰田汽车，生活优裕。纳尔逊在上大学，却从不给家中写信。一天，纳尔逊学业未完，突然回家，带来女朋友梅莱涅。他接替斯达夫洛斯在车行的工作。不久，孙女出生，兔子成了爷爷。他成了一个政治上保守的平庸的共和党人，打高尔夫，游泳，追求物质享受。

当《兔子，跑吧》成稿放在出版商克诺普夫手中时，出版社希望厄普代克将小说中关于性事的露骨的描写删除。厄普代克在一封写给他父母的心中流露了他当时的心情："这个问题牵涉到我是否真的想在我的一生中以写作为生，还是仅仅当一个温文尔雅的雇佣文人。"事隔数年之后，当美国放宽对淫秽的定义，厄普代克又将删节的部分重新恢复。

在厄普代克的兔子系列小说中，他描写了新的美国人：被自暴自弃和愤懑摧残的男子，如安斯特洛姆，而女子则纯粹为性爱和金钱而生，如他的妹妹明姆。詹妮斯是一个典型的美国家庭妇女，一心想控制丈夫，说话带刺，过分地溺爱孩子。而哈里·安斯特洛姆则是一个工作勤奋的男人。厄普代克所谓男性便是对女人的性的与经济的责任感，他将社会的衰落与男性的衰落联系在一起。在《兔子归来》中，他描述了雄心勃勃的社会力量，社会力量造成普遍的不安感：自动化减少了职位，反越战示威使体制减少了权威性，性自由的妻子们一方面促进了自我表述的价值，另一方面使男人的价值显得不合时宜。所有这一切使厄普代克笔下的男人们显得落伍而过时。在 36 岁上，工作勤奋的兔子似乎有可能走上他父亲的道路了。但是，他已不可能过他父亲那一辈的人生了。由于照相术排版代替了活字排版，他失业了。妻子又被懂得爱的另一个男人所占有。对于女人来说，治疗 20 世纪 60 年代浮躁的最好的办法就是性爱。而对于兔子，除了报复之外没有任何东西可以拯救他的绝望。在《兔子归来》中，厄普代克在一栋房子的毁灭中描写了男性与女性的搏斗，阶级和种族之间的歧异。兔子的房子被焚烧了，没有妻子、没有房子、没有工作的兔子也垮台了。

作为对兔子的系列小说的一种答辩，厄普代克创作了关于伊斯特威克的巫婆们的系列。厄普代克在 1984 年发表《伊斯特威克的巫婆们》，继而，在几乎 30 年之后，在 2008 年发表《伊斯特威克的寡妇们》。《伊斯特威克的巫婆们》是一部关于偷情、死亡、家庭不和和社会纷争的小说。它谈论的是妇女权利。罗德岛海边一座小镇上的三个巫婆，30 多岁，都是离婚的女人，然而都性欲极度旺盛，以征服男人为乐。随着她们在小镇上的影响愈益扩大，她们以她们的邪恶的咒语和胡说在小镇的居民中形成一种恐怖的威慑的力量，造成毁灭和死亡。

厄普代克写道："直到中年，她才真正相信她有生存的权利，自然的力量并不是将她作为一种后来添加的东西和伴侣而创造了她，不是像臭名昭著的《女巫之锤》所说的一根折断的肋骨，而是作为女儿的女儿，作为一个女儿将生育女儿的女人，绵延不断的创造的主力而创造了她。"小说的背景是尼克松时代，在那个时代里，美国的两极分化越演越烈。在全篇中，厄普代克自始至终在挪揄假女性主义者的空话。女巫们坚信她们能够用她们的同情的魔术来感动物质世界。在厄普代克的笔下，她们的这种信念演变成一种似是而非的世界观，这种世界观完全融进了伊斯特威克小镇的社会精神实质。厄普代克写道，"既然她们是巫婆，她们就是生活在小镇居民心中的幽灵。她们赢得人们对与众不同的本领的尊敬，对核心人物的尊敬，正是这种尊敬造就了在其他如修道院一般的小镇的艾米莉·狄金森的诗歌和勃朗蒂的受神灵启示的小说。"

这三位巫婆的幻想集中在一个男人身上，这男人便是刚来到小镇的达里尔·范·霍恩，神秘而文质彬彬，然而实际上是一个地道的撒旦。他意识到三个巫婆都信仰魔鬼说，于是便顺势勾引她们到一座砖房，小镇最好的房子里。厄普代克让读者看到这三个离婚的女人仅仅是在追求美国荒僻小镇无数陷于她们处境的女人所追求的东西：逃避无聊的日常生活，百无聊赖的破旧的家，贫穷的孩子，由于离婚而不得不过的孤独的生活。

在《伊斯特威克的寡妇们》（2008）中，厄普代克所描写的心境要舒缓得多了。巫婆们逃离了小镇，各自在异地又结了婚。近来，她们已70多岁了，成了老太婆了，丈夫都去世，又聚集在一起，满世界去旅游。在夏天，她们旅游归来小镇之后，一起居住在霍恩当年勾引她们的房子里。这已经是9·11恐怖主义袭击之后的美国了。但小镇的气氛已没有当年的冲突了。在珍妮看来，它已经变成了一个天堂了："充满活力的年轻的母亲们开着重量级的运动越野车，载着她们的超肥胖的男孩，前往曲棍球训练场地去，而年轻的父亲们，丧失了男性的力量，婆婆妈妈的，帮助纤小的妻子做家务，星期六一整天在可爱的家中胡乱忙碌。又整个儿地变成了50年代了，只是再没有俄国人作为借口了。"珍妮认为，人们在悼念上帝的死亡。正是罪孽的死亡使珍妮感到不安。没有罪孽，人就不成其为人了，他们只是没有灵魂的羊。三个巫婆，受到她们良心的驱动，试图补赎她们过去的罪孽。然而，罪恶已经犯了，就不可能再救赎了。她们所造成的后果也是无法再救赎的了。

《伊斯特威克的寡妇们》的主人公实际上是小镇本身。"显眼的人行道，肉墩墩的穿着短裤的人们将自以为重要的缩小的影子投射在人行道上，邮电所门口台阶旁的花坛里百日草在枯萎，头顶旗杆上挂着晃晃悠悠的美国国旗。"这是一幅逼真的在天才作家眼中的美国小镇的图画。

　　厄普代克的小说关注的便是他所说的三大秘密：性爱、宗教和艺术。他被认为是当代美国作家中描写复杂的性爱态度和生活冲突最出色的。他善于到新的文学空间中去探索，这使他的作品具有一种复杂性，这种复杂性与其他同时代的美国作家的纯洁与专一性恰成对照。他并不将他的小说专注于某一个地区，例如，他的早期小说背景是西林顿，离奥哈拉的吉卜斯维尔不远。然而，在《夫妇们》中，他的场景又转向了马萨诸塞州的塔勃克斯，而那时他已移居伊普斯威奇。无论是《贫民院集市》还是《兔子，跑吧》，甚至厄普代克所有的小说都是用一种撩起人回忆的散文笔调来写的，用这种动人的散文笔调来描述现实的或自然主义的题材，正合于厄普代克描述的情景和人物的心情。厄普代克创作《半人半马》（1963）时，正是约翰·契弗（John Cheever）在描写他的郊区生活，描写巫婆和林间半人半神的少女的时候。在 20 世纪 60 年代初，厄普代克和契弗在肯尼迪时代的风尚中都在探索古老的神话或者包含在人物之中的现代神话。在厄普代克的短篇小说中，他的丰满的散文文笔达到极致的程度。他的文学兴趣非常广泛，他的语言非常活泼、精确。他关注中产阶级，关注中产阶级的心理，中产阶级的性爱、享乐主义和绝望。在《夫妇们》中，厄普代克以非常细腻的笔调描写了塔勃克斯一群朋友之间互相交叉的性爱和感情生活。厄普代克直率地描写性爱。同时，在这部小说中，厄普代克也对宗教着迷。文字中流露出一种卡尔文主义的讽喻。享乐，特别是美的享乐，需要有一个限度。这样，性爱被神圣化了，它成了一种可爱的复杂的礼仪。厄普代克的小说充满了诗意，其诗意具有喜剧性。与同时代的战后作家相比，厄普代克更注意进行文学试验，他试验不同的文学形式。他不用梅勒式的直接的"我"，而运用他自己特有的方式来表述。如在《兔子归来》中，他运用了一种多斯·帕索斯式的方法将 20 世纪 60 年代的纷争集中在兔子一个人的命运身上；在《贝赫：一本书》中，他通过一个在东欧旅行的犹太作家的声音来叙述；在《布坎南在弥留之际》（1974）戏剧中，他试验了心理—历史手法；在《全是星期日的一月》（1975）中，他通过托马斯·马希菲尔德教士的嘴说话，通过他思考性爱和宗教信仰的关系。厄普代克的洞察力和敏感是杰出的，有的批评家认为，他的文体异常精确，有一种作画般的美学效果。

关于他对创作的挚爱，他曾经说过，"从早期的童年开始，我就对与我的手艺有关的材料感到愉悦，对铅笔和纸，后来，对打字机以及有关印刷的所有构件都感到愉悦。将一个人的记忆、幻想和细小的发现演绎成纸上的黑色的符号，而这些符号又是可以许多遍地重印，对于我来说，对于和出书打了几近 30 年的交道的我来说，现在仍然看来像是魔术，一个愉悦的技术过程。一个人能这样地分发自己，犹如在抛撒五彩纸屑，从书籍和杂志文章飞将出来的五彩纸屑纷纷掉落在人们的头上和肩上，这无疑是一种巨大的特权，也是对人们相互认识的世俗的规律的一种挑战。"

在 75 岁，厄普代克逝世的前一年，在一封写给作家尼古拉斯·德尔班戈的信中，他说："我用我的笔在我的私人空间，在那时确实存在的商业的文学世界里写作，赖以生存；我感到欣慰的是我应付成功了。那曾经是一种特权，一种愉悦。毋庸讳言，我是幸运的，没有患过使人一蹶不振的病症，我也没有被要求去打仗过。既没有使人变得麻木的贫困，也没有家财万贯，也没有限制我的自由的事儿。"他说，"这些优势反映了一个特殊的世界，在这世界中，书籍成为开明的公民间的一种共同的媒介。在这种情况下，谁不想永远地写作下去，写出值得传世的作品来呢？"

约翰·厄普代克于 2009 年 1 月在马萨诸塞州丹弗斯死于肺癌，终年 76 岁。他是美国当代作家中最为多产的作家，一生著作达 60本，其中约 40 本是长篇小说或小说集，几乎是一年一本。他也是美国作家中最为全面的一位作家，他作为一位艺术系学生具有艺术家的观察力和想象力，记者的社会意识，诗人的比喻技巧。他的领域涵盖小说、诗歌、散文和文艺批评。在回顾自己一生的创作时，他曾经说过："我最初的几本书遭到批评，说我写得太好了，但没有思想。对于我来说，我的风格似乎是一种探索，一种巨大的努力，试图再现想象到的现象的复杂性，令我惊讶的是居然有人称此为一种奢华，一种自我放纵。"

和索尔·贝娄、约翰·厄普代克一样，关注中产阶级精神生活的还有小说家约翰·契弗（John Cheever）。约翰·契弗是美国近代一位重要的小说家，一生写了 190 余篇短篇小说，1977 年精选其 61 篇作品结为《约翰·契弗短篇小说集》，赢得当年普利策小说类文学奖。他 1957 年发表第 1 部长篇小说《华普肖一家》，嗣后发表《华普肖丑闻》（1964）、《弹丸山庄》（1969）、《猎鹰者监狱》（1977）、《天堂逸事》（1982）。

这是新英格兰一所古老、刻板的学校；当契弗进校时，拉丁语和希腊语仍然是必修课。在回忆这段学校生活时，契弗写道：

> 回忆起来，这学校似乎是相当令人美慕的。校舍是 20 世纪初的建筑物，偌大的窗扉，显得异常的沉郁。因为教室过于宽敞，冬季无法保暖，所以校方允许我们在拼写、变换拉丁语动词时，穿大衣外套、戴帽子、围脖和连指手套。我父亲的一位堂哥，曾经留学希腊，给学校遗赠了他几乎所有伯里克利时代雅典的艺术雕塑。就这样，我们戴着耳套，嘴里呵着顷刻变白的气，置身于一大群裸体的男、女雕塑之间。当我后来渐渐长大，才真正意识到这种情景令人默默鞡然的讽喻。我当时关心的是，学校并不致力于给我们以教育，而只是追求让我们全考上哈佛大学，并能在那儿循规蹈矩，至少待上一年。

可是，这种教育并不是契弗所喜欢、所追求的。16 岁那年，他拒绝背诵希腊剧作家的名字，这些剧作家的作品他一部也不读。因此，他被揪往校长办公室，校方很快开除了他。

根据这次被开除的经验，他写了一篇小说《被开除》，描述他对现存的机械式教育制度的失望情绪，寄给《新共和杂志》。当时，美国著名文艺批评家、诗人和翻译家马尔科姆·科利正在《新共和杂志》当编辑。科利给契弗写了一封回信，说准备刊登。契弗当时正在缅因州，收到信欣喜若狂，为了庆祝这一事件，初夏的一天，他独自登了一座山。

那年秋天，契弗到纽约找科利，科利在自己寓所非常客气地接待了契弗。从此，开始了契弗与科利持续一生的友谊。契弗后来回忆道："科利无异于是我的父亲，而我是他的学生——也许是个半路出家的学生。"科利后来又把契弗介绍与《纽约客》编辑凯瑟琳·安吉尔·怀特相识。契弗于此就成了《纽约客》的主要投稿人，经过怀特的手，发表了120篇短篇小说。

契弗的短篇小说大都以新英格兰小镇和郊区为背景，以优美的文体家的风格，以简练、自然、毫不做作的笔调刻画人与人之间极其细腻、微妙的关系。他笔下的妇女，往往婚姻不幸，脾气古怪、厌世，永久地绝望地沉迷于爱情的幻觉之中，而他笔下的男子每每热爱妻子、孩子，热爱家庭生活，希冀过一种有秩序的生活。然而，他们的这种希冀又每每与他们冒险的本质、肉欲、生活的神秘感相冲突。如1953年早期短篇小说集《巨大的收音机及其他》中的《再见吧，兄弟》。关于这个短篇，作家曾写过一篇短文《发生了什么》，说明他构思这篇作品的经过。一次，在度假时，作家想借棋子、棋盘以及下棋所付的代价，以说明在一个家庭中，人与人之间的关系可能有一定的勒索性，他安排主人公猝死在棋盘上。后来，作家度假回来，环境变了，他把生活中一些片断的回忆和经验与度假中的构思小说串联起来，写成了现在的《再见吧，兄弟》。契弗说："一个星期五，我写完这篇故事，感觉无比的快乐；我把发生在明尼阿波利斯城的化装舞会和发生在山峦间的弈棋——看来似乎是截然不同的事件——串联在一起，写成了一篇故事。人生没有比这更叫人快乐的事了。在故事里，那些看来似乎是互不相干的经验发生了联系。这证明：人生本身就是一种创作的过程，人生千姿百态，都是通过有意的安排，塞翁失马，焉知非福，失之东隅，必收之桑榆。"

契弗写得最好的《乡下丈夫》男主人公弗朗西斯·威德就是他笔下人物的一个典型。威德从一场性命攸关的飞机失事事件中脱险，回到家中，急着想把路上的惊险经历讲述给家人听时，却发现孩子在大吵大闹，妻子烦躁不安，而对于他千钧一发的脱险却漠然处之，毫无兴趣。他后来单恋上在他家做保姆的少女。一系列痛苦的希冀以及家庭的危机，使他觉得，在这世界上，人是无法互相沟通的。

在《绿荫山强盗》中，我们读到契弗笔下的典型的新英格兰郊区。正是对郊区中上层住宅区的关注，对郊区社会与文化含义的关注，使他成为美国文学中独树一帜的"郊区作家"：

> 我说过，绿荫山是个郊区，它很容易受到城市计划人员、冒险家和抒情诗人的责难。可是你如果在城市里工作并且要抚养孩子的话，我觉得就没有比这里更好的地方了。我的邻居们很富，这是千真万确的，而富有在这里意味着闲暇。他们很会消磨时间，他们周游世界，欣赏优美的音乐，在飞机场得到挑选平装书的机会时，就挑选泰西狄底斯的作品，有时也会挑选阿奎奈斯的作品。人们敦促他们修筑防空掩体，他们却种树栽玫瑰。他们的花园都富丽堂皇。

他的小说很多是描写夫妻关系的，在很多的场合不是描写夫妻相爱，而是描写彼此厌恶，彼此都不忠实。然而他们都是有教养、有脸面、按时上教堂的人，他们做的一切仅仅是为了他们的公共的面孔。据契弗的女儿叙述，契弗与妻子的感情长期不和，因此，他对这种特殊的合而不离的关系深有所感。契弗对生活在郊区的美国人的心理了解十分透彻，他每每用非常幽默的笔触描写他们内心的矛盾，他们的虚荣和他们的痛苦。他在《绿荫山强盗》中写道：

　　我正在耙落叶时，我的儿子走过我的身边。

　　"托布勒家正在打垒球，"罗宁说，"大家都在那里。"

　　"你怎么不去玩？"我问。

　　"人家请你，你才能去玩。"罗宁回过头来说，说完他们就走了。我发现我可以听见没请我们去打垒球的人们的喝彩声。托布勒家在街区的另一头。随着夜幕的降临，兴致勃勃的呼喊声越发清晰；我甚至听见冷饮杯中的冰块的碰击声和女人们发出的娇弱的喝彩声。

　　我奇怪我为什么没被邀请到托布勒家去打垒球，我奇怪为什么我们被排斥在这简朴的娱乐，这轻松的聚会，这渐弱的欢声笑语和这怦然关闭的大门之外。当我们得不到这些时，它们就仿佛在黑暗中熠熠放光。为什么兼收并蓄的社会——实际上是一心向上爬的社会——不让我这么个好样的汉子去打垒球呢？这是什么世道！凭什么把我孤零零地撇下，让我在落日的余晖中和我的落叶为伴——就像我现在这样——感到那么凄凉，那么寂寞，以致心里直发寒，凭什么呢？

　　在《游泳的人》中，契弗描写了奈迪·麦瑞尔。这个自认为"独具创见的人"决定顺水路游过沿路各家的游泳池回家。这种怪癖的想法也许只有新英格兰的男人会有。他边游边给游过的泳池取名叫"鲁辛达河"，名字是献给他妻子的。泳程很长，也很艰苦，到家时似乎已过了一辈子。沿途所听到的各种反应是早已在意料之中：有叫好的，有困惑不解的，有恶意中伤的。他从前的情人说他是为了钱而炫耀自己。一个善良的邻居对他说："奈迪，听说你的不幸后我们都为你难过。""我的不幸？"涅迪问道："我不知道你在说什么。""怎么，我们听说你卖了房子，你那些可怜的孩子……"奈迪否认了一切，继续游泳。然而回到家却发现一个人去楼空的家。《游泳的人》在结构上也是契弗的成功短篇之一。

在《黄金梦》中，一对夫妇的发财梦凄惨地破灭，而契弗用台灯的灯光来满足他们的黄金欲，让读者充溢一种凄婉之情：

　　这时台灯的灯光也似乎亮了一些，散发出一种暖意，造成一种自得其乐、心满意足的心情，那是春天阳光照耀下各种各样的倦意、绝望都为之一扫的心情。她使他动了心，他感到既高兴，又有些晕头晕脑。就在这里，啊，就在这里。这时他仿佛觉得黄澄澄的金子就在他的怀里。

契弗对中产阶级的心理疾患十分熟悉，写那种神经兮兮的样子入木三分。他对中产阶级的心理描写与索尔·贝娄的不同。他在鞭挞他们的怪癖时，带有几分讽刺，不像索尔·贝娄那么有哲理与深沉。如在《自我矫正》中，他栩栩如生地描写了一个为一根绳子自寻烦恼的人：

　　我记得我先洗了澡，穿起睡衣，躺下了。刚一闭眼，我看见了那根绳子。它的一端是一个杀人的绞环。其实我当时就知道了格雷斯·哈里斯的话的意思，她有一种预感，似乎我会上吊。绳子正在缓缓地占据我的意识。我睁开眼，考虑次日的工作。但是当我合上眼皮时，出现了一瞬间空白，从横梁上落下了绳子，在空中摇摆。我睁开眼想我的办公室，闭上眼，还是绳子，仍然在摇荡。那一夜不论什么时候，只要闭上眼睛想睡，好像睡意与黑夜的痛苦就叫上了劲儿。当看得见的世界褪去之后，惟有一根专横的绳子占据着全部空间。我起床、下楼、打开"林语堂"。我只读了几分钟，听到了马斯顿来到我的花坛。终于，我想我已经知道了他是来窥视什么的，这使我感到恐怖。我关掉电灯一跃而起。窗外黝黑，我看不到他。我思谋家里是否有什么绳子。我想起了放在地下室的儿子的小游艇的缆绳。我下到地下室。平底小船放置在工作台上，确实有一条缆绳，长度足够一个人上吊。我上到地面，到厨房去拿了一把餐刀，回地下室割断缆绳，然后抄起一些旧报纸，把绳子和旧报纸放入火炉，我打开通风口，把绳子烧掉。

文学批评家注意到契弗的反个性化倾向。他笔下的富有教养的中产男子几乎都没有个性，他们只是在不同的环境与场景中表现出他们的虚伪、好色、偷情、虚荣、神经兮兮而已。在那样的社会里，他们的反常行为被认为是正常的，人们就完全有理由纳闷这个社会是正常的吗？

《华普肖编年史》描写新英格兰城市郊区上层中产阶级人士的生活。华普肖家族是17世纪从欧洲移居美国沿海小城圣博托尔夫斯的。家族的财产最后传至霍诺拉姑妈。她分了一个农庄给堂弟利安德。利安德像华普肖前辈一样，爱好出海驾船。他向霍诺拉租了一艘托巴兹号旧船，自己当上了船长。逢星期日，他便带领儿子到山区林间露宿、游泳、垂钓。美国北部大自然的美陶冶了孩子们的性情和爱好。

华普肖的妻子萨拉热爱小镇上的社会生活，热心创办妇女俱乐部，经常主持小镇上各种场合的欢庆活动。她待人善良。一次，有一对情人驾车出外旅游，不幸失事，男子死亡。萨拉好心地让罗莎丽待在农庄养伤，待如亲生的女儿。

霍诺拉的遗嘱一直是家庭的秘密。她早年曾跟一个自称为西班牙贵族的青年结婚，去过欧洲，后被遗弃，回到圣博托尔夫斯，从此没有再婚。人们认为，她的财产一定会传给利安德的两个儿子的，条件是他们得生子嗣。

利安德的儿子摩西大学毕业。利安德像华普肖家先辈送子只身远海出洋一样，让摩西独自闯进美国社会，以显示自己的才干、智慧和力量。弟弟科弗利偷偷爬上了摩西远行的火车，与父母不辞而别。于是，华普肖的两个儿子分别去华盛顿和纽约谋生。

对于华普肖家来说，生命本身就是一种延续的欢乐。孩子一成年，就满怀活力，以一种无法抗拒的冲动，希冀到大千世界中去，留下自己的印记。

《华普肖编年史》表明，契弗是一位擅长用其独特的冷峻的幽默笔触写作的文体家。他着意刻画他们在乡间田园诗一般的宁静生活，远离尘嚣的欢乐和烦恼、寂寞和哀愁。小说反映了 20 世纪初世袭的中产家族在日益工业化的美国生活中的命运。他们的感情生活和他们所创造的郊区井然有序的社会生活是相忤逆的。郊区轮廓分明、错落有致的建筑以及有组织的社会生活，与郊区居民错乱的本性恰成对照。契弗借幽默的笔触揶揄这些无所事事、养尊处优、颓废的中产阶级。这特殊的一群住在阔绰的郊区，孕育出病态的心理和骄奢淫逸、纨绔的作风。正如契弗所说的，这群幸运的、有足够时间和金钱自由发展其才能的人们，却辜负了这种机会，精神生活异常贫乏，成为一系列反常、怪异行为的俘虏：虚荣、酗酒、同性恋、人性的扭曲。

《华普肖丑闻》是《华普肖编年史》的续集，描述摩西和科弗利在现代城市生活中失却活力和颓唐的历程。契弗在这部小说中再一次显示了他作为幽默家的辛辣、诙谐、睿智的构思以及作为文体家的优美、凝重、生动的文笔。正如约翰·厄普代克所评论的："在美国当代小说家中没有人能与约翰·契弗匹敌。"

契弗在 20 世纪 70 年代初期曾经在辛辛监狱教授过两年英语写作。在监狱耳闻目睹的情景使他十分郁悒、苦闷。1974～1975 年，契弗作为英语创作课的访问教授任教于波士顿大学。其时，他患上了抑郁症，耽于酗酒，不得不被送往纽约州一家酗酒康复中心诊治、疗养。辛辛监狱的教书生涯和 1 个月待在康复中心的体验，给作家提供了创作《猎鹰者监狱》的素材。正如他自己说的，小说并非"基于一次非凡的经历"，而是"我人生的一个总结"。

伊基齐尔·法拉格特是一个 48 岁的大学教授，因弑兄罪被判入狱。他是一个典型的契弗式的主人公：在家庭生活分崩离析的美国社会中一个异化了的中产阶级人士，一个生性天真、失却归属感的人物。他童年缺乏父母之爱，兄长埃本时时想谋害他，妻子是个自我陶醉者，由于缺乏社会与家庭的温暖，他走上了吸毒的道路。他想忘却痛苦的过去，也不去考虑未来。"昨天是忧虑的时代，肉欲的时代，而今天……却是神秘的、冒险的吸毒的时代。他的一代是吸毒的一代。"

作家表面上描写的是一座美国监狱，娓娓道来监狱中形形色色的人物形象和种种污秽的、怪诞的、几乎荒唐的事件，实质上他是在描写人生，描写美国社会，他想表述他的哲学："在所有表面自由的行为中总是有一种无处不在的被囚禁感。"他赋予圣博托尔夫斯镇（《华普肖一家》）或弹丸庄园（《弹丸庄园》）这种实际上的囚禁的含义。那些生活在郊区的中产阶级在这种自我设置的囹圄中，由于缺乏历史的使命感，缺乏真正生气勃勃的生活，陷于苦闷和心灵的孤独的境地。在契弗的哲学观中，婚姻是另一种囚禁。契弗笔下那些富足的人们的婚姻每每是不幸的，夫妻缺乏心灵的沟通。这种婚姻只会扼杀人们的创造才能。作家正是从他对于囚禁的这种哲学理解出发，在一个社会的大背景下用现实主义、超现实主义、梦、幻觉回忆来展示小说的主题。他在《老爷》杂志第3届年会上说，因为"在美国的生活就像是在地狱"。所以，"对于一个作家来说，唯一的立场只能是否定"。索尔·贝娄评论说："这是一部非凡的小说。它非常粗放而又优雅、纯洁。如果你真诚地想了解美国人的灵魂在体验什么，它则是不可或缺的。"文艺批评家弗莱特里克·勃莱契尔指出，"契弗的重要性在于他的道德的洞察力。"《猎鹰者监狱》显示了作家娴熟的写作技巧，训练有素的智慧和艺术上的认真精神。他无视传统的美学模式，进行自己独特的文学创作。欧茨指出，契弗并不是想通过小说给人们讲述一个几乎是荒唐不经的故事。他着意在渲染弥漫于美国社会的一种空虚感。小说淡化情节就是为了这一目的。

契弗在1979年10月9日在芝加哥为科利举行的一次宴会上说，矫正他所描写的弊端的办法是"热爱生活，热爱人与人的交往。"他说："文学是一种大众的幸福事业，大众的幸福事业应该时时存在于我们的良知之中。在我们的文明社会中，我认为没有比这更重要的了。"他把这作为一生创作与生活的准则，他说："没有文学，我们就不可能了解爱的意义"。

在现代和后现代美国文学中，精致的文体家和小说家弗拉基米尔·纳博科夫（Vladimir Nabokov）占有重要的地位。他出生在1899 年的沙皇俄国的圣彼得堡。苏维埃革命后，他随贵族家庭于1919 年流亡西方，在 20 年代生活在柏林，30 年代移居法国，1940年迁往美国，任教于斯坦福大学、卫尔斯利学院和康奈尔大学。1961 年移居瑞士蒙特勒，于 1977 年在瑞士洛桑终其一生。他的小说包括《黑暗中的笑声》、《绝望》、《斩首之邀》、《普宁》、《阿达》。在美国期间，他用英语写作了《微暗的火》、《说吧，记忆》以及《洛丽塔》。《洛丽塔》成为 20 世纪的最具争议的经典作品之一。

正如纳博科夫自己描述的："我是一个美国作家，生于俄国，在德国生活了 15 年，在英国受的教育，在此期间我学习了法国文学。"作为俄国贵族的后裔，他深受夏多布里昂、福楼拜、托尔斯泰和契诃夫的影响。纳博科夫的世界性和他对于语言的渊博的知识奠定了他的独特的创作视角。这种生活背景对于纳博科夫深入探讨无根的文学与心理状态是最适宜不过的了。

纳博科夫在《绝望》中绝妙地描述了没有根的俄国移民的一种不正常的心理。纳博科夫笔下的移民不属于任何社会，因此，也就不会关切任何社会，以及任何社会的问题。纳博科夫回避在他的青年时代所经历的政治动荡和岌岌可危的社会存在，而将小说描写成一场离奇的似是而非的谋杀的故事。被谋杀者左撇子菲利克斯在赫尔曼的疯狂的想象中成了他的替身，他的另一个"自我"。他们之间的关系就是"那喀索斯愚弄复仇女神，请她帮忙把他的美丽影子从水中捞出来"。赫尔曼自比的那喀索斯是希腊神话中爱上自己的水中倒影的自恋的美少年。复仇女神象征对破坏神圣法则的行为的天罚。谋杀仅仅是赫尔曼的罪过的一部分。他的绝望主要是对性的绝望。

他出生于一个富有的家庭，曾经有一栋房子和一座美丽的花园，"不仅有玫瑰花树，而且有玫瑰花丛，各种各样的玫瑰花，每一种花都挂着镶嵌的小牌儿：你知道，玫瑰花就像赛马一样有非常响亮的名字。除了玫瑰花，在花园里还有许多别的花卉，每个清晨，当花园在晨露中闪闪发光时，菲利克斯，这整个情景就好像一个梦。当我还是一个孩子时，我就喜欢照管花园，我对我的活儿很在行：我有一只小小的浇水的罐儿，菲利克斯，一把小鹤嘴锄，我的父母往往坐在一棵我祖父种的古老的樱桃树树荫下，充满温情地瞧着我，这个忙忙碌碌的孩子，（请想一想这情景！）将看上去像花枝一样的毛毛虫从玫瑰花里抓出来，掐死。我们有许多农家的牲畜，比方说兔子。"在这里，纳博科夫怀着诗意回忆他的孩提时代。这一切由于俄国革命而消逝了。他"父母失掉了他们的钱财，死了，那可爱的花园消失了"。他成了一个没有根的移民。"我总是非常孤独，菲利克斯，我现在仍然很孤独。"纳博科夫将赫尔曼和他的另一个自我菲利克斯组成一个人的命运的完整的画面——历史和现在，幻梦和真实——像一面镜子映照出来因革命而造成的阶级的差异。这种对历史和现在，幻梦和真实，真我和另一个双重的自我在一个复杂的表现主义的由一个个瞬间即逝的回忆组成的交替描绘是纳博科夫艺术的一大特色。人们在《阿达》、《看那些小丑》中都可以看到作家这一技巧的影子。

正如纳博科夫自己说的，这本书较少白俄的色彩，他避开了在青年时代所经历的风云，而将主人公赫尔曼的绝望专注在性的绝望上：赫尔曼的自恋，他的同性恋倾向和他对女性的嫌恶。特别是1966年版的《绝望》增加了在往昔被删去的赫尔曼与丽迪亚做爱的一段描写最充分地显示了赫尔曼的自恋。丽迪亚丰满，矮小，身材相当没样儿，但矮胖女人能激起他的兴趣。他不仅总是非常满意他的百依百顺的同床伴侣和她的白胖可爱的魅力，而且，他怀着对自然的感激和惊讶注意到他晚上的快乐所具有的那种暴力和甜蜜，由于错乱而达到了微妙的顶点，这种错乱并不像他起初想象的那样在 35 岁左右的易兴奋的男子中是稀罕的。在"意识分裂"中，他发现他坐在客厅里，同时他又在床上做爱。这段描述对赫尔曼的不正常性做了最好的注脚。这种不正常的知识分子心理，从本质上说，是一种自恋，人们在美国现代主义作家的诸多作品中见得太多了。

虽然纳博科夫否定陀思妥耶夫斯基对他有影响，但小说中含有陀思妥耶夫斯基的阴影，充满了一种悲观的厌世的情调。赫尔曼对菲利克斯的攻击实际上是对他的过去的攻击和否定，小说的真正的作者是赫尔曼，整个的描述就是他的回忆，就是关于他往昔的罪恶和由此而受到的惩罚。赫尔曼追求的不仅是一个完美地实施的罪行，而且是一件唯美主义者的完美的艺术作品。在赫尔曼看来，艺术不过是欺骗而已。所以，小说所表述的绝望便是一个无法实现其艺术目标的艺术家的绝望，一种现代病态情绪。而在现代主义这一点上来说，在文学的引喻上来说，纳博科夫和乔伊斯以及艾略特是非常接近的。这正是纳博科夫艺术魅力之所在。

1953 年 6 月，纳博科夫夫妇来到俄勒冈州的阿什兰租了一栋房子暂住。纳博科夫在美国西部从事他的嗜好——捕捉蝴蝶。那年夏天，纳博科夫完成小说《洛丽塔》。关于《洛丽塔》，纳博科夫陈述了两点评价：1. 这是一部艺术作品；2. 它是具有很高的道德内容的。他当时写这部小说，是想写一部关于一个囚禁在自己激情中的人的画像；这种激情不是"盲目的"。所以，《洛丽塔》是一部关于囚禁的小说。亨伯特·亨伯特在写他的小说时，他实际上是处于囚禁之中。洛丽塔是亨伯特的囚犯，而他也是她的另一个意义上的囚犯。亨伯特在他短暂的婚姻中也是查洛蒂的囚犯。亨伯特是他自己的过去的囚犯，他沉浸在牧歌般的被粗暴地中断的童年生活中，他注定要怀念那美好的童年生活，从而对少女有一种难以遏制的追求的欲望。

著名文学评论家亚瑟·米兹纳（Arthur Mizener）对这部小说评

价很高，认为纳博科夫很可能将是一位最伟大的作家。对这部小说评价很高的还有一位美国文学评论家，那就是里昂内尔·特里林（Lionel Trilling）。他在一次电视专访中说："我发现这部小说是一部令人非常感动的作品。纳博科夫先生也许并不执意想感动人们的心灵，但他感动了我的心灵。他也许并不执意要影响人们的思想，但他影响了我的思想。"

第四节 南方文学

20 世纪 20 年代兴起的南方文学就充满了一种历史感，失败感与痛苦感，南方作家用南方特有的语言和风俗创造了一幅幅独特的充满对土地、人民和家庭的爱的图景。第二次世界大战之后，现代的文学题材不再时兴了，美国小说开始寻索个人的存在在一个后现代社会中的意义。南方小说家必须面对一种新的不再是历史的存在的意义。南方作家竭力抵制后现代社会中个人与历史关系的失衡。在战后，美国南方文学中最有影响力的仍然是威廉·福克纳。他的巨人般的身影始终笼罩着南方文坛。但毋庸讳言，他的创造力在战后衰退了。在 20 世纪 60 年代就有南方作家华卡·帕西（Walker Percy）提出南方文学要从福克纳的魔影中走出来。和福克纳齐名的南方作家还有罗伯脱·潘·华伦（Robert Penn Warren）和尤多拉·韦尔蒂（Eudora Welty）。这三位作家的文学生涯都代表了南方小说连绵不断的文学成就的主要方面。在战后，代表南方文学的主要是韦尔蒂、弗兰纳里·奥康纳（Flannery O'Connor）、华卡·帕西、卡森·史密斯·麦卡勒斯（Carson Smith McCullers）、威廉·斯泰伦（William Styron）。

和福克纳试图在人的神话与现代历史之间建立一个一般性的关系成对照的便是罗伯脱·潘·华伦了。他著有小说《夜的骑士》（1939）、《在天国的门口》（1943）、《普天之下皆为王臣》（1946）、《足够的空间和时间》、《安琪儿们》（1955）、《塌陷》

（1955）、《荒野》（1961）、《洪水》（1964）、《到绿莹莹的幽谷来
与我相会》（1971）、《一定要去的地方》（1976）。他在小说、诗歌
和评论三个领域均有建树，是一个十分独特的作家。他努力发现个
人和美国历史之间的关系。他认为，美国代表个人解放的启蒙思
想，但同时，他又从《圣经》的角度对个人和历史进行阐释。在他
的世界观中，他基本上是遵循希伯来教和基督教教义的。在《民主
与诗》（1975）中，他说个人是"在个性化中，有意义的统一的感
觉到的原则"。所谓"有意义的统一"，华伦是指"两件事：继续
性——个人作为时间中的一个发展，它拥有过去和未来；责任
感——个人作为一种道德的身份"。他把现代历史的文学神话看做
美国历史中的个人的经验，他真切地意识到民族的自我身份源自一
种抽象的承诺，一种相信个人自由、平等和福祉的思想。他相信对
于美国自我身份的探求在南方个人的历史境遇中具有其最复杂和最
集中的含义。他通过南方虚构的人物描写这种美国个人的道德的与
精神的探求。在华伦的小说中，他一直在思考暴力、自我、权力、
罪恶感、责任感等。对于他的人物来说，历史仅仅意味着发生过的
事，来去无踪——这就是历史。他的充满哲理的作品的主调就是
"寻找自我"，他笔下的人物在历史中选择，具有非常强烈的存在主
义色彩。

尤多拉·韦尔蒂1909年4月13日生于密西西比州的杰克逊，
一生大部分的时间都在那儿度过。韦尔蒂的小说大部分以她居住的
地区为背景。她观察敏锐，她曾经说过她的想象一般总是富有视觉
感的。她熟悉当地的民间语言，有高超的描写细节的才能。她认为
我们"至少可以诚实地、竭尽全力地写作"。她直率地暴露她的和
地区的缺点，但在暴露之中不带有任何的不悦或愤懑，显得极为平
和而富有诚朴的幽默感，犹如南方的土地。1936年，她发表第一篇
小说《跑街之死》。她说，《跑街之死》打开了她的视野。她初次真
正接触了主题：人与人的关系。然后出版了两本小说集《绿帘和其
他小说》（1941）、《大网》。她著有长篇小说《强盗新郎》（1942）、

《三角洲的婚礼》（1947）、《庞德的心》（1954）、《乐观者的女儿》
（1972）。她出版评论集《小说中的位置》（1957）和《小说之眼》
（1977）。1980年她出版了《尤多拉·韦尔蒂小说集》。美国哈考
脱·布拉司·贾瓦诺维契书屋出版《尤多拉·韦尔蒂小说集》，收
集了布尔蒂1936～1980年的作品，其中包括了她的先期出版过的
四本小说集和两篇六十年代创作的从未收进过集子的小说，共四十
一篇作品。

　　在这本集子的前言中，韦尔蒂写道："总的来说，我的小说反
映了我开始涉猎文学创作的经济萧条时期一直到现在的一段生活。
它们反映了在密西西比生活的人们的不安、惶惑、痛苦和颓唐。"

　　韦尔蒂对于南方的风俗、人情、社会和人物是极为熟悉的。自
韦尔蒂1936年在一本不知名的杂志《手稿》（Manuscript）上发表
第一篇处女作起，她"一直在自己的一小块土地上耕耘"。她的创
作晚于福克纳和凯瑟琳·安妮·波特而先于弗莱纳莉·奥康诺。韦
尔蒂和福克纳、奥康诺一样，开始创作的题材大多是关于南方农村
地区小城镇上风土迥异的生活，充满了人情的温暖、乡土的气息和
穷乡僻壤乡巴佬的真挚之情。但是他们三人对于南方题材处理的角
度是不同的。福克纳以一种神秘的眼光观察着南方的悲剧生活；奥
康诺以一种富于宗教色彩的笔触来描述南方社会的种种不幸；而韦
尔蒂则是用写实方法来叙述她在南方社会中的所见所闻，以她的独
有的才能，给读者描述一幅幅风情画，讲述一个个动人的、朴实的
悲喜剧。韦尔蒂注意的是一些普普通通的人物，描写"他们生活的
真谛，他们的私人生活，他们对于遥远的过去的回忆，他们在密西
西比的童年和他们的梦想"。她的清丽的笔调"犹如黄昏时分从鸡
舍里飘出来的悠悠之声，撩人心绪"，有时却也不乏幽默之感，令
人哑然失笑。

　　韦尔蒂是个十分卓越的幽默作家，善于从南方俚俗的闲谈中提
取令人发笑的题材和语言。她的早期有名的短篇《为什么我住在邮
局》就是南方一个小镇的一场闹剧的写照，令人笑余还觉辛酸。小

说的主人公是密西西比全州倒数第二小的邮局的邮差。一次，她激怒之余当着她的古怪的南方同胞的面宣布，她要搬到邮局来住。于是小镇上的人分成两派，一派支持，同情她；一派反对，拒绝再到这家邮局去寄任何邮件。韦尔蒂运用南方俚语，使人物和语言妙趣横生。请读一段女主人公悻悻不平的独白：

"原先我和我妈、我爹和我叔伦多过得挺好。可是自从斯蒂拉—伦多妹妹和丈夫离婚回到家来后，她把一切搞成了一锅稀粥。""惠特克尔先生！是的，我跟惠特克尔先生出走过。当我在奇纳林镇照相初次和他相遇时，我就钟情了。但是斯蒂拉—伦多却蓄意要把我们俩拆开。她告诉他我身体长得奇形怪状，说什么我一边长得比另一边肥，真是岂有此理：我就是我么。斯蒂拉—伦多正好比我小十二个月，她简直娇成个什么玩意儿了。"

韦尔蒂的这段独白写得如此生动、逗人，一位年轻的美国女演员在纽约朗诵，曾引起观众的轰动。

韦尔蒂的幽默在《一个被吓呆的男人》中得到同样才华横溢的流露。一个名叫莉奥塔的美容师在回忆一次求情时说道，"老天啊，我和弗雷德，我们八个月前在汽车后座上相遇，不到半小时，哦，我们俩简直好像在向结婚的教堂奔去。"在《大网》中，一个颠顶的丈夫以为怀孕的妻子在河里淹死了。于是，他请了一帮人到河里捞尸体。当然，他们不可能找到任何尸体。但是大网的主人道克却对这种徒劳的庸人自扰的事非常满意，说道：

我从来没有干过像今天这么好的河捞作业，也从未见过像今天这么好的效果。要是拿这大网到直布罗陀海峡去捕鲇鱼，我敢打赌，它定能将海峡的暗礁都拉走。

　　韦尔蒂有时以爱尔兰和意大利异国情调来写小说，但绝大部分小说的背景都是在密西西比的穷乡僻壤。在韦尔蒂的早期作品中她描写了大量智力迟钝的人们，精神错乱的人们，既聋又哑的人们，总之，仿佛由于南方的落后和愚昧，几乎使人们都智力减退，精神失常了。小说中既有浸礼会教堂的描写，也有关于乡间学校生活的叙述；既写南方小镇（维克托利镇、勃拉镇、莫尔扎纳镇和奇纳林镇，等等）各种小人物的不幸命运，也写他们生活中的欢乐。她描写了南方守灵和葬礼的仪式，描写了巡回照相师有趣的生活，也描写了在镇乐队伴奏下的欢闹场景。有人被谋杀，有人被倒下的大树压死，有人耽于烈酒，有人疯疯癫癫——在僻远小镇上种种小人物的喜怒哀乐，悲欢离合，像一幅幅寓意深刻的漫画或者写生画呈现在读者的面前。

　　对于韦尔蒂笔下有些人的悲剧，读来令人凄怆，几句安慰同情的话语已毫无意义；而有些人物却一直在南方的大平原上追逐着生活，热爱土地，热爱自然，虽然他们的梦幻从未越过乡间的土路。请读一段韦尔蒂关于一个孩子遐想的诗一般的描写吧：

　　　　他站着，像鸟腿一样嫩红的树叶、挂满黄花的藤蔓、洒满水滴的重压，仿佛沉重的石头似的——肉桂一般殷红的枫叶以及婀娜多姿、飘洒自如的垂柳等等糅合在一起的光彩映着他的脸……

　　像这样的关于美国乡村的描写，也许再过一段时期，会使读者如阅读奥斯丁的作品一样，觉得已是非常遥远、非常遥远的过去了。如真是这样的话，那韦尔蒂的作品对于探索旧时美国农村田园生活的读者无疑是非常有用的。

　　韦尔蒂的小说注意细腻生动的细节描写，使读者不仅有声感，而且似乎能把读者带入人物生活的境界。如在《英尼斯法仑的新娘》中，作家描写一个顾长的威尔斯人走进一个挤得满满的英国火车车厢：

> 他毫不迟疑地占了一个座位……他的头发成两绺梳在两鬓，眼睛大大的——简直像彩色石印画所描绘的美国西部暴风雨中的马的眼睛一样——那种几乎可以发出闪电的眼睛。在一个荒凉小站无边无际的寂静之中，他用手拍打身上所有的口袋——不是因为忘了什么，而是让自己肯定所有的东西还都在那儿。他的手上沾满了黑色的粉尘。

请读一段关于一个化妆品推销员从洁身自好的家庭一下子走向社会的描写，简直惟妙惟肖。

> "她手里拿着一根金色的唇膏，像玩魔术一般将盖儿打开。一股芬芳之气扑鼻而来，莉薇突然喊道：'楝树花儿啊！'……'哦，不，不是楝树花儿——是秘密配方，'巴比·玛丽小姐说，'我的化妆品是私家秘密配方——不是楝树花儿哦！'"

《我的爱人，这儿没有您的位置》是美国评论界认为韦尔蒂写得最好的作品之一。一个已婚男子和一个非常年轻的女子在新奥尔良旅馆邂逅相遇，一见钟情，离开饭馆时便成了一对萍水相逢的情人了。这场情爱的结局当然是不会幸福的。作家在小说中描写了情欲、性感以及由于孤独而造成的苦闷。韦尔蒂的另一篇以奥德赛为主题的小说《女魔》也属于作家对于性的主题的探索。性的主题在韦尔蒂的小说中占的比重极小，所以这两篇小说的发表曾引起人们极大的惊异，认为这不可能出于这位庄重的密西西比妇人的手笔。

有些评论家认为韦尔蒂的小说《凝静的一刻》（A Still Moment）是一部伟大的作品。小说描写三个人在草原上相遇：一个杀人犯，一个巡回布道的牧师（杀人犯所追逐的目标）和一个名叫奥杜彭的自然科学家。奥杜彭设法阻止了这场谋杀，而他自己在其他二人睽睽之下，却杀死了一只白色的苍鹭。韦尔蒂在小说中用许多笔墨渲染大自然的美，读来令人陶醉。

韦尔蒂在小说中用无限同情的笔触描写了穷苦平民的窘迫处境，虽然他们的行为怪僻，引人发笑，但究其源，是发人深省的。如在《哨声》中，她写了一对贫苦的中年夫妇受到命运的嘲弄，一气之下，放火烧了厨房的桌子。读者在《老马布尔豪太太》中看到的是一个终生与命运搏斗的老妇人，"她有火一般的毅力，但总以绝望告终"。韦尔蒂问道："有谁能了解她的永恒的惊愕呢？"在《鲍威尔哈斯》中，一个黑人爵士乐团领队在一场舞会的间歇时间拿出一份妻子死亡的电报，大家都非常惊奇。电报的署名是一个鲍威尔哈斯根本不认识的人。是因为鲍威尔哈斯对妻子不满，抑或是因为音乐撩起了他的愁思，使他拿出一份假造的电报，做出这样可怕的恶作剧？鲍威尔哈斯产生幻觉，见到妻子无端愤怒地跳窗自杀，血溅满地，而他的敌手却在她的血潭里漫步。电报也可能是他妻子发的，为的是愚弄一下她的丈夫？谁知道呢？这是韦尔蒂留给读者的一个难解的谜。在另一篇小说中，一个白人医生去给一个年青的黑人妇女看病，那女人是被同居丈夫刺伤的。在寝室里天竺鼠到处乱跑，情景令人怆然，据说，她丈夫养天竺鼠是为了表示他和她之间关系的一种动物性能的象征。在《西班牙音乐》中韦尔蒂塑造了尤金·麦克莱恩，他由于郁闷无端地打了妻子的耳光，然后在街上遇到一个刚开完音乐会的西班牙吉他师。他端详着这个西班牙音乐家，觉得"他的手可以挑起激情，爱是他的奴仆，甚至绝望也只是他的一只驯顺的小动物"。即使在西班牙人突然双手向他脑袋猛揍过去的刹那间，他还有余暇把他的手肘想象成"一个半躺着的裸体女人"。

南方文学的作家在 20 世纪三四十年代注重描写南方小镇生活的奇风异俗，描写人们怪诞的行为，仿佛南方的气候会使人们变得更为荒唐不经似的。他们和黑人的关系也是亲密的，这是美国的北方人所不易理解的。在南方作家的伤口中不难找到许多黑人生活和风俗的痕迹，甚至可以找到关于黑人巫术信仰的描写。他们不屑描写现实，而总是缅怀过去，沉浸于回忆之中。但是，对于韦尔蒂，虽然早期作品也曾经有过这种倾向，但她的大部分作品是描写南方现实的。有的美国文学评论家称她的作品为"美国民族的纪念碑"，是一点也不过分的。

韦尔蒂在一篇早期的短篇小说中描写一个年轻的姑娘通过她自己用手指组成的画框观察世界。韦尔蒂认为画框不仅与焦点、距离和选择有关，而且与观察者的价值观、嗜好和信念有关。她说，我使用的观察世界的画框随着时间的变化而变化。她曾说过："内心世界是无止境地新奇、神秘、诱人。"她热爱她笔下的人物，同情小人物。在她的自传性的在哈佛大学的演讲《一个作家的发轫》（1984）中，她说："创作短篇或长篇小说是作家在自己的生活经历中寻觅经验连贯性和感悟因果关系的一种方式。我的情况就是这样。关联慢慢地显现出来。犹如你渐渐接近远处的里程碑，原因与结果开始串联在一起，慢慢变得越来越近。本身毫无界限可言，因而非常难以辨认的经验连缀在一起，在一个更博大的形式中被甄别出来。陡然间，一线光辉折射回来，正如你乘坐的火车猛一拐弯，显示在你来的路上，在你身后有一整座山一般的含义在升腾，回首证实这座山一般的含义还在那儿升腾……小说创作在我身上培育了对人们的一生中那些鲜为人知的东西的尊敬，培养了一种感觉，知道到何处去寻觅线索，如何深究下去，如何将它们贯穿起来，在一团乱麻之中牵出一条明明白白的主线来。线索全在那儿：对于记忆来说，没有什么东西会真正丢失的。"她说："在创作小说的过程中，我的发现总是以特殊而不是以一般而发端的。它们大多是事后才认识的：我现在发现我自己留在身后的箭头，它们指示了我们走过的正确的抑或错误的路。我在写一篇小说中所获得的启示却在写另一篇小说时毫无用处。但是'功利'并不是我所追求的；每一篇小说所允诺的是前面的自由——重新开始。但是，在这一整段时间里，在回首以往时我发现我作品中的某些模式重复出现，对此，我原来是全然没有感觉到的。这也是没有办法感觉到的，因为在写任何一篇小说时，它总是独一无二的。我想，每一位作家必须自己去发现他与他的小说之间的关系到底建立在一个什么样的奇异的基础上。"

"我一直在写小说，或多或少一篇接着一篇，后来我发现——太迟了——一篇小说中的有些人物曾经在其他小说中出现过，或者一直在其他小说中出现，只是我以不同的名字，在他们不同的人生时期，在尚未联结但即将联结的情境之中最初描写他们罢了。这些小说（以及埋没在发端之中的事实）都是由最强韧的纽带——已知的、记忆中的，或者预示的身份、亲情、人与人的关系或者亲和力——联系在一起。从小说到小说，诸人物之间的关系，通过他们的动机或行动，有时候通过他们的梦幻，已经存在在那儿：只要去寻找罢了。现在，他们全体——有些还有待创造出来按阶段归入到一个业已寻觅到的位置中去，我现在懂得这位置就是所有小说的焦点。在所有小说人物中有一根关于他们（现在）相互关联的人生意义的坚韧的线将他们集聚在一起：他们用不同的方式生活在梦幻中，浪漫的期望中，或憧憬未来人生的幻想中。"

"对于我，最明显不过的也许是小说通过另一种纽带进入我小说创作的心灵而联结在一起；这纽带便是希腊神话人物、神和英雄的幻影化，他们在各种各样的伪装下漫游进小说，又漫游出小说，他们是各色小说人物轻率梦幻的象征。"

"创作小说——这些小说最终结集在《金苹果》里——是作家自己发现亲和力的一种经验。在创作中，犹如在生活中，各种各样人际关系和种类之间的结合有待去发现，一旦它们被吸引进电场，它们就会给充电的想象力的盖革计数管发出信号。"

"构成我的短篇和长篇小说的人物并不是肖像式的。我在创作小说的过程中创造人物。我在创作小说时也许是无意识地借用了我见过、留意过或记得的有血有肉的人物的点点滴滴，并将它们附属在我的人物身上——诸如猛然出现在我心灵眼睛上的相貌啦，走路的姿态啦（伊丽莎白·鲍恩说，'身体的细节是不能臆造的.'它只能选择而已）。在创作中我绝不去侵犯真人的生活：我对隐私权是异常重视的，我不可能那样做；而且，我本能地知道你熟识的活着的人们是永远不可能适合并顺应小说的要求的，因为你对他们了解得太深邃了，对他们的感情太丰厚了，你不可能在爱之外再探索他们。再则，我所创作的小说包含我的全部情感，对我自己的人生真实经验的回应，对构成并改变我的人生的人与人之间关系的回应——我为这人与人之间的关系奉献了大部分精力，由此，我学会了描写戏剧性配对模型。"

她认为："现在，在我写作《金苹果》多年之后，我觉得我确实创造了一个人物，我感到我与这个人物有一种奇异的联系。这就是埃克哈特小姐，一位来自异邦的女人，给摩加纳镇年轻人教授钢琴课。在每一个人的眼中，她十分可怕而怪僻，镇上的人都不喜欢她。然而，她却不断地萦绕在我的心中，她不由分说地在我的小说中和其他人物一起接连出现。"

她对她创作的埃克哈特小姐情有独钟。她说："在我探究这一充满激情而怪僻的人物的原始模型悠长的过程中，我终于意识到埃克哈特小姐的原型就是我。从外表身份看来，她与我毫无相似之处：我没有音乐才能，我不是教师，我也不是外国人出身；我不缺乏幽默感，没有被人嘲弄过，也没有失恋过；我更没有连周围的人都辨认不出来。但是，这都无关紧要。重要的是处于孤单的核心的一切。她源于我对自己所业已了解，或感觉我已了解的一切。我将对自己一生的工作、对自己艺术的激情传输进了她的身上，使自己面对风险是埃克哈特小姐和我共同的地方。使我充满生命力并拥有我整个身心的正是驱使鞭策埃克哈特小姐的东西——钟爱她的艺术，热爱传授她的艺术，殚精竭虑去传授她的艺术的愿望。"

尤多拉·韦尔蒂描写她熟悉的题材和人物，描写社区和过去在塑造一个人的人生中的力量，描写爱的力量，记忆的力量，描写孤独和失落的痛苦。她在下面恰当地总结了她一生创作的经验："我现在要用汇流这一美妙的词，这词本身集现实与象征于一身而存在。对于作为作家的我，这是唯一的具有力量的象征，证明了人类经验主要的一种模式。当然所有最伟大的汇流是构成人的——个人的——记忆的汇流。我自己的记忆，是在我的人生中，在我作为作家的创作中至为珍惜的瑰宝。在这里，时间也是从属于汇流的。记忆是一样活生生的东西——它也是瞬息即逝的。然而，当它活现款款而来时，所有记忆中的东西——年轻的与年长的，过去的与现在的，这活着的与逝去的——便联系起来而变得栩栩如生了。"

尤多拉·韦尔蒂于 2001 年 7 月 23 日在密西西比州杰克逊逝世。

晚于尤多拉·韦尔蒂但文名与之相当的便是弗兰纳里·奥康纳。弗兰纳里·奥康纳 1950 年发现她患上了狼疮（狼疮曾夺去了她父亲的生命了），她回到了佐治亚州母亲的奶牛场生活。1952年，她发表第一部长篇小说《慧血》。然后，她出版短篇小说集《好人难寻》（1955），共收集了 10 篇短篇小说。1960 年，她创作《强暴者夺走了它》，这是又一部关于宗教错乱的神秘小说。她死后出版了短篇小说集《汇合》（1965）。1971 年出版《弗兰纳里·奥康纳短篇全集》。

奥康纳曾经写道："虚构小说只有通过存在于虚构小说的局限之中才能超越它们。"这一悖论正好印证了她的为文的一生。她是一个地方主义者，但她的作品却从来不局限于一个地方；她是一个虔诚的天主教教徒，但她的作品的题材和人物都生活于南方新教圣经带；她是一个病人，但她却如一个侦探小说家一样的冷峻，没有一点多愁善感的味道。她的文学专注于暴力和喜剧性，这种专注植根于对宗教与美学的信念。她说："我的小说的题材是关于魔鬼占统治的地方的恩惠行动。"奥康纳不喜欢抽象。她认为，小说的最重要和最明显的特点就是它通过看、听、闻和触摸描写现实。她尊崇天主教哲学家圣托马斯·阿奎那的哲学，相信人类知识通过感官而发端。她也不喜欢在批评性文章中玩弄抽象名词，认为一个好的故事必须避免成为社会学、心理学、哲学或宗教的翻版。奥康纳笔下的人物每每是单身的女农场主，一些保守的、狭隘的、自私自利的小财主，她们是美国南方社会的一种代表，如《为了您和他人的安全》、《格拉立夫》、《难民》和《启示》；残忍的入侵者，流浪汉，凶暴古怪的人，他们是南方反社会的一种代表。这些反社会的另类人，每每十分偏执，寻求在暴力之中宣泄自己的愤懑。他们是小农场主构成的社会的对立面。

奥康纳对终极的关怀有十分强烈的兴趣。曾有人请她谈一下对她生活产生至关重要的影响是什么，她回答："天主教徒，南方人，作家。"她说："我是从正统基督教的立场来认识问题的。也就是说，生活的意义在于耶稣对我们的拯救，而这就是我认识世界的基本出发点。"她关注自我的问题。自我就是所谓灵魂吗？她探讨自我，探讨"你是什么？"她拒绝接受神话、传统、历史和记忆是存在的方式的说法。她融"传统"与"现代"于一体，构筑了在美国南方的境遇中现代美国人的环境，塑造了特殊的、基本上怪诞的人物形象。他们的故事一方面具有极强的寓言意义和戏剧性，另一方面又超越一般的戏剧。它们代表自我对存在的渴望。奥康纳在《小说的性质与目标》中说，艺术家必须"介入永恒，而这只有对真理一心致态的尊敬才能做到"。奥康纳的《慧血》描写青年海兰尔·莫兹企图摆脱基督教信仰而开始了他 12 岁时就想做的事——做一个传教士的故事。《慧血》是一部悲喜剧式的作品。海兰尔建立了"无基督的教堂"，他对人血的智慧的信仰导致他做出了一系列怪诞的事，最终以石灰汁将自己弄瞎了。《暴力夺走了它》同样描述对自我能力的盲从的危险性。它的结尾是令人印象深刻的。马里恩醒来时，发现自己被同性恋的司机玷辱了，便点燃了树林，而奔向老塔沃特的墓。马里恩趴在坟上，听到老塔沃特的命令："去把仁慈的威力告诉上帝的女儿！"他从坟上抓起一把土往脸上抹，离开了燃烧的森林，"往黑暗的城中走去，在那儿，上帝的儿女们正在睡觉"。同样，《好人难寻》的结尾也是发人深省的：

他的噪音好像要炸裂了，老奶奶头脑突然清醒了一下。她看见那家伙的脸歪扭着，离她自己的脑袋不太远，仿佛要哭似的，她便小声说道："唉，你也是我的一个孩子，我的一个亲生儿哟！"她伸出两手，抚摸他的肩膀。不合时宜的人猛地闪开，她像让毒蛇咬了一口似的，朝她胸口砰砰连开三枪。然后，他把枪放在地上，摘下眼镜擦擦灰。

老奶奶的温情与不合时宜的人的冷血恰成明显的对照。在打死人之后，仍然若无其事地"摘下眼镜擦擦灰"。

奥康纳以非常冷峻的态度观察人生，观察那些"正常人"和"不正常的人"。她通过恶毒与施虐淫描写暴力的冷幽默。她作为一个南方人和一个虔诚的天主教徒写作，描写一个与现代社会对立的原教旨主义的、顽固的、落后的南方，这个南方不仅输给了世俗的北方，也输给了它自己。奥康纳笔下的人物都是异化的人，与自己、与读者，甚至与奥康纳本人也是疏离的。他们与自由主义的、世俗的、道德的世界似乎存在一种神秘的距离。奥康纳的文学成就就在于她在宗教、道德与艺术之间重建了一种有机的关系，你只有在南方文学中才有可能发现这种关系。

在二战后的南方作家中还有华卡·帕西，他与奥康纳一样，对宗教问题特别关注。他写有长篇小说《看电影的人》（1961）、《最后的绅士》（1966）、《废墟里的爱》（1971）、《朗斯洛》（1977）和《第二次来临》（1980）。他将他的文学注意力从古老的南方历史传统转向"新南方"，也即后现代社会的市中心和商业区。

帕西早年学医，对哲学尤感兴趣，研读了克尔恺郭尔、马塞、萨特和其他存在主义哲学家的作品。他父亲在他童年时自杀，他随表哥在密西西比心脏地带长大。他的小说《看电影的人》和《最后的绅士》反映了三角洲地区人们的敏感性。他的人物和奥康纳的人物不同，具有社会含义；同时，又和奥康纳的人物一样，是一些怪僻的社会边缘人物，他们一生都在追求拯救的戏剧。帕西的主人公意识到自己的怪僻行为，每每是克尔恺郭尔存在主义哲学的象征。帕西的想象基于南方社会，他关心的是南方社会在现代的命运。在他的小说中，帕西探索的是一个处于瓦解中的现代世界。他曾经描述他生活其中的世界是一个"黑暗的世界……一个沙漠，一个被炸弹炸得面目全非的地方，充满了被炸毁的树木和铁丝网"。他称自己的观点是"冷眼的，冷嘲热讽的"。但是，他坚持认为艺术家应该参与社会生活，而不是从社会生活中逃遁出来。他说，艺术家的任务就是通过揭示深层的人类的真理以证实人类的经验。他说，这些真理一旦揭示出来，就会使我们感到震动。帕西的整个文学创作活动就在于进行真理揭示以造成他所谓的震动。他的风格时而喜剧性，时而神秘，时而冷峻，时而幽默。他描写的场景既滑稽又令人惊讶和惶乱。在他的作品中，他表述了他的信念：在美国社会和现代生活中发生了问题，使美国人成为混乱状态的受害者；同时，他又认为，使美国人真正认识美国社会条件的艺术家应该具有一种现代预言家的品格。

和华卡·帕西一样将怪诞与神秘感糅于一体以表现罪恶感和人的痛苦的南方作家还有卡尔森·麦克勒斯。她著有长篇小说《心是孤独的猎人》（1940）、《金眼中的反光》（1941）、《伤心咖啡馆之歌》（1943）、《加入婚礼》（1946）和《无针的钟》（1961）。V. S. 普里彻特认为她是"当代最优秀的美国小说家"。沃尔特·阿伦称她为"仅次于福克纳的南方最出色的作家"。美国作家戈尔·维达尔认为她是"南方最伟大的、最众望所归的作家"。麦克勒斯的小说都是以南方小镇生活为题材，她描写南方社会中的小人物，描写他们在工业化过程中的艰难和痛苦，描写南方的种族关系问题。她特别关注人的精神状态，如孤独。她认为人们都在力图摆脱孤独，但总是无法摆脱孤独。即使是爱也无法冲破孤独的网。她和其他南方作家一样，在作品中描写暴力。性在她的笔下具有一种象征的力量，性使两个人得到沟通，同时也有可能造成极大的伤害。她的《心是孤独的猎人》、《金眼中的反光》、《伤心咖啡馆之歌》三部小说都表现了麦克勒斯关于个人在社会中疏远的主题。

她的《伤心咖啡馆之歌》最能代表她的创作风格。在这部小说中，麦克勒斯沿用了哥特式小说的形式，描写生性怪癖的人，奇异的三角恋。虽然小说表面上有怪诞的描写，但实质上作家并不是一味追求怪诞与奇异。她描写爱情，但人的心灵仿佛是很难沟通的，只能生活在精神的孤独之中。她说道：

> 首先，爱情是发生在两个人之间的一种共同的经验——不过，说它是共同的经验并不意味着它在有关的两个人身上所引起的反响是同等的。世界上有爱者，也有被爱者，这是截然不同的两类人。往往，被爱者仅仅是爱者心底平静地蓄积了好久的那种爱情的触发剂。每一个恋爱的人都多少知道这一点。他在灵魂深处感到他的爱恋是一种很孤独的感情。他逐渐体会到一种新的、陌生的孤寂，正是这种发现使他痛苦。因此，对于恋爱者来说只有一件事可做：他必须尽可能深地把他的爱情禁锢在心中；他必须为自己创造一个全然是新的内心世界——一个认真的、奇异的、完全为他单独拥有的世界。

在麦克勒斯的笔下，爱是无能的，爱无法破除围在人周围的亘古的孤寂，爱得越深，受的伤害越大，如爱密利亚小姐。

在《加入婚礼》中，她淋漓尽致地描写了个人的孤独感。在她的作品中，她越来越觉得个人的身份的问题越来越无法解决。她认为个人就是人的意识的抽象化，个人就是历史的受害者。她笔下人物和奥康纳一样的怪癖，这些人物的怪癖显示一种异化的状态。麦克勒斯描写孕育在儿童或残疾人身上的天真。然而，这种天真被无知和恶意扭曲了。她对怪癖性格的兴趣是和南方社会与经济状况吻合的，在南方在物质方面仍然落后，人们仍然沉浸在关于失败和无能的回忆之中。麦克勒斯对社会和社会条件抱有批判的态度，她对主流社会的价值和正统的角色提出根本的挑战。

　　一般批评家认为，威廉·斯泰伦（William Styron）、福克纳和华伦是美国南方文学中的三个重要小说家。斯泰伦著有《躺在黑暗中》（1951）、《烧掉这所房子》（1960）、《纳特·特纳的自白》（1967）、《苏菲的选择》（1979）等。他的小说创作可以分为两个阶段，在第一个阶段，也探索美国南方社会；在第二阶段，他宣称"南方作家现在必须脱掉沼泽与地方色彩的襁褓，把注意力转向其他方面"。他把注意力转向整个美国社会以及如何在这个社会中保持人性的完整。斯泰伦主要小说《躺在黑暗中》、《烧掉这所房子》和《纳特·特纳的自白》的主人公都是极端的个人身份的典型。在每一部作品中，他笔下的人物都丧失了身份感而非人化。斯泰伦将小说中盲目追求不正常的自我的灭亡戏剧化。如《躺在黑暗中》中的蓓顿因为"恋父情结"而最终灭绝了她那无以名状的自我。在《烧掉这所房子》中，画家卡斯离开了他出生的房子而赢得了新生，但他仍然逃脱不了历史的阴影。斯泰伦说，《纳特·特纳的自白》是一部"调解历史"的书。调解历史的不是斯泰伦自己，而是纳特。纳特是一个黑人奴隶，他不仅学会了读与写，而且还具有文学的天性。他讲述自己的故事，回忆并思考弗吉尼亚州黑人暴动的原因、过程和最终的画案。在讲述自己故事的过程中，纳特将奴隶暴动说成了现代自我毁灭的一种模式。在斯泰伦的笔下，纳特同样兼有他的主人们的思维与情感作风。纳特代表了一种处于完全禁锢状态中的现代自我。他恢复自我的途径就是做梦占有白种女人和起义杀死一切白人。他在起义中杀死的唯一一个白人就是他梦中占有的玛格丽特。在《苏菲的选择》中，斯泰伦扩大了他的视野，把场景从南方移到了纽约。他从探讨人沦为非人进而探讨人沦为非人的终极的原因是什么。他认为，这终极的原因便是人性的邪恶。他在小说卷首引了法国小说家安德烈·马罗的话："我探索灵魂中那本质的部分，绝对恶在那儿与友爱相抗衡。"波兰裔移民苏菲与纳森恋爱。苏菲把纳森看成是她的拯救者。然而，纳森却不断地折磨她。拯救者最终成为毁灭者。斯泰伦认为，世上之所以发生这样的事，责任不在上帝，而在每一个活着的人，因为人类背弃了上帝。背弃上帝其结果就是被黑暗所征服。

第五节　黑人文学

在 20 世纪初的时候，在美国已出现了黑人小说家保罗·劳伦斯·顿巴尔和查尔斯·瓦特尔·契斯纳特。继后出现一批颇有成就的黑人批评家和学者如杜波伊斯。从 20 世纪 20 年代末到 30 年代中期涌现一批有才华的黑人作家，他们进入文坛增加了美国文学界的力量，有些作家为激进的黑人运动带来了生气。纽约的哈莱姆成为黑人作家的神经中枢和朝圣地，在美国文学史上开创了一个被称之为"哈莱姆复兴"的时期。詹姆斯·威尔顿·约翰逊、兰斯敦·休士、克洛德·麦凯等人的诗作第一次歌吟了黑人的记忆和经验。1940 年春天，里查德·赖特的《土生子》出版。小说描写一个芝加哥黑人向社会秩序对抗的故事，震动了美国读书界和文学界。批评家认为，在美国文学中，这是一部足可以与陀思妥耶夫斯基的作品相媲美的小说。在 1952 年春，拉尔夫·艾里森（Ralph Ellison）出版《无形人》。这部小说受到马尔罗和 T. S. 艾略特的影响。艾里森从马尔罗那里懂得了将文学与政治结合在一起的技巧，从 T. S. 艾略特那里学到了节奏与暗喻。小说的艺术力量以及它对世界的表述使它至今仍然被认为是美国文学中一部经典性的著作。艾里森和福克纳以及华伦一样在使他的小说充满愤怒方面非常杰出。他的作品无情地嘲笑美国人的复杂的命运。艾里森在《无形人》中对黑人经验进行了入木三分的生动的描写：哈莱姆西印度群岛的移民的特有的土话，幽幽的爵士乐，街角黑人领袖的愤怒的演说，穿阻特装的爵士乐迷们的令人惊异的冷漠。小说中充满了关于美国黑人习俗、俚语、习语的描写，构成了黑人生活的一幅栩栩如生的图景。他在小说中还写了许多黑人的民歌。他认为黑人民歌最能表达黑人经验和黑人的视野的复杂性。作家在处理这些材料时，显示了他的才能和高超的技巧；一切都安排得那样恰到好处，那样优裕自如。艾里森对黑人生活的了解和爱。他坚信文学和音乐一样只有通过发现与黑人生活复杂性相一致的手法才可以捕捉到黑人生活的革命性含义。他发现的这种手法就是社会现实主义与超现实主义的结合。达尔莫·施瓦茨认为，"只要这样一部作品能写出来……现实就不会是虚假的。（请听！听!）"自从福克纳以来，只有艾里森的小说在美国文学中拥有这样不容置疑的地位。

小说主人公在一开始就声明自己是无形人，不是幽灵也不是幻影，而是"具有实体的人，有血有肉，有骨骼有纤维组织——甚至可以说我还有头脑"。他在南方大学上学，后去纽约油漆工厂和哈莱姆区，最终居住在纽约黑人与白人交界处的地下室里，处于一种黑白之间的边缘的生存状态：

> 我的洞温暖如春，光线充足。确实是光线充足。恐怕走遍整个纽约也找不到像我这个洞这样明亮的地方，即使百老汇也不例外。帝国大厦晚上灯火通明，连摄影师也觉得光线理想，但也比不上我的洞。那是骗人的。这两个地方看来明亮，其实是我们整个文明最为黑暗的场所——请原谅，我该说我们整个文化最为黑暗的地方……

小说描写他作为黑人一直在追求白人社会的主流价值，丧失了作为黑人的自我，最终觉悟去寻找真正的自我。无形人在白人世界看到了成功者的最高获取——裸女和金钱：

> 她头发金黄，活像马戏团的玩偶，脸上搭了厚厚的一层粉，还涂了胭脂、口红，仿佛是要勾画出一只没有个性特征的面具。她眼睛深陷，涂得蓝蓝的，就像狒狒臀部的那种颜色。当我的目光缓缓扫过她的时候，我真想往她身上吐唾沫。她的乳房高耸，圆鼓鼓的，活像印度寺院的圆顶。我离她很近，就

连皮肤上纤细的纹路以及她那挺直的花蕾般粉红乳头四周晶莹发亮的露水似的汗珠也看得清清楚楚。我既想从这舞厅中溜走，或者钻到地下，同时又想走到她身边，用我的身子遮挡住她，不让她这样暴露在我和众人的眼前；我想抚摸她柔软的大腿，爱抚她，同时又想毁掉她；想爱怜她同时又想杀害她；想避开她，同时又想抚摩她刺有美国国旗花纹的小腹下面与大腿下面与大腿形成大写 V 字的部位。我感到她面对那么一屋子人，只用冷漠的目光盯着我一个人。

接着她翩翩起舞，节奏缓慢，动作婀娜。上百支雪茄的烟雾宛如极薄的轻纱缠裹在她身上。她好似美丽的小鸟，系着一条条轻纱，在灰蒙蒙的惊涛骇浪的海面上向我呼叫。我只觉得精神恍惚。这时我又听到单簧管在演奏，大人物正冲着我们高声叫喊。要是我们瞧了姑娘有人就露出凶相；要是我们没有去瞅她又会有人怒形于色。

无形人从社会的底层或者说从社会之外发轫，充满了在白人世界成功的憧憬和期望。在他成长的初期，他是一个"好黑人"。他接受美国社会和传统体制给予他的一切，南方大学的校长布莱索博士对他宠爱有加。然而，当他向一位来访的校董揭示了当地黑人精神病人常常造访的低级酒店和一家乱伦的黑人家庭时，他被开除了，因为他向白人展示了白人不应该目睹的东西。他然后前往纽约，寻找工作，但他所面临的简直像是一个地狱般的世界。他无法找到他存在的理由。在长岛的油漆工厂中，他又被怀疑为工贼。一次，他目睹一对老年黑人夫妇因交不起房租被逐出了房子，随即发表了一篇激情的即席演说。他被"兄弟会"接受为成员。他的任务是去组织哈莱姆黑人。不久，他发现兄弟会不过是借黑人事业谋取私利的组织。于是，在哈莱姆一次种族冲突之后，他在全然的绝望之中钻进了他的"洞"。既然他无法在美国社会和美国文化中获得有形人的资格，他就选择了蛰居在洞中的无形人的生活。而他的命运的根源仅仅是因为他的黑色的皮肤。于是他甘愿生活在"黑而又黑"的自我逐放的环境中。

无形人始于地下室，又终于地下室。地下室是一个黑暗的世界，然而他却让它有亮光。他发现了生活与世界的"可能性"，他的教训是："将这一切都放下吧。"正如阿尔弗莱德·卡静说的："《无形人》是关于幸存的艺术。"

1965 年，一批文学批评家推选《无形人》为以往 20 年中最杰出的小说。尽管存在普遍的赞扬声，有的批评家仍然认为《无形人》的战斗性不够。这个批评还是很中肯的。小说写得很细腻，情感也颇为错综复杂，它没有里查德·赖特的《土生子》所给予读者的那种即时的感情冲击。《无形人》使用了象征手法，如洞、白种美女、假钱和白漆。它同时运用了神话和历史的暗喻。艾里森在描写梦境、下意识、半意识、幻觉时显示了他作为现代派作家的非凡才能：

> 我脑子里却浮现出了学院奠基人的那尊铜像，那尊冷冰冰的创始人的铜像。他平伸出了双手，正激动人心地给一个跪着的奴隶掀起面罩。那用褶皱的金属片做成的面罩仿佛在随风飘动。我困惑不解地兀立着，无法确定那奴隶脸上的面罩是正在被揭开还是被捂得更严实，这是给人们一种启示，还是更巧妙地把人们蒙蔽？就在我凝视的当儿，忽听得一阵扑翅的声音，眼前飞过一群受惊的小鸟。当我视线又回到铜像上时，只见奠基人的两只冷漠的眼睛流出白垩的液体，俯视着一个我前所未见的世界——这又给我苦思冥想的脑子增添了一个哑谜：为什么鸟粪玷污的铜像竟比干干净净的铜像更具有威仪？

从文学上来说，《无形人》是一部描写成长的小说，描写一个黑人青年走向成熟的过程。艾里森自己说过，他创作这部作品关心

的是"美国主题",是寻找身份,是"合众而一"中的"众"与
"一"的关系。所以,不能把《无形人》简单地说成是种族抗议小
说,艾里森有更为广阔的目标。他自己说过,在他年轻时,他就有
一种将他所珍爱的黑人社区中的一切与社区此外的一切联系在一起
的激情。《无形人》做到了这一点。无形的黑人青年有一种象征的
含意,在他身上蕴涵所有的人的希冀和失望。《无形人》具有一种
普遍的艺术价值。艾里森认为小说"是一种试图描述生活的矛盾,
两难处境和价值的模糊性的形式"。对于他,在个人层面上,小说
提供了在他自己的经验中发现一种更为深刻的更为普遍的含义的手
段。在一个更为广阔的社会与政治层面上,小说提供发现美国黑人
经验中的"英雄成分"。他说:"让我们别忘记伟大的悲剧不仅描
写反面事物,暴力、残忍和失败,而且在一个人的意志的语境中去
描写,这意志足以使他勇于行动、勇于向现实挑战、勇于从毁灭中
攫取胜利。"

在《无形人》出版的第二年,詹姆斯·鲍德温发表长篇小说
《到高山上去宣布》(1953)。这部小说的发表无可辩驳地宣称美国
黑人作家已成为美国文学中的一支重要力量。鲍德温曾经说过:
"一个艺术家不是来给你答案的,他来问你问题的。"他作为小说
家、散文家、民权运动积极分子,他提的问题每每带有十分强烈的
道德选择色彩。他描写有争议的话题,提出关于种族、政治、性和
爱情的问题,这些问题都与人的痛苦和欢乐有关。

《到高山上去宣布》是一部半自传性的作品。小说描写约翰·
格拉姆斯在 14 岁生日那天的生活和信仰转变的过程。他出生在纽
约哈莱姆区,是一个私生子。他的继父加布里埃尔是一个牧师,是
一个非常冷漠而严肃的人。家庭对于约翰来说简直是一个冰冷的荒
原。他梦想一个较好的生活,在白人文明中过上人的生活。然而,
在哈莱姆他不可能。于是,他只好皈依宗教,求得精神的慰藉。小
说倒叙了约翰姑妈、爸爸和妈妈的生活,揭示了美国社会中黑人的
种种遭遇。约翰姑妈弗洛伦斯出生在一个黑奴的家庭。她弟弟加布

里埃尔出生不久父亲就离家出走，整个家庭的担子就压在妈妈一人
肩上。母亲只供弟弟上学，她从小就对弟弟充满嫉恨。加布里埃尔
在少年时期生活放荡，21 岁时与比他大 8 岁的德博拉结婚。婚后生
活不和，加布里埃尔偷偷爱上了女佣埃丝特。埃丝特生下一子罗亚
尔后死去。加布里亚尔天天能见到罗亚尔，却没有勇气承认他是他
的儿子。加布里埃尔通过弗洛伦斯认识了约翰的妈妈伊丽莎白。他
们婚后生了儿子罗伊，罗伊是一个性格暴烈的人，常打架闹事，而
约翰则是一个乖孩子。在小说结尾时，约翰皈依宗教。弗洛伦斯对
家庭的秘密都了如指掌，她要去告诉伊丽莎白，她并不是加布里埃
尔家中唯一的一个有私生子的人。

　　和艾里森一样，鲍德温断然拒绝黑人小说中的抗议成分。所
以，他在《到高山上去宣布》中专注描写不流血的伦理方面的问
题。他放弃了传统黑人小说的那种愤怒的、近乎疯狂的对宗教与主
流价值的蔑视与谴责，而采用了一种教育小说的形式。《到高山上
去宣布》描写的是一个敏感的黑人孩子性格的形成，他必须在对耶
稣狂热崇拜的哈莱姆的令人压抑的氛围中寻找自己的出路，寻找自
己人性的可能性。他面对的是一个冷漠的家庭，宗教教条和哈莱姆
令人震惊的贫困。可贵的是，约翰决意与这一切决裂，为自己争取
一个光明的未来。"他不愿成为他父亲，或者他祖辈的那样的人。
他要有一个另一种的生活。"在中央公园，在一个山坡前，他站在
那儿遐想：

　　　　山坡向上伸展，在山坡之上是明亮的天，再远一点，有点
　　云翳，在遥遥的天边，他看见了纽约的幢幢摩天大楼的剪影。
　　他不清楚为什么，在他心中升腾起一股狂喜和力量，他像一辆
　　汽车一样，或者说像一个疯子，往山坡上狂奔，决意一头撞向
　　在他面前灿烂发光的天空……因为这是他；这城里的人告诉他
　　这是他的；他只需往下跑去，哭泣着，人们会关怀他，给他显
　　示他从未见过的奇迹。

约翰的梦想从来没有实现过，因为他必须与他的家庭、他的祖辈的历史和他的贫困的社区调和，而皈依宗教。正在这时，有一个揶揄的声音一直在说，如果他不想成为千千万万贫困的黑鬼那样，他应该离开那龌龊的地方。他感觉他仿佛正待在一座坟墓里，他在坟墓里见到了"被蔑视和被社会抛弃的人，那些苦难的和被唾弃的人，人类的渣滓"。在这一时刻，他父辈的历史感动了他，他们的孤独和凄凉成为他的孤独和凄凉，他明白他只有经历了他们的黑暗岁月，他才能获救。在小说结尾处，他的灵魂充溢了喜悦，他成为他们中的一员。

《到高山上去宣布》结构严谨，文采优美，是对美国小说的重大贡献。他继后发表小说《乔瓦伦的房间》（1956），描写同性恋。在《另一个国家》（1962）中，他探索了不同种族间的性关系，充满了仇恨与轻蔑之情。他结集发表了散文集《土生子笔记》（1955）和《没有人知道我的名字》（1961）。他出版剧本《查理先生的布鲁斯》（1964）。以后，他又出版小说短篇小集《去会见那个人》（1965），小说《告诉我火车走了多长时间》（1965）、《要是比尔街能说话》（1974）和《就在我头顶上方》（1979）。1985年出版《票的价格》和《事物的证据尚未见到》两个集子。

鲍德温一直把写作或者说艺术看成是一种公共的行为。他说，"写作归根到底与扰乱平静有关"。对于他来说，艺术家是革命者，这不仅是因为他们的视野而且也因为他们的作品对社会变革的潜在的影响。当然，他也并不认为艺术家就是只用政治术语来讲话。他说："你必须明白口号只是口号而已……你必须做的就是坚持描写其复杂性，而在战场上战斗的人们往往不想去思考的复杂性。"

鲍德温在20世纪50年代后期和60年代的创作活动是与美国民权运动休戚相关的。到1962年他成为全国公认的民权运动的领袖人物之一，成为激进的民权运动的发言人。他1961年发表《没有人知道我的名字》，1963年发表《下一次将是烈火》。其中《上城第五街：哈莱姆来信》是一篇极有名的散文。在鲍德温的小说和

散文中，他一直十分关注美国社会中经济、政治、社会与文化的不
公正。但另一方面，他又认为接受过去的历史现实是十分重要的，
即使过去的历史让人十分痛苦。他说："接受过去——接受历
史——并不等于溺死在过去或历史之中，而是学会怎么利用它。"
在他的作品中，宗教是加深压迫的力量，而艺术则帮助人们相互沟
通，例如《索尼的布鲁斯》中的音乐。和艺术一样，爱情在鲍德温
的作品中是一个解放的力量。

鲍德温对写作有一种使命感。他说："你写作是为了改变这个
世界，但你十分清楚你也许不能改变这个世界，你还十分清楚文
学与这个世界是不可分割的。在某种程度上，你的期望和对一个
人的关怀确实开始改变了这个世界。世界按人们对它的看法改变，
如果你改变了一个人对现实的看法或者改变了人们对现实的看法，
即使改变了那么一丁点儿，你也可以改变世界。"虽然有些批评家
认为鲍德温战斗性不够，但他在美国的民权运动中发出了有力的
声音，他警告美国白人可能会发生种族动乱，同时也警告美国黑
人在种族的仇恨方面不要走到自我毁灭的另一极端。他认为，美
国人的复杂的命运使 20 世纪的美国白人和黑人的生活无法分割开
来。

乔治·珀金斯认为，《索尼的布鲁斯》是美国小说的经典之作。
布鲁斯音乐使索尼兄弟俩相互理解：

　　　　他们都聚集在索尼身边，索尼弹奏起来。他们中的一个时
　　不时地似乎在说，阿门。索尼的手指使空气中顿时弥漫了生命
　　力，他的生命力。而那个生命力蕴含了如此多的其他的生命。
　　索尼重又弹奏了一遍旋律，他以那首以歌的平直的开始句起
　　弹，然后就是他自己的音乐了。那音乐美极了，悠悠的，它不
　　再是一首感叹调了。我似乎聆听到了他将多少狂热与激情注入
　　他的音乐中去，我们将需要多少狂热与激情注入我们的音乐之
　　中，我们如何能停止仅仅叹喟而已。

索尼的布鲁斯使他哥回忆起了黑人的过去：

> 我只听到他经历了多少艰难，今后还将经历多少艰难，不到他入土为止就不会有个完。他的音乐里奏出了我们那长长的家世（可是除了我们的爹娘我们什么也不知道）。他又重新展现了我们家的历史，因为凡事都应该回顾一下过去的历史，这样才可以由死而获得永生。我又看见了妈妈的面庞，我这辈子第一次想到，她走过的道路上好些铺路石子一定把她的脚擦得伤痕累累。我看见了我叔叔遭难的那月光满地的大路。听着听着，我还回想起了另外许多事，恍若又一一身临其境。我又看见了我的小女儿，又感受到伊莎贝尔的眼泪沾湿了我的胸口，我觉得自己的眼泪也禁不住在夺眶而出了。然而我也明白，这不过是一会儿工夫的事，那人间世界还在门外眈眈而视，像饿虎一般，苦难还如黑云压顶，简直比天还大。
>
> 乐曲奏完了……就在他准备再次演奏之前，他拿起酒来喝了一口，朝我这边望了一眼，点了点头，又把酒杯放回到钢琴顶上。演奏又开始了，这时我只觉得那杯酒放着光彩，在我弟弟的头顶上晃动，就像是上帝那只使人东倒西歪之杯一样。

索尼的哥哥终于理解了他的痛苦，索尼的痛苦和父辈的痛苦经历就是黑人的痛苦。他从布鲁斯音乐获得了启示，只有理解了黑人民族的痛苦和历史，才能认识自我。布鲁斯音乐源自美国南方，是黑人文化的一种表现。它终于使两个黑人兄弟相互理解了。

托尼·莫里森是美国杰出的黑人女作家之一。她的作品揭示了在一个疯狂的社会中黑人，特别是黑种女人，所受到的极大的精神压力和痛苦。它们描述了一个无法逃避的世界的袭击和伤害，这种袭击和伤害使黑种女人几乎不可能拥有自己的真实的自我。她著有小说《最蓝的眼睛》（1969）、《秀拉》（1973）、《所罗门之歌》（1977）、《柏油孩子》（1981）、《娇女》（1987）、《爵士乐》

（1992）、《天堂》（1997）、《爱情》（2003）和《宽恕》（2008）。她以对黑人生活观察细腻，语言简洁，充满激情而著称。1993 年她获得诺贝尔文学奖。

《最蓝的眼睛》描写在黑人区勃瑞德拉渥一家的生活。父亲是个不可救药的酒鬼。小女儿佩克拉认为黑人的一切痛苦就是因为长相丑陋，她期望自己能有一对大大的美丽的蓝眼睛。然而，即使她有了一对美丽的蓝眼睛仍然逃脱不了厄运。在《最蓝的眼睛》中，莫里森编织了一个底层的世界的图景，在这个底层世界中，人们生活在迷乱之中，生活在贫穷的深渊。白人的价值标准更增加了黑人心灵的迷乱。在《秀拉》中，莫里森塑造了一个追求个性解放的黑人妇女形象。秀拉是一个彻底的叛逆者，她骄傲，放浪形骸，感情丰富，富于幻想。她与一条腿的外祖母夏娃冲突，不听夏娃要求她成家的劝告，决心独立走自己人生的路，最终将夏娃送进养老院。她与同龄的好朋友奈尔冲突。奈尔的母亲是新奥尔良一个妓女的女儿。奈尔顺从，固守习俗，嫁给了裘德，婚后心满意足。一天，奈尔发现秀拉和丈夫私通，心中十分气恼。秀拉对她说："真正的地狱的地狱是一成不变。"秀拉的母亲汉娜钟情于所有的男人，成为镇上所有女人的眼中钉。在秀拉的身上有自我纵欲的母亲的影子，她沉溺于与一个又一个男人的性爱之中。《秀拉》以秀拉的死结束。秀拉不同于以往黑人小说中的女性形象，她不再是无法控制自己命运的人，而是一个洒脱的信马由缰的独立的个人。正如奈尔对临死的秀拉说的："你占有全世界。"

汉娜问妈妈夏娃："你是不是爱过我们？"这使夏娃回忆起1895 年她名下只有三棵甜菜的痛苦生活。作家表明被贫穷生活折磨的黑人连人最基本的爱的感情也被榨干了：

> "玩儿？1895 年的时候没人玩儿。就因为你现在日子过得不错，你就以为日子始终那么好吗？1895 年可不是人过的日子，孩子。那会儿糟透了。黑鬼们像苍蝇一样地死去……"

"妈妈，你在说些什么呀？"

"我是说1895年的时候，我在那间房子里待的那五天，带着你、'珍珠'和'李子'，守着那三棵甜菜。你这个不知好歹的蛇眼丫头。那会儿我名下的财产只有三棵甜菜，怎么能够围着那间小破屋转来转去陪你们玩儿？"

作家描写汉娜自焚是从夏娃的视角出发的：

在一片"耶稣"的呼唤声中，她们只听到吃力地沿山而上的救护车空洞沉闷的当当铃声，而听不到那垂死的女人"救命啊，你们快来啊"的低声呼唤。这时有人想起要去看看夏娃。人们发现夏娃在连翘灌木丛边趴在地上，一边叫着汉娜的名字，一边穿过长在宅旁连翘丛下的香豌豆和苜蓿往前拖着身子爬着。母女两个给放到担架上，抬进了救护车。夏娃明明白白地大睁着眼，可是从她脸上的伤口流出来的血蒙住了她的眼睛，什么也看不见了。她只能嗅到那种熟悉的烤肉的气味。

托尼·莫里森对黑人，特别是黑人妇女，有强烈的感情。她通过《秀拉》发出了黑人妇女的呼声，点明了"黑女人也是人"的人性主题。她是继赖特和艾里森之后最负盛名的黑人作家。她在作品中探索黑人成长的故事，探索黑人的原始主义，探索"失去的天真"给黑人带来的痛苦和失望。她继承了福克纳的文学传统，运用现代派技巧，在作品中描写黑人民间故事和传说，带有魔幻现实主义的色彩，成为独特的富有黑人民族文学气息的文学。瑞典学院授予她诺贝尔文学奖绝不是偶然的。

1997年莫里森发表小说《天堂》。这是莫里森获诺贝尔文学奖之后出版的第一部小说。小说描写在20世纪50年代有15户黑人全家来到俄克拉荷马的一个荒凉地方，建起了新黑人小镇。后来，小镇又以死去的黑人命名为卢比。在卢比城周围有一座修道院，住着两个白人妇女。修道院收留无家可归的黑人妇女，成为避难所。20 世纪 70 年代后，卢比两代人在道德、价值、信仰、经济诸问题上发生冲突。有人将罪责归于修道院。1976 年，黑人开枪捣毁了修道院。小说从捣毁修道院开始，写了一系列黑人形象，时空横跨 200 多年。美国文艺批评家认为，《天堂》是莫里森写得最好的小说。这部小说反映了她对人类文明、对爱和对神的理性的思考。

对于莫里森来说，正是宽恕或者没有宽恕决定了美国这片土地是天堂还是地狱。在《宽恕》（2008）中，莫里森描写了 17 世纪一个生活在小镇密尔顿的美国农场主贾考伯·瓦尔。他因为经营朗姆酒而发了财。他给自己造了一栋偌大的豪宅。他为豪宅定制了两扇图案精美的锻铁铁门，两扇铁门各饰有一条铜蛇，当门关上时，两条蛇的蛇头正好组成一朵花的图案。贾考伯自以为造了这栋豪宅，他就建起了一座天堂，一座美国伊甸园。然而，他的美国当地土著奴隶利娜却觉得走进这座豪宅，犹如"进入一个被诅咒的世界"。

这座美国伊甸园是和两项原始的罪愆紧紧联系在一起的，即当地土著几乎被灭绝，以及从非洲输入奴隶当苦力。造成这些罪愆的人便是利娜所谓的"欧洲人"。这些欧洲人的"漂白的"皮肤猛一看上去像是"病人或死人"。在异教徒看来，这些欧洲人属于一种严厉的基督教派系，这个派系所敬奉的上帝是一个"沉闷的没有想象力的上帝"。不过，贾考伯似乎是一个与众不同的善良的欧洲人。他有一个土著、一个非洲裔和一个蒙古种女人帮助料理农场。虽然他拒绝从事非洲黑人奴隶买卖，然而，他的钱也并不比那些用鞭子抽打黑奴的农场主要干净多少。他的钱来自他无须亲自经营的加勒比甘蔗种植园。他用这些钱建造他的豪宅也没有什么好的结果。他的女儿在建房的一次意外事件中死亡。他自己从来也没有能住进他的房子里去。

尽管贾考伯有一个从伦敦买来的妻子丽贝卡，一个黑种女人硬要将她的女儿弗洛伦斯塞给贾考伯，以逃避更为糟糕的人的追逐。一种被遗弃的感觉伴随了她的一生。弗洛伦斯无法控制地堕入情网，爱上了一个自由民黑人。这黑人是一个铁匠，就是他为贾考伯打制铁门的。"爱恋的热流在你的身体里奔腾，我自己都惊呆了，我是那样地想亲吻那儿。我奔进了牛棚，想阻止这一切在我的身上发生。然而什么也不能阻止了。"在他们最后会面的场景中，铁匠因为她过分屈从于自己的情欲而拒绝了她。她对他说："只有你能占有我。"铁匠回答："你占有你自己，娘儿们。你不过是一片荒野，没有自制，没有思想。"最终，弗洛伦斯在失去了她的母亲和情人之后便开始占有她自己——她开始写作了。她用一根铁钉将一个个的字母写在业已死亡的主人的尚未完工的豪宅墙上。

莫里森描写的是一场发生在农奴制南方的悲剧，一场关于占有别人，被别人占有和占有自己的悲剧。《宽恕》里的人物都不是坏人，无论是奴隶，佣人还是买来的女主人都怀有一定的善意。"他们曾经认为他们已经是一个家庭了，因为他们在寂寞孤独中相互成为伴侣。其实他们以为他们已经组成的家庭是子虚乌有的。不管一个人爱什么，追求什么，或者逃避什么，他们的未来都是不同的，是捉摸不定的。有一件事却是肯定的，那就是，光有勇气是远远不够的。"

第四章
美国美术

第一节　20 世纪中期的美国美术

　　20 世纪 50 年代，抽象表现主义分裂成两个泾渭分明的阵营，即手势抽象或如纳罗德·罗森贝格（Narold Rosenberg）描述的"行动画"和彩色抽象。属于行为抽象画派的有杰克逊·波洛克（Jackson Pollock）、弗朗兹·克林（Franz Kline）、菲利普·古斯通（Philip Guston）和威廉·德·库宁（Willem de Kooning），而巴内特·纽曼（Barnett Newman）、马克·罗斯科（Mark Rothko）、阿道夫·哥特利布（Adolph Gottlieb）和埃德·莱因哈德（Ad Reinhardt）主要属于后者。罗伯特·马瑟韦尔（Robert Motherwell）、克里福特·斯蒂尔（Clifford Still）和布雷德利·汤姆林（Bradley W. Tomlin）可以被认为处于两者之间。每一位抽象表现主义艺术家都拥有十分个性化的风格，这种风格和画家的自我紧密地联系在一起。

　　行动画家，除波洛克之外，在结构与空间方面，仍然与立体主义十分接近。注重色彩的原先属于超现实主义的画家终于从超现实主义丰富的色彩转向简练的统一的抽象的形象，但仍然保持超现实主义的氛围和空间。行动画家强调蘸满颜料的画笔横扫画布的表面效果，取得了前所未有的松弛度效果。艺术家用他个人的风格作为他作品个人化的标记。他们注重手腕和手臂的动作，而不再注重手的动作，这样达到一种新的绘画的幅度。库宁成为行动画家群中的中心人物。他认为，波洛克为其他画家开创了一条新的道路。虽然阿沙尔·戈尔奇（Arshile Gorky）1947 年的画表现了一种新的流动感、开放感和自由感，但它们仍然按较为传统的手法将素描与绘画结合起来。另一方面，波洛克 1947 年开始的一系列滴色画为更为大胆的尝试提供了关键的手法。霍夫曼（Hofmann）在 20 世纪 40 年代中期曾试图将绘画和素描结合在一起。波洛克解决了将在线条上处于两个极端的手法结合在一起的问题。

"洒满画面"（"All-over"）曾用来描述滴色画。虽然波洛克是第一个充分意识到"洒满画面"画的内涵的画家，但他不是第一个在画布上这样处理没有中心的画面的画家。莫奈在他晚年水莲画中废除了明显的明暗对比度，将画面作为一个稠密的整体来处理。在这些画中，形式的等级区别消失了，没有任何一个因素可以从整个画中分离出来。后来，米罗（Miro）在他的《星座》（*Constellations*）中在整个画布上泼洒形体，而克利（Klee）和托比（Tobey）在一个氛围的空间使用了交错的线条。但在波洛克的滴色画中，这种在整个画面上泼洒、没有等级层次区别的没有中心的结构取得了完美的效果。托比信仰日本神秘的巴哈派教义，学习了日本的书法。他为东方书法艺术的鼓舞，发展了具有"洒满画布"风格的纤巧的"白书法"（white writing）。托比浅色的纯灰色画，如《新生活》，保留了欧洲画的风格。而在另一方面，波洛克的滴色画以它们的广阔的规模、戏剧性的对比和非传统的手法表明他真正破除了欧洲传统，而具有美国特色。在 20 世纪 40 年代后期关键的岁月里，当库宁和波洛克在探索抽象画的所有可能的潜力时，斯蒂尔、纽曼和罗斯科则在尝试一种更为静止的抽象性，强调纯色的大面积的力量以取得戏剧性效果。

虽然斯蒂尔、纽曼和罗斯科是首先追求一种简洁的基于色彩而不是基于行动的艺术，他们的手法截然不同。纽曼在 20 世纪 40 年代后期以《欧几里得深渊》开始，不依靠形式的内部关系或者几何式的画的干涩的精确来架构他的画面。他说："我的画不使用线条，不创造形体，也不创造空间，但宣告空间。我不在剩余的空间中工作，我在整个空间中工作。"他最终在《欧几里得深渊》中达到了调和：将色面用一条非常规的、跃动的垂直带形或数条带形分割开来。纽曼将这些带形与画面框平行，明确表明画的结构得益于画布，如《苔原》、《协和》。他通过用带形将空间划分为数个区域的手段，引进了一种基于单个形象与画框相互关系的画面结构。从某种意义上来说，将画面处理成一个统一的单一地强调的领域，是波洛克"洒满画面"原则的一个继续。这就是说，波洛克的混乱的绞丝或者纽曼的画的底子创造了传统的形体。洒满画面的结构与立体主义的结构不同就在于它不是基于重复模似的形式，也不是基于各部分的关系之上，而是基于整个画面上单一形象的连续性与统一性。因为纽曼的画既不依靠等级秩序也不依靠抽象的元素之间的关系，他的结构被称为是非关系化的。

克里福特·斯蒂尔属于第一批抽象派画家，他们所描述的形象可以被确认出来。他的画面广阔，画面上充满厚涂的色彩，被火一般的色块所遮掩。这些画的原始力量在斯蒂尔的粗莽的超现实主义作品《Jamais》充分表现出来。他的深色的浪漫画，闪烁着雷电，如早期的《1943 - A》和赖德（Ryder）的浪漫主义以及波洛克的汹涌澎湃的风景画相似。当他消除掉超现实的成分之后峡谷、山洼、地裂以及其他自然现象在他的作品，如《1948 - D》中，仍均衡地存在。在他20世纪50年代和60年代作品中，他的情感在浪漫的山水景物中表达出来，山水景物每每为深渊与瀑布所切割，照耀着一丝奇异的、幽幽的非自然的光。

斯蒂尔是壁画般规模的画的先驱者。在20世纪50年代，他和波洛克、纽曼和罗斯科几乎在同时创造了独一无二的墙面大小的既不是壁画也不是画架画的风格。在他的有些作品中，广阔的不规则的画面上浓彩重重，仿佛这些颜色都是用刀或画笔刻画出来似的。形状仿佛从可触摸的色彩中以伟力孕育出来。但由于火一般的色彩板块融进了周边的画景之中，一切按习俗的方法去阐释他的画都是不可能的；不能对他的形状在其背景上作出某种物体的解释。和马瑟韦尔一样，斯蒂尔是一个用强烈对比手法的行家——狂野的黄色和发烫的红色涂在沉静的蓝色和神秘的黑色之上；和纽曼一样，他在空余的空间使用重色的手法将色彩作为一种纯粹视觉的快乐呈现在观者面前。但斯蒂尔的重彩与纽曼的流动感正相反。纽曼提供一种田园式的氛围，而斯蒂尔提供一墙的不可穿透的色彩。这样，斯蒂尔色彩的视觉感与他的颜料表面的触知感是冲突的。他更多地强调色彩的情境，而不是画面的情境，在这一点上，他更接近行动艺术家，而远乎抽象派艺术家。

在他的环境画中，斯蒂尔有一种力量强迫观者更为直接地面对艺术作品。画品的原始性会使有的美学家认为是非艺术或恶的形象，但这不仅是斯蒂尔富有力量的抽象作品的特点，也是美国一般先锋派艺术的特点。和许多美国新的艺术家一样，斯蒂尔视恶为神奇，从中达到了令人印象深刻的色彩与结构的独创性。他在画面上直接地对2种或3种色彩进行处理，废除了传统的模式。在他的作品中，爪子般的形体伸越整个画面，以融进更广阔的图画中。这样通过将形象更近地呈现在观者面前可以建立一种不间断的图画的连续性。

虽然纽曼首先在速写和油画中倡导从长方形的实际结构中减少图画性结构，罗斯科和莱因哈德也从事同样模式的结构的探索，只是出发点不同。和斯蒂尔以及纽曼一样，罗斯科通过废除所有与超现实主义有关的痕迹，提炼出典型的2个或3个纤巧地描画的长方形形象，这些形象与画框的周边相呼应，并在一种统一的氛围中浮动。如《第24号》代表他从超现实主义山水画演进到典型的抽象长方形结构上，类似的作品还有《橘黄色之上的黑色、粉红和红色》。从某种意义上说，这最终造成的集中化的形象是一种超验的统一的象征，但这种象征比超现实主义的象征具有更为抽象，更为概念化的性质。罗斯科的大画面被分割成与画框平行的2个或3个长方形。它们用十分近似的，发亮的色调来画的。从画中隐蔽的中心散发出来的光的质量正是使罗斯科与他的同时代画家不同的地方。他之所以达到这样的成就与他敏感地处理边缘有关，画淡淡地融化进邻近的画面，引起一种小小的震撼感；通过对颜色的选择，更加加强了这种震撼感。由于色彩相近的和谐和画家特有的边缘的处理，罗斯科的形象似乎可以浮动起来，长方形仿佛在融合的空间中快乐地飞翔。罗斯科简洁的长方形主题与他的用色的丰富性形成鲜明的对比。在他的作品中，浅浅的着色渗透进画布中，这显示他日后创作的方向。虽然罗斯科是他这一代艺术家中最熟练的素描家，但他在 20 世纪 50 年代初期放弃了他早期的夸张的素描风格，而醉心于纯然的相互并列的色块，互相靠近但不接触。这些作品暗示宁静的、田园式的山水，与斯蒂尔的粗狂的、暴烈的、原始的形象不同。这种宁静感与和谐感一直在他 20 世纪 50 年代的作品保留着。这些后期的作品有一种引起观者沉思的气魄。哥特利布、纽曼和罗斯科在一篇共同声明中提及"自然伟力真理的影响"，这种影响专注于将复杂思想简洁地表述和大型形体的重要性，因为它的影响力是无与伦比的。他们 20 世纪 50 年代的作品虽然在形式上很简单，但它们的内涵与早期的超现实主义的作品一样的深刻。他们认为主题是主要的，只有当主题成立时，作品才具有悲剧性，才没有时间的界限。

当大部分纽约画家沉醉于毕加索和米罗时，阿道夫·哥特利布却对马蒂斯的色彩感兴趣。他在亚利桑那州画了一年。他的关于仙人掌的静物写生成为他日后的"绘画文字"的序曲。他的作品《旅行者归来》具有一种优雅的象征主义的主题，这种主题基于分割的人的和自然的形体。绘画文字的神秘的形象令人想起古代的象形文字和托雷斯—加西亚（Torres-Garcia）的分割化的画作。它们是构图的手段，同时也与印第安人装饰性符号有许多共同之处。他寻觅神秘的普遍性主题。将北美印第安的神话作为他的主题，最终专注于古代神话。他的图画的符号渐渐变得越来越简单，越来越不具象，最终成为 2 种形象：一个和平的圆形代表太阳或月亮，一个愤怒的爆炸的环代表地球。当他在 1951 年开始他的"层次化的山水画"时，这种具象化的过程几乎完成了。当他画《冻结的声音》时，他放弃了分割化和线性图画的手法，而采用用一条横线将区域分割的结构。在横线上是天体的象征；而横线下面，地球处在混沌之中。

哥特利布的作品以优雅的手法和纤巧的色彩而著名。在20世纪50年代后期他开始追求简洁的手法，将形象置于画的中央。他用色彩来平衡各个色域，使用冰淇淋颜色和粉画色取得令人惊讶的富有独创性的效果。他后期作品的代表作为《反衬》，稳定的棕色的圆盘"太阳"平和地挂在爆发性的黄色的地球之上。

莱因哈德是纽约艺术家中少有的一位抽象画家，他从来没有投身于超现实主义。他从东方、印度和阿拉伯抽象装饰性艺术中汲取灵感。他的几何形抽象作品，如《抽象画》，破碎为书法式的笔触，就像东方书法的泼墨或者托比的"白色书法"。它的画使人想起中国古典山水画的朦胧的氛围。在1950年左右，他的花格开始融合进更广阔的横的与竖的书法线条中，最终变成一系列交叉的长方形，如《红色的画》。自从1953年以来，莱因哈德只画深色的画。在他寻觅抽象中，他希冀找到一个不可分割的形象和一个单一的色彩。就像东方艺术中的菩萨一样。他追求一种手法，那种手法"没有时间、没有风格、没有生命、没有死亡、没有结果"。他在深色的画面上找到了这一形象，他选择低色调的绿色、棕色和紫色，它们之间的色调是如此相近，几乎无法辨认出来。莱因哈德一贯主张艺术为艺术，这使他在同时代的艺术家中成为一个"刺儿头"，人们称他为"黑色的和尚"。但是，他坚持实行不妥协的、最简洁的艺术，这使他成为年轻画家学习的一个重要的源泉。

在1950年左右，拒绝表现艺术中最有影响的艺术家是弗朗兹·克林。在赞颂城市环境的生命力方面，他与雷金那德·马什（Reginald Marsh）有相同之处，至少在艺术敏感性方面，虽然克林的天分要高得多。克林对纽约宏大的建筑的感情，使他与纽约早些时候的现实主义画家联系在一起，他们都从纽约汲取了形式和色彩的灵感。事实上，他的画作与阿什·詹（Ash Can）学派的主题十分相近。

克林的画是不断移动的城市风景；它们显示他从曼哈顿铁路和大桥的形体中体会伟大性的超凡的能力。20世纪40年代后期，他开始试验笔墨画，都是一些写意的人物像。1950年，他开始让画具有一种尖利的笔触。他将毛笔的笔触夸大成巨大的抽象的盖满画布的表意。他用黑色的油漆画速写，那是一种很快就干燥的油漆，它们便宜又具有流动感。他用这种颜料构成强烈的对比度，这对毛笔画是至关重要的。关于舞蹈家尼金斯基的两幅人物画表明克林从表现向抽象的过渡。他的在抽象画中的黑色的形体被阐释为强烈的剪影。《第9街》中的白色区域与黑色区域一样也是画的形体；白色色彩从底部融入进黑色的区域。克林对自己作品的态度是直接而实际的：他并不想用形而上的虚伪来伪饰他的手法和主题。在他的富有力量的黑白画中，如《头目》，他不是从城市的典型的结构中汲取形象，而是创造抽象的同类物——大规模的抛物线，从画布的一边飞驶到另一边，表述了城市经验的力度。在有些作品中，横扫画面的斜线条和横梁般的笔触似乎与他在20世纪40年代描绘城市的画有许多相似之处。在20世纪50年代中期，克林又重新引进了色彩，他的画风更凝重，力度更具有爆破力。黑白画成为纽约画派的特点。黑色就是描述纽约市中心的灰暗，而白色则是指蛰居在格林尼治村居室的白墙。

20世纪50年代，有一批画家，如菲利普·古斯通（Philip Guston）、杰克·特沃科夫（Jack Tworkov）、詹姆斯·布鲁克斯（James Brooks）和布雷德利·沃尔克·汤姆林（Bradley Walker Tomlin），转向抽象画。1947～1953是抽象表现主义的高峰期。但1956年波洛克在一次车祸中死亡以及克林在1960年逝世，使抽象表现主义渐渐走向衰落。

从1956年到1960年，美国艺术引起国际的注意，出现了第二代纽约画家。他们包括阿尔弗莱德·莱斯利（Alfred Leslie）、

迈克尔·戈尔德贝格（Michael Goldberg）、格里斯·哈蒂根（Grace
Hartingan）、琼·米切尔（Joan Mitchell），他们大致模仿库宁，也
有在色彩抽象中追承波洛克的。虽然纽曼、斯蒂尔和罗斯科的作品
成为 20 世纪 60 年代新抽象派作品的出发点，但在 20 世纪 50 年代
他们已经被行为画家排挤到二等的地位。行为画家的更加活泼的性
格具有巨大的吸引力。20 世纪 50 年代末期，大批艺术家来到纽约，
艺术中心从 8 街转移到东 10 街。抽象表现主义作为一个业已成形
的传统，作为一个新的艺术流派，是美国历史上第一个艺术流派，
但面临种种的矛盾和局限性。抽象表现主义在世界观上与存在主义
哲学相联系，而 20 世纪 60 年代新的艺术家们拒绝存在主义和存在
主义的一切内涵。他们不仅抛弃了抽象表现主义的优雅，而且也抛
弃了它的情感的、自传性的性质，放弃了其象征和神秘的特点。

当"新美国画展"在 1958～1959 年在欧洲展出时，新一代的
艺术家成熟了。当抽象表现主义作为一种风格失势的时候，它却获
得了公众的欢迎。在这对于美国艺术来说是最革命和有成效的 10
年中，抽象表现主义与立体主义以及超现实主义结合。当这种结合
瓦解之后，在 20 世纪 60 年代，这两股运动便分道扬镳成波普艺术
和新抽象派。

在波普艺术中，行动画的某些特点保留了下来，例如，对实体
质量的重视、艺术与环境、城市生活的关系以及隐含的浪漫主义。
而新抽象派坚持色彩的重要性，色彩描述应该是相互非关联的，泼
洒满画面的，继承了色彩抽象派。它们都同时忠诚于抽象表现主义
的影响力和直接性。这两个运动的分裂始于罗伯特·古德诺夫
（Robert Goodnough）、雷蒙德·帕克（Raymond Parker）和阿尔·赫
尔德（Al Held）在 20 世纪 50 年代末的反叛。他们反对东 10 街抽
象表现主义的无形的风格，开始描述抽象的可以辨认的形体。帕克
的无题的抽象表现主义毛笔画品具有一种较为连贯的结构。

两个运动反对抽象表现主义，主张更为非人化的、疏远的和明
确表述的艺术。因为波普艺术是最为公开地情绪化的艺术，它首先

注意吸引公众关注。将波普艺术等同于流行艺术是错误的。波普艺术的创始人是当代抽象画家，他们的作品与抽象表现主义服务的公众是一样的，共有相似的传统，同样作为当代的抽象派共同拥有图画的习俗。波普艺术非常轻易地作为一种新的艺术被大众接受。在一个富于讽刺意义的变形中，美国艺术家——正如约翰·斯隆（John Sloan）描述的，"一个先锋社会厨房里的蟑螂"——成了民族的英雄。与电视名人以及电影明星相抗衡，以赢得公众的注意。美国艺术成了享有盛誉的出口商品，而"文化兴盛"给艺术以一个新的地位，于是在社会与艺术家之间达成了和解。

实际上，波普艺术是美国经验真正的美国式表达。斯隆认为，博斯（Bosch）是第一个捕捉到美国情境的艺术家。波普艺术在早先的美国艺术中已有先锋，如斯图尔特·戴维斯（Stuart Davis）的肥皂箱和香烟盒的静物写生，库宁的有肥大乳房的梦露的画，德穆斯（Demuth）的富于讽刺意味的标题，马什的百老汇大帐幕。所有这些都表达了美国梦的狂乱的幻影和美国生活中令人困惑的庸俗。

于是，无需再寻觅达达主义中心的波普形象的源泉了。美国的波普具有明显的美国艺术的特点。安迪·沃赫（Andy Warhol）成为国际名人，美国的先锋艺术有了它自己的萨尔瓦多·达利（Salvador Dali），这是它的成熟与腐败的标志。因为在美国，美术与商业之间从来就没有划清过界限，波普艺术在美国艺术的情境中是非常不同寻常的，它自觉地服务于商业广告的技术和形象；它这样做时，是以一个真正艺术家的兴味，而不是以一个天真的来自小乡镇的艺术家水平来做的。大广告牌上的形象，本·代（Ben Day）的彩点和卡通画按一个坚实的图画传统得到改造。如果见不到这一点，人们就会忽略波普艺术所含有的讽刺性。正因为波普艺术是美术而不是流行艺术，它与早先一直试图接近公众的运动不同。它在留恋业已逝去的事物这一点上与它们相近——20世纪40年代的电影，30年代的汽车，20年代的内衣裤。波普艺术认为自己接近喜剧性的连环漫画，而实际上它更接近于来杰（Leger）、玛格丽特（Magritte）、马蒂斯（Matisse）和库宁。虽然公众热烈地欢迎它，因为公众无须再劳神对抽象表现主义画作作阐释，所见的都是熟悉的物件，但大部分老一代的批评家都拒绝它。一般的说，它所获得的公众的注意，不管是赞成或反对，完全与它的重要性不成比例。最好的波普艺术家远离波普形象中最狂妄的部分。要追索波普艺术形成的过程，人们必须追索它产生时的氛围。那种氛围主要是由作曲家约翰·凯奇（John Cage）创造的。他的文章和演讲造就了后来一直活跃的年轻的作曲家、舞蹈家、画家和雕塑家。凯奇的基于达达主义和禅的美学观点打开了他们的视野，就像超现实主义打开抽象表现主义的视野一样。自1952年起，凯奇从黑山学院一直到纽约的新校（New School）讲授他的观点，他鼓励艺术家破除生活与艺术的界限。他认为噪音也是音乐，攻击那些预先设定艺术作用、含义和内容的观点。他否认主观经验与客观的关系，谴责音乐应认听众享受的观点，认为音乐能够享受它自身的每一分钟价值就够了。他否认目的论的有效性，这一观点后来得到马绍尔·迈克卢汉（Marshal McLuhan）的"凡事影响凡事"观点的回应。与凯奇接近的罗伯特·劳森伯格（Robert Rauschenberg）和贾斯帕·约翰斯（Jasper Johns）攻击抽象表现主义。他们认为甚至最平庸和平常的东西也有潜在的美感。劳森伯格画了一系列全白的画，唯一的形象就是观者自己映在画面上的影子。然后又画了一系列全黑的画，上面粘了破碎的和揉皱的报纸，报纸上涂上黑色的油漆，这样不规则的表面代表纽约衰败的市中心街区的破落的景象。一系列大胆的用城市垃圾——锈钉、破布、碎绳——构筑成的画预示1953～1955年的所谓组合画，如《卫星》的诞生。在几乎全红的画中，他第一次使用形象，观者必须自己去发现，如碎印花布片，报纸照片，明信片。有一幅题名《画谜》，这表明观者不是按常规、去读懂形象，而是按提示的比喻去理解形象。

劳森伯格的画法类似抽象表现主义的毛笔作品。不久，他将真正的三维物件贴在他的作品之上作为对抽象表现主义模棱两可的、幻影般的空间的一种挑战。他将画的内容与观者的空间融合，真正实现了他所谓的"填补艺术与生活之间的鸿沟"。在 1953 年，他涂抹了库宁的一幅画；人们将他的行为解释为向他尊敬的一位英雄致敬，也有将他的行为解释为实际上象征意义地抹去了库宁的一切成就。令人惊讶的是，他涂抹的库宁的那幅画成了一幅珍贵的画，因为他的行为不仅攻击了抽象表现主义，而且也攻击了美国画所取得的新的成就。约翰斯被认为是杜尚（Duchamp）的继承者，1960 年后，他的作品显示了达达主义的影响。约翰斯和杜尚属于同一个思想体系，认为艺术是一种思辨活动，与物理或者哲学有关。和杜尚一样，约翰斯向世俗珍惜的关于美学和视觉的观念挑战。因为他专注于幻想与现实相对的主题，他的作品是波普形象一个重要的源泉。当他 1958 年举行个人展时，他的旗帜和静物引起了极大的争论。有的批评家认为他是新达达主义，有的认为他是第一个真正取代抽象表现主义的画家。和劳森伯格一样，他攻击抽象表现主义空间的模糊性。他用更为明确地构筑的星条旗和物体的同心圆来表明他主张的性质。他画了一幅酷似星条旗的复制品，而不是一幅星条旗画，因此而达到新的率真的程度。这种率真与色彩值反差的色调模式正相反。这样，率真与幻想之间复杂的互动就通过画像的幻想与客观现实之间的互动表现出来。从 1960 年开始，他转向一种更为流动的、广阔的风格。他不同于劳森伯格在宏观与微观之间摆动的形象，他专注于有限的主题。他以一种坚韧的逻辑探索他的主题，他将主题结合在一起，阐释它们，改造它们的情境，仿佛他想从最为平庸的物件中汲取其最后的一滴含意。在他后期的作品中，旗帜和地图的公共形象被挂衣架、咖啡杯和家中更为亲近的更为个人化的物件所取代。他画的含意每每是那么丰富与多样，他的作品每每提供一整套视觉的系统，同时又与艺术史保持某种对话。同时，孤独的与世隔绝的挂衣架和家常的咖啡杯为从皮托（Peto）到霍珀（Hopper）的美国静物写生提供了真正的连续性。

　　约翰斯的直露的美国形象以及他对日常普通物件的拔高，如《画铜》，引起了一阵对日常普通物件和平庸琐碎事物的兴趣。约翰斯的讽喻是针对艺术，而不是针对生活本身。在这一意义上，约翰斯和劳森伯格与反艺术的达达主义者是不同的。他们之所以是赞成艺术的，就在于他们愿意排除横隔在艺术与生活之间的障碍。波普艺术家包括：克拉斯·奥登伯格（Claes Oldenburg）、乔治·西格尔（George Segal）、吉姆·迪纳（Jim Dine）、罗伊·里奇坦斯汀（Roy Lichtenstein）、汤姆·韦塞尔曼（Tom Wesselmann）、詹姆斯·罗森奎斯特（James Rosenquist）、罗伯特·印地安那（Robert Indiana）、马利索（Marisol）、安迪·沃赫。他们的形象基于被唾弃的大众文化源泉，如广告、广告牌、滑稽书籍、电影和电视。他们意识到"没有围墙的博物馆"和宽银幕电影改变了视觉的方式，大量重印书籍使杰作在一夜之间变成陈词滥调。他们遵循凯奇的劝告注意自己生活于其中的生活，他们画身边的事物。在这一过程中，他们把注意力集中在富裕的美国的物质主义、精神空虚和性感的环境。

　　罗伊·里奇坦斯汀、詹姆斯·罗森奎斯特和汤姆·韦塞尔曼作为年轻的抽象画家模仿电影的特写镜头将他们的形象直接显于观者的面前。他们使用亮色，并强调表面的紧张度。在《早晨》中，罗森奎斯特汲取了玛格丽特的拼贴空间和结构的手法，在一种梦幻般的超现实主义中，将分割的形象结合在一起。虽然大部分第二代的画家奉库宁为榜样，海伦·弗兰肯斯勒（Helen Frankenthaler）、吉姆·弗朗西斯（Jam Francis）、弗雷德·朱巴斯（Friedel Dzubas）拒绝了库宁的立体主义的空间与构图，更为倾心于波洛克的空旷的、松散的画法。他们不再采用洒满画面的手法，而总是在画面上留出空间来。在《点上的蓝色》中，弗朗西斯允许亮色的岛屿在没有着色的画面的空间上漂流。

　　弗兰肯斯勒作为一位有独创性的用色的专家和她的抒情性使她得以独创性地发展波洛克的手法。对于她来说，绘画和素描之间的冲突从来没有困扰过她。其他主要的后抽象画家包括朱尔斯·奥利茨基（Jules Olitski）、埃尔斯沃斯·凯利（Ellsworth Kelly）、杰克·杨曼（Jack Youngerman）、阿尔·赫尔德、弗兰克·斯特拉（Frank Stella）和拉里·彭斯（Larry Poons）。奥利茨基的懒散的形式和色彩的丰富提供一种纷繁的色彩经验。他后来在绘画中完全放弃形体。他将染色和喷洒的过程结合起来，这造成更为丰富的视觉效果，为他的视野提供巨大的潜力。在这些画品中，长方形画布赋予了特殊的生动性。连续不断的喷洒使色彩相互渗透，造成一种如日光一样的辉煌，如天空和云彩一样地流动与活泼。由于他取得这些氛围效果，奥利茨基的作品在许多方面似乎成为印象主义的抽象分支；他的雾色具有光、氛围和运动的效果。凯利和杨曼曾经在巴黎学过架构主义画。他们将他们的风格作了调整以适应纽约的环境。凯利让他的亮色的、二维的形象，均衡地分割在明亮的板块上，既可以被阐释为人物也可被阐释为场地。另一方面，杨曼醉心于创造新的形体来，如《Anajo》中的优雅的形状。凯利的毫无瑕疵的画面是"硬"画的杰出例子，这是新的抽象手法，强调坚硬的、刀片般尖锐的轮廓。他的《红色蓝色绿色》表明满洒构图的原则可以延伸到几何式绘画中。阿尔·赫尔德的硬画故意不像凯利的画那样缜密，因为他与抽象表现主义之间关系更为亲密。在 20 世纪 50 年代末当刚开始反对行动画的模糊空间时，赫尔德就开始让他的毛笔画有一种抽象的可辨认的形体。在 20 世纪 60 年代，他的作品具有壁画般的宏伟气势，他的形式也越来越大胆和富有戏剧性，如《升起的维纳斯》。同样，尼古拉斯·克鲁森尼克（Nicolas Krushenic）大胆地以准几何形式作表现主义的构图，如《阿拉德·雅克》（Allard Jak）。弗兰克·斯特拉通过一系列黑色的、铝、铜、彩虹和紫色"条儿"画攻击起图画式结构。他将画布分成同等平行的带状，达到了所谓的"演绎结构"。这使他得以在画框范围之内创造他的构图。1960 年，为了使画的内在活力更为绝对地适合画框的周边，他在四角刻槽口，并在铝画的中心戳洞眼。这将错觉减少到最低限度。在 20 世纪 60 年代这些形象变得更为古怪，这使他的作品《Ifafa》具有一种物件般的被动感。斯特拉在他的有形的金属条画中创造了一种绝对平坦的画。他很快意识到，因为人的肉眼观看图画空间的方式所然，不带有错觉就不可能创造出作品来。所以，他使用一系列手法来强调复杂的、每每是矛盾的错觉。在这些作品中，斯特拉变得十分注意色彩，并表现出用色上的才能。大面积的单调色彩以怪异的几何图案表现出来。他用对比的手法将表面紧张度最大化。同时，他将狄格洛加色剂、环氧树脂和普通的家用油漆混合，使画的效果十分独特。拉里·彭斯的《韩山音律》中的硬币大小的点和椭圆形，以对比色散落在明亮的画布上，有一种吸引视觉感官的效果，例如余像和跃动的效果，这会使观者成为一种更为积极的角色。当现代艺术馆在 1965 年举办视觉抽象画展时，彭斯成为著名的"视觉艺术家"。报界称他为抽象表现主义的继承人，他的视觉艺术代表包豪斯设计原则的继续，实际上就是新抽象派。像彭斯那样的艺术家在画中抒发情感，在视觉艺术中进行情感的试验，在这试验中视觉效果是结果，而不仅仅是手段。视觉艺术依靠错觉，在这一点上，它不同于新抽象；这打断了图画平面的统一性，新抽象派希望保留这种统一性。

克莱门特·格林伯格（Greenberg）所规范的"后画家派"意思是说，将线条与画家传统相对的传统被触觉与视觉所取代。按照这一阐释，注重模特和明暗反差的雕塑性的实体画比视觉画更不适应画的发展。后画家派注重色彩的视觉情感。这一看法认为，在一个特殊媒介中工作的艺术家应该努力更为清晰地表达那一媒介特有的性质，例如光效应的性质，只有这种性质才将画区别于雕塑。视觉艺术应该摒弃所有视觉以外的含意，无论这种含意是文学性的还是象征性的，画应该摒弃一切非图画性的东西。这一现代主义观点造就了抽象的最简单艺术派的艺术，这种艺术强调画的原本性质，也就是说是两维的，有具体的形体。弗兰克·斯特拉、查尔斯·欣曼（Charles Hinman）、尼尔·威廉斯（Neil Williams）、罗·戴维斯（Ron Davis）接受了这一观点。这一观点同时也造就了更年轻的一代艺术家，如爱德华·阿维迪桑（Edward Avedisian）、罗伯特·欧文（Robert Irwin）、拉里·佐克斯（Larry Zox）、罗伯特·赫特（Robert Hurt）、达比·伯纳德（Darby Bannard）。如在伯纳德的《Green Grip 1》中，简洁的几何图形主题赋有一种新的冷峻、复杂的氛围。

20世纪美国绘画沿两条道路发展，一条是生活高于艺术，另一条则是艺术从艺术中而不是从生活中汲取灵感。在20世纪60年代中期，这两种观点都达到了其极端。一方面，凯奇、罗伯特·劳森伯格、约翰斯和波普艺术家都坚持认为，生活与艺术之间没有界限，它们之间相互渗透；同时，他们又希望抹去诸种艺术之间的界限，鼓励将它们杂交。在另一方面，格林伯格和抽象派主张越来越高雅的艺术，追求艺术的独特的实质。

第二节　后最简单艺术流派

1966年秋天露西·利帕德（Lucy Lippard）举办了一次名叫"怪异的抽象"的画展，开创了后最简单派艺术的时代。令人难以置信，怪异抽象包括软性的题材，艺术家将它们安排成模数的或串联的结构。这些古怪的题材似乎表示艺术家私人的、往往是性欲的经验。怪异抽象也以最简单艺术为特征，兼有达达主义、超现实主义和表现主义的特点，既富有性感，荒唐，又有点倒错。到1967年，60年代的主要艺术流派，即波普艺术、形式主义和最简单主义在美国艺术中确立了自己的地位。人们对它们的原则都已十分熟稔，对它们的先锋性都已熟视无睹了。在那以后，波普艺术已经不能再在艺术世界有大的影响了。虽然波普艺术的创建者——安迪·沃赫、罗伊·里奇坦斯汀、詹姆斯·罗森奎斯特和汤姆·韦塞尔曼——仍然继续受到世人的关注，但他们没有第二代的接班人。波普艺术处于衰落之中。事实上，它渐渐进入地下活动，在20世纪70年代末又以新的面貌出现。形式主义的画和最简单派雕塑存在的时间还要再长一些。克莱门特·格林伯格两篇文章奠定了形式主义画的基础，一篇是《路易士和诺兰德》（1960），另一篇是《抽象表现主义之后》（1962）。鼓吹形式主义的画家有莫里斯·露易斯（Morris Louis）、肯尼斯·诺兰（Kenneth Noland）、奥利茨基。他们在 1964 年已经赢得艺术世界的承认。在 1964 年，格林伯格组织了一次名叫"后抽象"的画展。许多年轻的画家开始形式主义抽象的创作，但没有人达到三位创始人的地位。1964 年，艺术批评家在一系列文章中讨论唐纳德·朱迪（Donald Judd）、罗伯特·莫里斯（Robert Morris）、唐·弗莱文（Dan Flavin）和卡尔·安德列（Carl Andre）的最简单派雕塑。他们的作品自 1966 年在犹太博物馆展览之后得到艺术世界的认可。最简单派艺术比形式主义艺术有更强的生命力，继后还产生后最简单派艺术的分支：古怪最简单派；过程艺术（使用竖起的或分散的织物和其他反形式材料）；土艺术；最小表现艺术；杜尚式的概念艺术，等等。形式主义和最简单派艺术思想到 20 世纪 70 年代统治了美国的艺术批评。在形式主义方面的批评家代表是格林伯格和他的追随者——画家沃尔特·达比·伯纳德，艺术历史学家迈克尔·弗雷德（Michael Fried）、古森（E. C. Goossen）、罗萨林德·克劳斯（Rosalind Krauss）、芭芭拉·罗斯（Barbara Rose）和威廉·鲁宾（William Rubin）。在最简单派艺术方面的代表是雕塑家卡尔·安德列、罗伯特·莫里斯、唐纳德·朱迪、罗伯特·史密逊（Robert Smithson），批评家露西·利帕德，以及横跨形式主义和最简单派艺术的古森、罗斯和克劳斯。在 20 世纪 60 年代后期，除了狭窄的形式主义抽象艺术家群体之外，人们对形式主义抽象的兴趣越来越小。但在这个运动销声匿迹之后，格林伯格的形式主义观点却仍然成为人们争论的焦点之一。格林伯格是二战后美国最重要的一位艺术批评家。他的美学观点成为形式主义和最简单派艺术的源泉。他认为，在现代，这两种艺术在媒介中都是趋向自主，趋向"自我定义"。绘画的内在的东西是"平面，支架的（长方）形和颜料的性质"。其中最重要的是其平面性，因

为它是绘画艺术的唯一的与众不同的特点。现代主义绘画排除任何
不是媒体的东西，例如属于文学范畴的主题和属于雕塑范畴的实体
表现成分。他认为，现代主义艺术是先锋主流，由于它不断演进，
趋向于不断自主的形式。它的最为显著的最近的阶段就是抽象。他
指出，艺术家的主要目标是创造有质量的艺术，而艺术批评家的目
标就是承认质量。在1980年，他总结道："现代主义艺术家就是追
求质量，追求美学价值，追求优秀，这本身就是目的，也就是说为
艺术而艺术，没有任何其他目的。"他没有详细阐述质量与自主或
纯粹的关系，也没有说什么东西构成质量。显然，在他看来，露易
斯、诺兰和奥利茨基的画是有质量的。格林伯格是从康德那里借用
关于质量的概念的。康德认为，美学范畴是自主的，超越社会的和
道德的考虑。人有一种特殊的能力，将艺术作为艺术加以欣赏，权
衡美学价值。形式主义模式认为，美学质量只有通过个人的经验才
能决定。只有当人将自己处于一种适合的心境之中，只关注作品的
形式成分，只关注作品媒介的内在的成分才有可能作出这种关于美
学质量的决定。关于质量的认识与阶级、种族或性别无关，只与人
性有关。按照康德的观点，有质量的艺术是国际性的，普遍的，超
越一切的。现代主义艺术的对立面便是拙劣的适合低级趣味的作
品。在正统的高雅文化和庸俗的流行文化之间不可能有妥协。为避
免遭受低级趣味作品的污染，高雅艺术必须躲进它自己的领域——
抽象。它的主要的敌人是波普艺术，因为波普艺术将高雅艺术的界
限模糊了。对于格林伯格来说，波普艺术对美国艺术世界的吸引力
令他十分不安。他认为，糟糕的艺术趣味正在上升，其结果是现代
主义遭遇更为激烈的对抗。他认为现代主义的使命就是"继续努力
保持美学标准"。在20世纪50和60年代，有人向格林伯格的理论
挑战。批评家批评他狭隘，过于傲慢，不将非形式主义的艺术当回
事儿。

在20世纪70年代，当现代主义遭到艺术批评家批评时，格林
伯格的声誉反而上升了，因为他成为新一代后现代主义艺术家的陪

衬。现代主义植根于达达主义、架构主义和超现实主义。后现代主义艺术家们无视这些根源，只接受格林伯格关于现代主义是操纵性艺术的定义。于是，后现代主义成为反格林伯格所创造的形式主义的艺术潮流，并以此为特征。然而艺术批评家们仍然无法确定后现代主义是一次与现代主义激进的破裂呢，还是现代主义的一种延续。在 20 世纪 80 年代有关美学的辩论都是围绕这一问题而展开的。后现代主义主张一种与现代主义不同的敏感性，一种不同的对形式成分的态度和不同的判断标准。如果说现代主义的模式是"自主"和"质量"，那么后现代主义的模式就是"现实关系"，这种"现实关系"是通过面对社会问题或者表述时代精神而实现的。现代主义者要求艺术是普遍的，超越一切的；后现代主义者则希望艺术追求具体的社会情境，他们并不强调纯粹视觉的东西，而关注话题。他们将"现实关系"代替"新颖性"，"新颖性"是先锋艺术的标志。现代主义者认为作品的内容存在于形式之中，主题则仅仅是次要的。后现代主义者强调主题，轻视形式与内容的统一。于是，后现代主义艺术家渐渐怀疑格林伯格关于高雅艺术和低级艺术的观点。斯蒂芬·韦斯特福尔（Stephen Westfall）认为格林伯格关于先锋与拙劣艺术的观点过时了。艺术史家柯克·瓦尔纳多（Kirk Varnedoe）和艺术批评家亚当·古波尼克（Adam Gopnik）认为 20 世纪后半期波普文化的作用改变了。它充溢了生活的所有方面，成为一支强大的文化力量，几乎成为现代文化的第二天性；而且，它提供一系列扩大现代艺术语言的可能性。韦斯特福尔发现低级文化和高雅文化互相渗透，非但没有破坏高雅文化反而激活了高雅文化。许多当代美国艺术家抛弃了格林伯格的理论，而拥抱劳森伯格的关于生活与艺术鸿沟的观点，开始崇拜杜尚。杜尚和沃赫的作品成为灯塔，它们成为超越一切的抽象的形象的对立面。无论是韦斯特福尔、瓦尔纳多还是罗伯特·斯多尔（Robert Storr）都没有否认高雅艺术与低级艺术不同，比低级艺术更为优越。高雅艺术需要发现天才，而消费社会的低级艺术则只需可以被轻易消费的功能。同时，低级艺术具有驱使力，它又反过来刺激艺术发现的动力。在20世纪80年代，詹尼·霍尔泽（Jenny Holzer）、辛迪·舍尔曼（Cindy Sherman）、芭芭拉·克鲁格（Barbara Kruger）、杰夫·孔斯（Jeff Koons）、迈克·凯利（Mike Kelley）、戴维·哈蒙斯（David Hammons）、伊丽莎白·默里（Elizabeth Murray）等后现代主义艺术家的"不纯粹的"作品将各种艺术媒介混合在一起，崇尚多样性，寻求民俗形象、媒介和商品；他们似乎比现代主义艺术家们更具有生命力。后现代主义批评家也拒绝了形式主义的文艺批评理论。形式主义文艺批评一般分析形式主义艺术的形式的结构，并认为形式主义艺术必然具有超越一切的、普遍的美学质量。后现代主义艺术家拒绝接受形式主义者的这个美学思想。格林伯格自己说过对于质量并没有标准，在他评论时却似乎存在这种标准，但他的美学质量标准是什么，他也说不清。尽管这样，他断然拒绝接受后现代主义艺术。而后现代主义艺术家反驳道，既然不存在任何关于质量的标准，他们为什么必须接受格林伯格的判断呢？他们对格林伯格的康德式观点提出质疑：难道人的意识真的能分割成各个不同的功能，各个不同的意识吗？斯多尔认为，对质量的迷信使形式主义者推卸掉审视社会问题的责任。虽然艺术趣味是很重要的，对于艺术经验来说，政治家是比艺术趣味更重要的东西。他们认为艺术的更为广泛的心理的，社会的，民族的和文化的源泉不再能被忽视。在这批主张在艺术中对社会作出建构性的、批判性的或破坏偶像性的评价的后现代艺术家包括朱迪·芝加哥（Judy Chicago）、南茜·斯佩罗（Nancy Spero）、谢里·莱文（Sherrie Levine）、克鲁格、霍尔泽和哈蒙斯。20世纪70年代被认为是一个多元的时代，《艺术杂志》几乎在每一天都刊登一位不同流派不同风格的艺术家。但回顾这一时期的美国艺术，当时的情景并不是所说的那样民主，后现代主义艺术获得了更多的关注。

由于越来越多的艺术家认为先锋艺术已走到了尽头，关于艺术进展的思想受阻。于是，在艺术世界中走极端成为时髦。1970年，现代艺术博物馆举办了一次名为"信息"的画展，正式承认了所谓的"概念艺术"。这标志着现代主义艺术完结了，成为历史了，由后现代主义艺术取而代之。许多年轻的艺术家不再相信未来的图景，开始从过去的艺术和媒体中重新陶冶形象。他们否认现代主义所珍视的原创性，试验，革新和创造。他们抛弃了现代主义关于艺术普遍性的思想。文化理论家认为后现代主义是因为对任何普遍的指导原则的怀疑而产生的。当美国中产阶级白人男子强调阶级和性别的差异，后现代主义艺术家则强调地方的和民族的性质；种族和种族性；历史，文化和时事，一句话，特别的事物。

形式主义和最简单艺术的倡导者认为艺术正在朝为艺术而艺术的方向发展。形式主义画家关注绘画的内在性质，即色域和画布的物质的平面性；最简单艺术雕塑家们则强调雕塑的内在性质，即物件的物件性。他们都认为自己是独特的，抛弃媒介外在的任何东西。形式主义画家希望将绘画画得更像绘画；最简单艺术雕塑家希望将雕塑雕得更像雕塑。他们都认为自己是正统的先锋艺术。两派艺术家都认为自己是现代主义最近的发展。形式主义艺术家指责最简单艺术鼓吹者将艺术贫困化了，而最简单艺术鼓吹者则说绘画已走到了死胡同了。最简单艺术鼓吹者战胜了形式主义艺术家，他们的先锋性似乎比形式主义画家更令人信服。他们的看上去似乎空洞的、令人腻味和简单的雕塑看上去比彩色抽象更为先锋，对传统和偶像更为反叛，更为非艺术化。

1967 年，迈克尔·弗雷德发表"艺术和物件性"，引起了艺术界的广泛辩论。1982 年他认为视觉艺术中的戏剧性被抛弃了，剩下的只是各种新的后现代主义的伪饰。他将关于戏剧性的思想作为武器攻击最简单艺术派。后最简单艺术派接受了弗雷德关于戏剧性的思想，嗣后的艺术运动也将这一思想作为他们言语的出发点。后现代主义作为一种激进的倾向在 20 世纪 70 年代前半期在美国取代了最简单艺术派。后现代主义艺术家将物件非物质化（过程艺术）；形成一个思想并作为一件艺术品呈现（概念艺术）；运用他们自己的身体表演（躯体艺术）。概念艺术的鼓吹者在攻击艺术作为客体的思想中特别极端。索尔·里维特（Sol Le Witt）拒绝绘画和雕塑，因为它们包含整个传统，限制了艺术家。

1968 年的反越战示威使新一代的美国人惊悟到 20 世纪的灾难：越战，冷战，核武器的威胁，生态破坏，纳粹，法西斯。现实非常残酷，未来也不见得会好起来。艺术家必须回答时代的疑问。人们还能相信什么呢？艺术越来越含有讽喻的意味，甚至变得反常，犹如一场文化的病灾。许多年轻的艺术家感到异化。在 20 世纪 60 年代初期，年轻人相信美国的未来。但是，1965 年，由于越战升级，种族冲突和学生暴乱，许多人失去了对美国的信念，对传统的社会越来越不屑一顾。他们开创了新的行为、信念和习俗，西奥多·罗泽克（Theodore Roszak）将这定名为反文化。他说："这种文化是如此激进地与我们社会主流思想脱离，以至于它在许多人的眼中几乎不是文化，而只具有令人惊讶的类似野蛮人入侵的特点。"文艺批评家莱斯利·费德勒（Leslie Fiedler）认为反文化批判了西方人道主义的整个传统，即批评了它的理性、工作职责、使命、成熟感和成就感。反文化以"奇特的琐碎和绝望"取代了西方人道主义传统。反文化的最极端的代表就是怪异的嬉皮士和小说家肯·凯西（Ken Kesey）笔下的快乐的做恶作剧的人们。反文化在艺术世界的代表便是一群艺术家，他们在《清洗宣言》中宣布对资产阶级世界的病态、它的职业的和商业化的文化宣战。由于对过去感到厌恶，对将来又没有信念，年轻人就专注于现在。他们觉得"人生的意义就在现时，在现在的经验之中，在现在我的脑袋里"。于是，激进的年轻艺术家珍视现时的感觉，急于用任何可能的手段将这种现时的感觉融进艺术创作之中，不管这种手段是多么昙花一现。所以，他们否认艺术具有目的性。他们拒绝传统的艺术创作，寻求新的艺术创作方法，这种方法符合他们异化的经验。他们的艺术在美学上是激进的，是反资产阶级的，反传统的，因此在政治上也是激进的。反文化团体虽然在许多方面各不相同，但在寻求"一个新的意识"方面是共同的。有的受佛教的禅、梭罗和惠特曼的鼓舞，有的则受大麻和摇滚乐所激励。正如爱伦·金斯伯格（Allen Ginsberg）所说的，反文化是"重返自然和对（国家）机器的反叛"。他认为，美国正为这一机器所控制，这个机器是非人的没有情感的统一的体制，将使人屈服于生产和消费，通过对媒体的控制使人处于威慑的境地。年轻人远离传统的社会，有的到农村成立公社，在公社中他们认为个人可以获得拯救，一种集合的感觉和一种新的生活。对于异化的艺术家来说，他们面对的就是艺术体制。1969 年成立了松散的艺术作者联合会（AWC），主张解放女艺术家，解决黑人和波多黎各艺术家的问题和用反文化艺术家社团来改革现存的博物馆体系和艺术市场体系。20 世纪 60 年代的反文化是短命的。这主要有三点原因：①它的宏伟的政治目标是无法实现的；②反战运动最终因为柬埔寨被入侵而垮台；③20 世纪 60 年代末在加州埃尔塔蒙镇（Altamont）滚石音乐会上发生暴力。反文化运动帮助催生了 20 世纪 70 年代和 80 年代的艺术运动。反文化实际上是对西方社会，特别是美国后工业社会中发生的变化的回应。他们要求实现新社会，认为旧社会过时了，是空洞无物的。

后最简单艺术派是 20 世纪 60 年代后期异化的激进的艺术家对美国生活的一种回应。他们主张个人应该有自由"做自己的事情"。这是当时流行的时髦的思想。艺术家并不在他们的作品中对社会作出直率的评价，虽然有许多抗议性的作品。大部分作品是世俗的，平庸的。在这批艺术家中有伊娃·赫西（Eva Hesse）和布鲁斯·瑙曼（Bruce Nauman）。他们认为人的生活将变得简单而可笑，他们的回应每每是讽喻性的。他们脱离了先锋艺术，于是愿意试验任何东西，不管它们是多么非理性，无政府主义，偶像破坏，荒唐和癫狂。这些反面的素质是他们所珍视的，尽管中产阶级对它们是又恨又怕。后最简单艺术派艺术家直接地自由地与他们的材料和实在的空间发生关系，不受市场或媒介压力所左右。

最好的最简单派艺术是真正的反文化的，它隐晦地显示它的政治性，并不表示任何具体的思想。但美国生活的阴郁的方面对它也有影响。它创造出极端的怪异的作品。随着激进的岁月融进了历史，最初看上去仿佛反文化的，甚至是倒错的，却越来越显得正式和美学化。在后最简单艺术派之后的 20 世纪 70 年代和 80 年代被广泛看好的艺术都是政治性的。在 20 世纪 70 年代初期，由于女性主义盛行，对社会问题关注的风格成为时尚。女性主义取代了反越战运动成为当时美国艺术的主要问题。鼓吹女性主义的艺术家吹散了 20 世纪 60 年代末先锋艺术给美国艺术世界带来的阴郁气氛而开始了一个新的积极的事业。当一群女艺术家在 1969 年集合在一起"提高意识"时，女性主义便开始在艺术世界出现。20 世纪 70 年代的第一代女性主义也被称为"本质先于存在论者"。这一代女艺术家形成一种新的美学观，这个新的美学观基于这样一个认识：妇女拥有不同于男性的内在本性。20 世纪 70 年代对于妇女是否拥有一个不同的本性，这个本性到底是什么，它的源泉是什么进行了激烈的辩论。女性主义艺术家认为，女性的敏感应该通过女性的身体在艺术中表达。她们专注于月经、阴道、怀孕和女性的体语。女性的身体从女性的角度来呈现，表明女性的力量，拥有一种政治的含义，否认女性是弱等的。最早倡导女性主义的艺术家是赫西和露易斯·布尔茹瓦（Louise Bourgeois）。赫西将最简单艺术转向一个新的更为有生命力的方向。她的作品对女性主义者有一种特别的感召力，因为她的作品是从她的女性生理的和心理的经验出发而创作出来的。布尔茹瓦的作品是自传性的，她一生无法忘怀少女时的经历：父亲带回家一个年轻的英语教师，这英语教师成为她父亲的情人，她母亲恨死了她。于是，男女之间的关系成为她雕塑的主题。汉娜·维尔克（Hanna Wilke）主要是一个表演艺术家，她用自己的裸体作为媒介，同时，她使用胶乳创作一系列作品表现性的、花卉的和肉体的形象。女性主义艺术家还包括阿维瓦·拉赫玛尼（Aviva Rahmani）、桑德尔·奥格尔（Sandra Orgel）、苏珊·莱西（Suzanne Lacy）、卡萝里·施内曼（Carolee Schneemann）、南茜·斯

佩罗、朱迪·芝加哥等。到 1977 年在美国拥有 75000 名成员的 87
个女性艺术组织联合成为妇女艺术组织联合会。20 世纪 70 年代中
期艺术类学生学位 66% 授予女性，在美国，有一半职业艺术家是女
性。

　　在 20 世纪 80 年代，艺术家不仅评论性别歧视，而且还评论种
族主义、同性恋和生态破坏。他们对消费社会中的大众媒体的可怕
的力量感到忧虑。新的政治艺术与以前的社会抗议艺术不同，它锋
芒毕露，而不是像 20 世纪 60 年代社会抗议艺术那样是反文化的，
是倒退的。

第三节　新表现主义

　　新形象画家开始是在一家地下杂志《Artrite》中找到他们的知
音。该杂志编辑埃迪特·德艾克（Edit DeAk）与沃尔特·罗滨逊
（Walter Robinson）和纽约画家保持紧密的联系。在 1976 年，新形
象画家开始赢得认可，他们很快在纽约举行一系列画展，特别是在
时髦的 P. S. 1，引起艺术世界注目。41 位新形象画家包括阿弗里加
诺（Africano）、珍尼（Jenney）和莫斯科维茨（Moskowitz）。在
1980 年左右，在惠特尼博物馆 1979 年举行《新形象画》画展之后
一年，一群画家，包括最有名的朱利安·施纳贝尔（Julian
Schnabel）、戴维·萨勒（David Salle）和艾立克·菲谢尔（Eric
Fischl），突然成为艺术世界关注的中心。他们被称为新表现主义
者，开创了美国美术的复兴。新表现主义画家认为自己与新形象画
家是不同的。其实这两派是有关联的。与珍尼相比，施纳贝尔和菲
谢尔的作品更为多面，包含了更多的艺术历史和大众传媒的信息，
并运用更多的绘画手段。总的来说，新表现主义者更为大胆。他们
显示个性，自由自在地画他们的幻想、记忆、恐惧和醉酒。新表现
主义者希望更为直接地、甚至本能地绘画，以继续历史上的表现主
义的传统。他们清楚，在 20 世纪 70 年代之后，他们已不可能再以

同样的方式绘画，他们需要一种新的意识。施纳贝尔和萨勒描画已有的艺术或媒体形象以突出其艺术创造的意识。他们将真实的物件贴到他们的画布上，使他们的绘画有一种雕塑性，这可能是最简单艺术流派的一种遗风。他们希望他们的绘画与外在的世界沟通，而不是仅仅表述内在的感受。这批成功的艺术家包括菲谢尔、罗伯特·朗格（Robert Longo）、马尔科姆·莫利（Malcom Morley）、伊丽莎白·默里和艾达·阿普尔布鲁格（Ida Applebroog）、罗斯·布莱克纳（Ross Bleckner）和利昂·戈卢布（Leon Golub）。施纳贝尔的巨大的重彩的绘画1979年在纽约索河的马丽·布恩（Mary Boone）画廊展出时引起轰动。和新形象画家一样，施纳贝尔起而反对形式主义的、最简单艺术派的和后最简单艺术派的艺术。他拒绝接受关于艺术已经走到死胡同的观点。和新形象画家不一样的是施纳贝尔具有更为雄伟的目标，像波洛克或者纽曼一样，创作"大画"，探讨重要的话题：生与死，世俗的痛苦，殉道，精神超越，如《上帝之像》（1981）。施纳贝尔在画的复杂性上也与新形象画家不一样。虽然施纳贝尔获得艺术世界广泛的承认，他仍然拒绝按一种既定的风格绘画。到1981年，他开始创作更多的形象，到1983年，他开始创作里程碑式的雕塑，他的雕塑使人想起原始的葬品和古代的武器。3年以后，他开始在画中加入字，就像诗，字代替了早期作品中的人物主题。在许多画中，唯一的形象就是字。语言的使用被看成是对涂鸦艺术的回应。施纳贝尔的文字主题并不总是很明晰的，在1987年的作品中，他常常使用庇护四世和安提阿的圣依纳爵的名字，很显然它们具有宗教的意义，他把自己与他的精神的英雄们合二而一了。

萨勒在施纳贝尔之后很快就成名了，艺术批评家常常将他们二人放在一起评论。在20世纪70年代后期两人相见，成为朋友。不过，萨勒说他的作品和施纳贝尔的作品相距甚远。他说，施纳贝尔关注物质、方法、英雄，而他则不然。在萨勒的创作中没有史诗性的形象，既有大众文化中的形象，如唐老鸭和裸体，也有高雅的文化形象。他也用常见的三维物件贴在他的画上，如家具或乳罩。萨勒的艺术兴趣和概念艺术家相近，他和在画中使用照片的概念艺术家如谢里·莱文（Sherrie Levine）、汤姆·劳森（Tom Lawson）、芭芭拉·克鲁格（Bartara Kruger）关系都很好。其实萨勒画的许多形象都来自摄影作品。但这些形象在画家的笔下具有了特殊的新的含意。萨勒将他的形象在一幅画中相互对立与重叠，例如他的《我们将摇晃这袋子》（1980）。他曾经受到皮卡蒂亚（Picatia）、西格马·波克（Sigma Polke）、劳森伯格和罗森奎斯特的影响，他们都将相互无关的形象在一幅画中重叠在一起；他特别受到约翰斯的多维概念绘画的影响。他开始绘画时，先选择一个形象，然后在形象旁边本能地加上一些东西，使画面丰满。有的批评家说萨勒选择的形象是无限的。萨勒并不这么认为，他说任何东西，例如厨房的垃圾桶，都可以入画的说法是一种错误的观念。事实上，他选择的形象的范围是很狭窄的。他认为他选择的形象之间有一种内在的逻辑联系，这是他独创性的源泉。他所画的主题有些取材于大众传媒，如在《疯狂的蝗虫》（1985）中的圣诞老人的脑袋。他常常画女性裸体，这些女性裸体画似乎取材于美国性感的大众文化中的淫亵的画。萨勒很看重这些画，不仅仅因为它们传达他对美国社会的看法，同时也传达画本身所表述的个人的感情。萨勒在画中还取材于电影，模仿电影手法，例如溶入、溶出、切换、变焦、分镜头，等等。萨勒的画引起广泛的不同的评价，是20世纪80年代最有争议性的作品。莱文在1987年评述道，他的画作"造成了非理性的回应，要么疯狂地赞同，要么疯狂地反对"。罗伯特·史密斯（Robert Smith）认为："对于20世纪80年代的美国艺术来说，萨勒的画作是最伟大的和最具模范性的成就之一。"而阿瑟·但托（Arthur Danto）却认为，萨勒的画让人感到压抑。文艺批评家认为萨勒的性感裸体女人或穿得很少的女人形象太具有性挑逗的含意，是"坏孩子"式的典型作品。许多女性主义者谴责萨勒的形象，认为它们太露骨了。

菲谢尔是另一位重要的新表现主义画家。他和施纳贝尔以及萨勒相同的是他们都是在片段的基础上即兴创作，他和萨勒一样，用照片拼贴作画。他们都是将片段拼贴成可辨认的场景，如卧室、庭院、游泳池、海滩，从事日常生活的普通的美国人。菲谢尔花费了约 10 年的时间来试验画美国场景形象。当他在加州艺术学院求学时（1970～1972），他画抽象画。他受到默里、苏姗·罗森堡（Susan Rothenberg）和其他新形象主义者的很大的影响。他使用剪切的形体将图像与抽象画结合在一起。他创造了一家渔夫的家庭，使用剪切的人物像来表述渔夫一家的故事。菲谢尔的新的故事源自他自己的痛苦的生活经验和梦幻。这些生活经验和梦幻同时也属于他的社会阶级——消费社会中的郊区中产阶级。他描绘中产阶级心理社会的、或者说心理阶级的、心理性欲的、心理种族的行为。他的目的是揭示当人们处于孤独的境地时他们会如何行动。他关注家庭和家庭各种各样的互动，特别是一个人对自己的身体与心理裸露的感觉，以及对于别人裸露的感觉。菲谢尔的人物都是裸露的，既有象征性的裸露，也有实在的裸露。为了获取能显示具有郊区美国人特点的姿态和姿势——也就是他们的身体的语言，菲谢尔依靠书籍和杂志中的广告和照片。他也自己摄影，拍摄晒太阳的裸体。他的形象具有一种"电影意识"。

在菲谢尔 1979 年以后画的最有名的画中，主人公往往是以自我为中心的观淫癖者，他们往往刚到成熟的年龄，正不知如何与充满性欲的成人世界打交道，同时也不知如何控制自己日益觉醒的性要求。他画的最典型的形象就是 1981 年的《坏男孩》。在画中一个成年的男孩正看着一个躺在床上的充满淫欲的裸体女人，同时手伸向她身后的钱包。《坏男孩》使美国艺术界感到震惊。它具有少有的确实性与紧张度，它涉及的主题是性与金钱，美国人最关注的两件事。菲谢尔的画作从社会和心理意义上说是令人不安的。他的每每是富裕的主人公似乎实现了美国梦，但掩盖了生活中黑暗的现实。他在 1982 年说："我的作品的主题是一个人在生活中经历的困

窘和自惭，例如死亡、失落或者性欲。"艺术批评家埃维斯·伯曼
（Avis Berman）认为，菲谢尔的主题就是"天堂中的痛苦"。例如，
他的 1987 年的画作《Scarsdale》表现一个疲惫不堪的老年女人在
追逐快乐中的痛苦和孤独，表现美国老年人的悲剧。这幅画的形象
使人们想起爱德华·霍珀（Edward Hopper）的画，他完全可以被
认为是 20 世纪 80 年代的霍珀。在他那一代艺术家中，他和表现艺
术家埃里克·伯格森（Eric Bogosian）、斯泊丁·格雷（Spalding
Gray）以及电影艺术家戴维·林奇（David Lynch）最接近。人们在
他的熟稔的肉欲的表面下发现反常、颠错和腐败。1983 年后，他的
画作主要集中在种族、阶级与性的问题上。《访问小岛以及访问归
来》是一幅双景画。在右边的画面中，一群黑人溺水后被冲上了
岸；在左边的画面中，一群白人在一个时髦、昂贵的海滩上度假。
这幅画是暗示海地人企图偷渡到美国的事件。在画中，富裕的白人
和穷困的黑人的反差是巨大而强烈的，但这幅画还有更深一层的微
妙的含意和道德内容。它表示了社会中截然不同的两类人。它们各
自处于自己的现实之中，互相完全漠不关心。

　　罗伯特·朗格是另一位在 20 世纪 80 年代崭露头角的年轻艺术
家。在 1979 年他画了一系列大型的黑白画，题名为《城市中的男
人》。他从报纸照片和电影静物照片中摘取绘画的题材。他后来将
在他屋顶上打网球和玩掷石子游戏的朋友的各种姿势拍摄下来，将
它们用幻灯打在白纸上，然后用炭黑和石墨画出来。朗格的作品介
于摄影和摄影现实主义绘画之间，成为 20 世纪 80 年代艺术世界最
有争议的艺术家之一。他的人物比真实的人物大，每每以一种扭曲
的姿势呈现在观者面前，仿佛因为中弹而摔落或在跳死亡之舞。他
的"故事"含意不清，所有人物的名字和内容都被小心翼翼地隐去
了。但是，它们是人们所熟稔的，介于"现实"生活和电影或电视
现实之间。朗格不久扩大了他的艺术手段，在创作中运用了雕塑、
摄影、浮雕的手法。他的作品和施纳贝尔的一样越来越具有进攻
性，越来越大，有的像广告牌和电影屏幕一样的大。和施纳贝尔一

样，他画大的主题：权力、爱情、战争和死亡。他的作品《公司战争：有影响力的墙》（1982），26 英尺长，画中央是一个铝金属的浮雕，描述永无止境的商业大战，18 位华尔街年轻人相互用拳头击斗。两侧是两座黑漆的木质摩天大楼，大楼倾斜、变形，以表明其令人压抑的高度和力量。有的批评家认为他的作品表达了紧张感、忧虑和异化，也就是说表达了城市公司社会的非人化，并用一种冷峻的、非人的手法来解构它。

伊丽莎白·默里和施纳贝尔、萨勒、菲谢尔、朗格一样，其形象有人物形体的内涵，但比他们的画更为抽象。尽管这样，她的画具有叙述性，她的故事植根于她作为一个女人的生活。和其他新表现主义画家一样，她创造复杂性。她将两维平面、三维浮雕、人物和抽象结合在一起；她同时汲取了 20 世纪早期画作的不同风格和手法：如立体主义的分割和空间架构，超现实主义的生物形态主义，表现主义的手法，波普艺术的主题，等等。正如她自己说的"我的艺术来自其他的艺术"。同时，她还引进了"低级趣味"的艺术，特别是卡通画。她认为，卡通画的简洁、普遍性、图解性和象征性对她的作品产生了巨大的影响。在 1980 年，她开始用画布断片来组成画品，如《画家的进步》（1981）由 19 块不同的剪切的画布组成。各板块组成一个统一体，形成一个调色板形象。她的有些画描画家具和厨房用具，它们看上去有一种特定人性，描述处于家务心理戏剧中的人们。在 20 世纪 80 年代末，她用浮雕的手法创作单个的形象，如鞋子。她说，她在创作关于鞋的画时，她想起了幼时幼儿园唱的歌。歌儿是关于一个老太婆生活在鞋中的故事。她说她一直在研究梵高画的鞋子，梵高将沉重的旧的工作鞋画成了美丽的物件。她说，一双鞋具有很多的含意。默里的画引起了社会各阶层的喜好。女性主义者欢迎她的家庭形象，欢迎她从女性主义角度运用抽象；波普艺术的爱好者欢迎她，因为她用卡通形象创作。默里的画既抽象又具有表现性的含意，所以她既受到热爱现代主义的、喜欢抽象画的人们的欢迎，又受到以后现代主义名义反对现代主义的人们的欢迎。

其他新表现主义画家还包括艾德·阿普尔布鲁格、利昂·戈卢布、莫利、布莱克纳、瓦伊塔利·科马（Vitaly Komar）、亚历山大·梅拉米德（Alexander Melamid）、苏珊·罗森堡、阿普里尔·戈尼克（April Gornik）、威廉·塔克（William Tucker）、乌苏拉·冯·里汀斯瓦德（Ursula von Rydingsvard）和詹姆斯·瑟尔斯（James Surls）。

艾达·阿普尔布鲁格卡通画般的绘画没有包括在新形象画展里，其实她应该包括在内。她将事物——每每是非常简洁的形象——画在半透明高级皮纸上一系列的方格之中。她将形象反射在墙上，获得她所谓的"凝结的剧院"的效果。她的艺术使人想起连环漫画或电影胶片。阿普尔布鲁格细微地描摹人物的姿势以显示陈腐的、常常是阴险的人际关系。有些图景显示极端的孤独感。一个人物阴郁地说，"祝贺我生日快乐"，另一个画显示两个少女，题解说，"他说堕胎就是谋杀，"后续的画面说，"是这样吗？"最后一个画面中是三个穿西服的男人在交谈。另一系列画显示一对舞者，正在闲适地跳舞。画的题解是：快一点，然后去死。阿普尔布鲁格解释说，在这主题背后是想说明作为人所存在其中的条件，人际关系的惰性。人物凝冻在一定的姿势之中，使人撩想起异化、孤独和直率陈述思想的不可能性。她经常描绘半掩的窗帘或遮阳罩，使人想起窗户，将观者放在一种观淫癖的地位。在20世纪80年代，阿普尔布鲁格开始追求更大的绘画和空间，以展开她的戏剧，表述更宏阔的感情，更强烈地描摹这些情绪。她的作品继续描写当代社会中普通人的生活，特别是妇女和儿童的生活。虽然她的早期作品都是简单的连贯故事。但她后期的作品却互不关联而复杂，包括不同的形象。她将不同画布拼贴在一起，使人想起萨勒的手法。她的早期人物大都是被动的，泛泛的，而1985年以后，她的人物变成进攻性的了，经常诉诸暴力并且行为怪异。但内容与主题仍然是一样的：人们在日常生活中的冷漠、残酷、攻讦；荒唐的谎言、欺骗和虚荣；痛苦和负疚。

她的画既"丑恶"又具有性的诱惑力。米拉·肖（Mira Schor）在 1987 年指出，她的画充满了红色、棕色和黄色的体液，画面往往像是胶粘状的，看上去就像是"发光的泥浆"。她对于心理的和社会的问题的关注使她特别重视表现种族歧视的问题，如《上帝也是白人》（1985）；《K 超市 IV》（1985～1990）表述妇女和儿童受伤害的状况。阿普尔布鲁格描画年迈的人，描画他们萎缩的充满赘肉的身体，描画残疾者和穷人，表达了她的同情之心。1987 年，她画了一幅《贝拉兰》，画中是 67 岁的性感女皇梦露（要是她活着的话，1987 年她正 67 岁），比基尼泳装几乎包不住她那累赘的肥肉，摆出她在 34 岁时曾经摆过的充满性感的姿势。在人物像周围的是像盘碟一般的老年痣。阿普尔布鲁格的画描述她的世界，她的世界观不是那种与世界隔绝的或者犬儒主义者怀疑一切的观点。她在描绘她的经验时将她内心的痛苦与挣扎、不安与惧怕袒露给观者。她的画具有一种真实性，这正好击破了艺术理论家们认为绘画已不可能再真实的结论。

利昂·戈卢布是 20 世纪 80 年代一位功成名就的艺术家，1982 年展出了他的关于雇佣兵、审问和谋杀的巨幅画作，他是新绘画的一位老大师。他用新闻照片创作，所以，他把自己看成是"记者"，但他是那些诸如越南战争的痛苦的事件的阐释者。戈卢布的画的主题的严峻性由于使用了黑色、棕色、红色和灰色而得以加强。戈卢布所画的雇佣的虐待狂和杀手，作为人就更卑鄙和低下了。和他的关于越南的画一样，他的形象选自报纸和杂志。背景是一色的粗俗的红色，使非常大的人物形象一下子刺激观者的眼睛。而异常庞大的画布更增加了这种视觉的刺激。他一般先用黑色画轮廓，然后用白色画上阴影部分，用彩色画皮肤、金属、木器和衣服。然后他将画放在地板上，用溶剂稀释部分画面，用雕塑刀刮画面。他然后不断地重组绘画，直到不同的人物形象、姿势、冷笑都获得了一种紧张感和一种粗俗的冷峻的残暴的视觉效果。一方面，戈卢布描画流氓是有其政治性目的的：揭露残暴的隐蔽的部分，在那里，权力更为露骨和残暴，平时摄影机到不了那样的地方。而从另一方面说，戈卢布的艺术又是十分含糊不清的。当他在描摹审问者时，其注意力落在审问者身上，而不是落在那些沉默的、裸露的、痛苦的被审问者身上。一方面，观者可以移情于他们，因为他们被非人化了，因为他们感到痛苦与恐怖，因为他们已仅仅是一个肉体，但旁观者不可能与他们融为一体。而另一方面，这些虐待狂是更强大的权力的工具，他们象征压迫和罪恶，他们具有特异的体力的和心理的特点——戈卢布将这一切用十分细腻的笔触刻画了出来。当戈卢布将这些将别人非人化的人们描绘成十分不同凡响的人时，他颠倒了政治艺术往往有的偏见，使观者与压迫者融为一体。为了使他的暴徒们更走进观者的世界，他将他们直接地呈现在观者的面前，将观者吸引进他们的世界，使观者有一种成为虐待狂和谋杀者的感觉。戈卢布使毁坏人体和谋杀显得那么的真实，这甚至报纸新闻也无法做到。人的肉体被演变成政治的舞台，其影响远远超过宣传性艺术所能达到的程度。在 20 世纪 80 年代，艺术世界广泛看好戈卢布的艺术，因为他的艺术的社会意义，因为他回答了政治在艺术中的作用。他之所以得到承认还因为他的异常巨大的画布，因为他所画的那些反英雄。

　　和戈卢布一样，马尔科姆·莫利也是新绘画的大师。在 1965年，他创造了摄影现实主义。在 1971 年，他在他的摄影性绘画中引进了表现主义手法，开创了 20 世纪 80 年代新表现主义的时代。莫利不仅创造了表面上看起来是内向性的表现手法，同时也创造了一种个人肖像画法。他的主题主要取材于幼时第二次世界大战时在英国的经验。当他还是一个孩子时，他制作过闻名于世的战舰的模型；当伦敦遭受轰炸时，有一艘放在窗台上。当他撤退圣德文时，学校带他去海滩看一艘鱼雷艇救生船。这在他少年的心灵上留下了深刻的印象。莫利用战争玩具的形象，如士兵、飞机模型、军舰模型和火车来表述他的想往、不安和恐惧，如《火车事故》（1975）

和关于空难的《灾难的时代》（1976）。他的《最大的忧虑》
（1978）是在弗朗西斯科·格尔迪（Francesco Guardi）一张明信片
的基础上画成的。在他的画中，船行驶在大运河上，一辆火车闯进
了画面。过去与现在冲突——最大的忧虑。他画的《圣诞树》
（1979）描述的是发生在热带丛林中的心理性欲戏剧。画面里呈现
的是一些不相关联的形象，画面中心是一个骑马的牛仔，手指着一
个印第安人。他们被许多性象征所包围，如眼镜蛇、脱轨的火车、
跳着舞的女人的大腿、彩色的鸟儿，等等。莫利自己说，这幅画非
常个人，总结了他20年的工作。在他80年代的作品中，他将现代
生活的场景与古代的经典相对立，将现代生活的浅薄与古代生活的
神秘性相比较。在1982年的一幅画中，画的底部是海滩，海滩有
游泳的人们，画的上部是一个无头的雕像，在雕像上方是一头公牛
雕塑，公牛身上正淌着鲜血。在20世纪70年代后期和80年代，
画一些小的水彩画。然后，他将它们画上格子，按摄影现实主义手
法将每格情景演绎成油画。他运用泼彩和滴彩的手法，这样，从每
格的抽象画中出现了幻觉般的形象。莫利说，这样，情调仍然是水
彩画的情调，但是油彩加强了水彩画。批评家克劳斯·克特斯
（Klaus Kertess）认为，莫利的画"具有一种神秘的、诗意的、视觉
的谵妄"。

　　罗斯·布莱克纳和施纳贝尔以及萨勒一样地组合形象，但和他
们不同的是他的形象是抽象的，而他们的则是有形的。他的画由曲
直线条组成，仿佛是从光效应画派那儿承袭来的，但他的直线条与
光效应画派的不同，他的线条可以让人联想事物，如绸带、包装纸
设计和鸟笼的栅。它们的边缘处理柔和，有背光，整个儿笼罩在新
浪漫主义的氛围之中。彼特·哈利（Peter Halley）认为他的线条画
是后现代主义的，因为它们重新处理了现代主义风格。布莱克纳很
快将他的抽象的意象变成养小鸟儿的鸟笼或者糖果盒而使他的画更
为后现代。布莱克纳说，在他的直线条画中，他追求不断从内在发
出的光。他主要就是将形象分解，甚至让它们融进入不断跃动的光

之中。他的光越来越忧郁，撩起回忆和失落。他说，他的画是要去遭遇死亡，没有任何东西是肯定的，也没有任何东西是不可改变的。在艾滋病流行的时代，他的画给人一种暗示，暗示爱情、青春和纯真的丧失。在他的画中，和悼念情调有关的物件包括纪念性的罐子、可爱的杯子、凋谢的花圈、绸带、烛台。他的画还包括蜂鸟，这是失落的灵魂的象征。抽象的像星星一般的光点是艾滋病的表现。他的形象具有一种伤感的力量，表现的都是死亡的主题，这使他的画具有更多的悲剧的色彩。他是新表现主义的唱挽歌者。他的一幅名叫《记住我》（1988）将"记住我"这句话镶于画中，仿佛是一句轻声的絮语。帕特·斯蒂尔（Pat Steir）认为，这幅画也许反映一种希冀永恒而不能的心情，反映对意识到人的关系的脆弱性和人的脆弱的无奈。

第四节 媒体艺术

1977 年"艺术家空间"展出的名为"图片"的展览对美国的艺术言语产生了巨大的影响，特别是对 20 世纪 80 年代的艺术走向产生影响。这个展览会是由道格拉斯·克里帕（Douglas Crimp）主持的，他遴选了特洛伊·布朗特奇（Troy Brauntuch）、杰克·戈尔茨坦（Jack Goldstein）、谢里·莱文、罗伯特·朗格和菲利普·史密斯（Philip Smith）的作品。他们的作品包括从图片上摘取的形象。正如克里帕说的，这种媒体艺术表明"我们的经验在很大程度上是由图片所控制的，由报纸上和杂志中的图片，电视上和电影中的图片所控制的。"由于有了这些图片，第一手的经验便开始退避，显得十分琐碎。图片不仅具有阐释现实的功能，他们还"篡夺"现实。所以，"我们仅仅通过我们制作的图片体验现实，它们成为我们的现实。"图片艺术家们将机械摄影媒介作为形象的存储器来使用，将拼贴的、二次性的或者模仿的形象作为主题，创造了一种新的艺术表述方法。在 1979 年，克里帕又继续阐释这种新的表述方法。他说："作品的意图不是要去记录真实的东西。它们具有意义并不是因为它们与现实的关系，而是因为它们与其他模仿现实的作品的关系。这些艺术家并不是图片的制造者，而是图片的使用者。他们的活动主要包括选择与呈现从大文化摘取的形象。"克里帕的思想受到法国哲学家德里达解构主义思想的影响：任何东西都是一个文本，在文本之外没有任何东西。文本只有在与其他文本的关系中具有意义。1980 年，克雷格·欧文斯（Craig Owens）发展了克里帕的思想，认为图片艺术家是受"比喻冲动"所驱使。他说，比喻形象就是拼贴形象，它给形象增加另一层含意。他认为，布朗特奇、莱文和朗格是通过再现形象的手段来创造形象的艺术家。"比喻冲动"对于后现代主义是至关重要的。在 1989 年，在惠特尼博物馆举办"形象世界：艺术和媒体文化"展览会在前言中进一步阐释了媒体形象。它说，美国人每天要受到 16 万商业信息的轰炸。它说："早晨，26 万广告牌将立在道路旁，下午，将有 11520 份报纸和 11556 份杂志将在报摊上出售。傍晚，21689 座剧院和 1548 座汽车电影院将放映录像，16200 万台电视机将放映 7 小时的节目，将拍摄 4100 万张照片。而第二天这些数字将增长无疑。"1945 年以后出生的美国人绝大多数是伴随大众传媒，特别是电视一起成长的。他们每天有无数小时坐在电视机前，意识中充满了电视节目和它的商业广告。大众传媒在艺术家的意识上打上了深深的烙印，成为他们经验中很重要的组成部分，是他们成长岁月中的文化。20 世纪 80 年代艺术的特点之一就是拼贴图片，这种新的手法被认为是现代主义和后现代主义的分水岭。其代表之一是贾斯帕·约翰斯。他的形象，如画彩的青铜啤酒罐，和杜尚的现成取材不同，因为约翰斯的形象是重新制作的，在制作过程中艺术家倾注了他对艺术的理解，将物件做成一件高雅的艺术品。但和杜尚的现成取材相同的是他们制作的艺术品并不让人想起它们是商品。波普艺术家，特别是安迪·沃赫，也"抄袭"他们的形象。沃赫和杜尚以及约翰斯不同，他描绘商品形象，因为他对它们的商品性感兴趣。他使用商业艺术的手法强调它们的商品性质，强调消费和广告。20世纪80年代的艺术家运用拼贴来解释消费社会。约翰·鲍尔德萨利（John Baldessari）和理查德·普林斯（Richard Prince）是最早运用大众传媒的图片来创作的。鲍尔德萨利的创作道路表明从20世纪60年代的强调美学价值的概念艺术如何演变到媒体艺术的。在1972年，他开始使用好莱坞的电影静物摄影创作合成的摄影作品。在重新创作好莱坞静物摄影形象中，鲍尔德萨利并没有兴趣评价大众文化。他受瑞士语言学家费迪南·德·索绪尔（Ferdinand de Saussure）关于符号任意性理论的影响，他将文本和形象看成是具有广泛象征意义的东西。他的作品《历时的/共时的时间：在其上/在其中/在其下（与美人鱼）》（1976）由6个电影静物摄影作品组成，上面的两幅是一架飞机和一只鸟儿，飞翔于两幅摩托车照片之上，一辆摩托车正驶进画面，另一辆正驶出画面，在底部是一幅只能容纳一人的潜艇照片和一幅美人鱼照片。他希望观者在摩托车飞驶过眼前时将飞机看成海鸥，将潜艇看成美人鱼。鲍尔德萨利在心中有他自己的关于飞行员、鸟儿、摩托车手、潜艇员的美人鱼的阐释，但他让观者去自由自在地创造他们自己的阐释和理解。在20世纪70年代末，他的图片含意具有更多的社会性与心理性。他说，他希望他的作品能更多地理解这个充满悖论、充满模棱两可事物的世界。如他的《小红帽》（1982）由一组剪裁成方形的电影黑白静物摄影作品和一幅彩色照片构成，彩色照片显示一块破碎的红布飘挂在矮树丛上。他将各个画面割断以表示更深的含义和情绪——诱奸、性欲、暴力、兽性和圈套。在1986年，他给他照片中的人物的脸上画白的、黑的和彩色的圈儿，给每一种色彩以一种象征的价值，绿色表示安全，红色表示危险，蓝色表示希望，黄色表示混沌。鲍尔德萨利并不是第一个将摄影形象引入绘画和雕塑的美国画家。在他之前，有20世纪60年代的沃赫和劳森伯格的画，爱德华·鲁舍（Edward Ruscha）和韦格曼（Wegman）的摄影照片，克苏斯（Kosuth）的概念艺术和纽曼以及阿康斯（Acconci）的摄影纪录片。但是，由于他运用了大众传媒的形象，他对 20 世纪 80 年代的摄影家和画家，如理查德·普林斯、戴维·萨勒、谢里·莱文和芭芭拉·克鲁格产生更大的影响。

　　讨论媒体艺术，另一位必须提及的艺术家便是理查德·普林斯。他在 1977 年就开始用广告照片创作作品。广告照片包括贵重的表，香水和时髦的男女模特儿。他看重媒体形象，因为他觉得"它们与现实最接近"。他摘形媒体形象，省去了媒体形象原先的说明文字，而赋予它们以新的含义。他剥离了媒体形象原先的含义和主题，艺术理论家们把他的创作实践称作为解构媒体形象。例如，他将模特儿的形象都安排成凝望一个方向，以此来表明消费社会的剥削性目的。他通过选取单个的信息，改变它们的大小，加以剪裁，使它们重复或互相对立，使观者意识到广告所包含的潜在的含义。他让观者懂得人们能够如何操纵形象以诱惑或欺骗公众。从这一点说，普林斯是一个社会评论家，他的主要目标就是批评商品化。虽然艺术理论家对于普林斯的成功贡献很大，但他们对他的艺术的阐释往往过于局限。他自己认为他的艺术不应该被阐释得过于理论化。吸引普林斯的形象是社会上和文化上程式化的东西。他坚信他的形象来自美国心理的深处。他的最有名的重组的照片系列作品取材于万宝路香烟西部牛仔的广告。广告的形象原意是为了强调以牛仔为特征的美国式的粗犷的个人主义。普林斯将万宝路牛仔作为一个虚构的形象来展现，同时，又将自己与这个神秘的健壮的牛仔认同在一起。他的所有这类的图片实际上都是在表现自己的男性的身份。1984 年，他开始在一个页面上印上众多的形象，如摩托手们和他们的女朋友们，重金属乐团和玩冲浪的人们。这些形象都是他从美国亚文化杂志上摘取的。丽莎·菲利普斯（Lisa Phillips）认为他的照片使人想起"少年犯罪和反社会行为"，使人想起"那些按自己方式生活的人们"。普林斯说，他的"女朋友"形象犹如好莱坞电影关于花花公子和隔壁姑娘的浪漫爱情那类故事。他描绘了美国生活的下腹部，他描绘摩托车手，用性挑逗姿态站立在摩托车上的半裸体的姑娘们。在 1987 年，他从摩托车转向同样表现男子气概的汽车。他买了汽车的引擎罩，重新油漆了它，将它挂在墙上作为浮雕。汽车引擎盖暗示波普艺术，最简单艺术派的雕塑和彩色的抽象作品。在 1985 年，普林斯开始重新绘画卡通画。将现成的卡通画重新再画，就跟他重组现成的照片和重新油漆汽车引擎罩一样，他使它们具有更为强烈的个性。他重新绘画了大量他喜欢的惠特尼·达罗（Whitney Darrow）的卡通画。在 1993 年，普林斯画了一系列"笑话"性的卡通作品，它们带有明显的波普艺术的印记，受鲍尔德萨利 20 世纪 60 年代后期概念艺术和爱德华·鲁舍字画的影响。就跟普林斯的浮雕的汽车引擎罩一样，它们与最简单艺术流派和彩色抽象画有一定的渊源。他画下的形象虽然简单，但却会引起许多复杂的阐释。他的"笑话"不仅取材于媒体，而且取材于美国民间的幽默和玩笑，取材于美国人深处的无意识。它们往往涉及私通：一个年迈的肮脏的老板追求他的年轻性感的女秘书，妻子从中作梗，这是西方文化中一个古老的主题。批评家杰里·萨尔查（Jerry Saltz）认为，普林斯通过卡通的笑话以揶揄的幸灾乐祸的姿态观察社会。嘲笑它如何取笑女人、同性恋者、酒鬼、愚蠢的人和不幸的人们。他认为普林斯真正揭示了笑话的情感内涵，即幸灾乐祸和愤懑。他的作品对现代主义、摄影、概念艺术和波普艺术都产生了重大的影响。

第五节　后现代主义的艺术理论

约翰·鲍尔德萨利、理查德·普林斯和其他艺术家的艺术实践不仅使道格拉斯·克里帕和克雷格·欧文斯感兴趣，同时也使为 1976 年创刊的《十月》杂志撰稿的艺术批评家们感兴趣。该杂志推动了《图片》美学，使它成为一个艺术运动，使《图片》美学成为后现代主义反对形式主义和现代主义的武器。美国后现代主义艺术运动从罗兰·巴尔特（Roland Barthes），德里达和福柯那里汲取了营养。

形式主义在 20 世纪 60 年代统治美国艺术言语的时候就面临强大的挑战了。在 20 世纪 70 年代，它受到新一代的画家和批评家的攻击。在 1970 年，一批激进的艺术家、批评家和历史学家组成了新艺术联合会以对抗学院艺术联合会。他们在一份宣言中声言反对艺术中立的神话。他们认为在艺术想象和社会想象之间有坚强的联系。他们反对艺术学习与人类的其他关怀分割开来，反对将艺术仅仅看成是投机的目标和剥削者的装饰。他们反对将艺术学习人为地与其他科目，如人类学、历史学，分割开来，反对崇尚种族主义、社会的家长制和阶级的结构。他们的宣言是在反越战的高潮中产生的，它反映了年青一代学者的政治化思想，这一代人对每一门人文科学的理论都提出了质疑。这些质疑，或者称之为批评性理论，可以被认为是 20 世纪 60 年代激进主义的遗产，它只是从政治激进主义后撤到学术言语而已。这些批评性理论家提出的问题统率了今后 15 年甚至更长时间的艺术批评和艺术历史研究。

形式主义的批评家，如克莱门特·格林伯格，继续认为艺术工作是自主的，批评家应该集中力量关注形式的性质而忽略形式以外的问题。艺术不应该降格为社会历史或批评性理论的图解而已。应该关注细化各别作品的美学内涵和质量。形式主义者谴责将艺术服从于理论的批评家，认为他们缺乏体验艺术的视觉的和感官的敏感性，因此他们对艺术设置了专横的非美学的限制。许多形式主义者认为，艺术的期望与爱好受社会条件所左右，但艺术必须首先被看成是艺术。美学质量是存在的，它可以超越文化来欣赏；艺术可以超越任何地点和时间的政治和阶级利益，它是可以有普遍价值的。但年青一代的批评家和艺术家却并不这么认为。他们认为，在艺术批评家和艺术理论家之间存在无法弥合的分歧。艺术批评家关注艺术作品框架以内的东西，即它的形式内涵；艺术理论家则超越艺术作品的框架而关注艺术存在于其中的社会的，经济的和政治的情境。艺术理论家特别关注阶级和性别，认为阶级和性别规范艺术。

他们认为只有通过研究美学以外的情境人们才可能理解艺术，艺术中最重要的是它代表什么。其代表性由复杂的形象和文本来规范。艺术作品被看成是一种文本。艺术理论家研究多面的文本，研究其多方面的含意，例如艺术的庇护人，艺术庇护人所服务的阶级利益，它与流行文化的关系，等等。这在艺术理论家中引发不同的看法。他们从不同的角度，如马克思主义、女性主义、历史学、社会学、心理分析、符号学和语言学，来分析艺术内容。但他们都同意，艺术本质上是代表什么，而不是形式问题。在 20 世纪 70 年代，当女性主义艺术理论得到发展时，对传统的艺术历史和批评愈益激烈。1975 年末，当格林伯格理论的堡垒《艺术论坛》主要撰稿人拒绝形式主义，而转向艺术的社会学方法，美国的艺术批评发生了戏剧性转变。该刊编辑马克斯·科兹洛夫（Max Kozloff）和约翰·科普朗斯（John Coplans）刊发了一系列讨论"谁控制视觉表述，为了什么"的问题。科兹洛夫认为，无论在创造艺术或阐释艺术中想逃避意识形态是不可能的。他们主张将艺术与观者的历史的和政治的现实联系在一起。1976 年春，科兹洛夫、科普朗斯和杰里米·吉尔伯特－罗尔夫（Jeremy Gilbert-Rolfe）创立了《十月》杂志，他们认为"1917 年 10 月的俄国革命将本世纪革命实践、理论探索和艺术创造以一种榜样性的无与伦比的方式结合在一起"。编者希望他们的杂志能将先锋艺术和马克思主义思想与实践结合在一起。它实际上站在反对现存的资本主义社会秩序的立场上，向现存的艺术机构和美学理论提出挑战。它厌烦"资产阶级凯旋而归，自得其乐的形象"。杂志刊登具有"政治性"内容的艺术家的作品。和结构主义者一样，《十月》的撰稿人呼唤具有"激进"内容的艺术，拒绝绘画，而欢迎摄影和其他机械性的媒介。他们是一群格林尼治村的波希米亚艺术家，属于美国中产阶级，并不憧憬一个革命的前景，但他们经历过激荡不安的反越战、1968 年的学生动乱和水门事件，只是一群崇尚激进言词的资产阶级自由主义者而已。他们对所有现存的体制和思想都表示怀疑。《十月》的批评家们抛弃现存的占统治地位的艺术理论形式主义，认为形式主义走得太远，已无助于美国的艺术言语了。罗萨林德·克劳斯（Rosalind Krauss）和安尼特·米切尔松（Annette Michelson）发现了一个选择性的意识形态代替形式主义，即时髦的后现代主义和后架构主义。她们从法国理论家，特别是分析了符号和语言、文学和文学批评的意识形态含意的德里达那儿获得理论的源泉。文学批评家开始对现存的观点表示怀疑，他们不再认同一些最基本的词意，如"文学"、"文化"、"含意"、"价值"、"传统"、"作者"、"读者"和"文本"。正如文化批评家赛义德（Edward W. Said）所认为的，老的范畴已丧失了它们的知识的权威性。文学的概念本身退化了，同样，电影，媒体，流行文化，音乐和视觉艺术也进入了曾经是神圣不可侵犯的文学文本的领域。文学认可了第三世界，认可了非洲裔美国人和女性主义的作品，而不仅仅是欧洲中心主义的文本了。《十月》的编辑们感到他们处于与文学理论家同样的境地。在 1981 年的一篇社论中，米切尔松写道，该杂志是在一种艰难的时刻生存下来的，规范杂志的现代主义理论、形式、范畴和实践正引起极大的疑问的时刻生存下来的。基本的美学词汇，如"质量"、"独创性"、"正统性"和"超越"成为问题。她呼吁对后现代主义进行批判性分析，并支持在理论上极有意义的当代艺术。

批判性理论家的中心目标就是非中心化，也就是说，摆脱任何暗示或预示中心或等级制的东西。他们谴责现代主义艺术中或西方文化中的主流思想，谴责在世界文化中西方文化占主导的地位。他们也否认任何家长或人物，如天才的主导作用。关注的是边缘，边缘性人物，被压迫者，"另类人"。达到非中心化的最好方法就是解构。最早创造解构的德里达认为，自我和社会是语言的构件，并为语言所限制。任何事物都是一个文本，在文本以外没有任何东西。但语言其核心是不稳定的，因为在任何能指（如"树"）和它所特指的东西（如任何一棵特别的树或关于树的思想）之间没有一个内在的相配的东西。对一个象征性的东西的阐释是无限的。因此，德里达认为语言是象征性东西的连续的不间断的作用，这种作用不可能造成任何连贯性或者客观的真理。它缺乏终极意义，或者说意义被永远地延迟了。文本是不稳定的，不仅因为语言是不稳定的，而且还因为它们包含差异。解构的主要目的是寻求一个文本的相互冲突的假设、前提和自我欺骗性，以显示文本并不一定含有它认为应该含有的意义。事实上，文本的潜藏的或被压抑的含义往往和它表面所显示的含义是相反的。解构主义者的责任就是去挖掘出这些边缘性的含义来。在过去，文学系训练学生忽略矛盾，阴晦和不明确的东西，忽略不连贯的东西。现在不再是这样了。解构将那些隐蔽的矛盾暴露出来，并指出文本应对这一切负责。解构主义者常用的揭示可疑的假设的方法是在一个文本中找到一个关键词，然后将它与一个第二位的、二元的或者说边缘性的词相对，以达到颠倒或非中心化词的目的。其目标就是证明二元的或边缘性的词更有意义，或者至少在两者之间建立一个非稳定的关系。在将边缘性的词移向中心的过程中，解构主义者就会声言这部作品的含意正是它所声称的含义的对立面，或者至少说它所声称的含义是有问题的。例如，"独创性"与"复制"是二元的。如果在现代艺术中独创性被认为是关键，那么解构主义者就会说，复制也同样重要。如果我们说绘画是独创的，而摄影是复制，是机械性的复制的艺术，如果绘画被一般认为是主要艺术，解构主义者就会通过颠倒将摄影换成主要的艺术。所有现存的假设都可以被颠倒。如在视觉艺术中，视觉高于文字的表述，或者说空间性高于片时性。解构主义艺术理论家则宣称在视觉艺术中文字的重要地位，因此提出了概念艺术的合理性。他们还颠倒了空间与片时的关系，将片时性高于空间性，于是，在视觉艺术中建立了"戏剧性"。

巴尔特提出了文学创作的一个激进的新概念，即作者（或者说艺术家）死亡了。他攻击当代文化中的文学形象，因为其文学形象专横地以作者为中心，以他的人格、历史、趣味和激情为中心。对一部作品的解释总是从其作者身上去找，仿佛总是只有一个同样的声音，这就是作者的声音。巴尔特认为文学是一组文本，是一个多维的空间，在这空间中，一系列不同的写作（它们都不是独创的）互相糅合和冲突。作家的作用是进入这一空间，处置出已学过的东西，将它们润饰一下。艺术作品不再是独创的和独一无二的，而是评论其他文本的文本。在这个意义上，作者成为"写作匠，而不是创作者"。这样，巴尔特将个人的创造性想象换成了语言。小说家戴维·洛奇（David Lodge）从解构主义出发认为，根本就没有作者这么回事，根本就没有一个能创作小说的人。每一个文本都是其他文本的产物，其他文本的摘录。没有源泉，只有产品，人们用语言制造"自己"。艺术批评家布赖恩·沃利斯（Brian Wallis）认为，现在问题不再是"作为一个有创造性的个人，我做什么？我感受什么？我如何来构筑这个世界？"而是正相反"这个世界怎么来构筑我？"人们还把巴尔特的"作者"换成男性家长，资本主义企业家，上帝或者有权威的人，并宣称他们全死了。批评的作用不再是阐释作者，而是阐释文本。如果无视一个作者或者一个艺术家的愿望，如果一个文本的含意永远无法确定，永远有无数的阐释，那么，怎么来阐释一个文本呢？由谁最后来阐释呢？回答是由读者（或者观者）来决定。巴尔特说："读者在作者死亡之后产生。"因此，艺术作品的含意不是从作品本身获得，而是从读者身上获得。每一个读者的阐释都是重要的。这提高了读者的创造性作用，而降低了作者的创造性作用。解构主义者将作者换成读者，读者是"造物主"。

　　解构对于后现代理论是非常重要的。后现代主义言语开始在建筑中出现，很快就注进了文学、社会和心理分析。一方面，后现代主义的批评吸收了后架构主义的文学理论；另一方面，它又包含了关于从工业社会向后工业社会演进的社会理论，包含了从现代主义到后现代主义文化的演进的理论。文学理论和社会学理论很快就联系在一起了。文化批评家哈佛大学美国文明系教授雅各布·伯科维奇（Jacob Bercovitch）将"表征"规范为"互相联系的思想、象征和信念的体系，通过这一体系一个文化给自己以合法的地位并使自己延续下去；它是一个言辞、仪式和假设的网络，通过这个网络，社会进行强制、劝导和凝聚。"这些思想或形象，如阶级、性别和种族的概念是社会机构如大众传媒所构筑的虚构的东西，其目的就是维持现状。这些虚构的东西被一般认为是自然秩序，至少被认为是社会公认的东西。"表征"包括意识形态关于家庭、社会、民族、种族、性别、法、文化和宗教的假设，人们不加置疑地加以接受。在 20 世纪 70 年代，许多艺术家和艺术理论家试图解构现存社会秩序再现它本身的方式。他们的目的是揭示它的人为的而不是自然的架构，这种架构是统治阶级通过控制社会机构和通讯手段形成并使之永恒的。

　　年轻知识分子的思想由于反越战争示威和 1968 年的学生动乱而发生激烈的变化。这些事件促使了 20 世纪 70 年代文学理论的发展。后架构主义是幸福感和失望，解放和闲荡，狂欢和灾难糅合在一起的产物。因为人们发现无法改变国家政权的结构，便设法颠倒语言的结构。年轻的学者很自然地拥抱解构主义。在越南战争和水门事件中，他们每每被官方的言词所欺骗，他们便自然而然地要去玩味言词以外的含意。文学和艺术批评的后架构主义对于年轻的学者是有吸引力的，因为它提供新鲜的方法去打开新的广阔的研究与探讨的领域。通过解构把"边缘化"的二元的词抬高而超越主要的关键词有可能是非常令人振奋的。解构主义理论将年轻学者作为读者的身份抬高而超越作者或艺术家。后架构主义提供向现存的和老式的思想提出挑战的理论和方法。解构主义关注边缘化正中年轻学者的下怀，因为他们本身在学术界是被边缘化了的。政治的左派还移情于其他边缘化的团体，如妇女、有色人种、同性恋者等。《十月》的编辑克劳斯拥护后现代主义，谴责现代主义，推崇运用机械性媒介，特别是摄影，创作的艺术家，以与绘画艺术家相对立。她在杂志上宣扬的 20 世纪 60 年代的艺术家包括罗伯特·史密逊（Robert Smithson）、罗伯特·莫里斯、卡尔·安德列（Carl Andre）、理查德·塞拉（Richard Serra）、索尔·里维特（Sol LeWitt）、维托·阿康斯（Vito Acconci）、翰斯·哈克（Hans Haacke）和丹尼尔·布伦（Daniel Buren）；20 世纪 80 年代的艺术家包括谢里·莱文、罗伯特·朗格、辛迪·舍尔曼和露易斯·劳勒（Louise Lawler）。《十月》杂志系统地解构现代主义，现代主义的理论和它的价值：原创性，独一无二性，真实性，自主性，完整性，超越性和美学质量。从 1977 年到 1981 年，《十月》发表了一系列文章攻击现代主义。

沃特·本杰明（Water Benjamin）1936 年的文章《摄影在机械性复制中》对《十月》的编辑们影响颇大。本杰明认为现代以两大发展为特点：①大众社会的兴起；②技术革命，即光学机械复制。这两大发展都会极大地影响艺术的观念。他认为，将艺术家看成是一个有天才的、创作无与伦比的艺术作品的人的思想过时了；关于独创性，天才，永恒的价值和神秘的思想也过时了。例如，复制《蒙娜丽莎》并没有减弱原创品的光环，正相反，它们使大众更想往一睹原创品的风采。复制品并没有使原创品失去价值，反而增强了它的光环。因此，复制品越多，光环便越强。本杰明将复制品的思想扩大到摄影。他认为，因为一幅照片可以机械性地复制，没有任何一幅照片可以被认为是原创的，独一无二的或可信的。本杰明成为《十月》杂志编辑们崇拜的偶像。他之所以对他们具有吸引力就在于他专注于摄影，摄影是机械性复制的艺术，因此是当代文化的合适的媒介。它代替了油画，本杰明把油画视为资产阶级的玩意儿。本杰明是第一个从社会学角度批判现代主义的人，他将摄影和艺术改革联系了起来，提供了机械性复制的理论。机械性复制将艺术从传统中摆脱出来，将它置放在"政治"领域。艺术可以成为服务于政治宣传的武器。摄影可以完成这一任务，因为它可以广泛地、廉价地在群众中传播。本杰明认为电影是比静止的摄影更为强大的宣传武器。

《十月》的编辑们主要攻击绘画，攻击这一媒介的原创性、主观性、独一无二性和真实性。他们激进地坚持绘画必须得到清洗。但是，绘画非但没有得到清洗，反而得到发展。1979 年，惠特尼博物馆举办《新形象绘画展》，格雷艺术画廊在纽约城举办《美国绘画：80 年代》的绘画展。艺术批评家芭芭拉·罗斯起而保卫绘画。她对时下的风格感到失望，认为它们走进了死胡同。一种风格是往回看，企图回到现实主义；另一种风格是否定一切传统，企图废除和抛弃素描，错觉，笔墨画，比例，比喻和组合关系，等等。早在 1977 年，她感到有一批年轻的艺术家对绘画又重新有了兴趣。他们受 4 个展览会的影响，即《塞尚：晚期作品》、《莫奈在吉佛尼》、《贾斯帕·约翰斯回顾展》和《抽象表现主义：成长的岁月》。他们重又回到在画布上用画笔画画。他们感兴趣的是创造个人的形象，有质量，有传统，否定激进的艺术思想。罗斯预言在 20 世纪 80 年代将有美国绘画的复兴。她认为摄影是绘画的敌人，摄影只能是二等的艺术，因为它不可能超越现实，不管它是多么抽象。

　　1980 年左右，新一代的女性主义者认为在艺术理论中个人作为社会的和文化的架构是十分重要的。她们对第一代的本质先于存在论者的观点提出了挑战。早先的女性主义者，如朱迪·芝加哥、南茜·斯佩罗和露西·利帕德认为女性有一种内在的或天生的女性性质。而第二代的女性主义者则认为人整个儿存在于语言之中，而不是在生物中。语言决定他们怎么有意识和无意识地看待自己，然后他们怎么将自己界定为男性或女性。女性主义者运用后架构主义，符号学和社会哲学，如心理分析，认为表征是反映文化对自卑看法的方法。因此，表征使文化的占统治地位的意识形态合法化，总是受到政治的驱动。通过表征，男性统治的社会架构不同的男性和女性身份，通过学校、法庭、大众传媒，等将它们强加于公众。但是反抗这种表征是可能的。第二代女性主义者将妇女定为一个不固定的范畴，总是在不断地变化，这种变化妇女通过解构家长制和统治机制可以自行造就。女性主义解构主义者相信由女性本质论者所创造的妇女形象，特别是女性的身体，加强了男性所创造的关于女性的程式化的形象观念。她们攻击女性本质论者，认为女性本质论者将人们从家长制社会和文化如何构筑不如男性的女性形象上移开注意力。她们认为女性主义者的最重要的任务就是分析男性权威如何将女性边缘化的。

德里达认为人们受语言控制。詹尼·伯德利亚（Jean Baudrillard）进一步说，人们受媒体的语言所干预。一部分政治性艺术家解构大众传媒的程式化的文本和形象。另一部分政治性艺术家则解构促进现代主义艺术的机构。这是《十月》杂志在1984年的主要任务并一直延续到20世纪80年代末。一方面，政治性艺术理论家们推崇意在解构艺术机构的政治性艺术家们，如马塞尔·布鲁德萨斯（Marcel Broodthaers）、丹尼尔·布伦和翰斯·哈克。另一方面，他们攻击现存体制对现代主义艺术的阐释。本杰明·布克洛赫（Benjamin Buchloh）认为现代主义艺术经历了两个阶段。第一阶段，现代主义艺术是真正地革命的，现代主义艺术的创始人批判政治和艺术。在第二阶段，艺术机构，如纽约的现代艺术博物馆将先锋艺术美学化，理论化和大众化，传播了政治和艺术激进主义。

在1982年秋，西尔敦·克雷默（Hilton Kramer）和萨缪尔·李普曼（Samuel Lipman）创办了《新标准》杂志。克雷默是一个新保守主义者。从美学上说，他是一个现代主义坚定的支持者，他惋惜现代主义的衰落，谴责在"高雅"文化中任何模仿流行文化的东西。他站在现代主义理论和美学的立场上，反对后现代主义艺术、艺术历史、艺术批评和艺术理论。克雷默认为《十月》杂志的激进思想源自反越战抗议浪潮和20世纪60年代末的反文化，他认为对现状不满的态度的延续是造成美国文化令人遗憾的现状的罪魁祸首。他说，文化几乎在所有的地方都堕落为一种意识形态或者宣传，或者是两者有害的结合。结果，独立的雅文化和将雅文化与流行和商业文化区别开来的东西十分严重地消蚀了。造成这种令人遗憾的状态的主要原因是政治性。克雷默在指出20世纪60年代末的反文化是美国社会嗣后发生的一切的源泉时是正确的。他认为，左派拒绝现代主义是出于一种绝望感。左派认为，现代主义自命为革命性的，自命为反资产阶级的，许诺将带来一个新的世界，但到头来，现代主义则成为资产阶级资本主义文化的一部分。克雷默认为，20世纪60年代末现代主义在学术界，在市场，在媒体和在体制中获得主流地位，并成为新的潮流。在他看来，现代主义仍然是唯一有生命力的美国艺术，可以称之为自己的传统。《新标准》致力于发扬这一传统，反对所有新的批评性方法——后架构主义、解构主义、女性主义、同性恋、多元文化主义。不管怎么样，《新标准》代表了新保守主义的声音，在讨论美国艺术理论时，是必须考虑的。

关于越南战争、1968年的学生动乱、反文化和"水门事件"的艺术遗产，左派和右派批评家之间的对峙在20世纪90年代仍然没有得到解决。问题仍然悬而未决。不管艺术是多么颠倒，它是那个时代所感的真正的表述吗？以边缘化的"另类人"——妇女、同性恋、有色人种、少数种族——的名义反对西方文明是否是怀疑一切、否定一切？流行文化大规模地商业化，高雅文化和低级趣味之间的界限日益模糊，美国文化将向何处去？文化的精英性，文化的终极关怀还需要吗？

第六节　20世纪90年代的美国艺术

新形象画展指明了两个艺术发展的方向。一个方向是往"雅"艺术发展，其巅峰则是新表现主义。另一个方向则向极端的"坏"艺术发展，艺术完全建立在无政府的和幼稚的冲动上，其美学观是"任何人都可以做"的美学观，充满了大众文化的猥琐。"坏"艺术的代表人物几乎全住在曼哈顿的下东区，于是便被称东村。和东村艺术同时出现的还有1976年"朋克摇滚"或者称之为新浪潮。他们发展了一种称之为"朋克美学"的美学观，它旨在模糊视觉艺术、表现艺术和摇滚音乐会之间的界限，高雅文化与低俗文化之间的界限。东村艺术家在 1980 年举办了《时代广场展览》，引起了艺术世界的注意。展览会上大部分作品趣味糟糕，毫无艺术价值。东村艺术家 1981 年在 P. S. 1 举办《纽约—新浪潮》展览，首次将朋克艺术引进时髦的艺术殿堂。展览不仅包括"专业"画家的作品，也包括涂鸦作品。涂鸦作者就是长期生活在纽约贫民区街道上的居民。展览会给了他们一面墙画壁画。他们在街区的墙上喷颜料，写上自己的名字和街号，以"在城市的环境中打上个人的印记"，这是一种青年亚文化的印记。在 1986 年，在东村出现了一批艺术家，人们通常称他们为"新乔"（Neogeo）。他们包括阿什利·比克尔顿（Ashley Bickerton）、彼特·哈利（Peter Halley）、杰夫·孔斯（Jeff Koons）、迈尔·韦斯曼（Meyer Vaisman）、海姆·斯坦贝克（Haim Steinbach）和艾伦·麦科勒姆（Allan McCollum）。他们拒绝新表现主义，认为它已成为人们太熟悉的艺术，成为现存体制的一部分。新乔艺术家包括两类艺术家，一类包括比克尔顿、孔斯、斯坦贝克和韦斯曼，他们从消费文化中拼贴商品和商品标签。他们受杜尚的现成物件的影响，波普艺术，特别是沃赫的影响，芭芭拉·克鲁格的解构艺术的影响。他们也同样受最简单艺术派雕塑的影响。另一类包括彼特·哈利和艾伦·麦科勒姆。他们模仿现代主义的几何绘画。罗斯·布莱克纳重塑光效应画派艺术对他们产生重要的影响。新乔艺术家的作品与商品艺术有关，因为他们使用拼贴，将几何的抽象化视作另一种商品。新乔艺术家和商品艺术家认为消费社会和大众传媒是他们的艺术的动力。他们受时髦的后架构主义和新马克思主义理论的影响，特别是珍尼·伯德里亚的影响，他成为他们崇拜的偶像。伯德里亚认为，大众传媒用它那无所不包的形象网络已取代了现实，模仿品比现实还现实，或者说超现实。商品艺术家特别赞赏安迪·沃赫。沃赫创造了典型的消费社会的艺术，他的绘画和雕塑代表大规模生产的商品。他意在指出美国是世界上所有可能的地方最好的，新的新世界。

20 世纪 80 年代后期大批边缘化的艺术家，非洲裔美国人、印第安人、同性恋者艺术家获得艺术界的认可，进入了主流。边缘化艺术家的崛起反映了反文化的崛起。现存的体制被定格为白种的、与异性爱的西方男性，是种族主义、性别歧视和帝国主义的温床。艺术理论家很快为多元文化主义找到了理论根据。他们使用解构主义的方法，将"差异和中断"向"完整与延续"的思想挑战。新马克思主义者在阶级斗争的思想中以"另类人"代替了工人阶级，边缘人反抗主流的斗争代替了无产阶级反对资产阶级的斗争。这一批艺术家包括安德里亚·派帕（Adrian Piper）、戴维·哈蒙斯（David Hammons）、梅尔·爱德华兹（Mel Edwards）、马丁·普里尔（Martin Puryear）、吉米·德哈姆（Jimmie Durham）、罗伯特·梅普尔索帕（Robert Mapplethorpe）、约翰·科普朗斯（John Coplans）、克里斯琴·勃坦斯基（Christian Boltanski）、伊里亚·卡伯科夫（Ilya Kabakov）等。

20 世纪 80 年代末，美国艺术界不再讨论关于美国艺术的论争："美国艺术是死还是活"，即使在《十月》杂志中有些零星的讨论，也不成气候了。人们开始将绘画作为一种有活力的艺术形式来接受。无论是 20 世纪 80 年代初期成名的画家，如弗朗西斯科·克拉门特（Francesco Clemente）、埃里克·菲谢尔、安塞尔姆·基佛（Anselm Kiefer）、伊丽莎白·默里、西格马·波尔克、格哈德·里克特（Gehard Richter）、苏珊·罗森堡、戴维·萨勒和朱丽亚·施纳贝尔还是后来成名的彼特·哈利、菲利普·塔弗（Philip Taffe）和戴维·里德（David Reed）都在 20 世纪 90 年代继续得到艺术世界的关注。媒体和解构主义艺术家如约翰·鲍尔德萨利、理查德·普林斯、辛迪·舍尔曼、詹尼·霍尔泽、芭芭拉·克鲁格和翰斯·哈克仍然活跃在美国艺坛上。只是年青一代的媒体和解构主义画家，因为他们使用的媒体形象，照相和类似广告般的构图已经过于平常而销声匿迹了。在 1989 年秋，在惠特尼博物馆举办了一次规模宏大的展览"形象世界：艺术和媒体"，引起极小反响。在洛杉矶举办的"符号之林：代表危机中的艺术"同样没有得到艺术世界积极的回应。艺术批评家认为这两个展览会宣告了媒体形象时代的结束，无论是中产趣味还是低级趣味都拒绝了它，把它看成是过时的东西。支撑莱文、克鲁格和哈克的解构主义理性也同样成了过时货。解构主义艺术家的作品失去了它的锋芒。它的商业化本身使它对于商业化的批判成为问题。克鲁格的作品成为伏特加推销的广告。伯德里亚认为人们无法区分现实和媒体形象，人们为消费社会所吸引和诱惑而成为被动的一群，他的新马克思主义观点更多的艺术家不与苟同。

20 世纪 80 年代末，艺术理论也似乎进入非常困倦的时代。20 世纪 80 年代叱咤一时的大知识分子，如德里达、罗兰·巴尔特、米切尔·福柯、雅各·拉康（Jacques lacan），在艺术评论中提及的次数逐渐减少，即使提到，人们也开始质疑他们的理论了。在 1990 年秋，罗萨林德·克劳斯（Rosalind Krauss）在尼亚基金会（Nia Foundation）组织了一次讨论会，讨论在现代艺术馆举办的展览"高雅和低级趣味：现代艺术和流行文化"。这个展览会的目的是为了显示那些自称为高雅的艺术家不仅从大众传媒而且从低级艺术汲取了大量的营养；这已经成为现代艺术的传统。克劳斯和其他的演讲者在会上声明他们将采用不同于现代艺术馆馆长柯克·瓦尔纳多（Kirk Varnedoe）方法的其他理论方法。但实际上他们也谈不出什么实际的东西，仅仅提及杜尚而已，与学院艺术学会年会上的泛泛之谈无异。艺术理论成为纯学术的东西，它仅仅影响艺术学院学艺术理论的研究生。解构主义艺术家开始批判艺术理论，因为他们觉得它限制了对他们艺术的阐释，限制了言语，甚至封闭了言语。于是，萨拉·查尔斯沃斯（Sarah Charlesworth）和劳里·西蒙斯（Laurie Simmons）开始公开地道出了他们的目标。查尔斯沃斯声言她已经腻味解构主义。许多解构主义艺术家将他们的视线从媒体转向新的主题。莱文创作的雕塑性玻璃物件是从杜尚那里获得灵感的。普林斯的画品和雕塑显示了 20 世纪 60 年代后期最简单艺术派的风格。他们超越了媒体，扩大了他们的注意力，向世人表明当代意识是如何用各种各样的形象来塑造的。商品艺术家和新乔艺术家在 1986 年获得美国艺术界的认同。他们是 20 世纪 80 年代最后一批获得艺术界认同的艺术家团体。在 20 世纪 80 年代末没有出现什么有影响的艺术流派和主义，只是艺术家作为个人统率着艺术的潮流，如 1987 年的斯塔恩（Starn）孪生兄弟，1988 年的杰夫·孔斯和 1990 年的迈克·凯利和戴维·哈蒙斯。他们都是新杜尚的艺术家，但艺术批评家没有将他们作为一个流派看待，只看重他们每一个人的不同的特点。斯塔恩兄弟对过去怀着一种后现代的怀念之情；孔斯礼赞消费社会，将沃赫视为艺术之神；凯利注视消费社会的心理与社会的方面；而哈蒙斯则关注非洲裔黑人的越来越强烈的自我意识和多元文化的美国。

20 世纪 80 年代末的美国艺术朝三个方向发展。第一个方向的艺术家以个人的方式扩展和继承美国 20 世纪的艺术风格，而无视社会问题。第二个方向的艺术家直接关注新涌现的社会问题，这一方面的艺术家得到艺术世界最大的注意。第三个方向的艺术家则是落魄的一群。落魄的艺术家在 1990 年举办了一次名为"感伤而已"的展览会，展览会展出了迈克·凯利、威廉·韦格曼和戴维·哈蒙斯的作品。总的来说，他们的作品是 20 世纪 60 年代末以来的反文化倾向的一个终端产品。按拉尔夫·鲁格夫（Ralph Rugoff）的评论，他们的艺术具有"卑贱的可笑性"，因为使用的都是过时的材料，"显得可笑而令人困窘"。鲁格夫认为，感伤艺术反映了美国社会与文化已经失去了功能，失去了动力，看不到任何改善的可能性。阿瑟·丹蒂（Arthur Dante）称这种艺术为"通俗艺术"，认为这种艺术毫无构图技术可言，人们在文身师的工作室里，在监狱墙上的涂鸦里，在汽车库市场广告卡片上都可以看到。这种艺术"嘲弄和敌视一切，阴郁，流里流气，没有魅力，没有表现力，平淡，机械，乱涂，全是些速记符号"。他认为这主要是由于"文化的激变"造成的。丹蒂认为这种通俗艺术已成为美国的主流艺术。他认为，这些"反美学的、破碎的、混乱的"艺术作品是"我们时代的反映"。到 1990 年，感伤艺术的艺术家们成为一支流派。虽然他们也吸引一批追随者和拙劣的模仿者，但这类艺术倾向陷于停顿之中。丹蒂把感伤艺术与现存的不尽如人意的美国社会状况联系在一起显示了他分析的尖锐性与中肯。在 20 世纪 90 年代，虽然冷战结束，柏林墙被推倒，但艾滋病、民族主义、大屠杀、消费社会和人口爆炸造成的环境恶化、城市中心衰败、无家可归的人的增多、日益严重的种族矛盾、反堕胎运动等等困扰着美国。在这种社会环境产生美国的浸润着世纪末情绪的感伤艺术绝不是偶然的。

　　然而关注社会问题的艺术家们也同样非常悲观。左派的艺术家们认为："西方自由主义的民主过于压迫和具有帝国主义倾向，它们通过使大多数人信服生活在它们的统治之下就是自由来维系它们的霸权。"不管这些关注社会的艺术家是否相信这一切，他们终久承认资本主义仍然在继续生存和发展。他们对于他们所憧憬的未来的社会到底是一个什么样子自己也不甚了然，于是他们只求改善现存的社会条件，而不是使它有一个革命性的改变。美国的艺术市场就是一个最好的指数，市场统率着 20 世纪 80 年代所有的艺术活动。正如西尔达赫（Schjeldaho）所说的："金钱和当代艺术在 20 世纪 80 年代结合在了一起。这是可憎而又快乐的一对。"在 1989 年 11 月，在拍卖会上拍卖的艺术品总共达 10 亿美元。在 1989 年 5 月破两个记录：梵高的《加谢博士的画像》售价 8250 万美元，雷诺阿的《加莱特的磨坊》卖了 7810 万美元。然而，就在那一个月，人们揭露日本人涌入美国艺术市场并不是为了欣赏艺术而是为了有组织的犯罪团伙和贪官非法转移金钱。同年 10 月传来消息，掌艺术市场牛耳的查尔斯·萨奇（Charles Saatchi）卖掉大批他收藏的艺术品。人们意识到艺术品，特别是当代艺术品标价过高。在 11 月，艺术市场走向低谷。美国艺术市场的萧条使人们重新思考到底什么是艺术，到底什么才算是好的艺术。同时，这也使左倾的艺术家相信资本主义是罪恶的。不过，不管他们自己是否承认，他们接受美国社会的现状，并意识到资本主义将继续存在下去。他们受到社会不安感的驱使，创作与社会问题有益的作品。他们面临一个十分艰难抉择：如果他们创作社会性的主题，他们将如何避免将它简单化成一种单维的宣传性的东西或者仅仅是理论抽象化的东西呢？他们将如何表述存在的复杂性，生命的喜怒哀乐和挑战，同时又具有美学价值呢？其实在 20 世纪 80 年代末，将社会问题作为主题的艺术并不新鲜。在 20 世纪 80 年代，有一大群这样的艺术家，从戈卢布、哈克、克鲁格到霍尔泽。但一批非洲裔美国人、拉丁裔美国人、亚洲裔美国人和印第安人已经以多元文化为旗号走上了艺坛。在 1990 年，《十年展》在新博物馆、哈莱姆博物馆和现代西班牙裔艺术博物馆展出。这次展览展出了那些自认为被社会边缘化的、愤怒的艺术家的作品。在这些艺术家中，三分之一已经赢得艺术世界的承认。左派的艺术理论家鼓吹多元文化主义。在 20 世纪 80 年代，他们认为白种的、西方的、信仰异性爱的作者死亡了。由于被边缘化的作者必须是非洲裔美国人、拉丁裔美国人和其他少数种族的人，并真正代表他或她的文化，多元文化主义催促作者的重生。但多元文化主义也造成严重的疑问：它将给被边缘化的人们带来权力和一个更为公正的社会呢，还是会造成新的部族主义和分裂的社会？多元文化主义仅仅是与艺术家从事艺术活动有关的社会问题中的一个。他们面临的最迫切的问题是艺术界中的艾滋病。艾滋病夺去了越来越多的艺术家的生命。对艾滋病的关注引发了对人体主题的兴趣，关于人体的主题一直是女性主义者所鼓吹的。女性主义者一直在争辩有关堕胎的问题，争辩到底谁控制女性的身体。是媒体/抑或我们自己？人体是谁的？是男性的，女性的，同性恋者的，白人的，有色人种的，老人的，工人阶级的还是中产阶级的？是私有的，还是公共的？1989 年在华盛顿特区科科伦艺术画廊展出的罗伯特·梅普尔索帕（Robert Mapplethorpe）个人回顾展被取消，因为其中有的画品画有裸体和同性性欲行为。1990 年，辛辛那提艺术中心主任丹尼斯·巴里（Dennis Barrie）举办了梅普尔索帕的画展而受到起诉。这在美国艺术界引起关于表述自由的广泛争论。

随着艺术家对社会问题的关注日益浓厚，他们对带有政治性质的表现艺术产生了强烈的兴趣。这些作品使他们能直接表述有关政治问题的意见，不仅有关于艾滋病的，而且还有关于艺术自由、对妇女施暴、堕胎权利、种族主义、无家可归者和环境保护的。彼特·西尔达赫对1991年美国艺术作了一个总的估计，指出在美国艺坛将发生一次"重要的转变"，这个重要的转变的起因不是别的，而只是"厌腻"。艺术家厌腻艺术经纪人，厌腻艺术的理论和政治性的评论。人们希冀的是一个简单化的艺术文化。因此，最能将艺术家和观者融合在一起的就是表现艺术。艺术家直接走进观者的经过艺术家改造的空间以激发思绪和感情。罗伯特·斯多尔1991年在现代艺术博物馆举办的"位移"和马克·弗朗西斯（Mark Francis）以及莱奥尼·库克（Lyune Cooke）在匹兹堡举办的"卡耐基国际展览"都代表了这种艺术态度。他们反对承认艺术是有目的的，在20世纪90年代初期它似乎又重复了20世纪60年代的后最简单艺术派的艺术，又回到了20世纪60年代反文化的艺术。1993年，在惠特尼博物馆举办了两年一度的展览，展览对社会问题关注的艺术。展览会是由伊丽莎白·索斯曼（Elisabeth Sussman）主持。展览会选了82位艺术家的作品，其中只有8位是画家。主持人认为展览会的艺术作品直接面对正在改变美国生活方式的生命攸关的问题，如艺术家在社会中改变了的作用，种族与性别政治，艺术与淫秽的界线，个人、家庭、社区之间的关系；新技术的影响，等等。社会对这次展览的反响不佳。罗伯特·史密斯认为，这个展览将道德说教代替了真正的视觉的交流；虽然展览涉及美国在20世纪末面临的社会问题，但它没有将它的愿望演变成让观者信服的艺术作品，彼特·西尔达赫认为这个展览反映了美国艺术文化在过去两年中的主要倾向。基·拉尚（Kay Larson）认为，加里·西尔（Gary Hill）、格伦·利根（Glenn Ligon）、休·威廉姆斯（Sue Williams）、罗伯特·戈贝尔（Robert Gober）的作品虽然画面阴郁但充满激情，但它们对于"政治正确"的追求真让人受不了。评论家们认为它过于说教。由于人们对社会性的艺术的兴趣日前减弱，而又没有新的流派出现，在美国出现了一种多元的局面。在 1995 年，惠特尼博物馆举办了一次展览会，展出了各种倾向的艺术。马克·史蒂文斯（Mark Stevens）把这次展览称之为一种"礼貌的"展览，它的政治就是"礼貌"。展览会显示，在当今美国，没有任何一种艺术倾向可以称之为主流，在 20 世纪 90 年代中期，在美国艺坛真正出现了一个多元的景观。

第七节 沃赫，美国当代艺术最有影响力的艺术家

安迪·沃赫（Andy Warhol）作为美国当代艺术的一位艺术家，应用一切可能的媒介来进行艺术创作，打破了高雅文化与低俗文化的界限，被誉为"波普艺术的王子"，其对世界范围的当代艺术家的影响力一直延续到 21 世纪。

安迪·沃赫 1928 年 8 月 6 日生于宾夕法尼亚州奥克兰的煤矿工人区，幼时名安德鲁·沃赫拉（Andrew Warhola）。由于自小患有一种神经性的疾患，在自我独处时便阅读了大量大众性的名人杂志和闻名遐迩的纽约 DC 漫画公司出版的漫画书。在他以后的岁月里，他会回顾幼时看过的漫画，再创作自己的艺术形象，作为美国梦的一部分。当他在卡内基技术学院学习时，他就开始试图创造自己的人物形象，在赠送给朋友的画片上签上自己的法文的名字安德鲁。当他 1949 年从大学图像设计专业毕业后不久，就干脆将姓名最后一个字母"a"去掉，而成如今的"沃赫"。他是非常聪明而早慧的。在携带式媒介广泛传布的前几十年，他就开始用一部携带式磁带录音机和一架米诺克斯相机录下他一天生活的每一个细节以及相应的互动状况。

他将自己的工作室设在纽约，在随后的岁月中，他一直生活在这座城市。在初创时期，他用墨水画写意的画，为鞋子做广告，取得极大成功。在不到一年的光景中，他作为一个商业艺术家便接到

了一些高端公司，如哥伦比亚唱片公司、《魅力》（Glamour）、《时尚芭莎》（Harper's Bazaar）、蒂芙尼公司（Tiphany & Co.）、《时尚》（Vogue）、国家广播公司（NBC）等的订单，范围从杂志插画、广告设计、书套制作到唱片封套等。他同时为 Bonwit Teller 和 I. Miller 百货公司设计吸引顾客的橱窗。在成为一位颇有建树的造型艺术家之后，他在 50 年代又转向绘画。在 1952 年，他在雨果画廊第一次举行个人画展《取材自特鲁门·卡波特作品的 15 幅画作》。作为一个商业性的插图画家，他开发了一种基于照片的绘画技术。他的作品很快引起了现代艺术博物馆的注意，在 1956 年将他的作品在一次多人的画展中展出。

动荡的 20 世纪 60 年代和 70 年代初，大众文化和大众传媒得到了极大的发展，这一时期同时也是沃赫最为多产的岁月，他创作一系列令人印象深刻的作品。当时对社会进行批判的波普艺术运动正如火如荼，画家用大众传媒广告、漫画和消费品作为绘画的形象。和流行音乐一样，波普艺术目的也是旨在吸引最广大的民众，与所谓的精英文化或高雅文化相对抗。在这样的背景下，诞生了沃赫的大众艺术。1962 年，他在洛杉矶的法鲁斯画廊举行个人画展《32 个坎贝尔汤罐头》。此次展览标志着美国西海岸波普艺术的发轫。紧接着又在纽约斯塔博尔画廊展出，展品包括《玛丽莲折皱双连画》《100 汤罐头》《100 张美元钞票》《100 个可口可乐瓶》。1964 年，他在纽约展出约 400 件模仿食物包装的"雕塑"（Brillo Soup Pads Box）并获得《时代》周刊的报道。他为"丝绒地下乐团"大碟设计出经典的香蕉封面。初版大碟的封面上，印有"请慢慢撕下，看一下"的指示。当人们撕下实际上是贴纸的香蕉皮后看到的，是一条近乎橙红色的香蕉。他为 1971 年出版的《滚石》（Rolling Stone）设计"黏糊糊的手指"被视为前卫的经典。在印有牛仔裤的封套上，有一条"真的"拉链，拉下拉链，便窥到印在内页、印有"Andy Warhol"的内裤。在 60 年代中期，他的位于纽约东 47 街的工作室——他对人称之为"工厂"——成为前卫活动的中心。在他的周围，聚集了一大批艺术家、音乐家和过着波希米亚式的生活的地下名人。

在美国没有一位画家像沃赫那样与波普艺术的风格结合得如此完美。沃赫开始画生活中屡见不鲜的生产线生产出来的物品。由于他有一段做商业广告的经历，他对此驾熟就轻，得心应手。当人们问他为什么要画坎贝尔牌汤罐头时，他回答说："我想画最微不足道的东西。我一直在寻找那最能代表微不足道的核心意义的东西，那就是坎贝尔牌汤罐头。"这微不足道的汤罐头的形象比实物要大，暗示画家对美国消费社会的批判，后来成为沃赫的标志，使沃赫获得广泛的认可。它很快便跻身于《玛丽莲·梦露》《美元》《灾难》《可口可乐瓶》行列之中，而成为当代艺术的富有代表性的作品。可以毫不夸张地说，坎贝尔牌汤罐头和可口可乐瓶无疑成为大众艺术运动的一部分。关于这一点，沃赫自己曾经说道："这个国家之所以伟大就在于美国开始了一个伟大的传统，在这个传统中，最有钱的人和最穷困的人基本上消费同样的东西。你看电视，看到可口可乐，你知道总统在喝可口可乐，泰勒在喝可口可乐，你便会自然想到你也在喝可口可乐。可口可乐就是可口可乐，不存在你有更多的钱便可以得到一份比在街角上喝可口可乐的流浪汉更好的可口可乐。所有的可口可乐都是一样的，而且所有的可口可乐都是很好的。泰勒知道这一点，总统知道这一点，流浪汉知道这一点，你知道这一点。"他对好莱坞情有独钟，他曾经说过："我热爱洛杉矶，我热爱好莱坞。它们是那么的美丽，一切都是那么的富有创造力。我热爱创造力，我想有创造力。"

他使用丝网印刷的技术，通过加强照片的效果来印制版画。他的最有名的作品都是基于电影明星、政治人物和名人的照片使用的丝网印刷术而印制的系列版画作品。他还使用报纸的大字标题、蘑菇云、电椅和攻击民权示威者的警察的警犬作为他的版画内容。他的版画还包括猫王、拳王阿里、电影明星伊丽莎白·泰勒等人的形象，他相信名人的形象本身就会成为一种品牌。他的最为著名的名人品牌便是梦露的照片版画。

丝网印刷使沃赫有可能创造系列人物形象。他选择好一个主题，然后在丝网上用不同的颜色不断地翻印形象，翻印的数量按他的喜好或者市场上可能的销量来决定。

他在 1964 年和 1965 年创作的《红色的自画像》是他的丝网作品中最为著名的作品之一，不断地被关于他的书籍和广告画所采用。这系列作品基于他用自动照相机自拍的一张照片。画像显示沃赫正面的脑袋和肩膀。沃赫将自己描述成一个傲慢而无动于衷的人，就像一个歹徒或者恶棍在说："要么拿着，要么滚蛋！"它给人的印象就像是一种新型的人，陷于深不可测的虚幻的空间，毫无情感的深度。画像中的眼神是迷茫而冷峻的，他似乎在说："如果你想了解安迪·沃赫，就瞧一眼这表面的一切吧，瞧一眼我的画作，我的电影和我，我就摆在那儿，在这后面没有隐藏任何东西。"

沃赫喜欢这种带有颗粒感的抽象表现主义的丝网版画。他说："我期望得到一种更带有生产线的效果。"他的丝网版画并没有用手描绘的效果，看上去更像是小报机械地复制的廉价的照片。一幅丝网版画的形象是平直的，没有所谓的艺术的深度。但这恰恰符合沃赫的思想。他认为，在描画梦露时，你并不想描画一个有血有肉的、具有复杂情感的女人，而只是想创造一幅在好莱坞摄影棚里生产出来的一个公关照片而已。科林·克拉克（Colin Clark）评论说，你不能用审视伦勃朗和提香的画的眼光来审视沃赫的画，因为沃赫对这些画家所感兴趣的东西，诸如物质现实的代表性，人物性格的挖掘，或者画面事业的创造等等，没有一样他是感兴趣的。当人们在画作完成之后对其仔细省视时，会发现画作上存在瑕疵。沃赫的目的是大量印制带有瑕疵的名人照片画作，以此作为一种批判社会的手段。

关于艺术，沃赫询问与人不同的问题：艺术如何与其他商品不同？我们对于艺术的原创性，独一无二性，稀有性和创造性等的价值是怎么理解的？在艺术评论家亚瑟·C. 丹托（Arthur C Danto）

看来，沃赫是"艺术史上最接近哲学天才的艺术家"。

沃赫使用简单的丝网印刷技术在廉价的诸如圆领汗衫和贺卡等商品上制作版画，这在美国是一个突破。正如大都会艺术博物馆馆长亨利·盖尔扎勒（Henry Geldzahler）说的，沃赫的两项伟大的创造就在于"将商业艺术引进了高雅艺术的殿堂，和将印刷术引进了绘画领域。对于沃赫来说，绘画和印刷是一回事。从来还没有一个人这样干过，真是太神奇了。"

托尼·舒曼（Tony Scherman）和大卫·道顿（David Dalton）在他们 2009 年 11 月出版的书《波普：安迪·沃赫的天才》中认为，沃赫从一个用手绘画的艺术家发展成为一个用丝网照相印刷图画的艺术家，这是他的艺术成就的核心之所在。他们说："传统的手工的全面技术已经无关紧要了。沃赫会不会绘画对于他的艺术已经不重要了：一件艺术品是如何完成的已经不再是艺术质量的标准。要紧的是结果：它是不是一个令人印象深刻的形象。创造艺术变成一系列心理的决定过程，其最重要的步骤就是选择最合适的形象来源，正如沃赫数年后所争辩的，形象的选择是最重要的，并且是想象的结果。"正如沃赫后来自己说的："我正在成为一家工厂。"而他的纽约工作室名副其实地被称之为"工厂"。

沃赫的作品是艺术与大众文化相互作用的一种结果。1964 年在波普艺术中发生了一次重要的事件。在保罗·比埃齐尼的上东画廊举办了"美国超市"的展览。这是一个典型的美国小型超市，只是陈列的商品、罐头和墙上的招贴画都出自 6 位波普艺术家之手。沃赫的一幅坎贝尔罐头招贴画卖 1500 美元，其他人的签名的罐头只卖 6 美元。这次展览是波普艺术第一次尝试直面公众，并提出了一个以后经常要提出的问题，即艺术是什么，或者说什么是艺术和什么不是艺术。

在关于绘画的概念上，沃赫继承了他热爱并崇拜的画家杜尚的风格。就像杜尚的定制画品一样，一件作品的重要性并不在于沃赫是否亲身为之，而在于这件作品是否表述了他的思想。他的作品是一种高度公众的艺术，倘徉于高雅文化、大众文化、商业和日常生活之间。他赋予它所描绘的名人、社会贵胄、摇滚乐队、电影和时尚以荣耀和幽默感。这使沃赫成为艺术史上一个非常复杂和令人难以捉摸的艺术家。正如丹托在他的 2009 年著作《安迪·沃赫》所指出的："沃赫询问的不是'艺术是什么？'而是'在两件几乎相同的事物中存在什么歧异，一样是艺术，另一样不是艺术？'"

1968 年，沃赫在纽约的工作室里遭到歹徒袭击，身受重伤。关于这次打击，沃赫有他自己的看法。他说："在我被袭击之前，我总是想，我是半心半意地，而不是全心全意地在生活着。我总是在纳闷我是在瞧电视，而不是在生活。人们总是说，发生在电影的事是不真实的，然而，在不真实的生活中正发生那样的事情。电影使感情看上去是那么的强烈和真实，然而，当事情真的在你的面前发生时，你反而感觉似乎是在瞧电视了，你并不感受任何事情。自从我被枪击的一刹那，我知道我是在瞧电视。只是频道变了，但那还是电视。"

这次打击使沃赫在艺术上一蹶不振，创造力开始走下坡路了。和 20 世纪 60 年代的成功与荣耀相比，对于沃赫来说，70 年代是一个较为平和的 10 年。他变成一个精明的艺术企业家。他花费大量时间和精力拜访暴发的富翁和名人，希冀得到为他们制作肖像的合同。这些名人包括伊朗国王巴列维和皇后、巴列维公主、美国歌手迈克尔·杰克逊、英国歌手约翰·列侬、电影明星丽莎·明妮莉、英国歌手米克·贾格尔、黑人女歌手戴安娜·罗斯、法国名模碧姬·芭铎等。在 1975 年出版《安迪·沃赫的哲学》中，沃赫表述了这样的一个思想："赚钱是艺术，工作是艺术，而赢利的事业是最好的艺术。"

他的作品变得非常有名，同时也成为争论的焦点。1962 年 12 月纽约现代博物馆举行了一次讨论会，在会上，有人指责沃赫"向消费主义妥协"。有的批评家指责沃赫公开奉行市场文化。这场讨论会定下了对沃赫的评价。继后，有批评家认为沃赫仅仅成了一个

"商业艺术家"。然而，在 20 世纪的后半叶，美国的艺术文化发生了深刻的变化，而沃赫正处于这种变化的旋涡中心。有的批评家将沃赫的肤浅和商业性看成是"我们时代的最杰出的镜子"，认为"沃赫在 70 年代抓住了美国文化的时代精神。"

安迪·沃赫在 1987 年 2 月 22 日逝世。根据他的遗嘱，除了给家人留下很小一部分遗产之外，他将他的大部分钱建立一个基金会，"致力于促进视觉艺术的发展"。沃赫的财物是如此的丰富，索斯比拍卖行花了整整 9 天才拍卖完，拍卖金额达 2000 万美元。

据《经济学家》2009 年一篇报道，沃赫的画作《8 个猫王》（1963）卖出 1 亿美元，是他的作品中卖得最贵的；他的画作的价值跻身于毕加索、梵高、雷诺阿和库宁之列。

沃赫的 1965 年的自画像被安迪·沃赫艺术鉴定委员会认定是假的。委员会认为这些自画像在制作时，沃赫并没有在场。然而，其中一幅画有沃赫的签名，并写有赠送苏黎世艺术经销商勃鲁诺的字样。伦敦收藏家安东尼·道费拥有这幅画。当他在 2008 年将他的当代艺术的收藏献给英国政府时，英国首相戈登·布朗说："这是英国至今为止所收到的来自私人的最大的礼物。"由于这幅画的真伪存在疑问，安东尼·道费不得不将它收回。

第五章
美国音乐

第一节　战后 12 音作曲技术的繁荣

　　第二次世界大战之后，在美国音乐史上，这是一个音乐迅猛发展的时期。1948 年发明了可以长时间播放的密纹唱片，唱片的价格大幅度降低，销售量猛增，唱片成为一个重要的新音乐的媒介，作曲家的成功不再基于作曲家的作品出版多少，而是基于录了多少唱片或磁带。福特基金会、洛克菲勒基金会、科谢维斯基（Koussevitzky）基金会、马萨·贝尔德·洛克菲勒（Martha Baird Rockefeller）基金会以及州、县和市级的联邦机构为音乐家和演出团体提供了新的资金。音乐会观众增长很快，20 世纪 50 年代的数据表明听音乐会的美国人超过了观看棒球赛的观众。20 世纪 60 年代初期，许多城市建设了艺术中心，最著名的是纽约的林肯表演艺术中心，林肯中心有一座大型音乐厅和数座小型的音乐厅，两座剧场演出戏剧、芭蕾舞、音乐剧和歌剧，一座图书馆兼博物馆和一座大型歌剧院。尽管发明了电视，收音机仍然拥有大批的听众。根据 1955 年的一个调查，大约 1000 家电台每星期播放 13795 小时音乐会音乐，每个电台每星期差不多平均 14 小时。作曲家和表演团体的数目猛增。有一次调查显示，1939 年美国有 600 个交响乐队，1967 年为 1436 个，占全世界 2000 个交响乐团一大半。美国拥有 918 个歌剧院，在学校中有 68000 个管弦乐组织，其中 50000 个为吹奏乐队。在美国的音乐文化中也出现了一个生机勃勃的发展局面，这主要反映在大批音乐作品诞生，各种风格相互竞争。其中最重要的一个发展便是许多作曲家采用了 12 音体系作曲。这是现代派作曲手法之一。作曲家放弃传统的调式、调性与和声体制，将半音音阶中的 12 个音任意排成一个音列，然后以倒置、逆行等技法加以处理，除非所有的音都出现过，否则任何一个音不得重复。在二战以前，这种技法仅仅是一群与阿诺德·勋伯格（Arnold Schoenberg）有联系的作曲家的个人方法，然而战后在这一系列 12 个半音阶音的基础上作曲为许多年轻的作曲家们所喜爱。年长一辈的音乐家在 20 世纪 40 年代后期也开始试着用这种新的技法作曲。1948 年，沃林福德·里格（Wallingford Riegger）凭借他的《第三交响乐》获"纽约音乐批评家奖"。他很早就使用 12 音体系技法作曲，但一直要等到整个音乐家开始接受这种技法时才得到广泛的承认。里格 1931 年的《木管乐器三部轮唱曲》和 1931～1932 年的《二分法》成为 12 音体系的范例。在他的《第三交响乐》中，12音系列是该部作品第一乐章的主题性材料，但在半奏鸣曲发展部却摒弃了 12 音系列，采用半音阶音群。第二乐章没有采用 12 音系列，最后乐章的帕萨卡里亚舞和赋格主旋律是 7 音主题，不是 12音。像只有一个乐章的《木管四重奏》，充满了激情和完美性，特别适合吹奏音乐家演奏，当初没有批评家注意到作品里有力的轮唱曲和系列的半音阶手法。在战后另外两位受到重视的用 12 音系列创作的作曲家是欧内斯特·克雷尼克（Ernest Krenek）和斯蒂凡·沃尔普（Stefan Wolpe）。克雷尼克对美国音乐的影响主要通过他的教学和有关音乐教学的书籍，如《现在的音乐》和《在 12 音技术基础上研究对位法》。沃尔普则依靠他的音乐作品本身对美国年青一代的音乐家产生影响。他的音乐作品发展了 12 音系列技术。和艾顿·韦伯恩（Anton Webern）的作品一样，沃尔普的音乐需要听众以一种新的方式来聆听，也就是说听音乐基于对音程的感知，而不再是基于对旋律的主题或者和弦来感知。最典型的就是他的为钢琴谱写的《形式》（1959）。其他运用 12 音系列创作的成熟的音乐家还有罗杰·塞申（Roger Session）、阿伦·科普兰德（Aaron Copland）、罗斯·李·菲尼（Ross Lee Finney）、雨果·韦斯格（Hugo Weisgall）和斯特拉文斯基（Stravinsky）学派。塞申在 20 世纪 30 和 40 年代就开始用半音阶音创作，这种手法使他渐渐接受了 12 音的创作方法。他最自然不过地接受了 12 音系列的抽象。在他的《小提琴独奏奏鸣曲》（1953）中，开始曲含有 12 个不同的音，使他自然而然地在 12 音的基础上创作。所以，塞申的前期作品和后期作品听起来似乎都属于 12 音系列技法，似乎毫无差别。他的作品仍然保持其早期的紧凑的结构，漂亮的对位，漫远的不相重复的旋律和古典—浪漫风格。他的音乐还保持原先的严肃性，崇高性，使他成为同代的作曲家中的佼佼者。他的后期作品最易为听众接受的是为女高音和乐队而作的《奥克里托斯的牧歌》（1954）。人们认为他的主要作品是大合唱《当最后的紫丁香在门院里盛开的时候》（1970），其中引用了惠特曼纪念林肯之死的诗。批评家迈克尔·斯坦伯格（Michael Steinberg）认为，塞申时而用简洁的和弦，时而用长长的高昂的旋律完美地演绎了惠特曼的诗句。科普兰德在开始试验系列音技术时，有点生硬，特别是在他的《钢琴四重奏》（1950）中，然后在他的《钢琴幻想曲》（1952~1957）中，他的技术臻为成熟。在幻想曲中，10 音系列作为基础，另外两个半阶音作为乐章的结尾的音程而保留着。实际上，这篇作品听上去仿佛是 E 大调。无论在幻想曲中，在四重奏中，还是在为乐队而作的《内涵》（1962）中，他都没有利用民间音乐或流行音乐的材料，但即使这样，人们一听便知道这是创作《阿巴拉契亚之春》和《牧区竞技》的作曲家的作品。他的作品富有表现力，对作曲家的 12 音技术作曲有重大影响。他认为将作曲家归纳为 12 音系列作曲家太过于模糊。12 音创作实际上只是一种看问题的角度不同而已，就像赋格，它是一种使音乐思想活泼起来的刺激而已，它是一种方法，不是一种风格。菲尼对历史上的美国音乐有浓厚的兴趣。他在《朝圣者赞歌》（1945）中从殖民时期的音乐汲取灵感，在他的为管弦乐队而作的《赞美诗、赋格和假日》（1943）中从南北战争时期的音乐汲取灵感。1950 年，他开始对 12 音系列技术感兴趣。他的作品充满男性的力，音色独特，节奏强而有力，具有新古典派风格。他在《弦乐四重奏第 6 号》（1950）中运用了 12 音系列技巧，他运用这一新的技术主要是为了与他的音色组合相配。在 20 世纪 50 年代，他关注对称性的或绕圈儿的结构。他认为他的《第 7 号四重奏》就像一个 8 字，就像一个溜冰者，第一乐章从中间的一个点出发，绕一圈回到原点，然后第二乐章再从相反的方向绕一圈，四重奏在中间点上结束。这种对音乐的"空间"概念是从 12 音方法的平行的（线性的）和垂直的（和声的）观点而来的。这种观点在 20 世纪 50 年代变得越来越流行。

在成熟的作曲家中还有斯特拉文斯基学派的音乐家，他们开始时对勋伯格的音乐全然没有兴趣，后来突然接受了他，并将他的手法融进了他们个人的风格之中。他们大多数是纳迪亚·布朗热（Nadia Boulanger）的学生，包括露易萨·塔尔马（Louise Talma）、阿瑟·伯格尔（Arthur Berger）、英哥夫·达尔（Ingolf Dahl）、欧文·法恩（Irving Fine）。同时，斯特拉文斯基本人在他的《大合唱》（1952）中也接近 12 音技法，在 50 年代中期完全转向 12 音系列技法。和塞申以及科普兰德一样，他们运用 12 音技法丝毫没有影响他们个人独特的风格，虽然他们作品中新古典主义的风格有所减弱。韦斯格、塞申的学生，在 20 世纪 50 年代和 60 年代创作了好几部歌剧，这些歌剧是在 12 音系列技巧的基础上创作的，并富有维也纳表现主义的风格。他对文学有强烈的爱好，他在魏德金德、斯特林堡、皮蓝德娄、叶芝和拉辛的作品中发现了极好的歌剧脚本材料。从音乐上讲，他的歌剧《男高音》（1950）、《强者》（1952）、《6 个寻找作者的人》（1956）、《炼狱》（1958）和《亚他利雅》（1963）都是非常紧凑的作品。《6 个寻找作者的人》充满智慧和夸张的感情冲突，人物描写深刻而细腻，吟唱、管弦乐和戏剧表演得到极好的配合。和韦斯格歌剧创作极相近的还有三位作曲家，他们都受到

勋伯格极大的影响。利昂·科克纳（Leon Kirchner）在勋伯格和塞
申名下学习过。他虽然没有接受 12 音技法，但他的音乐相当地有
表现力，有色彩。乔治·洛奇伯格（George Rochberg）非常优雅地
追随先锋浪潮。他在 20 世纪 40 年代用新的调性方式创作，他创作
的《12 首短钢琴曲》（1952）运用了 12 音系列手法。这部作品是
献给意大利作曲家卢基·达拉皮科拉（Luigi Dallapiccola）的，反
映了这位作曲家的抒情和纤巧的风格。本·韦伯（Ben Weber）的
音乐既抒情又优雅。最典型的是他为男低音和管弦乐创作的《威
廉·布莱克诗交响乐》（1950）。这三位作曲家在这一时期的作品
表明，对于他们反浪漫主义的斗争结束了，有关的争论也因此偃旗
息鼓了。正如批评家洛奇伯格提出的："如今，所有的人都在询问，
在抽象主义之后该是什么了？回答是明确的：将是浪漫主义。"历
史证明他的预言是正确的，10 年之后果然新浪漫主义的音乐出现
了。

　　1960 年左右，埃里奥特·卡特（Elliot Carter）的音乐引起人
们的关注。虽然他的音乐不是 12 音的，但却非常有表现力，细腻
而有色彩，非常严肃，甚至带有里程碑的性质。卡特起先在哈佛教
授皮斯顿（Piston）的名下学习，后来成为布朗热的第二代学生。
在皮斯顿和布朗热的影响下，为罗伯特·哈里克（Robert Herrick）
的诗《献给音乐》谱曲，他的作品使人想起英国的无伴奏牧歌风
格。更为重要的是他后来和查勒·艾弗斯（Charler Ives）十分接
近，受到艾弗斯音乐的影响。对于他来说，德彪西的音乐表现了十
分罕见的"音乐逻辑"（变化，过程，演变），他一直坚定地相信
音乐作品是作曲家与听众之间的"沟通"。他创作得很慢，很谨慎，
他在他的《钢琴奏鸣曲》（1945～1946）最初获得了他的独创性，
这种独创性在他以后的作品屡屡显现。奏鸣曲是一部完全为钢琴而
作的作品，作曲家没有运用钢琴以外任何乐器的手法，甚至和声材
料也完全源自钢琴的特殊的回声性质和节奏准确的踏板效果。作品
中充满了复杂的旋律。在创作奏鸣曲的过程中，卡特相信这一切只

可能由独唱完成，但后来他发现了使它们同样可以在奏鸣曲中得到表现的方法。在两个大型的、分部的乐章中，在《钢琴奏鸣曲》的引子中表达了各种不同的思想的冲突。作品的规模非常宏大，没有任何其他的美国钢琴奏鸣曲在完美性方面可以与之相比。在《钢琴奏鸣曲》之后，卡特的音乐观念越来越宏博，表现的手法也越来越具有说服力。他的《大提琴与钢琴奏鸣曲》（1948）3个弦乐四重奏（1951、1959、1972），《长笛、双簧、大提琴和竖琴奏鸣曲》（1961）和《钢琴协奏曲》（1965）无论从观念上，还是从目标上来说都是杰作。卡特需要很长时间赋写乐曲，但一旦写就必然是一部重要的作品。在这一时期，卡特的音乐的结构越来越丰富，越来越具有乐器的富有个性的声音，越来越拥有复杂的旋律。在《钢琴协奏曲》有些段落中同时有72个不同的协奏（作曲家自己称之为泛滥）。然而就在1949年为木管乐器而作的《8首练习曲和1首幻想曲》中却只有一个音调，这是一个何等快的飞跃。卡特的个人化或者说他创作的乐器的人格化反映了他对音乐的观点。他认为，乐谱是供表演者用乐器表演的脚本，是他们的听觉的脚本。在《第2四重奏》中，每一样乐器都仿佛是一个歌剧中的人物。代表个人的乐器之间的联系有3种形式：追随、伴侣和对峙。在《钢琴协奏曲》中，钢琴独奏似乎在与长笛、英国喇叭、低音单簧管、独奏小提琴、中提琴、大提琴和男低音进行一场对话。卡特的音乐越来越成熟，节奏越来越复杂。由于他不再满足于西方音乐，认为其在音域和调式上过于局限，于是他便转向印度、阿拉伯、巴厘和非洲音乐，寻求旋律的丰富性和复杂性。在创作《大提琴奏鸣曲》时，他创造了一种新的手法，理查德·弗兰科·戈德曼（Richard Franko Goldman）将这种新的手法称之为"距离变调"。他运用这种新的手法，不断变动拍子，创造旋律与节奏。这一手法使作曲家可以极精确地控制节奏，同时又允许在对位结构中各个声音的独立性。各个声音像波涛一样在不同的速度中流动与重叠，产生了独一无二的效果。它表明了卡特在旋律上非同寻常的想象力，这种想象力表现在他的每一篇作品中。他在作曲中采用彻底的半音阶手法，在结构上不全然是 12 音系列，这使他的作品具有丰富的抒情的动作性，富有活力和表现力。卡特的后期作品继续探索新的旋律，新的和声结构和形式，如《弦乐四重奏第 3 号》（1971）。对听众来说，它们似乎更亲切，更易接近。他后来又转向声乐，如《可以居住的镜子》（1975），他为罗伯特·洛威尔的诗谱的曲《在睡眠中，在雷声中》（1981）。音乐批评家贝杨·诺斯科特（Bayan Northcott）在评论他时，认为他发展了勋伯格、斯特拉文斯基和瓦雷兹等现代主义大师的创新。他大规模地将节奏关系和和声背景统一在一起。他在掌握富有活力的音乐形式方面的成就，在 20 世纪，只有奥本·伯格（Alban Berg）可以与之相比。

勋伯格的 12 音方法最初是用来代替古典—浪漫主义调性的音高原则的。12 音方法旨在确认西方音乐文化中发展起来的半音阶音乐语汇。韦伯恩比勋伯格更进一步探求了 12 音系列技术的内涵。在他的《交响乐作品第 21 号》中，音高序列的结构影响了旋律、力度、乐句结构、对位、管弦乐作曲法和总的形式。正是这种逻辑性的发展使韦伯恩成为第二次世界大战后一代音乐家中领导潮流的人物。追随韦伯恩成绩最卓著的要算米尔顿·巴比特（Milton Babbitt）了。巴比特是一个训练有素的数学家，12 音系列音乐在他看来不仅是一种方法，而且是一种真正的体系。这个思想与勋伯格不同，勋伯格一直认为 12 音系列不是一个体系。巴比特还认为音高序列不仅仅是一个系列，而且是一个具有数字意义的有序的组合。在 20 世纪 40 年代中期，他就用系列音原则来架构他的音乐。在他的早期，他运用这一原则创作了《钢琴作品乐曲》（1947）、《4 种乐器的作品乐曲》（1948）和《12 种乐器的作品乐曲》（1948，1954 年修改）。在《钢琴作品乐曲》中，所有的音高组合都是全混合性的。在《12 种乐器作品乐曲》中，他不仅用 12 音体系而且用 12 音的长度体系来创作，进一步统一了他音乐中的音高和音的长度。这部作品运用的类似印象主义点画法的结构犹如一组多彩的光，强弱不同，用不同的速度在闪烁。他的后期的作品表明他在运用 12 音阶体系中还可能试验种种其他的结构和其他的表现手法。例如他在 1957 年为布朗代斯大学艺术节而作的作品是一部为 7 件乐器的爵士乐队而作的作品，在节拍上、旋律上、节奏上和和声上都基于 20 世纪 40 年代的"进步爵士"。他的声乐作品如为男中音、单簧管、中提琴和大提琴而作的《两首 14 行诗》（1955）和《男高音和 6 件乐器音乐作品》（1960），都极富有表现感。在这些作品中，音的长度不是按系列组织起来，因为他认为音乐韵律的主要决定因素是旋律。不过，在它们之间仍然存在不同的音高关系，在歌曲《度（Du）》（1951）开始的几个乐节中，典型地表现了巴比特超人的表现力和优美旋律，使人想起韦伯恩的抒情艺术。巴比特通过发展 12 音系列技术创造了内部关系惊人地复杂的音乐。它们是复杂的，但它们仍然是音乐。各个相互关联的成分都无法独立存在，如果你聆听其中任何一个都是毫无意义的，他的音乐达到所谓"完全的组合"，所以它要求"完全地聆听"。作为 12 音系列的大师，巴比特仅次于勋伯格。他是普林斯顿大学和朱丽亚音乐学院年青一代音乐家的良师，对他们产生了巨大的影响。受到过塞申和巴比特教育的年轻的一代被称之为"普林斯顿学派"，他们中有彼德·威特加德（Peter Weetergaard）、亨利·温伯格（Henry Weinberg）、唐纳德·马蒂诺（Donald Martino）、本杰明·博雷兹（Benjamin Boretz）和詹姆斯·兰德尔（James K. Randall）。在这些音乐家中，马蒂诺的成就最为显著。他在佛罗伦萨从师于达拉皮科拉（Dallapiccola）两年，将他的普林斯顿学派的 12 音系列技巧与意大利抒情风格相结合。1972 年他在罗伯特·哈里克的诗的基础上为唱诗班创作的《7 首敬神曲》表现了他的才华和智慧。更典型的是为 6 位乐师创作的《夜曲》，《夜曲》为他赢得了 1974 年度的普利策音乐奖。而博雷是一位理论家和编辑。他长期编辑《新音乐视野》，被认为是一位推进普林斯顿学派思想的主要理论家。

　　巴比特对完全控制音乐材料有极大的兴趣，这使他不可避免地走上了电声音乐的道路。在 20 世纪 50 年代后期，他成为普林斯顿大学和哥伦比亚大学联合主办的美国第一家主要的电子音乐室的主任之一。这家电子音乐室的前身是哥伦比亚大学 1953 年创造的。

第二节 音乐的实验主义

电声音乐在 19 世纪末发明电报后就有人做试验了，但直到第二次世界大战后完善了可靠的磁带录音技术才引起音乐家的兴趣，得到有力的发展。电声音乐的先驱者包括法国的皮埃尔·亨利（Pierre Henry）德国的哈克伯特·艾默特（Heclbert Eimert）和卡尔海茵茨·斯托克豪森（Karlheinz Stockhausen）。约翰·凯奇（John Cage）是第一个在磁带上录了音乐《想象的土地》的美国人。另两位系统地在录音带上录音乐的音乐家是奥托·吕宁（Otto Luening）和弗拉基米尔·尤萨契夫斯基（Vladimir Ussachevsky），他们都是哥伦比亚大学教师。他们二人创作了足够的音乐在 1952 年秋天在纽约城现代艺术博物馆举行了美国第一个录音带音乐会。吕宁的第一批录音带音乐包括《空间幻想》、《低速》、《发明》（1952）。尤萨契夫斯基的早期作品都收集在《录音音乐》（1956）中，其中包括《声音的曲线》、《水下华尔兹》（1952）。他们两人在 1954 年在两个录音音乐与管弦乐的"协奏曲"中合作：《狂想变奏曲》和《自行车与铃的诗》；他们之间在电声音乐中的合作一直持续到 20 世纪 60 年代。早期电声音乐作曲有的基本设施是两三台录音机，声音信号发生器，噪音发生器，不同的滤声与振动装置，剪刀，刀片和磁带。有了这些设施，作曲家就处于一种非同寻常的史无前例的境地，这种境地与画家、雕塑家和作家所享有的快乐相仿。艺术家得以直接地具体地用自己喜爱的媒介工作，无须别人，如表演者，用另一媒介来演绎他的作品。瓦雷兹在 30 年前梦想过"让乐器从属于思想""让科学复兴音乐"，所以他狂想地转向电声音乐，在他逝世前创作了 3 部作品。一部名为《甜食》（1954），木管乐器、钢琴和打击乐器轮流与磁带上的声音材料相糅合。他将他的创作形式称之为 ABACABA 形式。A 指乐器演奏部分；B 指录音带上的音乐，瓦雷兹从铸造厂、锯木厂和其他工厂收集的噪音；C 表示磁带上录有的打击乐器演奏的声响。整部作品糅合成一个浑然一体的东西。这种电声相互插入的手法更加扩大了瓦雷兹在 20 世纪 20 年代发明的所谓"声群"技术的表现力，他创作的音乐具有惊人的力量。在 1957～1958 年间，他和建筑师勒·科巴瑟（Le Corbusier）一起为布鲁塞尔世界博览会菲利浦公司展厅工作时，创作了《电子诗》。在这首作品中，他实现了"音乐是空间"和"声音是活物"的思想。这部作品计划通过布置在由科巴瑟设计的展厅天花板和墙上的 425 个扩音器用录音磁带播出，这样音乐用不同的速度和声道在宏大的圈形穹顶迴绕。瓦雷兹用非常不同的声音来谱写这部作品，包括神秘的擦手的录音声和人声。这使作品具有一种震慑的力量。在《电子诗》中，他更加接近了他的创作的理想：一种空间的天启性的声音蒙太奇。他说，那是一种"在空中迴响的声音，相互交叉、重叠、渗透，然后再分裂，相互撞击和冲突"。

在 20 世纪 50 年代早期的哥伦比亚大学工作室里，电声音乐创作是非常繁冗的，将声音录和再录在录音磁带上，然后用手工将磁带分别剪开以"谱写"曲子。美国无线电公司开发了电声合成器，大大减少了电声作曲家劳作的强度。1959 年，哥伦比亚大学工作室安装了型号为马克第二的合成器，作为吕宁、尤萨契夫斯基和巴比特指导下的哥伦比亚—普林斯顿电子音乐中心的主要设备。合成器使巴比特和他同类的作曲家有可能追求完全组合的音乐，因为合成器有可能精确地控制音高组合，而且精确地控制旋律、力度和音色。巴比特的作品，如《为合成器而作》（1961）和《为合成器而作的合奏》（1964），具有独一无二的明澄性和洪亮性。在巴比特的其他作品，如《视野与祈祷》（1961）、《夜莺》（1964）和《通讯》（1967）中出现了新的生命力。在《视野与祈祷》中，完全合成的伴奏乐伴奏迪伦·托马斯（Dylan Thomas）的诗。《夜莺》基于约翰·霍朗德（John Hollander）的诗，是一首美妙的音乐诗，它述说被神夺走的不能说话的菲洛梅尔演变成夜莺的故事。巴比特将音乐和真实的声音通过电子手段合成。这首音乐是专为著名的女高音歌唱家伯森尼·比尔兹利（Bethany Beardslee）而作，在结构上处处表现出巴比特的才华，是一篇十分具有动作性、十分具有表现力的作品。有一位批评家认为《夜莺》最后的凯旋的乐句，夜莺的终极的声音的力量都仿佛在庆祝巴比特先生的新近发现的声音。巴比特 1975 年为女高音和磁带或者为女高音和钢琴而作《福纳梅娜》，这是一首戏谑性的作品，"献给所有我认识的女歌唱家"。歌词全由单音节组成——24 个辅音和 12 个元音。巴比特这样选择也绝不是偶然为之的，这显然与 12 音系列结构有关。

洛克菲勒基金会给了哥伦比亚—普林斯顿中心一笔资助，这使它有可能邀请许多作曲家到中心工作，使用它的设施。1969 年一项调查显示 11 个国家的 60 多位音乐家来到中心，创作了近 225 篇音乐作品。有些与中心关系密切的作曲家后来成为闻名遐迩的音乐人。沃尔特·卡洛斯（Walter Carlos）重新合成了巴洛克音乐，出版了录音音乐《改造了的巴赫》（1968），成为电子音乐市场上的热销货。马里奥·达维多夫斯基（Mario Davidovsky）原本是阿根廷人，开始时研究电子音乐，后来集中精力为现场演奏者将电声与音乐合成；他创作了 8 部对话式的作品，冠之于《同步》。雅各布·德鲁克曼（Jacob Druckman）也强调现场音乐与电子声的对峙，创作了十分有力的、辉煌的、富有戏剧色彩的《敌意 I》（长号与磁带，1966）、《敌意 II》（女歌唱家，打击乐器演奏者和磁带，1968）、《敌意 III》（单簧管和磁带，1969）。查尔斯·武奥里宁（Charles Wuorinen）是一位天才的钢琴家和指挥。他从 1962 年到 20 世纪 80 年代一直是纽约当代音乐团的指挥之一，并创作有丰富的电子音乐作品。他跟巴比特一样，十分轻易地从 12 音系列技术转向电子媒介，如《管弦乐与电子的交换》（1965）。他的由纳萨奇唱片公司订购的《时代的赞辞》（1968～1969）获 1970 年"普利策音乐奖"。这是普利策奖第一次将奖项授予一部完全是录音而成的电子音乐作品。

虽然美国无线电公司（RCA）的合成器，在节省电子音乐创作的劳力和时间方面向前迈了一大步，但它终究过于昂贵，过于笨重。在 20 世纪 60 年代中期，技术专家在发明半导体和集成电路的启示下开发了较小的、较易操作的、廉价的合成器。它们由电压来控制，由发声器，声响调节器，电压控制器和电压处理器组成。第一代模数合成器由上纽约州的罗伯特·穆格（Robert Moog）和旧金山地区的唐纳德·巴克勒（Donald Buchla）所制造。随后，高级研究计划和帕特尼公司的产品也进入市场。现在很难说到底是作曲家的需要促使了厂家开发合成器呢，还是厂家开发的合成器促进了作曲家的创作。很可能是双方面的相互促进。在 20 世纪 70 年代初期，用穆格和巴克勒以及其他模数设备建立的电子音乐工作室在美国各地出现；电声音乐创作进入了一个大发展的时期。默顿·萨伯塔尼克（Morton Subotnik）是旧金山磁带音乐中心的创始人之一，从 1961 年到 1965 年担任它的主任。他和波林·奥利弗劳斯（Pauline Oliveros）、拉里·奥斯汀（Larry Austin）以及巴克勒合作开发了合成器设备。他的《月亮的银苹果》（1967）象征电子音乐的新的地位，可以说是技术、商业和艺术合作的一个可喜产品。它专由纳萨奇公司订购，并在密纹唱片的双面录制。萨伯塔尼克然后创作了《野牛》（1968）、《触摸》（1969）。它们如同《月亮的银苹果》一样，有多个固定音型。多产的肯尼斯·加伯罗（Kenneth Gaburo）创作了系列产品《唱和诗》（1958～1984）。在耶鲁大学和伊利诺大学工作室里创作的《唱和诗 III》（1962），为 16 种声音和磁带而作，是一部辉煌的类似协奏曲一样的作品。罗杰·雷诺兹（Roger Reynolds）是圣地亚哥地区活跃的作曲家，在其作品《乒》（1968）中他从现场的电子唱和诗转向多媒体，用幻灯、电影、乐器组合和电子声来演绎萨缪尔·贝克特（Samuel Beckett）的小说。雷诺兹创作的《痕迹》（1969）是为钢琴、长笛、大提琴和 6 个不同的录音声道而作，将组合音调、差异音调和其他的音糅合在一起。他的作品《在非理性的面具之后》（1975）表明新的合成器如何在洪亮性与音域方面无限地扩展了作曲家关于即兴音乐的可能性。这部作品仅仅是为长号手和打击乐手以及 4 个磁道的预录的磁带而作，而乐手的声音却是十分多样，在声响之间的沉默似乎让听者的耳朵休息片刻以回味那无穷美妙的音乐似的。在 20 世纪 50 年代末，音乐家开始使用数字或电脑协助音乐的录制和创作。唱片制造商在以商业为目的的使用电脑方面行动迟缓，只有到 20 世纪 70 年代中期有些公司才开始使用电脑为大师级的音乐家录制磁带。在 1955～1956 年间，一群数学家兼音乐家，如莱杰伦·希勒（Lejaren Hiller）和莱昂纳德·伊萨卡桑（Leonard Issacson），在伊利诺大学利用依利阿克高速数字电脑创作音乐。他们的第一部作品名为《依利阿克组曲》（1956），是为弦乐四重奏而作的，有 4 个乐章。每一个乐章都冠之以"实验"，旨在显示电脑程序的作曲可能性。《依利阿克组曲》无论在乐音与结构上都是激进的，但更重要的是在技术上是一个突破。有些作曲家发展了用电脑实地合成声音的方法，取得的成果比希勒更大。马克斯·马修斯（Max Mathews）在 1957 年在新泽西的贝尔电话公司实验室里开发了电脑合成声音的程序。在 20 世纪 60 年代中期，这些程序成为斯坦福大学等学术性工作室用电脑作曲的基础。其开拓者为斯坦福大学的约翰·乔宁（John Chowning）和普林斯顿大学的 J. K. 兰德尔（J. K. Randall）。兰德尔创作了《巴黎四重奏》（1964）、《杀人狂的自白》（为歌唱与电脑，1965）、《抒情变奏曲》（为小提琴和电脑，1968）。普林斯顿大学工作室的查尔斯·道奇（Charles Dodge）作了《地球的磁场》（1970），这是为纳萨奇唱片公司订购的第一部作品。正当巴比特、尤萨契夫斯基、希勒和道奇等电声音乐和电脑音乐作曲家在增加作曲家个人对音乐材料的控制并实现了他们对声音的实验时，另外有一批作曲家在不同的冲动驱使下正往另一个方向发展。在他们的音乐中，作曲家的意志减弱了。他们找到了随机创作音乐的方法，这样就减少了他们在选择演奏或吟唱的音符中的作用；或者他们不是写作实在的有序的音符象征，而只是音乐的原材料，由演奏者去使它们有序。有些作品，甚至原材料也不提供，只是描述达到音乐效果的体力活动或者音乐发生时的环境。有种种形容词形容这种音乐：侥幸的，机会性的，临时的，随机的音乐。但有一个总的名称，称之为实验性音乐。约翰·凯奇是这样描述实验性音乐的："所谓实验性行动就是其结果无法预测。"在这里，"行动"是音乐创作；其结果就是音乐演奏。正是在这个意义上，音乐是实验性的了。实验性音乐的无可争辩的领袖是约翰·凯奇。凯奇之所以要减少他对音乐经验的控制并让音乐自己去"发生"，就是因为他在1951年发现并没有无声这回事儿。以前，他认为音响的对立面是无声；音响的长短就是按无声来制定的。所以，任何有效的音乐结构（音响和无声的作品）不是基于频率，而是基于存在时间的长短。有一天，凯奇走进一间隔音室，绝对地寂静。但他听见了两个声音，一个高，一个低。隔音室的工程师对他解释说，高的声响是他的神经系统在工作，低的声响是他的血在流动的声音。于是，凯奇认为："人所处的情境不是客观的（音响—无声），而是主观的（仅仅是音响），有些是有意的，有些不是有意的（所谓无声）。如果在这个时候有人说，'是的！我无法区分有意与无意'，那么，主观与客观、艺术与人生的分裂消失了。"凯奇对这个思想最戏剧性、最有名的运用便是他的作品《4分33秒》，作品分为3部分，任何一个或组合的乐器都可演奏。每一部分冠之以"I"、"II"、"III"，并附有一个字"休止"（这显然是对音乐家的提示，告知保持沉默）。在1952年8月24日首演式上，钢琴家戴维·图德（David Tudor）走上舞台，坐在琴凳上。他开启琴盖表明音乐开始，合上琴盖表明音乐结束；他什么也不演奏。整个演奏持续4分33秒，于是作品就这样来命名。实际上作品原来是无题的，凯奇在乐谱上写道，此部作品的名称由演奏的时间而定。如果4分33秒的演奏者没有发出人为的声音，那里还是有其他的声音可以聆听到的，听众处于一种传统的听音乐的境况之中被要求在聆听。正如图德说的：“这是一个人可能有的最紧张的聆听经验。你真的在听。你可以听到一切声音。其中就有听众的噪音。实际上，这是一种精神发泄，是 4 分 33 秒钟的默想。”凯奇试图从一种理论与哲学的高度，从禅和其他东方思辨源泉来将自己从传统的作曲方式中解放出来。他用扔钢币、将结果演绎成视觉的图案来作曲。他根据《易经》复杂的体系来演绎图案，然后将图案再演绎成传统的乐谱。根据这一手法，他创作了为钢琴而作的《变化的音乐》（1951）。他又根据扔钢币创作了《为钢琴而作的音乐 21～52》（1955），两组 16 首乐曲可以在一个非确定的时间范围内单独演奏，也可以一起演奏。每一个音符的延续时间和力度可以自由处理。另一个记谱的方法是将从《易经》上摘取的图案放在坐标纸上，然后按曲线谱写乐谱，演奏者可以独自自由地演绎这一乐谱。凯奇用曲线乐谱写了《为编钟而作的音乐第 1 号》（1952），他发表时，一种版本用曲线乐谱，同时也出版两部用传统线谱谱写的不同的版本。他谱写的《钢琴和管弦乐协奏曲》（1957～1958）没有主乐谱，可以钢琴独奏，可以作为室内乐来演奏，也可以作为交响乐队来演奏。这也就是说，作品各部分对总谱不存在固定的关系，其演奏有不确定性。和《协奏曲》一起还可以同时演奏《咏叹调》（1958），在《咏叹调》中凯奇留下许多与演奏有关的部分处于不确定的状态之中。《咏叹调》还可以和磁带音乐作品《方塔那混成》（1958）一起进行吟唱，这本身就是一个实验，演奏者可以从曲线谱写的乐谱上自由地决定声源、机械性变音、振幅变化、频率和泛音结构。这音响—磁带蒙太奇旨在给听众提供快乐，引导听众作出有声的回应，打破演奏和听众分割的传统观念。凯奇正是怀着这样的观念，找到作曲家、演奏者和听众在创造音乐经验中互相交融的点。他在《戏剧作品》（1960）中更加改进了他的手法，达到了他所谓“作曲家非自我表现”的理想。他说：“我没有改进创作的愿望。”这句话的悖论是表示：在这句话中也许潜藏着凯奇最具有创造力的道路，即一种深刻的人道主义，旨在通过排除人为的障碍、并允许人以重新唤醒的敏感性去体验生活将人解放出来。凯奇的最关键的目标是"将我们引进我们正生活其中的真正的生活。"

在 20 世纪 50 年代和凯奇以及他的实验性音乐思想十分亲密的 3 位作曲家是斯蒂安·沃尔夫（Christian Wolff）、莫顿·弗尔德曼（Morton Feldman）和厄尔·布朗（Earle Brown）。沃尔夫和弗尔德曼认同了凯奇关于将音响解放的思想，认为音响应该从人为的关系中解放出来。沃尔夫提到对客观性的关切，这种客观性几乎达到莫名的程度，音响自然而然地产生。"音乐"仅仅是我们聆听到的音响的结果性存在，并无个人或个性表现的冲动。沃尔夫创作了一些室内乐作品，其音调的长短和乐器都是不确定的；他发展了一种乐谱，演奏者根据这乐谱可以互相即兴地自发地相互回应，犹如打篮球或打曲棍球，相互可以传递音符。他将这比之于演奏者的"议会参与"。因此，在沃尔夫的作品中，"无声"比有声更多，音符互不相关地在空中游荡，仿佛是有智慧的自主个体。弗尔德曼在 20 世纪 50 年代初期也发展了新的记谱法，旨在将音响解放出来。他运用曲线图来表示，分成高、中、低，在这范围内，演奏者可以自由选择。在 20 世纪 60 年代，弗尔德曼运用音程使音与音相互抵消，达到一种更为复杂的风格，每一项乐器在它自己的音响世界中具有它独有的活力，如《持续时间》（1960~1961）。在为无词性合唱和乐器而作的《萨拉冈的燕子》（1961）中，所有演奏者得到的是连续的音符，没有具体规定延续的时间和停顿，有精确的音高的提示，但没有节奏提示。指挥在开演时仅仅挥一下指挥棒即可，以后可以不用做任何指挥。在总的拍子提示下，演奏者按自己部分的乐谱表演，自己独立决定那相连的音调的延续时间。因为每一次表演在细节上都不尽相同，其结果就像是一团云，云的轮廓每时每刻都在演变，但它仍然保持它的云的样子，在空间飘飞。虽然弗尔德曼这一时期作品的许多细节都是实验性的，很显然他对于每一个作品的总的形象心中是十分清楚的。他的音乐个性非常显明。他喜欢缓慢的节奏，非常柔和的力度，非常温柔的声音。在他的后期作品，如为管弦乐队作的《结构》，他又回复到精确标明节奏和音高的做法，然而他的实验性音乐仍然具有一种飘忽的性质，旋律如水般地回旋。厄尔·布朗的音乐思想受到艺术家的影响，特别是雕塑家亚历山大·考德尔（Alexander Calder）和画家杰克逊·波洛克（Jackson Pollock）。在考德尔的抽象派艺术的"动的雕塑"中，他发现一件作品永远不可能重复创作但仍然可能是同样的。在波洛克的"行动"画中，他看到一件作品有可能在作曲家提供的曲线提示的基础上被自发地感受和实现。在一组冠之以《对开》（1952 ~ 1953）的出色作品中，布朗呈献了他的初创的"公开形式"音乐，如为钢琴而作的《1953》。乐谱可以从两边来认读，在演奏时各页可以随意组合，五线谱可以读成高音谱表，也可读成低音谱表，音的长短由演奏家决定。所以，在许多方面，他的音乐也成了抽象派艺术的"动的雕塑"。乐谱成了"时间乐谱"：音符的横的长度表明它的相对于其他音符的延续时间。《对开》中还包括布朗最初的类似波洛克艺术的作品：为钢琴而作的 MM87 和 MM135 以及《1952 年 12 月》。《1952 年 12 月》"乐谱"仅仅是一张白纸，上面画着线和长方形符号，有横的，也有竖的，长短与粗细不一。线和长方形符号可以读作对延续时间、响度和音高的提示。这些符号就是乐谱，演奏者可以从任何方向来读认乐谱，自然地回应符号所作的关于响度的提示。《1952 年 12 月》曾作为书画刻印艺术品展出，作为第一部纯粹图解式音乐，具有重大的历史意义。布朗使用众多的实验性和非实验性音乐表现风格和众多的记谱方法，继续在他的为室内乐队而作的《可获得的形式 I》（1961）和为大型管弦乐团和两名指挥而作的《可获得的形式 II》中进一步发展他的动的、公开形式的思想。在每一部作品中，他创作了一组乐部，在性质上极不相同。它们可能被重复、组合、在中间被掐断或用不同的节拍演奏；一切都听从指挥的指挥棒，这样，指挥从"可获得的形式"中实现了作品的一个形态。这种作品提供变化与动态的最大可能性

（犹如考德尔）；它们在演奏中自发地形成（犹如波洛克）。这样，凯奇和 20 世纪 50、60 年代的纽约学派完全改变了作曲家与演奏者之间的传统的关系。有一位批评家这样评述道，实验性音乐使演奏者在许多阶段参与其中。它比任何其他音乐形式更牵涉到演奏者的智慧、主观能动性、意见、偏见、经验、趣味和敏感性；他对作曲家的创意显然是不可或缺的。虽然有些实验性乐谱仅仅是概念，但显而易见它们是行动的指南。不仅是作曲家与演奏者之间的关系改变了，而且听众和演奏者之间的关系也改变了。在最极致的例子中，在凯奇的《4 分 33 秒》中，听众成了演奏者，实际上既是作曲家又是听众。而"音乐作品"成了不同的东西，它不再是一种目的，而是一种过程，每一次演奏都不同。在 20 世纪 50 年代末期和 60 年代有一部分作曲家将他们的作曲基于这种改变的作曲家与演奏者、听众和演奏者的关系，对"音乐"本身重新定义。他们认为，音乐实际上是想象出来的听觉和其他知觉的分离而已，是不存在的，与音乐有关的活动是没有目的的。这些作曲家是一些反对现存秩序的激进分子，使人想起 20 世纪初期的达达主义艺术家对时代的嘲讽，他们是如此的不同，要对他们加以规范几乎是不可能的。纽约是他们的主要中心，在那里国际性组织"流溢（Fluxus）"一派十分活跃，同样的组织还存在于密执安的安阿伯城（文斯团）和西雅图（"新音乐视野"团），等。作曲家拉·蒙特·扬（La Monte Young）编辑一部书《选集》，说明了他们的"作为过程和行动的音乐"运动："偶然性操作/概念艺术/毫无意义的工作/自然灾害/不确定性/反艺术/行动计划/即兴创作/故事/图表/诗/散文/舞蹈架构/作曲/音乐。"选集的作者包括凯奇、布朗、沃尔夫、约瑟夫·伯德（Joseph Byrd）、东枝一柳（Toshi Ichiyanagi）、理查德·马克斯菲尔德（Richard Maxfield）、纳姆·简·配克（Nam June Paik）和詹姆斯·韦林（James Waring）。扬收集了他自己的作品《1960 作品第 10 号》，整个作品就一句话：

> 画一条直线，顺着它往前
>
> 1960 年 10 月

　　1961 年在纽约弦乐三重奏演奏他的《1960 作品第 7 号》，整个演奏延续 45 分钟，它引起了辅助性的声音，大部分是听众的噪音，并为继续聆听的听众揭示一整个内在的世界。罗伯特·阿什利（Robert Ashley）和戈登·穆马（Gordon Mumma）是文斯团的领袖人物。阿什利创作《公众舆论降在示威者头上》（1961），作品只要求有一个复杂的播放设备的操纵员，大批预录的录音声和听众。听众相互面对面坐着，操纵员可以看到他们的反应。操纵员根据听众的反应决定作品的声响。观众的反应包括：①离开剧场；②在剧场内走动；③大声说话或大笑；④窃窃私语；⑤作出夸张的动作；⑥作出秘密的动作；⑦深情地互相对视；⑧远眺；⑨呆望扩音器；⑩作出一个下意识的动作（如打哈欠、搔痒、拉扯衣服等）；⑪表现出不耐烦。当听众了解到他们正神秘地在创造作品，整个音乐会会活跃起来。有表现癖的人和愤怒的人都对演奏者和听众之间的互动作出贡献，传统的关系被彻底地打破了，谁也说不清楚到底谁是作曲家。和阿什利一样，穆马非常关心使音乐经验活跃起来。他创作《同时》（1961），为两位演奏者而作的，一个是钢琴家，另一个是打击乐器演奏家，乐谱只提示演奏者的形体动作，在一定时候提示演奏者从一种乐器走向另一种乐器。当提及作品的思想时，他认为过程和行动音乐的兴起还有凯奇没有谈到的理由。他的作品的动作性，自由选择音响，演奏者之间的互动部分是由于新的录音技术的影响。他说，由于"罐装"音乐（严肃音乐、流行音乐、爵士乐、电子音乐通过无线电、唱机和录音机播放）的广泛应用，音乐的演奏的视觉或舞台效果便没有意义了。他后来又创作为两架钢琴而作的《动作 II》（1962），他竭力想通过过程和行动音乐恢复音乐的这种视觉或舞台效果。

第三节　新表现主义和最简单艺术流派

音乐中关于时空的新思想，关于随机性和演奏者选择的自由的思想导致了新表现主义的产生。与施特劳斯和勋伯格后浪漫表现主义不同，新表现主义并不要求作曲家释放他的感情，而是要求演奏者释放他的感情，甚至更有甚者，要求音响本身释放他们的情感。不仅演奏者更为活跃而主动，灵活而互相回应，而且音乐本身具有史无前例的感觉力、个性与活力。新表现主义音乐家包括鲁卡斯·福斯（Lukas Foss）。在 1957 年，他为爵士乐即兴演奏的活力所驱动，在洛杉矶组织了一个即兴室内乐团，试图发展非爵士乐即兴演奏的原则。这一乐团对他创作的音乐影响颇大。《时间同期》（1959 ~ 1960）包括 4 首歌，与时间、钟或铃有关，有两个不同的版本。一个版本是为女高音和管弦尔队而作，在歌曲之间有即兴演奏的间隙，另一个版本没有即兴演奏的间隙。为钢琴、打击乐器、单簧管和大提琴而作的《回声》（1961 ~ 1963）不仅包括传统的精确的乐谱，而且也包括没有节线和拍子的乐谱，要求演奏者看总的谱，然后互相照应或者自由选择音高。在有的乐段，音符被砍去脑袋，只剩杆儿，只为打击乐手提供一个总的线性的思想，没有具体的音高。在作品结尾时，播放两个预录的录音音乐，互不协调，一个是单簧管音乐，一个是大提琴音乐，同时，单簧管手和大提琴手互相自由地演奏与预录的音乐自由化回应。周文忠（Chou Wen - Chung）是瓦雷兹的学生，华裔出身，这使他有可能将美国音乐中出现的新思想与东方思想联系在一起。在论及他的作品《春风》（1953）和《落英》（1954）时，他说，这是在空间的一个音调水墨画，动作、紧张度、结构和响亮度一直在不断变化。古代的中国乐人相信每一个音调或者音调的总和就是音乐的总体，是表现的活的火花。因此，他们还相信音乐和含意存在于音调的内存之中，最大的表现力可以从一连串音调中获取，不用求助于外在的过程。德鲁克曼（Druckman）在他的《敌意 I》中显示了他的新表现主义的色彩。许多当代的美国作曲家在潜在的"活跃"的基础上建立了他们的音乐美学观。那些在电声音乐方面工作的作曲家尤其如此。他们不再用脑子，也不想用脑子，他们只需遵从 12 音技术、古典—浪漫或"新"的调性，韵律。劳里·施皮格尔（Laurie Spiegel），一位年轻的音乐家，为更年轻的音乐家提出一系列原则指导他们进行电声音乐创作。她提出四个形式：静止，演变，激烈，对话。她将对话形式界定为"两个或两个以上明显不同的音或者结构互动。"这种互动可以用不同的方法实现，例如：①音响开始时是不同的，渐渐地融而为一，或者找到了契合点；②几个相同的音最终处于统帅的地位；③一个结构分解为几个部分，各自具有鲜明的个性；④一个音开始被另一个所陪伴或者攻击。

在 20 世纪 60 年代，美国音乐中产生一个重要的新的运动，即最简单艺术运动。这是从美术界借用来的语汇，在 20 世纪 60 年代中期，画家弗兰克·斯特拉（Frank Stella），雕塑家唐纳德·朱迪（Donald Judd）和艺术家罗伯特·莫里斯（Robert Morris）崇尚最简单艺术流派。大部分音乐家拒绝被这么称呼，在音乐的最简单艺术派之前，20 世纪 50 年代的音乐流派孕育了它的产生。在 12 音体系创作和任意创作的阵营中，还原的、简化的、抽象的倾向是十分重要的，例如，后韦勃恩作曲家喜欢提炼出单个音调来，并赋予它们微观的身份，如沃尔夫，纽约学派音乐家和弗尔德曼。最极致的当然要推凯奇的《4 分 33 秒》，让听众来聆听，聆听在他们周围发生的一切音响。造成这一切的变化与技术进步不无关系。喷气式飞机使世界缩小了，发明了可以长时间播放的录音带和音碟等新的录音媒介等。它引发了史无前例的音乐的交流，异国的音乐，古代的音乐，和西方音乐传统、结构迥然不同的音乐相互交流。同时，技术的进步使作曲家可以任意地操纵作曲材料，可以改变它，重复它，调整它。20 世纪 60 年代对第三世界文化的兴趣也帮助引发了最简单音乐派的美学观。凯奇强调佛教的禅对他思想的影响，他用中国的《易经》指导他的创作。打击乐器音乐家亨利·考韦尔（Henry Cowell）和年轻的追随者们刺激了对印度尼西亚音乐和北非鼓的兴趣。20世纪60年代最简单音乐的兴起还与人们对占主流地位的12音系列创作方法越来越失望，虽然12音系列的作曲家在文化上向传统挑战，但他们的音乐越来越不可理解。最早的最简单音乐流派的领导人都是30多岁的人，他们包括拉·蒙特·扬、特里·赖利（Terry Riley）、史蒂夫·赖克（Steve Reich）和菲利普·格拉斯（Philip Glass）。扬在20世纪50年代中期开始在他的12音系列创作的作品中引起不同寻常地拖的音符和漫长的休止。在他的《弦乐三重奏》（1958）中他更进了一步。这是一部50分钟的作品，只基于4个音符（G，C，C#和D），按扬说的，这是一个"梦幻般的和弦"，他是从电话线上听到的。到1960年，由于凯奇激进的思想的影响，他在《作品1960年第7号》和《作品1960年第10号》中发出了新达达主义的宣言，这是"静止"的低音调的作品。但对于真正聆听作品的人来说，它们并不是静止的，它们跟"真正的"音乐一样，随着内心世界的搏动而搏动，音色从泛音结构微微的变奏中升起，如同小提琴手在琴弦上压弓的力仅仅由于人为的"不完善"而发生变音。扬后来又作了其他类似的低音调作品，这些作品显示了一种新的倾向，表明他越来越关切声调和没有按平均律调音的调音系统，如《中国四梦》（1962）的《高压降压变压器的梦》。赖利起先在西海岸后来到纽约，是扬的朋友。和扬一样，他也是印度大师潘迪特·内斯（Pandit P. Nath）的学生。在20世纪60年代初期，他靠当爵士乐团的钢琴家谋生。他的爵士乐背景帮助他创作了最简单艺术派音乐《C调》（1964）。这部作品任何数量的音乐家可以用任何有旋律的乐器演奏，每一个音乐家按53个音形的次序演奏，他可以任意重复每一个音形，想重复多少次就重复多少次。作品的总的长度和他的每一乐章之间的提示都是不同的，这表明他继承了凯奇的任意音乐的随意性。但他的音乐有明显的爵士乐的影响。史蒂夫·赖克发现在两个录音机之间存在速度不同的问题，这样能造成音乐的差异。根据这一发现，他创作了《要下雨》（1965）和《走出来》（1966），每部作品都基于一个单个的、简短的乐句，无限地重复这些乐句，利用多声道磁带技术创造一种独特的音响效果。他为两架钢琴而作《钢琴同步》（1967），为电子琴和响葫芦而作《四个管风琴》和为 4 架钢琴而作《同步模式》（1970）。格拉斯受过传统的正规音乐教育，在法国从师于纳迪亚·布朗热（Nadia Boulanger）。在 1965 年在巴黎他通过拉维·尚克（Ravi Shankar）和阿拉·雷哈（Alla Rakha）认识了印度音乐。这对他的音乐思想产生重大的影响，并使他走上了最简单艺术派的道路。格拉斯和赖利以及赖克一样，通过重复有旋律的乐句来创作作品。他为扩大的小提琴而作《调弦》（1967），为 2 架扩大的键盘乐器而作《两页》（1968）。作曲家按标明的数字序列创作音乐，演奏者可以重复每段乐句，他想重复多少次就重复多少次，然后移向下一乐段，它仅仅是前一乐段的一个变奏，这样以此类推，直到作品结束。格拉斯的激进态度不仅表现在他强调重复，而且表现在他拒绝复调，拒绝和声。他的音乐听上去就像是五指练习。

这些最简单音乐派共同之处在于：①在每一篇作品中尽可能减少作曲材料；②尽量重复这些材料，并且以不变的音色、音高、速度与音量重复；③静止的、悦耳的、无变调的和声；④缺乏戏剧性，也就是说，缺乏对比、对峙、争辩、高潮、紧张与释放的模式。正由于这些特点，他们的音乐容易接近，不是那么复杂，拒绝貌似高深，缺乏表现力或者说情感震撼力。正如一位批评家说的，音乐作品的概念在他们手下演变成过程的概念。赖克对这一思想特别感兴趣，在《音乐是一个缓慢的过程》一文中，他说："音乐作品本身就是过程。"人们不相信，甚至蔑视这些作曲家 20 世纪 60 年代的作品，并对它们怀有敌意。学院派的 12 音系列体系的音乐家指责最简单艺术派的音乐是艺术上否定一切。任意音乐的先锋派则指责他们是法西斯主义。批评家在 20 世纪 60 和 70 年代一般无视他们的存在，因为当时他们的作品不为世人所知，大部分都是在艺术家聚居的阁楼里演奏。他们的早期支持者都是最简单艺术流派的画家们，因为他们有共同的美学认识。但在 20 世纪 70 年代中期，最简单艺术派的音乐因为格拉斯的歌剧《爱因斯坦在海滩上》（1976）和赖克的《为 18 位音乐人而作》（1976）而声名大振。《爱因斯坦在海滩》在纽约大都会歌剧院演出时连续两场客满；赖克的作品录音在一年之内卖了 2 万个拷贝。

第四节　爵士乐，布鲁斯，乡村音乐和摇滚乐

爵士乐是具有独一无二的美国特性的音乐。它是一种即兴的艺术。在美国，作为即兴艺术家使爵士乐发生革命性变化的包括路易斯·阿姆斯特朗（Louis Armstrong）、莱斯特·扬（Lester Young）、查利·帕克（Charlie Park）和约翰·科尔特林（John Coltrane）。

布鲁斯作为爵士乐的一种，由黑人早期宗教的和世俗的音乐相互影响而形成。布鲁斯抒情歌曲反映殖民时代的一种亚文化的追求、想望与绝望情绪；贫穷、没有爱情、欺骗妇女，等等。如利尔·格林（Lil Green）的《你为什么不学好》和贝西·史密斯（Bessie Smith）的《两手空空》，描写一个男人回家，不名分文。贝西·史密斯的《你曾是一辆健全的老马车》，描写一个妇女拒绝一个性能力衰退的情人。比利·霍里迪（Billie Holiday）著名的《比利的布鲁斯》，抱怨一个虐待她的男人。而吉米·威瑟斯旁（Jimmy Witherspoon）的《没滚动的布鲁斯》，描述一个女人开始欺骗他，后来又拒绝了他的故事。也有其他主题的布鲁斯：史密斯的《逆流》描述密西西比河泛滥造成的灾难；她的《穷人》，充满了社会抗议的情调。比尔·布鲁兹（Bill Broonzy）的《往回走》，描写种族不平等。布鲁斯音乐大部分表述对性的与经济的满足的要求。

最早的布鲁斯歌者是来自棉花田间的农夫和火车工人的黑人，为了谋生，在街角弹吉他和拉手风琴乞讨。来自密西西比三角洲的

莱蒙·杰弗逊（Lemon Jefferson）、利德贝利（Leardbelly）、罗伯特·约翰逊（Robert Johnson）的《我路上的地狱之犬》代表一种纯乡村布鲁斯风格。在 20 世纪 20 年代，南方黑人突然爆发了对布鲁斯的狂热。此时形成了经典妇女布鲁斯歌唱家时期，包括阿尔贝塔·亨特（Alberta Hunter）、雷尼（Rainey）、维多利亚·斯皮维（Victoria Spivey）、特里克西·史密斯（Trixie Smith）、斯皮·华莱士（Sippi Wallace）等。爵士独唱家还改编与布鲁斯无关的新的抒情歌曲，使之成为流行歌曲，如格什温的《我找到节奏》。自从 1930 年《我找到节奏》发表之后，许多即兴爵士音乐家改编了它，使它成为一部理想的"快节奏"的作品。这类作品包括：《心上人儿在旅行》、《全身心》、《我爱的男人》、《他真逗》等。爵士乐旋律使它与其他音乐形式截然不同，它的旋律每每基于身体的晃动。这就是为什么爵士乐听众每每为独鼓手鼓掌的原因。它的旋律在雷格泰姆音乐时代被称为切分音，后来被称为摇滚乐。在爵士乐旋律中含有非洲旋律的因素。这使爵士乐成为一种独特的不同于欧洲艺术音乐的音乐形式，如斯科特·乔普林（Scott Joplin）的《枫叶雷格》。爵士乐以它独特的吹奏乐，如喇叭、长号、单簧管、萨克斯管和弦乐，如吉他和小提琴的音色而与其他音乐不同。爵士喇叭手，如阿姆斯特朗、吉莱斯皮（Gillespie）、克里福特·布朗（Clifford Brown）本身都是作曲家。吹乐手把乐器作为人的声音的延伸，作为乐手人格的表述工具；他们实际上在表述自己。如本尼·古德曼（Benny Goodman），一位单簧管手，在他的《我找到了一个新孩子》中现场发挥，在喇叭中吹出了呐喊声，哭叫声和抽泣声，这些声音标准的经典乐队是无法忍受的，但对于爵士乐，却非常合适。在美国历史上，由于黑人被长期地排斥于白人的交响乐队之外，他们自己在民间形成了一个独有的音乐圈子。他们没有经过白人正规的音乐院校的训练，在他们自己的圈子内毫无顾忌地进行音调的试验，蔑视一切传统的东西。如，他们在喇叭口放上一顶皮帽子，在长号的口子上挥舞厕所拔塞，短号吹奏手将音阀按下一半，以得到一种含混的哑音效果。爵士单簧管手和萨克斯管手喜欢试验使用"虚假的手指动作"以制造出独特的音响来；这些音响在专业的音乐家听来是糟透了的。然而，这些声音却更近于人的声音，更善于表述人的情绪来。科尔曼·霍金斯（Coleman Hawkins）用萨克斯吹奏《全身心》，被认为是真正的爵士乐。他是第一个用一种正统的民歌风格来吹奏萨克斯的人。他跺着脚，弯着身子，脸部因痛苦而扭曲起来，表达了他真正的与众不同的脾性。而莱斯特·扬（Lester Young）的风格不同，他吹奏萨克斯，用一种轻慢的、飘然的风格，冷冷的，肌肉放松，几乎有一种催人入睡的效果。喇叭手和长号手使用任何东西——番茄酱罐头、酒杯或长筒丝袜——作为弱音器以吹出异样的撩人的声音来。喇叭手巴克·克莱通（Buck Clayton）吹奏霍里迪的《他那样太可笑》用酒杯作弱音器，吹奏出一种温暖的、抒情的声响来。用同样的弱音器，米尔斯·戴维斯（Miles Davis）吹奏吉尔·埃文斯（Gil Evans）的《夏季》得到了一种充满紧张感的音调。

随着康特·巴锡（Count Basie）和莱斯特·扬（Lester Young）在堪萨斯城成名之后，紧接着便出现了布吉音乐（boogie-woogie），这是一种黑人的地下音乐，在 20 世纪 30 年代末突然赢得了白种人的喜好。约翰·哈蒙德（John Hammond）将这一钢琴布鲁斯形式推向了全国。布吉钢琴在芝加哥等城市的酒吧盛行起来。这种钢琴风格其特点是左手弹出鲜明的低音节奏，右手奏出即兴的变化多端的曲调，以 12 小节为一段落。它将经典布鲁斯与打击乐器结合，使它成为一种舞蹈音乐，具有明显的性的暗示。如在派因托帕·史密斯（Pinetop Smith）的布吉中，他在布鲁斯乐声中唱道：

> 朋友，你穿着红色的服装，
> 当我告诉你干，
> 我希望你甩你那玩意儿！

布吉钢琴家一般一边弹琴一边唱歌，其著名者有：克拉伦斯·洛夫顿（Clarence Lofton）、施佩科德·里德（Speckled Red）、科特尔·蒙哥马利（Little Montgomery）、罗密欧·尼尔森（Romeo Nelson）等。

美国黑人的音乐从非洲音乐吸收了不少旋律。非洲类似讲话的音乐传统直接影响了阿姆斯特朗的歌唱。当戴维斯试图将爵士乐和摇滚乐融合在一起，开创了如传媒所说的融合的时代。其实这并没什么新鲜，爵士乐从它诞生的那一天起就一直在融合其他的音乐。它融合了西非旋律，德国和意大利进行曲，清教小调，欧洲古典音乐，歌剧，英国、苏格兰和爱尔兰民歌，印第安人山歌，法国乡间舞曲，奴隶歌，铁路工人歌，田间的歌，教堂圣歌和布鲁斯。黑奴对白人宗教和音乐作了独特的改造，当这种改造的音乐在 20 世纪初和非洲遗产融合在一起时，便产生了以身体摇摆为主的雷格泰姆音乐。雷格泰姆是一种快乐的、富有感染力的音乐。踢腿的冲动给舞者以一种完全自由的感觉。伦敦的《泰晤士报》这样描述雷格泰姆音乐："雷格泰姆音乐完全符合它的发明者的特点。这种音乐只可能产生在美国。谁也无法怀疑它的生命力。一个民族艺术很可能就此产生。"雷格泰姆将非洲音乐传统与白人音乐传统融合在一起，与种植园的歌，教堂圣乐和黑人步态舞音乐融合在一起，形成经典性的钢琴雷格泰姆。所谓步态舞是一种在黑人中流行的模仿白人上层阶级漂亮衣饰的民间娱乐项目。一对黑人男女在踢腿的舞中比赛，他们穿着华丽，男的行头包括高耸的丝帽，鞋罩，爱斯科式领带，下摆裁成圆形的大衣；女的行头包括大的花帽和有裙环的女裙。一个多层的结婚蛋糕奖给跳得最好的一对。所谓"coon songs"（即黑人歌）也对雷格泰姆的发展有贡献。雷格泰姆音乐也从经典的钢琴音乐吸收营养，如肖邦和美国的戈特沙尔克（Louis Moreau Gottschalk）。其实雷格泰姆与戈特沙尔克的亲缘关系甚于它与爵士乐的亲缘关系。雷格泰姆最突出的风格是黑人吸收了曾风靡美国南方和西南方的德国和意大利的进行曲。密苏里州的塞达利亚，乔普林的家乡，成为雷格泰姆的首都。其著名作品包括约翰·菲利普·苏泽（John Philip Sousa）的《星条旗永远飘扬》，克里尔（W. H. Krell）的《密西西比雷格》和乔普林的《枫叶雷格》。在雷格泰姆全盛时期，作曲家包括：梅·奥夫德海德（May Aufderheide）、詹姆斯·斯科特（James Scott）（《优雅与美》、《雷格泰姆黄鹂》）、约瑟夫·拉姆（Joseph Lamb）。在雷格泰姆音乐流行期间，在美国的宗教界、报界和学术界产生了一股反对的潮流。他们认为这一跳舞的音乐具有一种性的威胁，对公共道德是一个公然的打击。美国音乐家协会通过决议，禁止其成员演奏雷格泰姆。这种反对的浪潮一直从 20 世纪 20 年代的爵士时代延续到摇摆乐的 30 年代和摇滚的 50 年代。但雷格泰姆仍然在黑人民间流传。黑人音乐家流浪于圣路易斯、芝加哥、新奥尔良和堪萨斯的酒吧、体育场、展览会之间。其代表为小科尔豪斯·沃尔克（Coalhouse Walker），E. L. 道格多罗在他的小说《雷格泰姆音乐》中作了丰富而生动的描述。由于雷格泰姆音乐严格的结构、有限的旋律语言和狭窄的情绪幅度，随着乔普林的民间歌剧《特里蒙尼沙》失败，它不久便消亡了。在完全销声匿迹半个世纪之后，雷格泰姆音乐突然在 20 世纪 70 年代获得了新生。数百万美国人为乔普林的雷格泰姆音乐所沉醉，电影《斯汀》采用了雷格泰姆音乐，获得了奥斯卡金像奖。《特里蒙尼沙》在休斯敦和亚特兰大重新演出，获得成功。

在雷格泰姆音乐和爵士乐之后，产生了摇摆舞。这是美国音乐潮的第三浪潮，冲进了美国音乐的主流社会。数百万白人青年醉心于摇摆舞，因为它有助于情绪与体力的发泄。摇摆时代的主要驱动力是约翰·哈蒙德，他是一位音乐批评家和企业家。他利用他的有利条件为摇摆的普及和推广作了不懈的努力。俄国犹太人后裔本尼·古德曼成了摇摆之王。他的作品包括：《金·波特，跺脚》、《我有时快乐》、《布鲁斯的天空》、《在萨伏伊剧场跺脚》。其他著名摇摆艺术家包括康特·巴锡和莱斯特·扬。比利时吉卜赛人杰戈·莱因哈特（Djago Reinhardt）对摇摆舞的发展起了推动作用。

　　由于第二次世界大战的来临，美国音乐的自由发展受阻，特别是爵士乐，由于夜生活的缩小受到的影响最大。1946 年，第二次世界大战结束后，爵士乐录音唱片又重新登上市场。于是，一种新的爵士乐便应运而生。其实这种发展在战时就已经在孕育了。在战时，爵士乐音乐家们聚会，互相演奏取乐，而不以公众听众为对象。于是这种业余的票友性质的聚会成为试验新的爵士乐的场所。同时，这种远离社会的演出也从另一方面反映黑人爵士乐音乐家对商业剥削的一种反叛。白人音乐家的报酬总是比黑人的高，其合同和工作也远比黑人稳定。社会歧视现象也使黑人音乐家感到愤怒。他们的家人和朋友不能进入他们为之演奏的夜总会和舞厅。于是，黑人音乐家把爵士乐仅仅作为一种自娱的手段，在业余的自娱中对爵士乐进行种种试验，一种新的爵士乐"比博普"（Bebop）便成为一种潮流。这是爵士乐的先锋形式，是爵士乐的现代运动，是一次有深远意义的革命，对于音乐、心理、经济和种族问题都产生影响。

　　比博普的来临将美国音乐分裂为摇滚、流行和爵士乐。

　　20 世纪 50 年代的反叛在美国历史上是独一无二的。十几岁的年轻人用他们独立于他们长者的经济力量创造了他们的超级明星——甲壳虫、滚石和猫王。冷战时代的青年以模仿黑人音乐的旋律作为他们反叛的歌。其著名者有：巴迪·霍利（Buddy Holly）、杰里·李·刘易斯（Jerry Lee Lewis）、埃尔维斯·普雷斯利（猫王）（Elvis Presley）、比尔·哈利（Bill Haley）、彗星乐队、甲壳虫乐队和滚石乐队。普雷斯利模仿他在哈莱姆剧场见到的黑人 R&B 音乐；彗星乐队的《终日摇滚》为摇滚乐的流行起了开创性的作用。《终日摇滚》是模仿 20 年代特里克西·史密斯（Trixie Smith）的布鲁斯《我爸轻轻摇我》。甲壳虫乐队以《是，是，是!》声名鹊起。滚石乐队的《无望的爱》，以电子多声道技术再演罗伯特·约翰逊的忧郁的布鲁斯。加利福尼亚大学伯克莱分校校园成为言论自由的讲坛，黑人音乐为 20 世纪 60 年代民权运动、反越战、黑人、印第安人、妇女和学生抗议运动和愤怒的白人中产阶级青年地下联盟提供一个共同的语言。20 世纪 60 年代的 "灵歌—恶臭" (Soul-Funk)（这些歌由散发汗臭的黑人所作，故名）运动与反对冷战的青年运动结合在一起，社会批判者攻击艾森豪威尔总统、尼克松副总统、联邦调查局局长胡佛和参议员麦卡锡。比博普和 20 世纪 50 年代 "垮掉的一代" 的诗人和作家反文化的生活方式正合拍，反文化的诗人和作家呼吁从教授手中将诗歌解放出来。这些作家与诗人包括：杰克·凯鲁亚克（Jack Kerouac）、艾伦·金斯伯格（Allen Ginsberg）、加里·斯纳达（Gary Snyder）、罗伯特·克里里（Robert Creeley）、菲利普·瓦伦（Philip Whalen）、卢·维尔西（Lew Welch）和劳伦斯·弗林盖蒂（Lawrence Ferlinghetti）。许多爵士音乐家和反传统的作家住在旧金山的北海滩。北海滩聚集了中产阶级的流浪汉。这些散漫的混乱的人们，拒绝主流文化价值，穿上反叛的服装，蓄蓬乱的胡子和长发，以显示其对 "道貌岸然" 的嘲笑。他们模仿莱斯特·扬嬉皮士式的满不在乎的姿态和简短的讲话风格。在他们的宿舍里回响新的反英雄米尔斯·戴维斯（Miles Davis）的喇叭；他们吸大麻以赢得短暂的快感。他们模仿黑人说话和行为，演奏黑人的音乐。黑种男人与白种女人在北海滩广场游行成为当地一景。反叛的人们在黑人音乐中寻找到反叛与愤懑的源泉。20 世纪 60 年代黑人音乐的代表包括：奥尼特·科尔曼（Ornette Coleman）、塞西尔·泰勒（Cecil Taylor）、拉桑·罗纳德·基科（Rahsaan Roland Kirk）、埃里克·多尔菲（Eric Dolphy）。

在 20 世纪 60 年代黑人民权运动中，自由爵士乐音乐家引进了所谓 "agitprop"。它是苏联 "鼓动和宣传" 的简称，认为一切艺术都是阶级斗争的工具，摒弃 "艺术为艺术" 的观点。高音萨克斯管手阿奇·谢普（Archie Shepp）将革命诗歌融入他的新音乐中。黑豹党将音乐视作革命斗争的一部分。1969 年，埃林娜·布朗与伏卡特唱片公司签订合同，"演唱革命歌曲以给黑豹党人与人民有一个新的沟通的渠道"。美国的黑人音乐按其本质来说是革命性的，它的革命性每每掩埋在复杂的理性化的抒情调中而已。社会动乱将马罗·萨维奥（Marro Savio）、埃尔德里奇·克莱弗（Eldridge Clever）。莱帕·布朗（Rap Brown）、斯托克利·卡迈克尔（Stockeley Carmichael）和杰里·卢宾（Jerry Rubin）等推上青年崇拜的上帝的地位。20世纪60年代的鲍勃·迪伦（Bob Dylan）、甲壳虫、滚石、乔普林和杰米·亨德里克斯（Jimi Hendrix）的音乐产生了巨大的影响。

在比博普爵士乐中出色的音乐家有中高音萨克斯管手查利·帕克、路易斯·阿姆斯特朗、爱德华·肯尼迪·埃林顿（Edward Kennedy Ellington）、喇叭手迪奇·吉莱斯皮（Dizzy Gillespie）和鼓手肯尼·克拉克（Kenny Clark）。吉莱斯皮对早期比博普音乐的和声语言的扩展作出贡献，如《我和你无法开始》、《肖，够了》。在《肖，够了》中，吉莱斯皮和帕克在两人的配合上达到了令人惊讶的熟练的程度，他们一直认为这是他们的发明。帕克在爵士乐界以他的史无前例的即兴演奏和曲调才能而闻名遐迩。他的乐句是不对称的，充满了令人惊讶的半音阶。尽管他的音乐语言是十分的新颖而不同凡响，但他的根仍然在爵士乐传统之中。他的大量音乐是12小节的布鲁斯，极大部分基于爵士标准曲调和基本的和声开展。格什温的《我找到节奏》或者《月亮有多高》中的和声都是基于帕克的著名的《鸟类学》（1946）。像肯尼·克拉克和马克斯·罗奇（Max Roach）那样的比博普鼓手放弃了摇摆风格不断的4击低音鼓点。比博普音乐家一般将他们的歌基于一首有名的歌曲的和声之上，将其曲调按比博普风格换掉，并给它以一个新的歌名。例如，吉莱斯皮和帕克的《人类学》是基于格什温的《我找到节奏》，吉莱斯皮的《好好享受》是基于1920年的流行歌曲《窃窃私语》，但没有原歌的曲调。

在20世纪的后半叶，不仅爵士乐经历了迅速的变化，而且美国流行音乐也经历了甚至更为激烈的动荡。除了劳伦斯·沃尔克、宾·克劳斯比（Bing Crosby）、佩里·科默（Perry Como）和弗兰克·西纳特拉（Frank Sinatra）所唱的那甜蜜的、浪漫的、保守的、传统的歌之外，美国流行音乐完全从波普演变成了摇滚。其中尤其显著的是黑人音乐的演变。在美国流行音乐中出现了黑人舞蹈音乐"节奏和布鲁斯"。所谓"节奏和布鲁斯"实际上包括好几种美国黑人音乐：摇摆风格的大乐队和小乐队爵士乐；城市布鲁斯；小型的声乐团（大部分是男性4人团）和歌曲。大乐队的节奏强烈的舞蹈音乐植根于堪萨斯城的摇摆风格，如安迪·克里克（Andy Krik）、杰伊·麦克尚恩（Jay McShann）和厄金斯·霍金斯（Erskine Hawkins）。它是"节奏和布鲁斯"的一个重要的源泉。1942～1944年美国音乐家联合会实行罢工，经济紧缩使维持大乐队不太可能，于是便出现了许多小乐队，一般是一、二个节奏演奏员支持一、二个曲调演唱者。最成功的小乐队是以歌手和萨克斯管手路易斯·乔丹（Louis Jordan）为首的"蒂姆帕尼五人小组"。该乐队的《噗，噗，噗，布吉》（1946）成为乔丹的第一首热门歌曲。另一位使黑人"节奏和布鲁斯"风靡全国的是以歌手纳特·科尔（Nat Cole）为首的金·科尔（King Cole）三人组，他们的《展翅高飞》（1943）、《只是一个纸月亮》（1943）和《圣诞歌》（1946）赢得了全美国的声誉。城市布鲁斯既有大城市舞厅乐队里歌队吟唱的，也有小乐队独唱歌手的录音。他们源自美国南方农村布鲁斯，源自密西西比州的查利·巴顿（Charley Patton），得克萨斯州的杰弗逊以及勒鲁瓦·卡尔（Leroy Carr）、布卡·怀特（Bukka White）和罗伯特·约翰逊（Robert Johnson）。传统的黑人布鲁斯歌手如伯恩·沃尔克（Bone Walker）在20世纪30年代和40年代在南部和西部广泛演出，也渐渐从传统吉他而转向电声吉他。在沃尔克的经典性作品《称它为星期一风暴吧》（1947）中，他采用了更为强有力的扩大的乐器，这后来成为"节奏和布鲁斯"的标准。另一位乡村布鲁斯歌手穆迪·沃特斯（Muddy Waters）来到芝加哥，他的作品《喝烈酒的扭肚皮舞的男人》（1952）对"节奏和布鲁斯"的表演产生巨大的影响。也有女歌手，如威利·梅（Willie Mae）"大妈"，普雷斯利（猫王）在 1956 年录制了她的《猎狗》，她便享誉全美。"节奏和布鲁斯"另一支便是所谓的"街边歌手"，小型的声乐团，一般由 4 名男性歌手组成。这种小型声乐团的流行除了与 20 世纪 40 年代音乐家罢工有关以外，还与黑人的宗教音乐流行有关。其代表为米尔斯兄弟乐队（Mills Brothers），他们在 1943 年以《纸娃娃》而一举成名。风格上类似的还有墨点乐队（Ink Spots），它的成名作为《如果我不在乎》（1934）；金门四人乐队（Golden Gate Quartet），作品为《卡尔弗里并没有太阳照耀》（1941）；以及"乌鸦"乐队和"黄鹂"乐队。

美国流行音乐另一个源泉是南部高地白人的音乐，有人称它为"乡村—西部音乐"，一般称之为乡村音乐。这种民间音乐植根于 19 世纪盎格鲁—美国歌曲和舞蹈中。好莱坞牛仔英雄，如吉恩·奥特里（Gene Autry）、罗伊·罗杰斯（Roy Rogers）、特克西·里特（Tex Ritter）的歌都与东南部高地音乐有渊源。第二次世界大战使主要局限于农村的乡村音乐在全美流行起来。第一位伟大的乡村音乐歌手为汉克·威廉姆斯（Hank Williams），他的音质忧郁多情，能深深打动听众的心，如慢华尔兹《我是这么孤独，我想哭》（1949）和用假声说唱的《厌腻爱情布鲁斯》（1949）。同时，乡村音乐的另一支，所谓"蓝草"音乐也盛行起来。这个音乐的名称由比尔·门罗（Bill Monroe）以他的乐队"蓝草男孩"而命名的。蓝草是一种比乡村音乐更活泼的音乐，它主要是一种欢闹的情调，切分的班卓琴和曼陀林在吉他声中增加一种动人的音色，如蓝草男孩队的《你为什么漫游》（1946），雾山男孩乐队的《厄尔的垮台》（1951）。"节奏和布鲁斯"和"乡村—西部音乐"有共同的特点，这使它们能十分融洽地结合在一起。它们都强调声学风格的个人性和民间性；它们都在节奏上基于一种强有力的可以跳舞的乐器背景之上；它们都喜欢使用吉他，城市布鲁斯使用电扩大的吉他，乡村音乐或蓝草音乐使用自然的音响吉他，而"乡村—西部音乐"则使用钢吉他。美国流行音乐通过"节奏和布鲁斯"与"乡村—西部音乐"的融合而达到的演进主要还是因为美国社会中一种新的现象促成的，即反叛的自我意识极强的青年文化。这一代人出生在二战发生之前或之后的婴儿潮中，在战后的经济繁荣中长大，在50年代步入成年。正是在20世纪50年代，"节奏和布鲁斯"作为一种舞曲音乐开始吸引白种少年。精明的电台音乐广播节目主持人开始不仅为黑人，也为公众制作这类音乐的唱片。俄亥俄州的电台主持人爱伦·弗里德在20世纪50年代初为普及这种称之为摇滚乐的音乐起了很大的作用。唱片制造商也开始销售摇滚乐唱片，不仅为黑人，也为公众。他们雇用白种音乐家演奏黑人热销歌曲，但他们按自己的方式演奏，使音乐更柔和一些，不料他们的音乐比黑人的更好卖。摇滚乐就这样流行起来。摇滚乐成为全国流行音乐的佼佼者发生在1953年，当时在《广告牌》杂志排名榜上最热销的歌为比尔·哈利（Bill Haley）和他的白人"彗星"乐队的歌《疯狂的人，疯狂》。哈利第二年以《摇、吼和滚》取得更大的成功。在1955年，他以《终日摇滚》而达到成功的巅峰。这首歌后来成为描述少年犯罪的电影《黑板丛林》的主题歌，与青年反叛联系在了一起。哈利基本上是一种北方风格，基于"节奏和布鲁斯"的沉重的节拍和乡村—西部音乐的吉他。他的继承者普雷斯利，20世纪50年代和60年代的摇滚明星，比他取得了更大的成就。普雷斯利唱的音乐将"节奏和布鲁斯"和乡村—西部音乐糅合在一起，有人称他的音乐为乡村摇滚。他最初为孟菲斯的太阳唱片公司录音乐，成为美国最有前途的乡村音乐家。在1955年，他以富有感染力的布鲁斯《神秘火车》获《广告牌》杂志排行榜第1名。1956年初，他为RCA胜利者唱片公司录了《伤心旅店》，公司安排了他的音乐在电视上播送，同时将他的歌以LP专辑出版。在几个星期之中，他的歌《伤心旅店》和LP专辑都在《广告牌》波普音乐排名榜上名列前茅。几个月后，他的录有《猎狗》的唱片不仅登上波普音乐排行榜第1名，而且登上"节奏和布鲁斯"和乡村音乐排行榜的第1名。普雷斯利成为无可争辩的头号歌手，在这宝座上他待了8年，一直到 1963 年。普雷斯利和其他的白人摇滚歌手帕特·布恩（Pat Boone）、杰里·李·刘易斯（Jerry Lee Lewis）、巴迪·霍利成为全国歌迷的偶像，同时，出现了一批黑人音乐家，他们十分富有创造力。其中最有代表的为查克·贝里（Chuck Berry），他以独创性、力量和智慧对以后音乐家产生了极大的影响。他的第一张唱片名叫《梅培伦》，述说性和速度。其他如《在学校的日子》（1957）、《甜蜜的 16 岁》（1958）、《快成年了》（1959）都与青年文化直接有关。如在《快成年了》中，他唱道：

> 别干扰我，
> 让我一个人待着，
> 我已经快成年了。

在《打个滚儿吧，贝多芬》（1956）中，贝里选择流行文化以与高雅文化相对。他唱道：

> 打个滚儿吧，贝多芬，
> 将新闻告诉柴可夫斯基。

他的歌饱含了美国民俗文化的痕迹和传统。在他的其他歌中，他的乐音中含有抗议的呼声。他的强而有力的嘶喊，他的扩大的吉他，他的鼓点毫无疑问地加强了摇滚乐的地位，使摇滚乐成为反叛的青年文化的音乐。20 世纪 50 年代，其他黑人摇滚音乐家包括博·迪德里（Bo Diddley）、费茨·多米诺（Fats Domino）、萨姆·库克（Sam Cooke）和利特尔·理查德（Little Richard）。虽然他们只在黑人社区闻名，但他们的作品在美国国内和国际上被流行文化大量地借鉴（许多黑人认为这是文化和经济上的抢劫）。雷·查尔斯（Ray Charles）是一个更为全面的音乐家，他能适应各种风格（流行小调、宗教性歌曲、爵士乐和摇滚乐），并赢得全国听众爱戴。

他失明，既是歌手又是钢琴家。他和普雷斯利一起在 20 世纪 60 年代初统治了美国波普乐坛。他的歌声含有极强的黑人宗教音乐的风味，被称为灵歌。他演唱汉克·斯诺（Hank Snow）的《我在走》就显示了强烈的宗教影响。他的艺术对 20 世纪 60 年代后期年轻的黑人波普歌手产生巨大的影响，如阿里萨·富兰克林（Aretha Franklin）、史蒂文·汪德（Stevie Wonder）、史蒂夫·温伍德（Steve Winwood）和詹姆斯·布朗（James Brown）。

当新奥尔良复兴和 R&B 处于下坡路时，从比博普产生了现代爵士。它是欧洲先锋派艺术的一个变种，渐渐进入了爵士乐的主流，原先反对与拒绝它的人也渐渐接受了它。阿特·肖重组了"格拉默西五人乐队"，此乐队给它的乐迷们初尝了比博普的韵味。白人乐队和音乐家，如伍迪·海尔曼（Woody Herman）、乔治·谢林（George Shearing）、斯坦·坎通（Stan Kenton）、加里·马利根（Gerry Mulligan）、内夫·布鲁贝克（Nave Brubeck）和西海岸的"Cool"学派。坎通交响乐团的所谓"进步爵士乐"拥有大量的纯粹白人的听众。

在 20 世纪 60 年代中期，当自由爵士乐走进死胡同时，新的音乐布萨·诺瓦（Bossa Nova）获得了突然的推广。它将巴西当地的桑巴旋律、比博普、巴西民间和经典音乐融合在一起。它旋律丰富，富有浪漫色彩，可供跳舞与摇摆身子。从中产生了一大群作曲家与演奏家组成的巴西爵士学派。其中包括：安托尼奥·卡洛斯·乔宾（Antonio Carlos Jobim）、奥斯卡·卡斯特罗·内维斯（Oscar Castro Neves）、卡洛斯·里拉（Carlos Lyra）、巴丹·鲍威尔（Baden Powell）和路易斯·邦法（Luiz Bonfa）。在冷战时期，出现了所谓的"冷战的冷爵士"，它是当时时代的产物。它适应当时的政治气候：朝鲜战争，卢森堡事件，非美活动委员会，美苏对峙，中国解放，对自由派的清洗，国务院中的高层"叛徒"，等等。战后，人们对爵士乐的狂热达到了巅峰。这部分是由于大众传媒的介绍，高保真技术的运用，无线电的音频声道的播放，和全歌星演唱会的推广。学生们更为倾向于经典的、安静的室内爵士乐形式，如乔治·谢林（George Shearing）五人组，The Red Norvo 三人组，现代爵士四人组，内夫·布鲁贝克四人组，加里·马利根四人组等。将比博普的旋律与德彪西、拉维尔印象主义的旋律结合，再加上巴洛克的色调，冷爵士乐从科尔曼·霍金斯挤肚子的音乐转变成较为放松的莱斯特·扬和斯坦·盖茨（Stan Getz）的音乐。东部的黑人音乐家突然开始反叛西海岸彬彬有礼的冷爵士乐。他们认为冷爵士主要是白人的音乐，复活了黑人宗教音乐和恶臭布鲁斯。他们将灵歌和恶臭乐结合在一起而成硬比博普，以帕克—吉莱斯皮五人组的基本旋律为主，加上布鲁斯旋律和比博普的鼓声。这是另一支爵士乐的流派。到 20 世纪 60 年代后期，摇滚乐分出许多的流派，每一个流派似乎与终极的源泉"节奏和布鲁斯"和乡村—西部音乐不同，于是这类新的波普音乐干脆就被称之为"摇滚"，大约包括：民歌摇滚，有伯德队（the Byrds），乐队（The Band），乡下乔和鱼乐队（Country Joe and The Fish），妈妈与爸爸乐队（The Mamas and the Papas）以及鲍勃·迪伦和尼尔·扬；布鲁斯摇滚，有艾克和蒂纳·特纳乐队（Ike and Tina Turner），正义兄弟乐队（The Righteous Brothers）；软摇滚，有詹姆斯·泰勒（James Taylor），面包乐队（The Bread），木匠乐队（The Carpenters）；硬摇滚，有门乐队（The Doors），杰米·亨德里克斯经验乐队（Jimi Hendrix Experience）；酸摇滚，有旧金山的杰弗逊飞机乐队（Jefferson Airplane）和感恩的死者乐队（The Grateful Dead）；南方白人摇滚，有艾尔曼兄弟乐队（The Allman Brothers），林涅德·斯基涅德乐队（Lynyrd Skynyrd）；北方黑人摇滚，有莫顿乐队（Motown）；朋克摇滚，有拉蒙斯乐队（The Ramones），黑旗乐队（Black Flag），X 乐队（X）；艺术摇滚，有黑钱乐队（The Velvet Underground），说话脑袋乐队（Talking Heads）。其他摇滚乐还包括弗兰克·埃帕（Frank Eappa）和他的乐队"发明之母"的音乐。他的音乐受到瓦雷兹、斯特拉文斯基和凯奇的影响，被批评家称之为"非流行波普"。他们的音乐产生了日后所谓的摇滚和唇膏、堕落摇滚或闪光摇滚，如戴维·鲍伊（David Bowie）和爱丽斯·库帕（Alice Cooper）（两人均为男子）的表演。

摇滚主要通过录音和广播而得到传播。它也成为音乐会音乐的主要形式之一，听众绝大多数是年轻人。1966 年秋天，甲壳虫乐队在纽约巨大的谢伊体育馆举行引起轰动的音乐会之后，摇滚音乐会和摇滚音乐都经常在室内和室外体育场举行，如旧金山的菲尔莫尔大礼堂和纽约的菲尔莫尔东体育馆。摇滚音乐会在 1969 年夏在纽约伍德斯托克达到高潮，45 万年轻男女在那里聚会庆祝"爱的节日"和音乐。在这之后，30 万听众聚集在旧金山东部的阿尔特蒙汽车赛中心听摇滚乐并吸毒，造成骚乱，数人死亡，摇滚乐又降到了其最低点。

20 世纪 70 年代中期，各种流派的摇滚乐似乎走上了下坡路，新的美国流行音乐似乎又处在上升的时期。美国的抒情性的曲调进入了复兴期，出现了可以当之无愧与格什温、科恩（Kern）和罗杰斯齐名的音乐家，如朱尼·米切尔（Joni Mitchell）、卡莱·西蒙（Carly Simon）、卡罗里·金（Carole King）和兰迪·纽曼（Randy Newman）。朱尼·米切尔出了专辑《绕圈游戏》、《云》、《大峡谷的女人》；卡莱·西蒙拥有专辑《期望》、《没有秘密》、《你是这么虚荣》；卡罗里·金有专辑《一切都已说过》、《作家》、《墙毯》；兰迪·纽曼出了专辑《兰迪·纽曼》、《12 支歌》、《驶向远方》。

虽然演奏爵士乐的收入远远不如摇滚乐和灵歌，自 20 世纪 70 年代以来仍然有大批年轻的音乐家加盟爵士乐。一代人以前几乎不可思议爵士乐有可能成为高中的课程，然而今天有数百家公共的和私人学校向学生讲授爵士乐历史、理论和演奏。作为 150 年以来的妇女运动的一部分，妇女也进入了以前纯然是男人的领地——爵士乐，她们不仅演唱和弹奏钢琴，而且还吹喇叭、作曲和担任乐队领队。秋吉敏木（Toshiko Akiyoshi）指挥一个全由男人组成的乐队，演奏她自己的作品。爱米利·伦伯（Emily Rember），还只 20 多

岁，以她的比博普风格的吉他演奏而赢得听众的赞扬。20 世纪 80
年代妇女爵士乐音乐节和音乐会蓬勃发展。其突出者为：钢琴家雪
利·霍恩（Shirley Horn）和乔安尼·布拉肯（Joanne Brackeen），
萨克斯管手简·布鲁姆（Jane Bloom），长号手詹姆斯·罗宾逊
（Janice Robinson），鼓手休·埃文斯（Sue Evans）。优秀的钢琴家
有：吉米·罗尔斯（Jimmy Rowls）、托米·弗拉纳根（Tommy
Flanagan）、戴夫·麦克肯纳（Dave McKenna）、汉克·约翰斯
（Hank Jones）、杰基·拜厄德（Jaki Byand）等，走上了爵士舞台。
吉他手优秀者包括：肯尼·鲍雷尔（Kenny Burrell）、吉姆·豪
（Jim Hall）、哈勃·爱丽斯（Herb Ellis）、巴里·凯塞尔（Barrey
Kessel）等。为什么爵士乐队能吸引如此多的听众，历百年而未衰
呢？这主要是因为：

①爵士乐的旋律与节奏的生命力远胜于一般的商业性音乐，远
胜于昙花一现的流行舞曲；

②爵士乐正与 20 世纪美国快节奏的生活合拍，于是对美国人
有一种自然的吸引力；

③处于复杂的现代社会、并不断经历社会变化的美国人在爵士
乐中找到与民间最坚实的阶层的认同，这有助于他们在精神上应付
现代生活；

④黑人音乐中所表述的被压迫与不安全的状况已成为大多数人
的一种生活状态，对黑人音乐的认同，就是对于这种生活状态的认
同。

⑤爵士乐演奏没有传统的奢华和排场，它适宜于在小型的场所
无所拘束地非正式地表述音乐情感，它给听众一种亲近感；

⑥爵士乐音乐家一般是业余的，他们就生活在听众的社区和圈
子里，在爵士乐的即兴表演中，很容易产生演奏家与听者之间的沟
通；

⑦爵士乐每每作为一种跳舞、阅读、聚会和杂耍的背景音乐，
它无须太强烈的情感回应，听者始终处于一种十分放松的状态，所

以它拥有更广泛的听众阶层。

如今，爵士乐在纽约的卡耐基音乐厅和市议会大厅演奏，纽约的格林尼治村和52街成为吸引众多艺术家与音乐爱好者的爵士乐中心。

从上面的叙述中，我们可以看到：

①黑人音乐表述了美国历史中一个特有的少数种族群体在社会歧视与经济贫困的状态下，孕育音乐的一个过程；它具有民间性、地下性的特点；

②它较多地表达黑人对现状的不满。黑人音乐的兴起每每与黑人运动相关；

③黑人音乐直露人的本性，毫无掩饰、造作与伪善之情，不少音乐表达人的自然状态下的性欲；

④作为美国诸种族的一部分，黑人音乐对美国民族的认同感、民族性有巨大贡献，现在已成为美国文化的一个有机的组成部分；

⑤黑人音乐作为一种对主流文化的反叛，具有反文化倾向。在美国历次反文化运动中，黑人音乐都成为反叛的旗帜。

⑥黑人音乐是美国文化，乃至世界文化遗产的一个重要的组成部分。

第五节　多元的后现代主义，20世纪70年代中期至90年代

第二次世界大战以后在美国音乐中出现了二元的局面：从20世纪40年代中期到60年代中期，新的音乐似乎从两个对立的阵营中产生：12音系列音乐对即兴性的和不确定性音乐；比博普音乐对摇摆乐；摇滚对波普。在这以后的时期，大约从20世纪60年代中期到70年代中期，这是一个互动的时期，各种音乐流派互相融合。然而，从20世纪70年代中期到80年代中期，甚至到90年代，多元和交叉的流派，美学思想的多样性，似乎占据了统治的地位。它

包容着新的和老的思想，庸俗的和高雅的情趣，两者处于非常鲜明的平置的状态，几乎到了令人惊讶的程度。传统意义上的保守派与激进派，先锋派与传统派，现代派与主流派之间的界限越来越模糊了。可以说这是一个多元的后现代主义的时代。所谓后现代音乐，实际上是指建筑的后现代含意。后现代主义否定必然和统一的声音，认为在历史上的所有时刻，包括现在，都是有同等的意义，同等的价值。音乐的时间性并不存在于它的现代成分之中，而是存在于并置、平衡和通融。诺厄·克莱萨维奇（Noah Creshevsky）的《战略防务计划》（1986）是借用里根总统有关星球大战防务计划建议书的官方名称，这是一部极端地无法预料地并置声源材料的作品。起初，它似乎非常诙谐，使人想起斯派克·琼斯（Spike Jones）的音乐讽刺作品，然后在10分钟内它则显现了一个可怕的世界的氛围。音乐家鲁卡斯·福斯（Lukas Foss）在威廉姆·伯克姆（William Bolcom）的《纯真和经验之歌》中发现同样的情境。他说，为我们现代派音乐家借鉴什么东西的时候，我们感到有责任改造它，我们称之为"自己创造"。但伯克姆将各种不同的风格糅在他的作品中。它的作品不是熔炉，因为它们并不融合。这就表明，在后现代主义作曲家的作品中，没有融合和合成，有的只是并置和共存。乔治·洛奇伯格在讨论他的《第三弦乐四重奏》（1971）时说，我们已无法忍受关于艺术的一统的思想和如何创作艺术的思想。20世纪产生了一个很难界定的多元化，一个充满新的混合、交融和结合的世界，充满了对立场的并置。

20世纪60年代末期和70年代的以拉·蒙特·扬、特里·赖利、斯蒂夫·赖克和菲利普格拉斯为代表的激进的最简单音乐派对20世纪70年代后期和20世纪80年代的音乐产生深远的影响。早期的最简单音乐派成员（除扬之外）都随着时间的推移而有所改变；他们也卷入到正在冲刷美国文化的多元的旋涡之中。虽然他们仍然忠于最简单音乐派的美学，但他们发展了复杂性，音乐的表现范围更宽广了，变化也更快了，使人看起来他们的音乐不再是最简单音乐学派的了。他们成为后最简单音乐派。赖利访问了欧洲和印度后，开始越来越强调即兴表演。他 1975～1976 年创作了《西里骆驼》，1980 年以 CBS 唱片集出版，重新引起美国音乐界对他关注。唱片集中的四首曲子都由赖利自己在雅马哈电子琴上演奏，他的作品有很明显的印度音乐的影响，具有一种新的复杂的音调。后来他创作了一系列弦乐四重奏，他又回到了平均律调音上。赖克的手段变化的过程音乐在 20 世纪 70 年代初期开始发展，成为更多样和更复杂的音乐。最典型的是《击鼓》（1971），像是一首巨大的练习曲，基于单一的节奏。作品《为木槌乐器、人声和管风琴而作的音乐》（1973）具有更为鲜明的音色与音调的对比，同时平生第一次使用渐缓的和突然的和声变换作为一种结构成分。1976 年，他创作《为 18 位音乐家而作的音乐》，这部一小时长的作品具有极强的吸引力，极富有色彩。1978 年他创作了一部新"古典"音乐，取得了异乎寻常的成功。在他的作品《赞美诗》（1981）中，他第一次给音乐作品填词。《赞美诗》是一部根据希伯来赞美诗而作的四乐章的作品，供吟唱和室内乐团演奏。他的 20 世纪 70 年代后最简单派音乐不仅扩展了媒介（歌声和乐队），而且还扩展了旋律，音乐完美地回应着结构和赞美诗。作品以欢乐的赞美神的"哈利路亚"结束。音乐的背景是典型的赖克式的打击乐器的鼓点。他的《沙漠音乐》（1983）显示他更为雄心勃勃。这部作品基于威廉姆斯·卡洛斯·威廉姆斯（Williams Carlos Williams）的诗，由 5 个乐章组成，为 27 个成员的合唱队和 89 个成员的管弦乐队而作。1986 年，他创作《管弦三乐章》，按传统的交响乐作曲，只是木槌乐器和钢琴部分显得十分突出。在这些作品中，赖克更为顺应"主流"的表现手法，包括半音阶和声。20 世纪 70 年代中期之后，格拉斯的音乐走了一段同样的道路，作品更为多样化，更为复杂，更顺应传统的思想与表现手法，只是在形式和媒介方面与赖克不同，特别是在歌剧、舞剧音乐和电影音乐方面。1974 年，格拉斯遇见实验戏剧家和导演罗伯特·威尔逊（Robert Wilson），他们对扩展的拍子一音阶和改变拍子概念的方法有共同的兴趣，便产生了独一无二的戏剧作品《爱因斯坦在海滩上》（1976）。他们两人称它为歌剧，实际上是一部哑剧、舞蹈、抽象音乐和对话的史无前例的混合。这四幕剧延续 5 个小时，没有幕间休息，没有情节。阿尔伯特·爱因斯坦（Albert Einstein）的形象和他的划时代的发现是全剧的布景、道具、灯光和舞台动作的基础。5 个实质性的为乐器和合唱而作的间奏曲起联系全剧的作用，同时也成为整个作品的主要成分。没有独唱演员，12 人的合唱队贯穿全剧，但他们只唱视唱练习的音节。一个男人扮演爱因斯坦，一头蓬乱的白发，低垂的胡须，邋遢的衬衣，裤吊带和灯笼裤，坐在舞台和乐池之间拉小提琴。"弦乐队"由扩大的木管乐器、钢琴和无词的独唱声组成。观众越过这位老人看到从这位科学思想家心中迸发出来的思想、理论和道德困境，这一切都是用超现实主义的舞台风格展现的。《爱因斯坦在海滩上》一剧在欧洲和美国的成功使格拉斯义无反顾地走上了戏剧和电影的道路。它成为三部曲歌剧的第一部，每一部都以世界历史上的伟人为主人公。三个人物代表人类行为的不同领域。《爱因斯坦在海滩上》当然代表科学，特别是原子时代的惊人的科学发展。《沙蒂阿格拉哈》（1980）（副标题为 M. K. 甘地在南非 1893～1914）讨论民族和少数种族政治。《阿赫纳顿》（1984）取名一位埃及法老。他是第一位接受一神教的领袖，此剧主要探讨宗教主题。《爱因斯坦在海滩上》主要是一部哑剧和舞剧；《沙蒂阿格拉哈》是一部独唱和合唱曲，由木管乐器、弦乐器和管风琴伴奏；《阿赫纳顿》由独唱歌手、二个小型的声乐团和一个大型的合唱团吟唱，管弦乐团也是全套人马。这样，三部曲的演进带有越来越强有力的传统力量。《爱因斯坦在海滩上》基本上是一部没有时空概念的超现实作品；《沙蒂阿格拉哈》穿梭于过去、现在和未来之间；而《阿赫纳顿》则按直线的传统的时序发展。在 20 世纪 70 年代后期，最简单音乐派音乐家赢得了大批的听众，特别是年轻的听众。年轻的听众在摇滚乐和"严肃"音乐之间似乎更喜欢前者。格拉斯和摇滚音乐家，特别是戴维·伯恩（David Byrn）和"说话脑袋"乐团的关系尤其融洽。20 世纪 80 年代，他的最不寻常的作品便是声乐套曲《来自易变的日子的歌》（1986）。在歌中，他采用了伯恩和其他流行艺术家的抒情调，特别是保罗·西蒙和劳里·安德森（Laurie Anderson）。在录音时，他特地选择了来自流行音乐圈的歌手，如林达·朗斯特德（Linda Ronstadt）和女歌唱家三人小组"罗杰斯"，但也有来自严肃音乐圈的，如道格拉斯·佩里（Douglss Perry），他饰演《沙蒂阿格拉哈》中的甘地。虽然唱片非常成功，成为《广告牌》杂志排名榜中的畅销作品，但批评家对其声乐套曲中的杂交性质存有疑惑。同样，批评家对格拉斯的长达 12 小时的五幕歌剧《内战：一棵树砍下后才能测量其长》（1983）也存有疑惑，虽然其票房价值相当好。

被批评家称之为最简单音乐流派的音乐家人数不少，这一术语最终成为冠之于任何从事还原艺术或抽象艺术的音乐家。阿尔文·露西尔（Alvin Lucier）在《我坐在一间房里》（1970）和《在一根细长线上的音乐》（1977）中探索实在空间的声学特性；乔恩·吉布森（Jon Gibson）在《套曲》（为管风琴而作）中，将模数结构与即兴演奏结合；戴维·博登（David Borden）作有半即兴性的套曲作品《对位的故事续集》（1976～1983）；汤姆·约翰逊（Tom Johnson）作有《钢琴 1 小时》（1971）、《4 音调歌剧》（1972）、《9 座钟》（1979）和一部纯粹是视觉的作品。哈罗德·巴德（Harold Budd）创作《糖苹果的修正》（1970），作品可用任何乐器演奏，只由一个三和弦组成。威廉姆·赫尔曼（William Helleman）创作视觉的《最后一滴》（1974）。弗雷德里克·热武斯基（Frederick Rzewski）对政治感兴趣，根据 1971 年纽约阿蒂卡州监狱大暴动创作《到一起来和阿蒂卡》（1972）。波林·奥里弗劳斯（Paulin Oliveros）的音乐具有一种默想的性质。彼得·加兰德（Peter Garland）的音乐受到美洲印第安和墨西哥音乐的影响，他创作了 6 部《马塔金舞曲》（1980～1981）。菲尔·尼布洛克（Phill Niblock）

的所有作品几乎都具有最简单音乐派的风格。20 世纪 80 年代中期，年青一代的作曲家更强烈地代表后最简单音乐派，他们似乎在最简单音乐派和传统风格和美学之间找到了契合点。最具代表性的要算约翰·亚当斯（John Adams）。他将最简单音乐派的搏动的节奏性和丰富的和声结合，他的整部作品的结构典型地通过乐器的力量来表述，使听众感到他受到古典—浪漫主义音乐会音乐传统的影响。评论家迈克尔·沃尔什（Michael Walsh）在评论为钢琴而作的《菲利其门》（1977），为弦乐七重奏而作的《振荡器的弧圈》（1978），为合唱和乐队而作的《小风琴》，为两架钢琴而作的《宏大的自动钢琴音乐》时指出，与其说亚当斯的音乐与过去决裂，还不如说他的音乐与赖克的和格拉斯的音乐决裂。他从贝多芬、马勒、西贝柳斯和斯特拉文斯基汲取灵感。他的作品具有一种丰富性和情感的深度，这在赖克的苦行禁欲的声音中和格拉斯爆发性的节奏中是找不到的。他说，亚当斯发展了一种强烈的个人风格，表现在非常复杂的形式中，他在音乐中比其他最简单音乐派作曲家运用了更多的不和谐音。

和最简单音乐派有关联并界于波普音乐边缘的是新时代音乐。这是 20 世纪 70 年代后期和 80 年代初期上升的一种流派。它的名称取自一种有机食品和一本称为《新时代》的理疗杂志。它的出现与美国人越来越对瑜伽术和默想感兴趣有关。这完全是一种录音音乐，是即兴性的，调式的或者微分音的，没有紧张度，没有高潮，似乎处于一种昏迷状态，基本上是一种无定形的音乐，但它有一种使人镇静的力量，有人说这是来自心灵深处的音乐。它基本上基于钢琴或者电声吉他或者柔和地混成的音响，所有的音乐都是非常安静的。有人说最早的新时代录音集是《为禅默想而作的音乐》（1964），这是由单簧管演奏家托尼·斯考特（Tony Scott）在两位日本古典音乐家帮助下即兴做成的。然而新时代音乐成为一种音乐潮流则是 10 年以后的事了。韦德汉姆·希尔和私人音乐公司为几十名不太知名的新时代音乐家录了音乐。其中最著名者为钢琴家乔治·温斯顿（George Winston），他的 1982 年的《十二月》专辑大获成功。钢琴家斯蒂文·哈尔彭（Steven Halpern）出版了好几套专辑，冠之以总名为《反疯狂选择》；他说，音乐就是为了放松、默想和纯粹听觉的愉悦。瑞士裔竖琴家安德莱斯·沃伦韦德（Andreas Vollenweider）作《到月球去》（1986）。日裔电子音乐作曲家，名为喜多郎（Kitaro），［其真实姓名为高桥正典（Masanori Takahashi）］，到 1986 年已出版 17 种新时代音乐专辑，其中有 8 部取自他的电视系列片《丝绸之路》。

在 1963 年，作曲家乔治·洛奇伯格（George Rochberg）曾经考虑过抽象主义之后，该是什么了。他认为，回答是十分明确的，该是新浪漫主义。他心中明白当时在美国音乐界占统治地位的是 12 音系列创作手法和新古典主义的形式主义。但他确定有先见之明，20 年后一个主要的音乐节主题便是新浪漫主义。这个音乐节名为"1983 年视野"，这是纽约爱乐乐团组织的一系列年度音乐节的第一个音乐节，其常任指挥是著名的雅各布·德鲁克曼（Jacob Druckman）。德鲁克曼认为，在 20 世纪 60 年代中期，潮流变化了，人们逐渐关注起精神，人们发现时下正重视狄俄尼索斯（酒神）式的追求感官快乐，神秘性，怀旧，狂喜和先验。德鲁克曼所指的这些特性正是新浪漫主义音乐的特点。当时，与最简单音乐派、后最简单音乐派和新时代音乐并存的还有其他类型的美国音乐。有些遵循传统的路线，也就是说 19 世纪贝多芬、舒曼、李斯特、瓦格纳、马勒浪漫主义音乐的路线，有些追求后凯奇的实验主义。批评家很难将他们都统称为新浪漫主义，但这些差异极大的音乐流派都有一个共同的特点，那就是平易性。后现代主义的反现代主义倾向虽然表现的差别很大，但它们却都拥有一种新的亲近感，新的情感，都致力恢复传统的音调和声。在一个技术革命的时代，在一个充满种族和社会动乱、贫富悬殊、核威慑的时代，艺术家不再孤芳自赏，而是选择和他们的听众交流和沟通。于是，美国批评家把这种现象称之为后现代主义的"新的平易性"。

　　有些具有新的平易性的音乐可以当之无愧地被称之为新浪漫主义，因为它们直接引用或者基于浪漫主义时代的音乐。德鲁克曼认为新浪漫主义发轫于 1968 年。在那一年，卢西亚诺·贝利奥（Luciano Berio）创作《交响曲》。1968 年 10 月 10 日，纽约爱乐乐团首演此曲，造成极大的影响。作品的第 3 乐章完全采用拼贴技术，令音乐界大为惊讶。它采用了马勒《第二交响曲》的谐谑曲，同时拼贴了巴赫、勋伯格、德彪西、拉维尔、施特劳斯、柏辽兹、勃拉姆斯、贝尔格、兴德米特、贝多芬、瓦格纳、斯特拉文斯基、布莱、施托克豪森、艾甫斯的作品片段。贝利奥说，这个乐章可以被认为是录在听者心灵上的被发现物的记录。作品有一种超现实的效果。同样令音乐界惊讶的是贝利奥的音乐语言对听众有一种平易性。西海岸作曲家洛伦·拉什（Loren Rush）先于贝利奥，在他的作品《在沙中》（1967~1968）中，他拼贴了更多的先人的音乐片段，获得了极好的平易性效果。洛奇伯格不仅在《第 3 号四重奏》而且在《协和》四重奏（作品第 4~6 号，1977~1978）中引用了大量贝多芬和马勒的作品。他们的音调设计、和声和节奏的音乐语言都表明他们是新浪漫主义的。比仅仅引用或重新诠释先人的和声和节奏语言更为重要的是他们采用了一个宏阔的表现音域，令人想起 19 世纪的音乐。这是德鲁克曼在 20 世纪 70 与 80 年代音乐的主要特点，包括《窗户》（1972）、《内心》（1973）、《拉米亚》（1974）、《帕利逊》（1980）。其他作曲家的作品也拥有这种表现的宏阔的特点，如罗伯特·埃里克森（Robert Erickson）的根据鸟声灵感而作的《曙光》（1982），约翰·哈比森（John Harbison）的《尤利西斯之弓》（1983），约翰·克里格莱诺（John Corigliano）的《单簧管协奏曲》（1977）和《3 个幻觉》（1981），琼·托尔（Joan Tower）的管弦乐作品《红杉》（1981）和钢琴协奏曲《向贝多芬致敬》（1985），蒂森·斯蒂特（Tison Steet）的《双簧管和弦乐队柔板》（1977），约瑟夫·施瓦特纳（Joseph Schwantner）的交响诗《无限的余音》（1979），爱伦·塔弗·兹维里奇（Ellen Taaffe

Zwilich）的充满马勒式辉煌和神秘的缓慢节奏的《第 1 号交响曲》（弦乐队 3 个乐章）和斯蒂芬·埃尔伯特（Stephen Albert）的交响曲《河流》（1984）。《无限的余音》、《第 1 号交响曲》和《河流》获普利策奖，兹维里奇是第一位获普利策音乐奖的女音乐家。弗雷德里克·泽维斯基（Frederic Rzewski）创作基于智利歌曲的钢琴变奏曲《团结的人民将是无敌的》（1975），全曲长 55 分钟。在这部作品中他抛弃了最简单音乐派的狭窄的表现手法。批评家约翰·洛克韦尔（John Rockwell）认为他的作品表明一种浪漫主义的创作风格，它不仅仅是浪漫主义的复活，它具有一种超越的力量。年轻的托拜厄斯·皮克（Tobias Picker）曾受到武奥里宁、卡特和巴比特三位现代主义音乐家的训练，他在《小提琴协奏曲》（1981）、《交响曲》（1982）、《城市之钥》（钢琴协奏曲第 2 号，1983）中将彻底的 12 音系列结构技术和一种丰满的、折中的音响结合；他的作品弥漫新的平易性美学。有些老的音乐家曾经在现代主义时代被批评为与音乐的演变脱节，他们的保守的音调语汇、节奏的简洁性、传统形式和表现手法过于旧式，一句话，批评他们与时代不合。但就新的平易性而言，他们取得了新的成就。有的保守的音乐家在出版、演出和录音方面都相当成功。如内德·罗洛恩（Ned Roren），他曾经创作过《巴黎日记》（1966）、《纽约日记》（1967）、《最后的日记》（1974），一直被认为是一个保守的较不显要的音乐家，但在 20 世纪 70 年代突然引起公众的注意。虽然在他的交响诗《狮》（1963）中含有一种比利·霍里迪（Billie Holiday）和摇摆乐时代的波普歌曲风格的虚幻感，他仍然被认为是一位优雅的多面的音乐家。罗伯特·斯塔勒（Robert Starer）同样以他对作曲的全面才能从被遗忘的阴影中脱颖而出。他将小说家盖尔·古德温（Gail Godwin）的作品谱成作品。如《歌曲作家的日记》（1975），歌剧《阿波洛涅亚》（1978）和极有感染力的独幕剧《安娜·玛格丽特的遗嘱》（1979）。他以声乐作品受到批评界的欢迎。在讨论新浪漫主义、新音调和新的平易性时，有一位作曲家的名字是必须要提及的。他就是戴维·特里迪斯（David Tredici）。在 1968 ~ 1986 年间，他改编了刘易斯·卡罗尔的《艾丽丝漫游奇境记》和《镜中世界》。作品为女高音、萨克斯管、曼陀林、班卓琴和手风琴、摇滚乐队和极其庞大的管弦乐队而作。他对于这么庞杂的乐器的控制显示了他的全面的才能，令人想起施特劳斯和马勒。施特劳斯、马勒和瓦格纳成为他的和声风格的源泉。在《最后的艾丽丝》（1976 年获普利策奖）中，一切都是扭曲的、夸张的、不平衡的、充满了怪异的并置。曲调片段不断地几乎过分地疯狂地重复，并出现了冗长的声乐乐句。这部作品要求女高音的音域相当宽广，她时不时必须在美声的突然爆发中涵盖音域的全部，各种乐器轰鸣，达到疯狂的、歇斯底里般的高潮，情感的极点可以保持很长的时间。特里迪斯对音乐的扭曲的、不平衡的、富有个性的处理，使他的作品具有个人的音乐语汇。有的批评家认为与其说他是新浪漫主义还不如说他是新风格主义。罗伯特·默兰（Robert Moran）在 1976 ~ 1978 年编辑《当代作曲家华尔兹》，其中收录了巴比特、凯奇、格拉斯、哈里森、塞申、托尔的作品。虽然他们植根于从舒伯特到拉维尔的华尔兹风格，有的批评家认为他们的这些作品也应该被认为是属于新风格主义。

平易性的浪潮也影响流行音乐和爵士乐。摇滚乐从愤怒的嘶喊的"朋克摇滚"（如纽约娃娃或拉蒙斯）、20 世纪 70 年代中期的愤世嫉俗的"闪光摇滚"和"重金属"（"蓝色牡崇拜"、"大恶臭铁路"和"埃洛史密斯"等乐队）演变成简单得多、平缓得多的摇滚。在 20 世纪 80 年代甚至出现了一股潮流，恢复波普的旧风格，如林达·朗斯特德的专辑《什么是新的》（1983）、《丰富的生活》（1984），温顿·马萨里斯（Wynton Marsalis）的收集在专辑《暖房的花朵》（1984）中的感官性极强的歌《星尘》和《你什么时候想登上星球》。许多早先的录音音乐重新出版。在 1976 年，在 700 个"新"爵士乐录音中，几乎一半是重版的。同时，摇滚唱片商也重新出版"金老"（golden oldies）的音乐，如国会山唱片公司出版 12

个专辑为一套的唱片专集，收录从 20 世纪 50 年代初到 70 年代初的摇滚乐。霍普金斯—西格玛（Hopkins-Sugerman）公司 1980 年出版吉姆·默里森（Jim Morrison）的传记和 1981 年出版埃尔伯特·古德曼撰写的《猫王》。20 世纪 70 年代后期和 80 年代初期，百老汇似乎更专注于挖掘老的音乐剧，如罗杰斯和哈默斯坦的《俄克拉荷马》，罗杰斯和哈特的《振作起来》和轻歌舞剧。这些轻歌舞剧中有老一代作曲家创作的歌，如菲茨·沃勒的《我没干坏事》，尤比·布雷克（Eubie Blake）的《尤比》和杜克·埃林顿（Duke Ellington）的《复杂女人》。虽然乡村音乐从来就没有拒人于千里之外，但它也以自己的方式发生了变化，以适应时代的变化。一方面，乡村音乐中各流派之间的界限越来越模糊了，其锋芒柔化了，顺应了摇滚的影响，特别是电子摇滚的影响。不少作品融合了乡村音乐和摇滚乐。另一方面，有一种回归过去简洁的灵声的时代，回归到纳西维尔流行的乡村和西部歌曲的时代。其中最为显著的代表为威利·尼尔森（Willie Nelson），他的摇滚般的乡村音乐在 20 世纪 70 年代中期赢得了巨大的成功。他的专辑《红头的陌生人》包括了 1975 年最流行的乡村音乐的歌《蓝眼在雨中流泪》。而更为年轻的默·班迪（Moe Bandy）拒绝将乡村音乐与波普音乐融合，选择一条更为传统的乡村音乐的创作路子，如《总是那么容易》；里基·斯卡格斯（Ricky Skaggs）则在 20 世纪 80 年代初期创作了同样风格的歌，如《为你而伤心地哭》。

从 20 世纪 70 年代中期到 90 年代之间，爵士乐、摇滚乐和波普音乐除了追求回归过去的潮流之外，还发生了一些其他重要的变化。20 世纪 60 年代的自由爵士乐由于摇滚革命的影响而几乎走入地下。它从来就没有进入过爵士乐的主流。但它对由钢琴家默哈尔·理查德·艾布拉姆斯（Muhal Richard Abrams）1965 年在芝加哥建立的合作性的作曲家发展联合会的音乐产生了影响。从作曲家发展联合会中分出了重要的芝加哥艺术歌舞团。该歌舞团在这些年中出版了约 20 个专辑，1985 年的专辑称之为《第三个十年》。虽然他们的音乐仍然以萨克斯管、喇叭、低音提琴和鼓为主，但他们实际上使用数百件乐器演奏。这些乐器来自世界上许多文化。他们以此打破了传统的爵士乐的界限。同时，他们演奏音乐时，还化妆，表演舞蹈、哑剧和戏剧小品。在他们的音乐中，还汲取了不少新的和老的黑人音乐。芝加哥木管乐器演奏者和作曲家安东尼·布拉克斯顿（Anthony Braxton）以及圣路易斯城黑色艺术家团的萨克斯管手奥利弗·莱克（Oliver Lake）、哈梅·布利特（Hamie Bluiett）和朱利叶斯·海姆西尔（Julius Hemphill）从美国中部脱颖而出。他们由自由爵士乐发轫而发展了个人的风格，加盟加利福尼亚的戴维·默里（David Murray）而成立了世界萨克斯四人团。在 20 世纪 70 年代和 80 年代初期大批爵士乐音乐家从摇滚乐吸收了不少思想和乐器，其中最重要的发展便是产生了所谓的"爵士摇滚"、"电声摇滚"或者叫"融合"。在爵士摇滚中跳动着摇滚的节奏，音乐极度地扩大，并以使用电子钢琴和键盘混成器为特点。其实在 20 世纪 60 年代后期，迈尔斯·戴维斯（Miles Davis）在专辑《沉默的方式》和《婊子药酒》中已经试图这样做了。20 世纪 70 年代的爵士—摇滚音乐家多多少少和戴维斯有关，特别是赫比·汉考克（Herbie Hancock）（《猎头》，1973），以奇克·科里亚（Chick Corea）为首的回归永恒乐团，以及钢琴家乔·佐维诺（Joe Zawinul）和萨克斯管手韦恩·肖特（Wayne Shorter）1970 年组建的天气预报乐团。

同时，在 20 世纪 70 年代，摇滚乐诸流派，特别是硬摇滚、重金属和艺术摇滚，也从爵士乐和布鲁斯汲取不少营养。硬摇滚，如以歌手罗尼·范·赞特（Ronnie Van Zant）为首的赖亚德·斯凯恩德（Lynyrd Skynyrd）乐团的硬摇滚是一种电化了的布鲁斯，带有铿锵的南方节拍。重金属音乐容纳了布鲁斯和弦，加上高调的男高音，将神秘主义、性别歧视和仇恨糅合在一起；演奏者身穿皮衣和金属扣，嘶喊着，做着鬼脸，将音乐会变成一场大喊大叫的闹剧。重金属乐队的典型是英国莱德·泽帕林（Led Zeppelin）乐队，美国乐队如"埃洛史密斯"（《梦》、《这么走》，1976）、蓝色牡崇拜乐队（《命运使者》，1976）、大恶臭铁路乐队（《世界上所有姑娘都明白》，1975）；《生来为了死》，1976）都步莱德·泽帕林的后尘。正如艺术摇滚本身显示的，它比其他摇滚乐有更高的美学要求。它的渊源不仅可以追溯到甲壳虫乐队第一个概念专辑《军士佩珀的单身俱乐部乐队》（1967）、另一支英国乐队爱默生、莱克和帕尔默乐队的艺术性和美国乐队弗兰克·泽帕（Frank Zappa）的发明之母乐队和地下黑钱乐队这两个美国乐队各自几乎同时独立地建立了艺术摇滚的传统。

迪斯科取名于 discoteque（夜总会），从 20 世纪 60 年代以来十分流行。人们按录音音乐跳舞，这是一种以节奏为主的为跳舞而设计的舞蹈。它在发轫时与底特律的摩顿唱片公司的黑人灵歌（如"诱惑"、"迪阿娜和西帕里姆"、"斯莫克·罗宾逊奇迹"、"斯泰维奇景"和"杰逊克五人"的歌）和黑人拥有的费城国际唱片公司的波普灵歌有很深的渊源。借助迪斯科而走上明星路的音乐家包括唐娜·萨默尔（Douna Summer）（《爱你，宝贝》，1975；《星期六晚上的疯狂》，1977）。其实真正的明星是无线电台唱片音乐节目广播主持人迪斯科·乔奇（Disc Jockey）。他们帮助发展了布瑞克舞和街道有节奏的对话"雷帕"（rap）。早期雷帕音乐最明显的标志是专辑《跑—D. M. C.（变化的民主运动）》（1984）。对迪斯科的狂热在 1979 年达到高潮，然后便冷却下来，让位于黑人的摇滚乐"恶臭"（funk）。"恶臭"曾用来描述 20 世纪 50 年代的爵士，60年代詹姆斯·布朗的嘶喊性的灵歌音乐，现在用来描述比迪斯科节奏更复杂的由非洲复合节奏组成的摇滚乐。在由斯莱·斯通（Sly Stone）组成的家庭乐队之后出现许多"恶臭"乐队，最著名的有"酷尔帮"、"俄亥俄演员"、"土地、风和火"等乐队。最典型的"恶臭"艺术家应该是乔治·克林顿（George Clinton），他组建过"议会"和"方卡台立克"乐队，许多摇滚音乐家曾集合在他的麾下。他们主持疯狂的盛会，盛会延续三四个小时，唱如《奇想脑袋》、《美国吞噬它的年轻人》、《让你的屁股自由，你才会有思想》

等歌。"议会"恶臭乐队最成功的专辑包括《傻瓜，将屋顶掀开》
(1976)、《母 联系》（1976）等。到 20 世纪 70 年代中期，摇滚乐
成为美国流行音乐中的主要形式，它甚至也影响了乡村音乐的民间
性。它不再被归类于反叛的青年文化或反文化，可以说，它成为美
国正统的流行音乐的主流。于是，在摇滚乐的阵营内部产生了一种
不予认同的力量，这就是朋克摇滚。在"纽约娃娃"、"拉蒙斯"
等乐队和歌手帕蒂·史密斯（Patti Smith）的歌声中，朋克摇滚成
为一种故意粗鲁、原始、生硬、猥亵的摇滚。后来以大卫·勃恩
（David Byrne）为首的"说话脑袋"乐队的"新浪潮"取代了它。
"说话脑袋"乐团最初是罗德岛工艺学院的学生组织的白人乐团，
从黑人的灵歌和非洲音乐汲取不少营养。它出版了不少专辑，专辑
音乐由录音技术高超的勃里安·埃诺（Brian Eno）加以处理，虽然
不是商业性制作，也很怪异，却十分热销。它们包括：《说话脑袋
1977》、《更多的关于建筑与食品的歌》（1978）、《惧怕音乐》
(1979)、《待在光中》（1980）。在 20 世纪 70 年代，出现了一位摇
滚音乐家，其地位就如 20 世纪 50 年代的猫王和 60 年代的甲壳虫
乐队。他就是布鲁斯·斯普林斯廷（Bruce Springsteen）。他的专辑
《生来为跑》（1975）使他一夜在美国成名，并保持 10 年之久。在
1984 年，他的专辑《生在美国》在一年中卖掉七百多万张。在 20
世纪 80 年代与他齐名的是迈克尔·杰克逊（Michael Jackson），他
从蒙顿的"杰克逊五人合唱团"脱颖而出，专辑《离开墙》
(1979) 和《惊险小说》（1982）极度热销。正如批评家肯·塔克
尔（Ken Tucker）评论的："斯普林斯廷和迈克尔·杰克逊的崛起
发扬了猫王（Elvis Presley）的精神。在斯普林斯廷身上，我们可
以听到和见到猫王的英雄般的谦逊，普通人的幽默感，美国下中产
阶级发言人的角色。在迈克尔·杰克逊身上，我们可以观察到猫王
的燃烧的性感，他的矫饰的，有时令人困扰的怪癖，他的福音音乐
的根以及他对流行歌曲的热爱。他们提供的摇滚乐充满了历史感，
每每被新的革新而重新振兴。"

第六节 杰克逊的遗产

被誉为"流行音乐之王"的迈克尔·杰克逊于 2009 年 6 月 25 日死于他的洛杉矶的家中，享年 50 岁。这位歌手的死标志着美国流行音乐一个时代的结束。

他是一名在美国音乐史上，特别是流行音乐史上极具影响力的歌手、作曲家、作词家、舞蹈家、慈善家。他是继猫王之后美国流行乐坛最具影响力的歌手。他的艺术成就甚至比猫王和披头士乐队更为辉煌。

他的演唱会在世界各地引起极大轰动，他在全世界巡演是历史上规模最大的，吸引了最多的乐迷。他是第一个流行歌手，持续几十年得到全世界歌迷的热爱。他的唱片总销量已经超 7.5 亿美元，被载入《吉尼斯世界大全》。2006 年，"吉尼斯世界纪录"颁发了一个最新认证，承认他是世界历史上最成功的艺术家。他无疑是历史上最富有才华的最富有魅力的，同时又是最具争议的流行音乐歌手。

本来，他 2009 年 7 月就要去伦敦 O2 体育场举行个人演唱会，这个演唱会是已经安排好，所有门票均已售罄的 50 场演唱会的第一个。本来这一系列次演唱会将有可能成为杰克逊演艺生涯"重生"的一次试演，使他有可能既还清他的巨额的债务，并达到世界流行音乐演唱的巅峰。他将再次表明他得到世界歌迷持续最久的热爱，彰显他和他的音乐的世界性。

他于 1959 年 8 月 29 日诞生于印第安纳州加里市一个黑人钢铁工人家庭，9 个孩子中的一个。杰克逊五岁就登台演出，唱的歌叫《爬过每一座山峰》。父亲认识到他的男孩们的超人的歌唱才华，将他们组织成一个歌唱组合，即所谓的"杰克逊五人合唱团"。在 1969 年，当杰克逊还是一个 11 岁的孩子时，他和兄弟杰克、铁托、杰梅恩、马龙和雷迪演唱《我盼望你回来》（I Want You Back），

一举成名，成为 20 世纪 70 年代流行音乐的偶像。《我盼望你回来》
是一首诉说爱情的歌曲，其歌词是这样的：

　　　　啊，宝贝，再给我一次机会，
　　　　请让我
　　　　再度进入你的心田，
　　　　啊，亲爱的，我让你走开真是昏了头，
　　　　现在，看见你躺在他的怀抱里，
　　　　我盼望你回来。

　　《我盼望你回来》博得了评论界的一致赞赏，并夺下了英美两
地流行音乐榜的冠军宝座。

　　继后，在那历史性的 1983 年 5 月 16 日的晚上，在纪念摩城公
司成立 25 周年，名为"昨天，今天，以至永远"的庆典上，他戴
着一顶黑色浅顶软呢男帽，雪白的手套上饰有闪光金属片，拍打着
他的软呢帽，穿着一件黑色的外套，银色的马甲闪闪发光，特别短
的黑色的裤子下面露出雪白的袜子。他唱起后来成为经典的《比
利·珍妮》：

　　　　她更像电影中的美女，
　　　　我说没关系，你说
　　　　我是那个在这场舞中跳的人
　　　　是什么意思？
　　　　她说我是那个在这场舞中跳的人。
　　　　她告诉我她名叫比利·珍妮，
　　　　她引起了轰动，所有的眼睛都投向了她，
　　　　都梦想成为那个
　　　　在这场舞中跳的人。

他一边唱,一边扭动起来,动作柔软而动人。在舞台上亦歌亦舞,那是他的标志性动作,这就是以后闻名遐迩的他独创的"月球漫步"。他以单人表演,改变了流行歌曲的演唱风格。当时4700万电视观众观看了他的不同凡响的演出。从此,他走上了超级歌星的道路,他的知名度在流行音乐范围内是无与伦比的。

与《比利·珍妮》相仿的动人的爱情歌曲还有《你不是孤独的》(You Are not Alone):

> 又过了一天,
> 我仍然孤独一人,
> 怎么会这样,
> 你不在我身边。
> 你从没说再见,
> 有人告诉我为什么。
> 难道你必须走开吗
> 将我孑然一人留在这冰冷的世界?

《你不是孤独的》同样是一首很经典的歌曲,是美国音乐史上唯一一首一上榜就居首位的歌曲。

他既是作曲家,又是作词家。他作的歌和词具有一种感人的人性的力量。例如,1985年,他和利昂内尔·里奇共同谱写的《天下一家》(We Are The World)。这首歌由美国45位歌星联合演唱,为救援非洲饥民而义卖,震撼了亿万人的心。此歌唱道:

> 有时我们听到声声呼唤
> 当天下需要团结成一人,
> 啊,有人在死亡,
> 需要我们向生命中最珍贵的
> 伸出援助之手……

　　　　我们就是世界，我们就是孩子，

　　　　我们就是那些创造更为光明日子的人，

　　　　所以，让我们开始奉献吧。

　　　　我们做出了一个抉择。

　　他作的被誉为"世界上最动听的歌曲"《疗治世界》（Heal the World）呼吁世界和平。此歌是 1991 年杰克逊为了配合自己的同名慈善组织所作，收录在专辑《危险之旅》（Dangerous）中。当时是为了全世界的儿童，成立了一个"儿童基金会"。词曲都是由迈克尔·杰克逊一人独立完成的。在歌中，他显示了他的童真和善良，他的乐观主义精神。他唱道：

　　　　想一想一代一代的人，

　　　　说我们将使世界更加美好，

　　　　为了孩子和孩子的孩子，

　　　　那样，他们将知道

　　　　这世界是他们的，

　　　　想到世界将更为美好。

　　　　在你的心中有一个地方，

　　　　我知道那就是爱。

　　　　而且这地方将可能比明天更灿烂。

　　　　疗治这世界，

　　　　使它成为一个更为美好的地方，

　　　　为了你，为了我。

　　他是在美国特殊文化环境中成长起来的一位黑人歌手。他的歌曲具有鲜明的美国特点：开放，随意，放浪不羁，同时又表达了人类普遍的感情，因而具有大众性和普世性。他致力于独创性，曾经说过，他"不想成为生产线上的另一个罐头"。他的音乐曲风完美地融合了黑人节奏蓝调与白人摇滚，成为独树一帜的乐风。他魔幻般的舞步，又唱又演的风格，怪异的行头，以时而令人忍俊不禁，时而令人惊愕不已的行为使听众既入迷又癫狂。他的血气方刚的经典舞蹈动作，也不乏鄙俗的对性的暗示和放浪不羁的暴力崇拜。他的歌曲包括划时代的《惊悚之夜》（Thriller）。歌中唱道：

> 临近午夜，
> 在黑暗中窥视着邪恶，
> 在月华下，
> 你看见的一幕，
> 足以让你的心脏停止跳动，
> 你想狂喊，
> 但惊悚让你喊不出声。

　　这首歌的专辑的销售数达到音乐史上最高的纪录，仅在美国就销售了 2700 万张。在 1984 年史无前例地获得 8 个格莱美奖项。

　　其他歌曲还有在 20 世纪 80 年代走红的《非正统的歌》（Off the Wall）。歌中唱道：

> 当你感到痛苦，
> 你必须振作起来，跳起摇滚，
> 如果你受不了这痛苦，
> 那么，城中的这隅，
> 就没你的地儿，
> 因为咱们是聚众取乐的哥们
> 不管白天还是黑夜；
> 活得疯狂
> 那是咱们唯一的生活方式。

在歌中，他吟唱道"生活并不是那么糟糕，就活你那非正统的生活吧"。他歌颂非正统的生活，唱出了美国底层人民的心声。于是，他的歌声充斥美国下层人士的俚语，有时显得流里流气，玩世不恭，不乏粗俗和调侃；有时又充满了底层的戏谑和幽默。正如歌手小威廉·詹姆斯·亚当斯在做《惊悚》再混缩的专辑以纪念该歌曲演唱 25 周年时说的，"这是第一次一个黑家伙上了音乐电视。这也是第一次你可以看到发生在贫民区的事儿，第一次郊区的那些家伙模仿他的音乐。这就像百老汇的戏剧，融进了街头演出，他的所有的噱头就是飞翔。他使你有可能成为你自己，有可能使你自由，做你想做的事。"杰克逊演唱的《快溜》（Beat it）就具有那种黑色的幽默感。这是他的最具标志性的歌曲，几乎每场演唱会他都会表演这首歌曲：

> 哥儿们告诉他，以后别来这儿啦，
>
> 他们不想见你的脸，最好溜吧，
>
> 他们的眼睛中充满火焰，含意清除极啦，
>
> 溜吧，快溜吧。

《比利·珍妮》、《惊悚之夜》、《圆滑的罪犯》（Smooth Criminal）、《顶呱呱》（Bad，1987）、《危险之旅》（Dangerous，1991）、《啊，故事》（Hi Story，1995）成为美国乐坛的重大事件。事实上，他的每一支歌都成为热门。他帮助普及了当时还是方兴未艾的音乐电视（MTV），通过音乐电视，他得以每天进入数百万美国家庭。

迈克尔·杰克逊的成功打开了艺术家更为自由地创作之门，同时也启发人们关于如何造就众多歌迷的方法。在 1993 年美国超级碗橄榄球决赛中场休息时，他的精彩表演吸引了 1 亿 3500 万电视观众，再次表现了他的世界级艺术家的风采。1996 年，他世界巡演 82 场演唱会，观众达 450 万人，达到了他事业的顶峰。2001 年出版专辑《无敌》（Invincible），获得另一次商业上的成功。他帮助

改变了美国唱片业在制作歌手个人专辑方面和运销方面的做法。

与此同时，他也造就了众多的模仿者和跟随者。一大批流行歌手，如肖恩·考利·卡特（Jay-Z），康耶·韦斯特（Kanye West），阿里欧内尼·巴达拉（Akon），勃利特尼·斯皮尔斯（Britney Spears），阿希尔·雷蒙德四世（Usher），贾斯廷·廷姆博利科（Justin Timberlake），R·凯利（R. Kelly），克里斯·布朗（Chris Brown），宝贝妹妹珍妮特（Baby Sister Janet），承认他们在歌唱风格方面受到杰克逊的影响。

他1988年出版自传《月球漫步》。在这一年，他在加利福尼亚圣巴巴拉附近为自己建造了价值1700万美元的面积达2500英亩的梦幻庄园，该庄园拥有一个游乐场和许多奇珍异兽。他依靠他的艺术获得巨额的报酬。他是第一个在美国之外卖出个人专辑上亿张的艺术家，第一个年收入过1亿美元的艺术家。与此同时，他也陷入了无法自拔的债务之中。尽管这样，他是支持慈善机构最多的艺术家，达39家。他是一个人道主义者，其实他的最持久的遗产应该是他的人道主义。他对美国黑人争取权利的事业表示了热忱，对人类的贫困和痛苦充满了同情。

在他享有盛誉的同时，他也是最受人们诟病的艺术家。他一直是娱乐小报报道的目标，最近几年充斥了关于他怪癖和个人生活的负面报道。在他对面部进行了整容——加高了鼻梁，削薄了嘴唇，抬高了下巴——之后，他的健康一直成为人们关心的话题。当他的棕色的皮肤渐渐变淡，人们就传说他将皮肤漂白了，然而事实上，他是患了白癜风。皮肤病变使他的皮肤失去了色素。事实上，他自己也向娱乐报报界透露种种虚假的传闻。比方说，他睡在高压氧舱里，以减缓衰老的过程；或者说，他睡在19世纪一个先天性畸形的英国人约瑟夫·迈里克，一个所谓的"象人"的尸骨旁边，等等。

在一次为百事可乐录制广告片时，舞台发生爆炸事故，将他的头发和头皮烧伤。百事可乐为此赔偿150万美元。他如数捐给了慈善组织。然而，据观察家说，这次不幸的事故使杰克逊染上了使用止痛药的瘾头，无法自拔，持续了 25 年。这使他的生活方式显得十分怪异而摇摆不定，成为一个现实生活中的从来没有长大的彼得·潘，这也间接造成了他的死亡。

迈克尔·杰克逊是夺得美国单曲冠军榜最年轻的艺术家，时年仅 11 岁，他 35 岁时获得"格莱美终身传奇奖"，"最佳摇滚男艺术家"，"最佳节奏蓝调男艺术家"。他两度入主美国摇滚名人堂，一次是作为杰克逊五人合唱团（1997），另一次则作为他本人；入主歌曲作曲家名人堂，13 次获得格莱美奖，个人演唱歌曲 13 次名列榜首。

这位黑人艺术家在美国流行音乐史上的地位是无可争辩的。他成为美国文化，乃至反文化的一个标志。一个黑人歌手在美国社会中获得如此巨大的荣誉，获得黑人和白人同样的跨种族的追捧，获得美国人和世界其他地方的歌迷的欢呼，其在文化上的意义也是巨大而深远的。

第六章
美国新闻

　　美国是新闻最发达的国家之一。美联社（AP）是世界上最大的通讯社。在 20 世纪 70 年代后期和 80 年代初期，每天世界上就有 100 多个国家约 20 亿人看到它的电讯。它的一万家订户有半数在美国，其中包括 1262 家报纸，约 3500 家广播电台和电视台。该社每天播发 300 万字，每年要花费 1 亿美元。1973 年是美国日报最多的年份，达 1774 份，日发行量达 6310 万份。1998 年，美国日报数为 1489 份，日发行量略为降低，为 5620 万份。在 20 世纪 60 和 70 年代，平均每天读报人数占总人口的 80%。自此之后，由于电视的普及，该数字每年降低一个到半个百分点。至 1998 年，平均每天读报人数占总人口的 57.9%。《华尔街日报》每天发行 1774880 份，《纽约时报》每天发行 1074741 份，西部大报《洛杉矶时报》则每天发行 1050176 份。美国商业性广播电台 1998 年达 10380 个。三大电视网 ABC、CBS 和 NBC 以及 C – SPAN 涵盖美国 2/3 家庭的电视节目，特别是美国的主要的国内与国际新闻。CBS 和 NBC 晚间黄金时段新闻收视率在 1970 ~ 1971 年分别为 7.8% 和 13%，1998 年降至 7.8% 和 8.4%。ABC 的新闻收视率在 1970 年为 7.7%，1998 年为 8%。在 1985 年，美国日报的 68%（占总发行量 78%）是由全国性或地区性集团控制。14 家拥有 20 多份报纸的集团控制美国日报的 45%。如 Thomson 报业集团控制 121 份日报。Gannett 集团控制 78 份日报，包括《今日美国报》。Donrey 传媒集团拥有 52 份日报，Park 通讯集团拥有 42 份日报。到 1990 年，14

家最大集团的日报在美国发行量占全国总发行量一半以上。23 家公司控制全美媒体的所有方面。在 20 世纪最后 2 个月中，美国全国广播公司（NBC）和《华盛顿邮报》达成联盟的协议，分享新闻资源。美国广播公司（ABC），哥伦比亚广播公司（CBS）和福克斯（FOX）电视台也达成国内新闻交流的协议。21 世纪最初的一个月中，美国在线公司（ADL）与时代华纳公司（Time Warner）由于看中了越来越多的消费者选用网上服务而宣布合并。2000 年 1 月 20 日，美国两大传媒——美国广播公司（ABC）与《纽约时报》宣布将结成新闻联盟。这是印刷传媒与现代的广播技术的联盟。他们将共同制作互联网新闻节目，以在美国总统大选年抢占互联网新闻市场。《纽约时报》将为美国广播公司的《20/20 时事杂志》和《早安美国》两个节目提供约 20 个有关医疗及科技的特辑。此外该报记者和时事评论员也将在这些节目中评论该报当日的新闻。

新闻媒体在美国社会和文化中起着越来越大的作用。这主要是由于新闻媒体的技术的进步而造成的。电缆和卫星电视的产生，电子媒体和报业集团的合并，在里根和布什时代，通信业的发展，都促进了新闻媒体在美国政治、社会和文化生活中的地位。

每晚，有 9800 万美国人，几乎等于美国人口的一半，观看电视。电视成为他们获取新闻、信息和娱乐的主要形式。在 1988 年，总统候选人杜加基斯和布什在电视上辩论，有 160 万美国人观看。新闻媒体能吸引如此众多的美国观众，这使它成为一支在政治上强大的力量。新闻媒体成为美国政治习俗中不可或缺的部分。媒体为美国人提供政治和文化形象，影响他们的态度和行为模式。媒体不仅是美国人对世界形成看法的主要源泉，而且能以最快的速度在整个社会中传播。如肯尼迪总统被刺的消息以及企图行刺里根总统的消息，90% 的美国人在 90 分钟之内从电视或电台上获知。正因为媒体能影响众多的人，它在政治上的重要性是毋庸置疑的。

美国新闻媒体因为不断向公众传递重要的政治、社会与文化信息而成为一支重要的政治、社会与文化力量。美国媒体在美国社会中的作用是毋庸置疑的。

第一节　新闻自由：新的神话

　　言论自由是 17 世纪经典的自由主义哲学的主要主张之一。根据经典的自由主义，言论自由有两个主要的政治作用，看门狗和民主作用。美国宪法保证言论和新闻自由，使之不受政治控制；美国人认为这对于捍卫美国民主是至关重要的。新闻自由在实践中到底情况如何？当新闻事业在少数人控制之下的情况下，新闻自由又意味着什么呢？美国宪法第 1 条修正案中的保证对美国新闻媒体报道有怎样的影响？对于新闻自由的不同的、往往是相互冲突的解释反映了美国民主本身的悖论。在无数的新闻、思想、信息、分析和意见的流动中，哪些能得以发表和传播呢？这在很大程度上取决于新闻机构的经济和政治背景。在新闻自由的问题上，有以下几个重要的因素影响其运作：①现代新闻机构大多属于大公司，大公司的利益会影响发表什么新闻；②新闻机构受经济利益的驱动，总是力图抓住最大量的受众，因此，总是小心翼翼不要发表过于歧异的观点以失去这些受众；③媒体是非常容易受政府官员所控制的；④媒体本身的特点影响报道。如电视，它喜欢充满活动的富有戏剧性与色彩的内容，这样，电视在处理事件时就有可能忽略深入的分析，就有可能歪曲事实本身的含意。

　　美国宪法第 1 条修正案，是有关新闻自由的大部分法律和法院判决的基础。它规定，国会不得剥夺言论自由和出版自由。这使新闻媒体成为一个非常特殊的、受保护的产业。自 1791 年第 1 条修正案批准以来，新闻媒体的这种特权时有起落；各州制定的法律每每在诠释言论自由和出版自由方面与联邦的诠释不同。

　　根据亚历山大·米克尔约翰的分析，言论自由主要有两个功用：①信息的功用。言论自由可以使公民在作决定时获得必要的信息，可以使领导人了解选民的利益之所在；②批判的功用。报刊是人民的看家狗，使公民有可能独立地批评与评介政府行为。受欧洲反国家主义思潮影响很深的美国立国的元勋们之所以给予言论以特殊的地位，是因为他们认为市民社会的公域空间越宽越好，他们相信自由地收集和散播信息和意见而不受政府控制是一个自由社会的基石。这也是我们在书中的讨论的自由主义的基础。各级政府不得对言论和出版物进行"事先限制"，但可进行"事后新闻检查"；只有当出版物"会对民族和人民造成直接的、即时的和无法弥补的损失"时，才追究责任，并根据有关法律禁止已发表的言论和出版物的传播。

美国第三任总统杰弗逊曾经说过："如果要我在没有报纸的政府和没有政府的报纸之间进行选择，我会毫不迟疑地选择后者。"杰弗逊民治政府的共和思想实际上就意味着人民有权利拥有讲话的地方，使政府能听到反面的意见和矛盾。这就是说，他们必须有媒体准入权。例如，拉尔夫·纳德尔（Ralph Nader）的保护消费者运动或反抽烟运动，如果没有媒体的介入和广而告之，便不可能赢得全国性声援。但是不是所有的人都有权在媒体中申诉他们的观点呢？回答是否定的。除非你是记者或公众人物，否则你很难准入媒体，这就造成美国新闻自由的局限性。一位名叫杰罗姆·巴伦的律师在他的著作《新闻自由为谁》中指责媒体为赢得自己的言论自由而斗争，却无视广大公众的言论自由权。新闻从业人员决定发表什么新闻和公布谁的言论，这使许多想陈述自己观点的人缺乏一个合适的公众讲台。巴伦认为，宪法第1条修正案所赋予的权利应该属于所有的个人和团体，而不仅仅是新闻记者和编辑。如果个人有一个特殊的想法或者觉得新闻媒体在表达某些情境中不够公允和正确，他们应该有机会运用新闻媒体陈述他们的观点。没有这样的权利，就不可能有自由的政治权利。

个人在私人和公众生活中享有什么样的媒体准入权呢？在这一问题中，有印刷媒体即报纸杂志和电子媒体的区别。美国法院一般认为，印刷媒体决定发表什么和什么的观点几乎是绝对的。只要媒体没有毁损别人的名誉或发表高级机密，它们可以不受法律的阻拦而作出发表的决定。

新闻发表的自由和阻碍信息传播之间的斗争可以从经典性的托尼罗（Tornillo）诉《迈阿密先驱论坛报》出版公司一案中见其一斑。1972 年，戴德县教师联合会领导人帕特里克·托尼罗（Patrick Tornillo）竞选佛罗里达州议席。在初选前夕，《迈阿密先驱论坛报》发表两篇社论，以他最近领导了一次教师罢工为由，反对选他。托尼罗要求该报发表他答复两篇社论的文章。该报拒绝。托尼罗在初选中大败，他将该报诉告到法院。佛罗里达州法律规定，当竞选公职的候选人人格受到报纸攻击时有权作答。被社论攻击的候选人有权在社论版在相似的位置向攻击者作答。

托尼罗诉状最终 1974 年送达最高法院。最高法院法官一致裁定，报纸有权决定登载或拒绝登载任何东西。编辑有不受限制的权力决定什么可以登在报上和什么不可以登在报上。因此，佛罗里达州此项有关法律不合宪法精神。公民可以要求登载他对攻击他的人的回答；这种要求有可能被准允，但他们无权要求一定登载。

而关于广播电视的规定则不同，因为毫无限制的空间使它们处于半垄断的地位。报纸杂志向所有的人开放，而进入广播电视需要政府颁发许可证。许可证持有者一方面有权在公众无线电频道上广播，另一方面他们必须服从政府规定。这些规定包括许可证持有者不得阻止公众在规定的情境中进入广播频道。公众进入电子媒体的权利分属 3 种范畴：提供同等时间；公平原则；反驳权。这些权利是基于 1934 年通讯法第 315 款（a）以及它的修正案。

如果一个广播电台将一定的广播时间给予或卖给一位竞选公职的候选人，那么其他竞选同一公职的候选人，不管他的财务支持者的多寡，必须得到同样的广播时间。国会于 1960 年立法中止这一规定的执行。这使肯尼迪与尼克松有可能进行长时间的辩论。1976 年和 1980 年，联邦通讯委员会（FCC）采取了不同的策略，将卡特与福特、卡特与里根的辩论作为一个公众聚会来播送，新闻媒体可以作为一个一般的新闻事件参与采访，这样的记者参与的公众聚会就不在同等时间规定之例。于是，其他竞选人 1976 年将此事状告到法院，认为这违反同等时间的条款，是非法的。但法院驳回了他们的上诉。许多有识之士认为，对同等时间的规定造成政治上的危害比它带来的好处要多得多。它使公众未能获悉许多未来的公共官员可能执行的政策信息。例如，福特总统在 1976 年对美国未来农场主协会讲话中概述了他的农业政策，但电视网络因为惧怕会造成同等时间的起诉而没有报道。

公平对待原则涉及的面更为广泛，因为它不仅仅牵涉公共职位的竞选人。按照公平对待原则，如果讨论的是一个在社会上意见十分歧异的问题，媒体在给予一种意见合理的播放时间的同时，也必须给对立面的意见以合理的播放时间。什么问题可以成为这一范畴由法院最后裁定。每年，大约 15000 个此类上诉中有 10% 被驳回。

当播放一个有歧异意见的问题时，就很难确定答辩方。例如，当尼克松总统为美国介入柬埔寨的政策辩解时，有三个组织，即民主党参议员团、民主党全国委员会和反越战的商务高级管理人员组织，同时请求答辩。法院裁决它们都无权答辩；至于谁能上电视台答辩，由媒体自行决定，这给了媒体在决定谁代表反方意见中以极大的权力。媒体从其自身利益出发，一般选择最有影响力的或者最符合它们观点的或者最有新闻价值的团体或个人。这就缩小了对立面，减少了对现存权力结构的挑战。这也使媒体在维护现存社会秩序中发挥了其特有的作用。

美国学者朱迪思·李敦伯格认为，既然印刷媒体和电子媒体的共同点多于分歧点，那么，现行的做法是不合理的，是错误的。

国会议员、新闻广播业和传媒学者强烈要求废除 315 条款。他们认为由于时代的发展，已没有必要认定电子媒体是半垄断性的。事实上，在一镇一张报纸的现状中，政府不加控制的报纸杂志所遭遇的竞争比广播电视少得多。随着报业使用越来越多的电子手段，高科技的发展，印刷媒体和电子媒体之间的差别也越来越不明显。所以，电子媒体应该在作出刊载决定时与印刷媒体享有同样的自由。为了使平等对待原则得以继续执行，国会在1987年通过议案使它成为一项法律。里根总统否决了这一议案。

新闻组织越来越庞大，这使主要事件的播映权越来越集中在一家媒体企业，这形成另一种特殊的寡头式的对信息传播的限制。有一次，有人对《华盛顿邮报》专栏作家理查德·科恩说："你们这些人怕总统"。他回答说："不，我们不怕总统。我们怕迈克尔·艾斯纳（Michael Eisner）、鲁帕特·默多克（Rupert Murdoch）和约翰·梅隆（John Malone）。"艾斯纳的迪斯尼拥有ABC，通用电气公司拥有NBC，默多克拥有自己的电视网FOX，西屋电气拥有CBS。Cox广播公司拥有8家广播电台，7家电视台，24个电缆电视系统和8家报纸公司。《纽约时报》公司拥有36份报纸，1家电台，5家电视台和12份杂志。Capital Cities/ABC除了拥有ABC外，还拥有3家电缆电视台，8家电视台，17家电台，8份日报，46份周报，6份杂志，19份贸易出版物。这种情景正如A. J. 李埃伯林指出的，只有那些拥有言论的人才能保证言论自由。当赋有公职的政治家寻求媒体准入以解释他们的观点时，这些寡头媒体在许多场合拒绝报道他们的活动。如尼克松、福特和里根总统的许多讲演以及布什总统的1992年的记者招待会都没有报道，因为媒体觉得他们的讲话与它们所代表的利益集团的利益不同，或者带有太强烈的党派政治色彩。有时故意将他们的讲话在夜里播放而避开晚上的黄金时段。

另一种进入媒体的方式就是付钱买广告的版面或时间，在这里，金钱起极大的作用。斯蒂芬·霍尔姆斯在论述私人金钱与民主的问题时指出，金钱给你说话的权利。这与民主和言论自由的原则相违背的。诸如工会、公司、游说团体、甚至外国政府在《纽约时报》、《华尔街时报》购买广告的版面以陈述他们的观点或政策。当然，这种媒体准入的方式一般只有跨国的大公司，如IBM、英特尔等，有财力购买非常昂贵的版面或播映的时间。

　　根据李敦伯格的分析，就新闻自由而言，有三点是很重要的：①当代新闻机构大部分隶属于大公司，大公司的利益有可能影响什么可以报道，什么不可以报道；②新闻机构在经济上要吸引最大的受众，过于分歧的问题会减少受众，所以新闻机构在报道时十分小心；③新闻极易受政府影响。美国学者本·鲍格迪齐安指出，20世纪80年代初以来，美国媒体——报纸、杂志、电台、电视台、书籍和电影——已被50家公司控制。20家公司控制每天销售的报纸的一大半；20家公司控制全国11000份杂志的一大半收入；3家公司控制电视的大部分收入，10家公司控制电台的大部分收入；4家公司控制电影的收入。在这50家公司中，有的公司并不是媒体公司，而是包括从事军火、化工、烟草、计算机行业的实业财团。同时，报纸和电视作为实业从广告和直接邮寄获取的利润是相同的。在1997年，报纸广告收入占全国广告收入的22.1%，电视和直接邮寄占19.7%。一位加拿大出生的企业家汤姆森勋爵拼命买进美国报纸。他说："办报就是为了赚钱。"报纸本身成了利润崇拜者。他说："日益控制我们大众传播工具的少数私人公司并没有政府的权力，但是由这样少的一部分凡人（也就是说会犯错误的人）进行如此集中的控制是不合适的。即使他们智如圣贤也不行。因为根据我们国家的理论基础，任何少数人，甚至圣贤，都无权控制公众的视听并左右他们的言论。"

　　总之，在新闻自由的问题上，最突出地表现了美国文化的悖论。它一方面崇尚自由主义，崇尚个人主义，崇尚个人表达志愿的自由与自主，另一方面，它又受到以个人主义为基础的资本主义经济的侵蚀，资本主义以强大的经济力量控制了传媒，使它掌握在少数人的手中。美国民主社会的主流价值决定公民有权公开地表述他们的观点，媒体有权表述公民的观点而不受政府的干扰。但从上面的分析，我们可以看到，美国所谓的新闻自由——在很多时候表现在媒体准入权上——也不是绝对的。和美国民主本身一样，新闻自由也有其悖论的一面。李敦伯格认为，新闻不仅应独立于政府，也应独立于金钱。但这只是一厢情愿而已。新闻媒体掌握在私人利益集团手中，金钱从中起极大的作用，也有可能对自由产生威胁。绝对的新闻自由仅仅是一个新的神话而已。

第二节 美国记者：典型的白种男人

克莱维兰德·维尔霍特（Cleveland Wilhoit）和戴维·韦弗（David Weaver）写了一部《美国记者》。他们发现新闻记者的社会背景和美国其他职业的中产白领从业人员十分相似。95%是白人，66%是男性，60%是新教徒，71%是大学毕业生。60%在大学学过新闻专业。93%来自做礼拜的家庭，72%说他们的伦理思想源自这样的家庭，88%说他们的伦理思想源自工作环境。根据詹姆斯·阿伦森的观点，美国记者的报道和写作质量是很高的，但在新闻分析方面较为欠缺。

在1982年，只有5%的重要的媒体组织高级管理人员是非洲裔美国人。在职员层次，非洲裔美国人占3%。在较为不太重要的媒体组织中，2%的高级管理人员和4%的职员是非洲裔美国人，而且大部分是为非洲裔美国人社区服务。虽然非洲裔黑人、拉丁裔人和亚裔美国人人口占美国总人口的14%，但他们拥有的电台和电视台不足1%。这表明美国的主流媒体仍掌握在盎格鲁—撒克逊白人手中，少数种族在媒体中的影响是十分有限的。在重要的媒体组织中，28%的高级管理人员和23%的职员是妇女；在较为不重要的媒体组织中，28%的高级管理人员和41%的职员是妇女。新闻记者和编辑一般要年轻一些，更为城市化，工作流动性更大。

这种社会与人口的构成对于新闻报道的影响是显而易见的。妇女一般较为关注与妇女有关的社会问题。大部分的媒体较为关注有地位的白人中产阶级和他们的主流价值观，而每每忽略少数种族和贫穷的人们以及他们关注的问题。他们更为关注城市生活，而忽略农村；更多地报道白领白人男性关注的国际新闻与体育运动。这表明新闻产出与记者的背景和兴趣有关。

新闻记者和编辑的教育水平比一般的人要高。在重要的媒体组织中，64%的高级管理人员和56%的职员是大学毕业生，在较为不重要的媒体组织中，这数字则为50%和58%。没有受过正规记者训练的新闻从业人员会更倾向于中性报道，对新闻不作阐释。教育是唯一的最重要的背景特点，这种背景决定了新闻从业人员的报道思想。受过更多教育的人更倾向于自由主义，有更强的社会责任感。

在重要的新闻组织中，很小一部分是共和党的。在高级管理人员中，33%是民主党人，58%是独立人士，9%是共和党人。在职员中，51%是民主党人，44%是独立人士，4%是共和党人。而在美国人口中，44%是民主党人，30%是独立人士，24%是共和党人。大部分自称为独立人士的人更倾向于民主党。这些数据表明，虽然重要的媒体组织的寡头倾向于共和党，但他们仍然雇用民主党人和独立人士。其政治倾向在所选择报道的新闻中呈现出来。它们鼓吹经济的和社会的自由主义和干涉主义的外交政策，他们同时对军事干预又十分小心。他们对大的经济利益集团的伦理表示怀疑，同时不赞成大政府。但为了不致引起保守党人的不满，他们在推行自由主义时又十分谨慎，特别在报道总统竞选的新闻中。虽然他们在有些社会文化问题上可能有分歧，但在有关国家利益的问题上，他们往往一致。

在较为不重要的媒体组织中，党派属性和政治倾向的模式就是典型的美国政治模式。在高级管理人员中，38%是民主党人，22%是共和党人，38%是独立人士。在职工中，40%是民主党人，39%独立人士，20%共和党人。

《洛杉矶时报》作了一个全国性调查，研究新闻从业人员和公众在一些政治观点上的差异。在许多问题上，两组人的观点十分相近，但在不同的问题上，新闻记者总是显得更为自由主义。在社会问题上，分歧最大。

在问及政治倾向时，22% 的从业人员说左倾，18% 说右倾，58% 认为自己是中间派。很明显，这些政治倾向在很大程度上是受到新闻组织的无形的政治压力的。事实上，按新闻界人士测算，30% 的媒体是倾向于右的，12% 倾向于左，57% 是中间派。近几十年来，和公众一样，记者变得更为保守了。然而，在美国主要新闻媒体的调查中，如《纽约时报》、《华盛顿邮报》、《华尔街日报》、《时代》、《新闻周刊》、《美国新闻及世界报道》，三大电视台和公共电视台，这种保守的倾向则不太明显。这些精英媒体对美国的政治精英有极大的影响力，它们基本上仍保持自由主义立场。它们中54% 认为自己中间偏左，19% 偏右。它们的从业人员中，7/8 偏左。（表 6-1）必须指出，不管他们是左、中或右，在认同美国主流价值方面却是没有多大差异的。正如阿伦森指出的，美国记者大多接受那个制度，并在他们写什么，发表什么和回避什么等问题上，自觉不自觉地受到影响，大体上说，美国记者很少有机会接触本国以外的其他社会制度。即使接触到了，他们也多半会持反对态度，因为多年来灌输给他们的观念就是美国制度最优越。

表 6-1　记者特点

单位：%

特　点	重要机构		不重要机构	
	高层管理人员	职员	高层管理人员	职员
女　　性	28	23	28	41
黑　　人	5	3	2	4
大学毕业	64	56	50	58
民 主 党	33	51	38	40
共 和 党	9	4	22	20
独立人士	58	44	38	39
其　　他	—	1	2	1
左　　倾	31	33	22	25
中　　间	57	55	57	59
右　　倾	12	12	21	17

资料来源：G. Cleveland Wilhoit and David H. Weaver。

正如沃尔特·李普曼指出的，价值对记者是有影响的，影响他们对报道的选择，在新闻中对事实的选择。客观报道仅仅是一个神话而已。当记者被问及编辑是否试图审查或影响他们的报道，2/3记者说他们拥有完全的自由。然而事实上，寡头或高级管理人员对关键的重要政治事件的报道确实施加影响或控制。如 1970 年美军入侵柬埔寨时，美联社报道了关于美军士兵抢劫的内容。20 世纪60 年代末，美联社拒绝发表西摩·赫什采写的关于美国进行化学和生物战试验的文章。

在美国最受尊敬的、影响力最大的新闻机构中，按照读者比例，《时代》、《新闻周刊》和《纽约时报》名列榜首。几乎 1/3 甚至一半的新闻记者阅读它们。在 14 种使用最广泛的出版物中有 6份报纸和 8 种杂志（表 6 – 2）。记者也看电视，但他们对电子媒体的依赖不像他们对印刷媒体的依赖那样大。53% 看地方新闻，34%看全国新闻。17% 认为媒体的工作做得极好，78% 认为较好，4%认为做得很糟糕。

表 6 – 2　热门报纸和杂志

单位：%

出 版 物	读 者	出 版 物	读 者
时 代	52	华盛顿邮报	15
新闻周刊	48	大西洋杂志	10
纽约时报	33	纽约客	10
华尔街时报	25	国家地理	9
美国新闻和世界报道	16	今日美国	9
地区/市杂志	16	波士顿环球报	9
体育画报	16	芝加哥论坛	9

资料来源：G. Cleveland Wilhoit and David H. Weaver。

美国主要媒体的总部大多设在东海岸，所以，在美国有人说美国新闻受制于占美国总媒体 8% 的东部媒体。这主要是因为美国的政治重心在东部，决策和政治思想产生于东部。它们生产消息，而其他媒体仅仅传播而已。在这些媒体工作的大多是记者精英，他们是左倾自由主义者，与美国中部的记者观点和政治倾向不同。对东部媒体精英的依靠说明为什么在美国新闻报道的模式大抵上是差不多的。尽管有地区性差异，美国人所获知的新闻大致上是相同的。作为定调的东部媒体为全国公共舆论提供了一个范本和基础。东部媒体的作用实质上与东部政治与经济在美国政治与经济中有举足轻重的作用有关。

　　对于新闻来源的选择是至关重要的。狭窄的新闻来源有可能造成带有偏向的报道。不过，记者在选择其新闻来源时反映了他个人的喜好和偏见，反映了他个人对价值取向的选择。但这样选择是在一个大的框架之内进行的，记者个人选择的余地不是很大的。记者在引用来源时当然不尽然是自由派的，他们引用公共团体的，也引用私人的，党派的，也有非党派的，自由派的，也有保守派的。不过有一点可以肯定，自由派观点压倒保守派观点。在报道同一事件中，记者往往使用代表不同精英团体的消息来源。在这样的情况下，新闻的写作表面上会很不相同，令人眼花缭乱，但事实却都是一样的。例如，在关于1987年股票大跌的167条新闻中，研究人员发现 CBS 晚间新闻、《新闻周刊》、《纽约时报》、《华尔街日报》对于股票大跌的原因与后果的分析大相径庭。3份杂志、报刊大部分依靠金融界专家来源，分别占它们的来源的38%、52%和65%；政府和学术部门居其后。而 CBS 都大量引用政府来源，商界和金融界来源在其次。它还使用了44%的不具名的来源。不同的消息来源对于股票大跌的原因作了不同的解释，补救的手段也不尽相同。《新闻周刊》认为国债和总统政策是主因；《纽约时报》则认为主因是债务和计算机化贸易。《华尔街日报》强调计算机化贸易和外贸逆差。在 CBS 的新闻中，国债是主因，得到双倍于其他媒体的注意。其他原因则包括总统政策和党派政治。当谈及股票大跌的后果时，除了《华尔街日报》之外都认为这可能改善总统与国会的合作。除此以外，关于其后果的猜测则迥然不同，提供了一幅关于美国经济前途的完全不同的图画。乐观的与悲观的皆有之。美国记者在国际报道中的政治化倾向，可以从他们对一件与国际政治几乎无关的事件的报道中看出来。北京青年张健在 2000 年 8 月中旬以 50 小时 22 分游完 123.58 公里成功地横渡渤海海峡。张健登陆后表示下一目标将是横渡 160 公里的台湾海峡。美联社在报道这样一条消息时，也不忘论述我国两岸关系的形成、目前的现状，并加了一段"台湾新领导人"近日活动的情况。

个别非常受人尊敬的全国电视主持人以他们自己对新闻的解释对政治日程会造成巨大的影响。他们通过选择新闻事件作肯定的或否事实上的评论，对公众舆论和官方观点产生影响。如果主持人彼得·詹宁斯（Peter Jennings）、汤姆·布罗考（Tom Brokaw）或者丹·拉瑟（Dan Rather）说降低所得税只会有利于有钱的人，或者说美国在中东的军事存在有可能引发战争，那么，公众对这些政策的支持率会降低。

记者对新闻的选择有可能影响一个主要政治事件的走向。1966 年，美国开始对越南河内实行空中轰炸。美国《纽约时报》的报道来源主要是五角大楼。五角大楼认为轰炸严格限制在军事目标之内。该报派遣索尔兹伯里前往河内。索尔兹伯里发回新闻，报道轰炸殃及医院和民事建筑的情景，这改变了人们对越战的看法。越战时期《华盛顿邮报》西贡分社社长彼得·布雷斯洛普（Peter Braestrup）认为错误的新闻选择和关于战争状况的解释有可能将公众和政府官员引入歧途。他对关于 1968 年春季攻势的报道作了一个主要的调查后发现，糟糕的新闻选择引发了错误的决策，并改变了整个战争的进程。沃尔特·克朗凯特（Walter Cronkite）和其他评论员从这些错误选择的新闻中得到越南南部和美军失败的印象，布雷斯洛普认为实际上是越南北部失败。他认为，这种错误的阐释增加了美国国内反战的压力，使公众对战争的支持瓦解，加速了美国决定撤军的进程，并促使约翰逊总统放弃竞选连任。这当然只是他的一面之词而已，也许有夸大之嫌。

重要事件的报道量往往与它们在现实生活中的意义不相符合。这与媒体和记者对新闻报道事件的选择和炒作有关，而与事实都关联不大。对 10 年间有关越战、犯罪、城市骚乱消息的研究表明骚乱的峰年是 1968 年，而报道骚乱的峰年则是 1 年之前。在 1967 年，骚乱与骚乱报道的比为 4∶1；1968 年，则是 12∶1。由于骚乱不再引人注目，在 1969 年比例降至 16∶1，在 1970 降至 65∶1。同样，对美国主要电视台报道恐怖主义进行 12 年追踪表明，报道的量是逐渐增加的，与实际的恐怖主义行为很少有联系。有新闻价值事件与报道是紧密联系在一起的。《芝加哥论坛报》报道了芝加哥发生的谋杀的 19%，而关于攻击性犯罪的报道则不到 1%。只有 14 篇新闻报道 42000 件攻击性犯罪，而 180 篇新闻报道仅 1000 件谋杀案。当然，这部分也因为谋杀案更富有新闻戏剧性的缘故。

主要媒体有可能集中采访同样的地方，如白宫、国会、五角大楼和司法部。这样全国广播的新闻模式就会划一。在晚间新闻时间，有 91% 的可能性至少有两家电视台报道的主要新闻雷同。根据在两家芝加哥报纸和 6 家晚间电视新闻节目的调查显示，所有新闻机构都报道了同一个题材的新闻，新闻题材的重复率很高。全国电视网注重联邦政府和国际新闻，对体育新闻则不大重视。报纸将更多的版面报道非政治性的新闻。事实上，有一半以上的版面刊登非政治性新闻。虽然刊登的版面比较不同，但所有报道的新闻题材却非常一致。这一模式对全国的新闻系统是具有典型意义的。

美国新闻学者对 1990 年 7 月到 1991 年 6 月新闻网新闻报道美国各州的百分比作了一个调查。对各州的报道相当不平衡。每年只有 25 条新闻报道的计有 24 个州，每年不到 10 条新闻的包括亚利桑那、特拉华、夏威夷、伊达荷、新墨西哥、南达科他、西弗吉尼亚和怀俄明。每年报道不足 50 条新闻的 36 个州占有美国 48% 的选票，但只获得 29% 的州新闻报道。而加利福尼亚、佛罗里达、伊利诺、纽约、得克萨斯和哥伦比亚特区获得比 36 个州的新闻报道更多的报道。它们只占 30% 的选票。这又是一个范例证明政治经济的重要性与报道量的相关性。

　　美国记者很大一部分是恪守美国主流价值的盎格鲁—撒克逊白种男人，他们左右着美国报道的自由主义走向。无论在新闻报道题材的选择上，还是地区的选择上，在对新闻事件的阐释与分析上都深深地打上了他们的价值观烙印。他们的报道影响美国人的信念、态度、观点、价值观和世界观。

第三节　调查性新闻在美国

　　美国著名专栏作家沃尔特·李普曼曾经指出："新闻不能取代体制。它犹如到处搜索的探照灯，将一件又一件事件从黑暗处暴露于光天化日之下。但人们不可能仅仅靠探照灯来治理世界，他们不能仅仅依靠揭露秘闻或突然爆发的事件来治理社会。只是在不断地揭露的基础上，新闻在报道中揭示一个让公众作出明智决定的情境来。"

　　将美国高层的罪恶和腐败揭露出来被认为是美国新闻的主要作用之一。根据 20 世纪 80 年代中期的调查，50% ~70% 的美国人赞同新闻的看门狗的作用，赞同它们关注政治领导人的行为，不让他们做不应该做的事情。揭露性新闻提出一系列哲学的、伦理的和新闻政策的问题。有人认为，当记者竭力将他们所报道的事件给以道德的定性与阐释的时候，他们破坏了客观、公正、中立的新闻职业价值；也有人认为，他们的揭露造成了一种迫害性的气候，威吓政府官员和阻碍有能力的人在政治上发展；如果报纸未能客观地报道发生的事件，他们便会丧失可信性。但美国的新闻从业人员声称他们的政治性揭露反映受众的想法和意愿。

　　美国记者在政治生活中所起的作用是一个不争的事实。这表现在许多官方决策者和记者合作的例子上。媒体俨然兼有政党、改革和执行机构的种种作用。

　　20 世纪 70 年代报界通过实际的、艰苦的调查，揭露了"水门事件"，居然迫使尼克松辞职，20世纪90年代在任总统克林顿和数个女人的暧昧关系受到媒体的广泛审视，美国大学各新闻系越来越强调社会责任感，操作性的新闻便也越来越为人们所关注。无怪乎调查性新闻在印刷媒体和电子媒体中十分发达，造成重要的社会与政治改革的调查报告不断获得普利策新闻大奖。

调查性新闻或者说解释性新闻一般有3个主要目标：①产生一篇能引起受众欢迎的有可能令读者激动不已的爆炸性的新闻；②获得新闻同行的赞美，在新闻竞争中击败对手；③引发媒体所希冀的政治性行动，记者甚至作为一分子参与其中。其实在实践中有时很难区分有意引发政治性行动和偶然性地产生改革的火花之间的差别。例如，当媒体报道了老年公寓一系列死亡之后，发现了老年公寓许多可怕的亟待改革的事实。这是有意识地揭露社会丑行呢，还是完全是一种偶然的行为呢？对于政治家来说，这种差别无关紧要。但对于新闻记者来说，这牵涉到美国社会中新闻的作用问题。美国新闻记者不愿承认他们的新闻主观上在进行社会或政治改革。

根据社会学家哈维·莫罗茨（Harvey Molotch）、戴维·普罗塔斯（David Protess）和马格丽特·戈登（Magaret Gordon）的理论，调查性新闻有3种模式：①简单的揭露丑行的模式；②跳跃式影响模式；③中断性的揭露丑行模式。

在简单的揭露丑行的模式中，记者调查一个严重的社会问题，这些问题通过政治行动可以得到缓和。新闻发表后震动公众，公众舆论催促决策者去解决问题。其流程为：

记者调查→发表→公众舆论→政策动力→政策结果

电视评论员杰拉尔德·里韦拉（Geraldo Rivera）一次提供了一个7分钟的报告，揭露纽约斯塔腾岛一所为智力迟钝的孩子开设的Willowbrook学校里令人吃惊的状况。学校附近的700名居民看了报道之后，随即表示关注。震惊的父母们聚集在学校中，要求当地政府官员予以帮助。当地的保护儿童免遭虐待委员会聆听了诉讼，敦促联邦政府采取措施。但是一系列活动大部分没有产生效果。学校当局只是采取了一些较小的步骤改进管理儿童的方式。在学校枪支暴力的问题上情景也是这样。一系列的调查性报道仍然无法使国会通过控制枪支的法案。美国研究者很少发现媒体引发的公众舆论能引起一股巨大的改革的力量。这表明媒体在影响美国政治与社会日程中影响力是有限的。同时也表明许多美国人在本质上是个人主义的，满足于现状或者对于政治现状存有狐疑，很难激发他们在公共问题上采取行动。例如企图激发美国公众关注美国人过度消费能源、能源匮乏、有必要节省能源的努力大部分是毫无结果的。由于大部分美国人对政治不感兴趣，取怀疑主义的态度，他们一般不注意调查性新闻。1982 年《芝加哥太阳报》连续 5 次报道芝加哥地区的强奸问题。记者在采访中发现公众实际上对这一问题早已十分关切，但这组报道却没能促使采取任何具体的反犯罪的行动，出乎意料的是，它却增加了该报的编辑对强奸问题的关注，该报有关强奸的报道增加了一倍，分析也更深入了。

1979 年，ABC 在"20/20"节目中发表了"为赢利而纵火"的报道。报道揭露一群地产商为了赢利在芝加哥的上城地区纵火烧房。他们购买破旧的房子，给它们上保险，然后纵火烧掉它们谋取理赔。政府部门表示关注，但没有采取行动。但纵火者们惧怕媒体进一步的公开揭露，便收敛了他们的行为。在 1 个月中，此地区火灾减少 27%，这是 5 年中第一次降低火灾率。在第二年，因为火灾而支付的保险理赔款也降低 20% 多。这是一个典型的跳跃式的影响模式，也就是说，从报道一下子跳跃到结果，跃过了政府行为和公众舆论压力。

当记者与公共官员公开合作，就极可能产生跳跃式影响模式。1987 年 5 月 7 日 NBC 在"新闻杂志"节目中报道了在家庭保健中的欺骗行为。在报道之前，记者已经和参议院调查常务委员会合作就该问题进行一系列的听证会。在报道调查报告的同时对听证会也作了报道。记者与参议院的合作最终导致改革性的立法问世。这是记者与体制合作的一个典型例子。

1977年《芝加哥太阳报》、CBS的"60分钟"节目和芝加哥的较好政府联合会合作，在芝加哥开设了一家名叫"幻景"的酒吧，以采取当地官员的贿赂与贪污行为。在很短的时间内他们采取了足够的证据。在电视台播映了这一报告后，许多公民表示愤怒，但政府没有采取任何行动改正这种腐败行为。这就是典型的中断性的揭露丑行的模式。

上面的例子也表明在美国关于公众舆论引发政治行动的说法被大大地夸大了。一般的说，媒体不能激发起公众，即使调查性新闻写得很戏剧性，充满了激动人心的例子。即使新闻激怒了公众，也很少有行动。政治家和记者都知道公众的愤怒是不会持久的。但是人们往往惧怕媒体报道，惧怕激起公众的愤怒或反应，这就使媒体在赢得改革目标中比其他压力集团有较大的影响力。正如上面所分析的，既然公众舆论很少影响政治改革，那么，说媒体是民主程序的伴生物就很成问题了。事实上，媒体只是运用了公众舆论这面旗帜加强了其政治操纵的力量而已。如果一味夸大调查性新闻的作用，就未免脱离美国的政治现实了。

在近代美国发生了新闻界均揭露约瑟夫·拜登（Joseph Biden）的抄袭，杰西·杰克逊（Jesse Juckson）对纽约城出言不逊，丹·奎尔（Dan Quale）躲进了国民自卫队以逃避兵役，查克·罗勃（Chuck Robb）参加了一个吸可卡因的聚会，巴尼·弗兰克（Barney Frank）与一个男妓的瓜葛，沃格拉斯·金斯伯格（Douglas Ginsberg）吸食大麻，克林顿总统与莱温斯基的绯闻，等等。这些个人的生活被不断地无休止地审查、阐释和判定，完全无视私人生活的性质。他们都是美国政界的显要人物。拜登和杰克逊竞选总统，奎尔是副总统，罗勃是弗吉尼亚州州长，弗兰克是国会议员，克林顿是现任总统。金斯伯格被提名为最高法院大法官，后提名被撤销。虽然美国新闻有权了解公共官员的生活，美国公众有权了解与政治有关的事项，但美国大部分公众认为新闻界在调查中做得太过分，败坏了他们的名誉。对克林顿总统与莱温斯基性关系报道的公众反应表明了这一点。这从另一方面促使美国人对政治抱冷漠与怀疑的态度。

政治学家拉里·萨巴特（Larry Sabate）将这种无休止的追问公共官员的私人生活称为"挑拨疯狂"，认为这主要是因为媒体愈益激烈的竞争造成的，因为电台和电视台需要播送 24 小时的节目，它们必须以夸张的、耸人听闻的、秘闻性的新闻来吸引受众。他说："在这种情境中，任何事物都必然会被夸大，被过分地审视；吵吵嚷嚷的摄影机、话筒和人们，加上新闻的最后时限和实况转播的压力，必然会使事件升级，使记者很难保持正常的心态。一旦疯劲儿上来，记者就会变得十分紧张。主要的报纸分配第一流记者组和调查组前往采访疯狂的受害者。电视新闻时间实际上全被这疯狂的话题所占有。在 1988 年 8 月 12 天之间 93 条电视网夜间新闻都是关于共和党副总统被提名者奎尔，比预选中 13 个总统候选人中 12 个所获得的新闻采访还要多。"在 8 个月之前的里根—戈尔巴乔夫的高峰会议，在 10 天间报道的新闻也才 53 条。同样的疯劲儿也表现在对克林顿与莱温斯基的性关系的报道上。1999 年 3 月 3 日，美国广播公司在黄金时段电视节目中播映了主持人芭芭拉·沃特什对莱温斯基的两小时的特别专访。这次专访吸引了 4900 万名观众，是全美迄今收视率最高的特别新闻节目，由此带来广告收入高达 2000 万美元。据《华盛顿邮报》2000 年 8 月 9 日揭露，美国广播公司为了获得这一专访权利，付钱给新闻来源的律师。

这种攻击性新闻提出了一系列重要的伦理和政治问题。从名誉和事业受损的人看来，它涉及公共人物是否有权保护他们的隐私和记者发表这些与政治毫无关系的新闻是否在伦理上站得住脚。在揭露克林顿总统和莱温斯基的绯闻中，就可以看出美国公众对这种持续的、没完没了的新闻报道感到厌烦，克林顿总统的公众支持率非但没有降低，反而上升了。有些记者认为，通过过度地发表有关这些事件的新闻，他们也许可以看清一个人的真空的性格。但许多人，包括在精英媒体里工作的记者，认为这些人无非是在以小道花边新闻与同行竞争而已。除了损害个别的公共人物之外，这种做法还有更广泛的后果。将人们早已遗忘的过去的事情或者最近不谨慎犯的过错全部毫无保留地抖搂出来，或者将人们随口而说的话升格和政治化，会大大减少愿意献身政治的人数。许多有才能的人会选择保护他们的隐私，不愿进入公共领域而让新闻界毫不留情地窥视他们。当记者对克林顿总统穷追猛打时，有人为了保护自己的隐私而不愿被提名为众议院议长。同时，由于大量发表许多此类关于私生活的新闻，许多其他的更有价值的新闻也许永远不可能有发表的机会。

媒体直接介入美国政府管理过程，除了报道外，还有三种形式：①发挥媒体威力；②媒体作为公共贸易的代理人；③媒体作为政府官员或利益集团的代言人。所谓发挥媒体威力就是新闻记者威胁发表政府官员欲图隐藏的消息以逼迫政府官员采取行动。这种形式是不经常使用的。在尼克松执政时期对"水门事件"的调查中，当新闻界希望改革的愿望得到满足后，有一些关于政治丑行的消息没有播发。同样，当《华盛顿邮报》1987年威胁发表加里·哈特（Gary Hart）婚外情的消息后，他决定放弃竞选总统。除了公开的威胁外，暗示性的或可预见性的威胁带来更大的政治后果。政府官员特别惧怕有影响的专栏作家。新闻记者有可能在诸如监狱暴动或外交僵局中起到公共官员代理人的作用。新闻记者所开创的解决问题的初衷有可能引导出一系列政府行动来。CBS主持人沃尔特·克朗凯特（Walter Kronkite）在1977年11月14日在一次卫星电视采访中起到了这样的作用。他从埃及总统萨达特那儿获悉他准备亲自前往耶路撒冷，如果这能带来和平的话。在采访以色列总理贝京时，贝京表示如果萨达特来访，他会亲自到机场迎接。克朗凯特通过电视采访，互递信息，促成了和解。当萨达特在11月19日抵达以色列时，美国三大电视网主持人坐着他的专机同机到达。在机场欢迎的有2000多名来自世界各地的记者。各电视网每天24小时转播有关的节目。美国电视台和电台实况转播埃及和以色列领导人的会晤，给了他们接近美国受众的可能和机会。在数个星期中，3000万美国人和更多的世界各地的观众目睹了这场和平会晤。

公共官员和利益集团利用媒体作为达到政治目的的手段。这也是美国新闻中的一个不争的事实。例如 1989 年夏天，CBS、CNN和 NBC 不断播放约瑟夫·西西波（Joseph Cicippo）的 98 秒钟的讲话，请求释放一位被以色列绑架的阿拉伯领袖，他说，如果不能逼迫以色列这样做的话，绑架西西波的人将杀死所有的人质。这是一个利益集团利用媒体的典型例子。新闻从业人员有时对特别的事业有同情心，因此在选择新闻时会有倾向，以图影响政治轨道。最典型的例子就是民主社会学生会（SDS），在 20 世纪 60 年代被称为"新左派"。SDS 自 1960 年成立后在美国大学校园里的活动一直鲜为人知。1965 年 3 月 15 日，《纽约时报》刊登该报记者弗雷德·普莱杰（Fred Powledge）写的一篇支持他们运动的长篇报道。一家全国性的媒体登载有关他们的报道表明它的象征性的承认。这很快使它成为一个重要的政治性组织。当 SDS 在 1965 年春组织一次向华盛顿进军的反越战的游行时，全国报纸都报道了这一事件。在全国主要新闻杂志和发行量大的周刊，如《星期六晚邮报》、《纽约时报杂志》中刊登关于新左派的文章。虽然新闻编辑和记者们同情 SDS 鼓吹的左倾自由主义观点的改革，并知晓耸人听闻地将他们广泛报道是有害的，为了猎取新闻效果和戏剧性，他们仍然决定将报道集中在最激进的领导人和最激进的目标上。新闻报道将 SDS 描述为一个为反越战而奋斗的组织，实际上它关注的问题还包括民权、社会主义和反帝国主义。这种选择最终证明有误导的作用，将学生最终引导到激进的反越战的暴力行为上。社会学家托德·吉特林（Todd Gitlin）认为，媒体 1965 年决定广泛报道 SDS，实际上最终帮助毁灭了这一学生运动以及新左派的大部分势头。

美国新闻的揭露性作用，一方面表明美国民主的积极性方面，公共官员的一切政治性与社会性行为必须暴露在媒体的关注之下；另一方面，也不能过分夸大这种揭露性的作用。正如我们在上面的分析中看到的，这种揭露有一定的局限性，它可能为美国党派政治和利益集团所左右。

第四节　美国媒体与选举政治

电视产生并深入每一个美国家庭，这从根本上改变了美国政治的模式和生活的方式。电视，公众舆论调查的广泛与改进，以及选举数据分析的计算机化大大促进了大众媒体在美国选举中的作用。在这新的"媒体政治"时代，新技术带来四种变化：①党派影响减弱；②媒体人员影响候选人选举的力量增加；③候选人需要很好地应对电视；④按照电视设计竞选运动成为至关重要的方式。

在美国总统大选中，政党的影响力减弱了。这一方面是由于媒体力量的壮大，另一方面，也由于美国两党之间的差异缩小了。特别是冷战后，引起两党分歧的国际问题锐减，共和党和民主党的争论仅局限于一些细小的枝节的国内问题上。这在 1996 和 2000 年大选年两党的辩论中可以明显地看出来。如在 2000 年两党竞选中，主要问题仅仅包括美国国防实力、传统家庭价值、经济、社会保障、税收制度、教育、医疗保险和环境。在 20 世纪 40 年代，当社会学家刚开始调查大众传媒对总统选举的影响时，党派属性是决定选票的决定性因素，然后是选举人对某一社会团体的感情、对候选人人格的估价和对社会问题的考虑。20 年后，由于电子时代的来临，这个次序就颠倒了。候选人的人格魅力成为决定选票的决定性因素，然后是与候选人相关的社会问题，党派属性和是否是某一社会团体的成员。当候选人的人格或在社会问题上的立场成为选举人决定选举的依据时，媒体就变得更为重要了，因为它们是唯一提供这些信息的主要源泉。同时，政党变得较为不重要了。当选举人可以在自己的客厅里听到和看到候选人，他们就可以作出不同于党的选择。同时选举不同政党的候选人变得十分普遍。候选人也可以挑战以致削弱党的控制，因为电台和电视台使他们直接接触选民，不受党派调配。更多的候选人能够以自己的力量参与竞选，筹款，建立自己的组织。由于媒体的帮助，新的候选人可以很快获得大批拥护者。选民和候选人的这种新的独立性使更多的人参与初选和大选，其后果更是难以预料。在电视时代，媒体人士一般为有希望的总统候选人包装，选民按照媒体的包装进行判断。与此相比，竞选运动的负责人和公共关系专家的作用就远不如媒体了。在早期的初选阶段，新闻人士在情况不很明朗的情况下，要作出胜者与败者的估计，以缩小可供选择的人数。新闻人士全力关注在公众舆论调查中名列前茅的竞选者使新闻记者的工作建立在更为可靠的基础上，但这样做确实太早地让其他竞选者出局，有其主观性的一面。《纽约时报》政治评论员坦率地说："这种过早的猜测太过于投机。"最好的例子是 1976 年民主党初选。差不多有 10 多个人竞选，但媒体只报道吉米·卡特，吉米·卡特是名不见经传的佐治亚州前州长。在 2 月新罕布什尔州初选中，卡特获得民主党 30% 的选票，NBC 的汤姆·佩蒂（Tom Pettit）便声称卡特是一个会击败别人的人。《时代》周刊称他的竞选有可能击败所有其他的人，在封面文章中登载关于他的 2630 行的特稿；《新闻周刊》也做了同样的报道。华盛顿州的参议员亨利·杰克逊（Henry Jackson）和亚利桑那州的众议员莫里斯·尤德尔（Morris Udall）在民主党初选中成绩本来不错，但他们仅仅得到等于卡特 1/3 的报道量。在 3 月初马萨诸塞州对卡特表现冷淡，但媒体把这描述为例外而已，而并没有把这说成是灾难性的失败。2 月初盖洛普民意测验表明卡特仅仅获得 5% 的全国选票，媒体很少报道这一普查结果。在 1988 年的大选中，共和党竞选者遇到了同样的不平衡的媒体关注。在竞选早期，布什所得到的《时代》周刊和《新闻周刊》的关注是罗伯特·多尔（Robert Dole）参议员的两倍，是杰克·坎普（Jack Kemp）众议员的 10 倍。

在 5%的初选选举团决定之后，卡特就获得了令人羡慕的"胜者"的地位。当布什在艾奥瓦党员干部会上落后于多尔和帕特·罗伯逊（Pat Robertson），布什的候选资格过早地被宣布完蛋。媒体上早期就强调潜在成功者，这有可能造成竞选者赢得初选并获得提名的心理优势。获得媒体的承认对于在政治上名不经传的人，如 1984 年的加里·哈特，尤为重要。他在艾奥瓦州干部大会上名列第二，这使记者们确信他是沃尔特·蒙代尔（Walter Mondale）的主要竞争者。超过蒙代尔所获得的媒体报道量使加里·哈特在新罕布什尔州初选中大胜。1988 年，迈克尔·杜加基斯在与布什进行总统竞选人电视辩论时，应对发生错误，终于使他在竞选中败下阵来。

对于领先的竞选者来说，媒体形象太重要了，随之而来的便是选民支持和金钱，随着金钱的到来便是更大量的媒体报道量，其他落后的竞选者只得纷纷退出。在这中间，显示了金钱的力量。这是美国总统竞选中的一大特色。就哈特来说，当他 1984 年在艾奥瓦州和新英格兰获得初步胜利之后，金钱和支持便滚滚而来。但其所筹的金钱仍然敌不过蒙代尔，蒙代尔仍然被媒体看好，认为他极有可能竞选成功。在竞选的初期，媒体报道量和公众舆论测验每每遥相呼应，明显打上媒体运作的痕迹。媒体报道量大的候选人一般在公众舆论测验中也获高支持率。在选举年的春天一旦党派干部会议和初选开始，干部会议和初选的结果又反过来刺激媒体对竞选人关注的程度。获得意外成功的候选人将获得很大的报道量；媒体肯定会冷落失败者。但是也有媒体关注落伍的竞选者而冷落领先竞选者的情景。在 1992 年 1~6 月，60%多的电视新闻是报道不太可能成功的罗斯·佩罗（Ross Perot）和保罗·聪格斯（Paul Tsongas）。杰里·布朗（Jerry Brown）和克林顿仅获 41%的报道量，布什总统则只有 22%。媒体的这种催生总统的行为有一个很长的准备过程。在第一次初选之前一年大规模的为总统选举而准备的形象策划就开始了。实际上，制造总统的行为在前一次总统选举刚结束的一年就开始了。在 1981 年末，已有媒体提及 30 名民主党人和 14 名共和党人为下一届总统候选人了。报道量大的参议员和州长会慢慢地被认为是可能的总统提名人。媒体机构的总裁和董事长们常常能够运用他们所控制的媒体的力量支持他们喜好的人提名为总统候选人，否定他们嫌恶的人。例如，出版巨头亨利·卢斯（Henry Luce）在 1952 年鼓励二战英雄艾森豪威尔竞选总统。卢斯将《时代》和《生活》杂志服务于艾森豪威尔的竞选。克尔·帕墨尔（Kyle Palmer）和钱德勒（Chandler）家族通过他们控制的《洛杉矶时报》在 1946 年帮助尼克松成为众议员。后又在 1950 年帮助他成为参议员。罗伯特·迈考密克（Robert McCormick）运用强大的《芝加哥论坛报》击败了罗斯福和杜鲁门政府的政策而使共和党人执掌伊利诺伊州的大权。媒体的力量还可以用来毁掉候选资格，如 1988 年的特拉华州参议员乔·拜登（Joe Biden）和加里·哈特。由于媒体攻击拜登，说他在演讲中剽窃其他政治领导人的讲话，而被逼出局。媒体刊登哈特与女人鬼混的照片，揭露哈特玩弄女人而使他撤回竞选。在哈特在 1987 年 4 月宣布竞选 1988 年民主党总统提名人之前，《新闻周刊》就发表了一篇文章，说哈特被戏弄妇女的流言所纠缠，并引用哈特前顾问的话说"他总是处于和女人发生性问题的危险之中"。5 月 30 日，《纽约时报》主要政治记者小迪翁（E. J. Dionne）在星期日杂志中写特稿说，"没有哪个竞选人比哈特有更多的与妻子和其他女人的麻烦"。《迈阿密论坛报》派遣一组记者守在哈特在华盛顿的居处附近，观察他和 29 岁的演员赖丝的暧昧关系。5 月 3 日，该报报道赖丝星期五晚上从迈阿密飞来华盛顿和哈特幽会。之后，媒体又报道了哈特和赖丝在阿斯彭（Aspen）聚会上和在游艇比米尼（Bimini）上的幽会。5 月 8 日，处于领先地位的哈特不得不宣布退出竞选。媒体不断报道参议员爱德华·肯尼迪在查帕奎迪克岛的经历而使他始终不敢竞选总统。不过也有相反效果的现象。1992 年，媒体揭露民主党总统候选人克林顿婚外情和逃避兵役的情况，使他的民意支持率一下子大幅度降低。但他还是赢得了一系列初选的胜利，并最后进入白宫。在总统竞选中，媒体形象是十分重要的。例如，1960 年的肯尼迪—尼克松电视辩论，1980 年里根—卡特辩论和 1984 年的里根—蒙代尔辩论使公众改变了原先的看法。他们原来认为肯尼迪和里根都不适合当总统。肯尼迪表明尽管他年轻、缺乏经验，但电视形象表明他能应付总统的重任；虽然公众认为尼克松的口才比他好。在 1980 年，里根给人的印象是，他既不是好战的，在体质上和心理上也不是衰败的。4 年之后，在刚开始的辩论中，里根出了点差错，有人便认为里根也许太老了，不适合连任总统了。然而，在继后的辩论中，他表现了他的身体和心理的敏捷，而改变了人们的看法。没有哪一样媒体手段可以与电视相比。1960 年电视转播总统竞选人辩论之后，使后几届总统竞选人大为发憷，中止了 16 年之久，直至在 1988 年和 1992 年竞选中才广为采用。大量相左的媒体报道使约翰逊、卡特和布什总统在追求连任的努力中成功的希望非常渺茫。对布什的指责主要集中在他的国内经济政策上。媒体在 1980 年总统大选前大量报道纪念美国人在伊朗被扣为人质的事件，这次旷日持久才解决的事件成为卡特外交政策的败笔之一。

媒体操纵的民意测验在决定总统竞选人的命运中也起至关重要的作用。CBS—《纽约时报》调查，NBC—美联社调查，ABC—《华盛顿邮报》调查以及 CNN—《今日美国》调查都从事公众支持竞选人百分比调查，在整个竞选期间公布其结果，并广泛传播。在 1984 年最后选举的一个星期中，有影响的《纽约时报》用了关于选举报道版面的 1/3 报道调查结果。这些报道成为选举人决定投票的依据，它们告诉选举人谁可能成为赢者，谁可能失利，在竞选中什么问题是关键问题。调查人通过设计问题，通过设计的问题的性质和形式，通过其所内含的政治倾向来影响选民，并在很大程度上决定竞选人的命运。民意测验的作用我们可以从 1976 年和 1980 年的总统竞选中看出来。在 1976 年，因为福特总统的民意测验支持率很低，里根便决定参加竞选。但后来，福特的支持率上升，人们便广泛认为这是真正的政治实力显示的结果。1980 年 6 月，ABC 新闻报道的哈利斯民意测验显示 31% 答卷者将选举共和党人约翰·安德森（John Anderson），安德森一下子获得大量财务的帮助，志愿为他竞选服务的人也大大增加。具有讽刺意味的是，民意测验的预测反而加快了安德森政治的失利，他在家乡伊利诺伊州初选中大败。

媒体所制造出来的候选人在政治上成功的可能性很高。因为电视将候选人的形象直接送到成百万选举人的家中，招募政治家的人们，也即那些寡头们，非常在意候选人是否能在摄像机前应付自如，充满自信。善于在公众面前露脸的演艺界人士和公众知名人士便有更大的可能被招募为高层职务的竞选人。里根是一位演员；约翰·格伦（John Glenn）是家喻户晓的前宇航员；杰西·杰克逊（Jesse Jackson）是一位善于言辞的牧师。美国学者奈尔·波斯特曼认为，在 1984 年里根和蒙代尔的总统候选人电视辩论中，与其说他们在辩论，还不如说他们在刻意给受众一个好印象。辩论犹如拳击赛，电视评论没有就他们的思想进行评论，因为根本就没有思想可以评论。专栏作家马奎斯·蔡尔德（Marquis Child）说，候选人不再是在"竞"选公职，而是在为竞选公职而"上镜头"。他说的一点儿也不错。这就是丹尼尔·布斯廷所谓的"假事件"。据说 56% 选举里根的选民是因为里根的"秀"。大约同样百分比的选民因为这个原因选举布什。事实上，如果电视主持人在评论中说了不利候选人的话，好的电视形象也可以弥补候选人的地位。在 1984 年总统竞选中，CBS 记者莱丝利·斯塔尔（Leslie Stahl）攻击里根，说他故意装作是一个热爱和平、充满同情心的人；然而与她评论同时播放的里根的照片形象（里根与美国人在中部野餐，接过奥运圣火，慰问老兵，会见老人等等）却与她攻击的里根截然不同。当时里根的一位助手立即对斯塔尔表示感谢，在电视上花 4 分半钟展示里根的最有活力和最人性的照片，"这是美国人所能见到的最好的东西"。这结果是斯塔尔全然想不到的。在里根入主白宫后，他非常善于向记者提供预先录好的音像制品。它们仅仅是为了"秀"，为了报道的目的。这是另一个总统操纵媒体的例子。

在电视上表现欠佳的候选人花费大量金钱和时间请专业人士辅导。这些专业人士成总统或州长竞选班子里的常年成员。媒体专家戴维·索耶（David Sawyer）、杰拉尔德·拉夫肖恩（Gerald Rafshoon）、托尼·施瓦茨（Tony Schwartz）、戴维·加思（David Garth）、罗杰·爱尔斯（Roger Ailes）或者约瑟夫·纳波利坦（Joseph Napolitan）后来也成为政治老板的代名词。这些专家为候选人做商业广告，并管理大选新闻报道。在 1988 年，主要党派提名人大选预算的 60% 花费在媒体上。整个总统竞选花费估计 5 亿美元，大约一半花费在提名大会之前。1988 年联邦、州和地方一级的选举总花费 27 亿美元。1992 年就更高了。由于电视商业广告和在电视上露面花费极高，候选人的筹款能力便十分重要。个人有财源的便处于有利地位。无法筹到相当数量款项的候选人便会自动刹车。在竞选中，有可能得罪捐款人的活动和言论便尽量避免。财务对于竞选以及当选总统后的承诺有巨大的政治作用。近年来，在美国出现了一种改革呼声，要求降低筹款在竞选中的作用，认为这与美国民主精神是相悖的。

2000 年总统大选年，在新罕布什尔州预选前，美国共和与民主两党总统竞选人举行电视辩论会。由于媒介调查表明，共和党内总统竞选人得克萨斯州州长小布什和亚利桑那州参议员约翰·麦凯恩，以及民主党内总统竞选人副总统戈尔和前参议员布莱德利声势均不相上下，电视辩论主要在小布什与麦凯恩、戈尔和布莱德利之间进行。在共和党总统竞选人之间的辩论中，焦点集中在减税、堕胎、医疗保险以及教育。民主党总统竞选人之间的辩论也充满火药味。在新罕布什尔预选中，出人意料麦凯恩大败小布什。为了确保麦凯恩在新罕布什尔州获胜，他放弃了在艾奥瓦州的竞选，在新罕布什尔州媒体进行了长达 74 天的宣传，比小布什多出一倍以上，仅电视竞选广告一项，麦凯恩在该州的花费就达 220 万美元。新闻媒体的广泛传播使该州选民中独立派人士大都倒向了麦凯恩。在密歇根州和亚利桑那州的预选中，麦凯恩分别以 50% 对 43% 和 60% 对 36% 击败小布什。《时代》周刊以《麦凯恩的哗变》作标题在 2 月 14 日发表封面文章。同日，《新闻周刊》发表封面文章《麦凯恩的伟大时刻》，同时刊登文章《他能击败布什吗》、《麦凯恩意味着什么》等。

在 2000 年 2 月 29 日举行的弗吉尼亚州和华盛顿州共和党总统候选人预选以及北达科他州共和党党团会议选举中，小布什击败麦凯恩。在华盛顿州举行的民主党总统候选人预选中，戈尔以 73% 对 27% 的得票率领先布莱德利。在 3 月 7 日超级星期二 16 个州举行的预选结果显示，小布什和戈尔都击败各自对手，赢得决定性的胜利。小布什获得参加共和党全国大会的 660 名代表的支持，超过了赢得党内提名必须的 1034 张党代表选票的半数。麦凯恩仅获 220 名代表支持。当日，麦凯恩和布莱德利分别宣布退出美国总统预选。

在预选中，小布什和戈尔的胜利表明他们作为在任的州长或副总统有一定潜在的优势；同时也表明金钱在竞选中的作用。在新罕布什尔预选前，小布什已经筹集 7000 万美元，而麦凯恩才筹集 2100 万美元。在超级星期二之前，小布什已经花费了 6000 万美元。其 1/3 便是花费在广告和媒体上。

媒体报道成为竞选中的焦点。竞选活动中主要任务就是安排在媒体上露面，以影响尽可能多的受众。竞选人往往集中精力开记者招待会，在"脱口秀"上露面，到关键的地区去旅行。候选人现在还常常出现在世俗的娱乐节目中，以前这被认为是不合总统身份的。佩罗是在 CNN 的拉里·金（Larry King）实况转播"脱口秀"的节目中首次宣布参加竞选的。其他竞选人纷纷仿效，他们觉得在较为轻松的"脱口秀"节目中可以与受众直接交流。而不喜欢一本正经的全国性报界的采访。州长克林顿甚至自己花钱买"脱口秀"的时间权，戴上太阳镜，表演萨克斯管。候选人花费大量的财力和时间在艾奥瓦州和新罕布什尔州竞选。对 1988 年 ABC、CBS 和 NBC 的调查显示，只有3%人口的艾奥瓦州和新罕布什尔州在 1988 年的初选中赢得的报道量相当于所有其他初选的报道量。在 1984 年大选中，蒙代尔在新罕布什尔州待了 30 天，格仑待了 32 天，哈特待了 52 天，埃默特·霍林斯（Ernert Hollings）待了 60 天，鲁宾·阿尔克（Reubin Arkew）待了 70 多天。虽然媒体报道一般有助于提高公众支持率，但有时媒体报道量大也不一定保证民意测验支持率高。也有极个别的例子。如在 1988 年，彼德·杜邦（Pete Dupont）在艾奥瓦州待了 91 天，花费 56 万美元，但他只赢得 7%的共和党支持率。C‒SPAN、CNN、PBS 和一系列白天和夜间的节目详细地报道提名大会的情况。使提名大会按美国媒体的标准具有新闻价值就必然会增加表演的成分，而忽略真正的实质性的内容。正因为记者追求冲突和戏剧性，记者总是引诱竞选人进入相对峙的状况，互相用有异见的问题诘问和攻击。当记者选定总统大选竞争的场所为战场时，他们于此不仅规范了大选时也规范了大选后的政治日程。从竞选人口中一厢情愿引诱出来的承诺也许会成为日后执政时的必须完成的职责。正是因为大选的新闻都要按总的新闻标准进行审查，这样，不太重要的或知名度较小的候选人得到媒体报道的关注就小。不管他们怎么设法吸引记者，因为他们的新闻不是"大新闻"而每每失败。反过来，由于报道量小，他们就不可能闻名于世，不可能提高知名度，也就不可能竞选成功。这就是为什么媒体对功成名就的政治家有利的一个原因，也可以说这是美国新闻偏见的一个方面。

在一个总统大选年，有关大选的新闻占所有报纸政治新闻的 13%，占所有电视政治新闻的 15%。这使它们的报道量与外交或犯罪的新闻相当。选举的新闻以大字标题、头版地位或带照片的头条新闻而吸引读者。选举新闻一般花一些。虽然在初选、提名大会和候选总统辩论时有关选举的报道量很大，但它们仍然不能压倒其他新闻。读者很可能忽略当日的选举新闻而去读其他内容的新闻。从这一点说，选举新闻有一定的局限性。

　　尽管新闻报纸的党派倾向不同，但关于总统选举的报道模式都十分相似。这表明它们在总的价值模式的选择上是一致的。在声誉很好的全国性报纸上，媒体人士总是选择同类的新闻，强调同样的问题。较小的报纸较少刊登竞选新闻，但它们倒能选择较为广泛的新闻，涉及不同的候选人、不同的问题和事件。电视新闻模式也是十分一致的。对国会、州和地方选举报道的内容进行分析表明也存在同一个模式的问题。对每一个候选人的政治性的描述在各媒体之间大体相似。例如，芝加哥所有主要的电视台和 3 家地方报纸在1983 年几乎以同样的方式报道该市市长选举。本来由于各家报纸的竞争以及竞选的歧见的性质应该有不同的新闻处理方式的（表6 - 3）。《芝加哥论坛报》和《芝加哥太阳报》是芝加哥两家互相竞争的日报，由两家显要的企业所拥有。《保卫者报》是由非洲裔美国商人所拥有和操纵的报纸。在表中，我们可以看到它们在报道题材的选择上有惊人的相似之处。

表 6 - 3　1983 年芝加哥市长初选和大选中报道领域分布
（新闻题材百分比）

单位：%

报道领域	初　　选			大　　选		
	《论坛》	《太阳报》	《保卫者报》	《论坛》	《太阳报》	《保卫者报》
竞　选	43	46	53	42	41	44
政　策	28	24	19	20	21	23
伦　理	13	11	7	8	8	8
素　质	11	14	19	19	19	14
党　派	5	5	3	12	13	11

资料来源：Doris A. Graber。

　　选举新闻的模式在历次选举中变化不大，所有媒体在报道同一次选举当中也相当一致。这样，美国选民赖以建立他们政治决定的信息来源就差不多。这种在选举过程中媒体舆论的一致性对于难于达成共识的多元的美国倒是十分有利的。这种一致性正是美国体制通过影响媒体而促成的。这种一致性当然也意味着共同忽视许多重要话题和评判候选人的标准。其实，媒体报道的一致性并没有在美国造成完全的政治上的一致，这是由美国的政治模式所决定的。新闻评论是对同样事实的不同的阐释以及对新闻不同的理解造成在政治评价中的差异。记者从候选人身上获取报道的素材，这是一种所谓刺激模式。如果发生有新闻价值的事件，消息就会按媒体的需要和受众的趣味发表出来。候选人的需要和趣味往往会被记者忽略。因此，他们常常设法创造出使记者无法拒绝的具有新闻价值的事件和照片来，这就是为什么现在竞选都要聘请熟悉如何吸引记者的公关专家。这种刺激模式在专业性媒体报道竞选中特别明显。例如，为少数民族服务的报纸则选择它们受众最感兴趣的话题而舍弃其他；商务和劳务出版物关注竞选中与经济有关的问题。

美国媒体是否公正而全面地报道在大选中发表出来的各种意见呢？新闻从业人员是否有偏见，是否有倾向性呢？倾向性显然是存在的。在布什与杜加基斯的竞选中，布什的电视广告谴责杜加基斯在治理波士顿海湾的污染不力：“危险，辐射，不能游泳。”然而，镜头显示的并不是波士顿海湾而是一个核潜艇修理厂的场景。表6-4表明媒体在大量报道极有可能成功的1983年芝加哥市长候选人中表现出了不公正和不平衡。共和党人伯纳德·埃普顿（Bernard Epton）几乎没有媒体报道他，大量报道的是民主党人、在任市长简·伯恩（Jane Byrn）和民主党人、库克县理查德·戴利（Richard M. Daley）和美国众议员哈罗德·华盛顿（Harold Washington）。消息来源——友好的或有敌意的——的选择也反映出不平衡。一般的说，在任的候选人因为政绩颇有可被攻击、批评之处每每比他的对手们受到更为严厉的对待。由于候选人的新闻价值不同，候选人对记者的态度不同，完全公正和平衡地报道几乎是不可能的。如在任总统里根由于他的官方地位使他在整个1984年大选中比蒙代尔具有更大的新闻价值。

表 6 – 4 1983 年芝加哥市长初选和大选中各报对竞选人的态度

单位：%

对竞选人态度	初 选			大 选		
	《论坛》	《太阳报》	《保卫者报》	《论坛》	《太阳报》	《保卫者报》
伯恩						
赞成	17	27	12	9	9	2
反对	29	26	17	11	14	7
戴利						
赞成	23	24	10	1	1	—
反对	8	2	6	—	—	1
华盛顿						
赞成	20	21	52	34	38	72
反对	2	1	3	19	11	2
埃普顿						
赞成	1	1	—	18	20	5
反对	—	—	1	8	8	10

资料来源：Doris A. Graber。

　　对主要报纸和电视网报道新闻的内容分析表明媒体更多地讨论竞选人的品质，而不是竞选事件或问题本身。平均地说，60% 的评论评述候选人个人品质和职业资格，而 40% 是评述问题的（实际上，评述个人品质和职业资格的百分比还要高，因为有些讨论问题的评论也是与个人品质、职业资格有关联的）。个人品质包括正直、可靠性和同情心，个人风格（直率）和形象（冷静，有活力）。职业资格包括处理国内与国际事务的能力，动员公众的能力，管理的能力。候选人的政治哲学也是评判的标准之一。多年来，媒体更多地评判总统候选人的可信性，人格力量，领导能力和同情心。美国人对总统的可信性十分重视，因为美国总统拥有很大的权力。居可信性之后媒体经常提及的候选人的品质是原则性、同情心、鼓动性、率直、坚强、有效和善于处理外交事务的能力。

　　电视台或电台新闻评论评述政治候选人一般都是反面的东西多，特别是对于在任的候选人来说。记者评说候选人受贿的动机、

性格上的弱点和政治才能的缺乏，等等。结果每每是在两个糟糕的
人中间选一个不太糟糕的人而已。表6-5显示在劳动节和1984年
总统大选之间晚间电视新闻节目对总统候选人的反面报道量。在
1992年的初选中，布什和克林顿的得分分别是-56和-18。在
1988年，主要的民主党竞选人被媒体斥之为"7个小矮人"。《时
代》周刊在1980年底评述总统大选的一篇文章中，开头便说："一
年多以来，两个有缺陷的总统候选人勉强支撑着到达终点，两人除
了不喜欢对手外，都不能给他们的支持者提供任何选举他们的充足
理由。"媒体以对新闻的选择和引用消息来源的方式影响对候选人
的评价。电视主持人在竞选的初期就形成的对候选人的看法模式，
在嗣后的日子里都按这种模式来报道候选人。在1980年的总统大
选中，里根被描述为一个可爱的误入总统竞选的笨蛋。记者报道他
演讲中的事实与统计错误。他们嘲弄里根关于"森林中的树和海伦
斯火山爆发所引起的污染比汽车和工业所引起的污染还要大"的言
论。在1976年，卡特被描述为一个正直的性格孤僻的人，由于命
运的安排才来到含有敌意的华盛顿。在1980年，他则被认为是一
个卑劣的、小气的、善于操纵别人的人。在1992年，克林顿成为
一个狡猾的人，布什成为一个毫无目的的沉船受害者，已全然无力
引导国家之舟。电视的这种对候选人性格的固定成见对于全国性的
选民的影响是巨大的。

表6-5　1984年劳动节后网络电视新闻对总统竞选人的评价

单位：%

候选人	得 分	候选人	得 分
里 根	-33	蒙代尔	-10
布 什	-55	法拉罗	-28

资料来源：Maura Clancey and Michael Robinson。

虽然电视在问题报道中落后于印刷媒体，但他们报道的模式
却十分相似。在选择关于问题的新闻时，它们首先考虑的是它们

的新闻价值，而不是它们内在的政治上和社会上的重要性。记者追求的不是关于严肃问题的深度报道，而是那些简短的具有新闻价值的事件。事实上，对于问题的报道一般正和它们的重要性成反比。例如，在1992年初选中，电视网中1/6竞选新闻是关于克林顿州长个人生活的。他的绯闻，在大学时代吸毒，偶尔说糟糕的玩笑话等等，成为首要新闻，在娱乐节目中无尽无休地重播。对竞选中问题和事件的报道有三个特点：①媒体将极不相称的注意力放在竞选大吹大擂的竞争方面，而对国家面临的政治的、社会的和经济问题都漠不关心，也不提供解决的办法和建议；②关于问题的报道支离破碎，因为候选人倾注全力关注能帮助他们竞选的问题，而躲避有可能将他们与一部分选民疏离的问题；③新闻界关注有争议的问题，因为这些问题有助于他们写作令读者感兴趣的新闻，增加他们报道的色彩。他们很少系统地报道重要的政治、社会问题。至于副总统在这些问题上的态度，他们全然没有兴趣。

表6-6显示了在1988年大选中《时代》和《新闻周刊》对问题的报道比例。它是基于1987年10月到1988年11月对新闻的段落分析而得出的。它对于其他媒体也是有典型意义的。首先，竞选的新闻占主导地位，其次是与竞选有关的问题和形象，它们占报导量的60%。政策性的问题主要是关于国内政治的。诸如贫穷和老人等社会问题缺乏新鲜感，而且往往非常有争议，充满感情因素，候选人和媒体都敬而远之，生怕触怒一部分公众。所以，它们很少为媒体所关注，除非发生暴力。对于经济问题，如失业、通货膨胀和税收的报道也很有限，因为阐释这些问题很复杂，又很少能写出戏剧性新闻来。候选人对媒体忽略问题颇有微词。卡特在1976年说："和我一起旅行的记者对任何问题都没有兴趣，除非它们牵涉到犯错误。他们所追求的是我和其他候选人的47秒钟的辩论。"候选人还是愿意强调问题的（表6-7）。

表 6 – 6　《时代》、《新闻周刊》1988 年选举新闻主题

单位：%

主　题	新闻比例	主　题	新闻比例
竞选	32	治理形象	7
竞选问题	13	政策问题	17
竞选形象	15	候选人方向	16

资料来源：Thomas E. Patterson。

表 6 – 7　在 1980 年大选中总统和副总统候选人提及的问题

单位：%

话　题	里　根	布　什	卡　特	蒙代尔	安德逊	路　西
问　题	71	44	59	65	61	37
竞选事件	5	27	14	16	15	53
其　他	24	29	27	19	24	10

资料来源：Darrell M. West。

　　表 6 – 7 表明了这一点。这张表是基于对候选人竞选发言内容而整理的。在里根、卡特、安德逊和蒙代尔的竞选演讲中，50% 多是关于问题的。在初选中，5/11 的主要党派的候选人在演讲中一多半是关于问题的。里根和爱德华·肯尼迪则达 70%。媒体报道的问题比党代表大会所关切的问题要狭窄得多。在最近的几届选举中，在报纸上一般谈论 25 个问题，电视一般谈论约 20 个问题。一般只有一半问题得到高度重视。许多在新一届总统任期内有可能很重要的问题被完全忽略。候选人愿意谈论宏观的大问题，诸如战争与和平、经济等，而记者则愿意关注更狭窄的、具体的政策立场。对候选人演讲和电视新闻作一比较发现候选人提及的问题的 2/3 是用来吸引选民的；而电视报道的问题仅 1/4 是关于宏观的，其他便是关于有争议的问题，例如堕胎，对某一国家的军援等。将信息剥离成赤裸裸的戏剧似乎能赢得广大受众的欢迎。对于新闻性，特别是新闻中的戏剧性过分地热衷是美国新闻的一大特点。这决定了在美国新闻中充塞戏剧性与情节，而缺乏深度地分析。

在本节的分析中，我们可以明显地感受到媒体对总统候选人的影响力，以致有人戏谑地称美国媒体为"树立国王的人"。然而，为了赢得媒体的关注，总统竞选人必须筹集巨额款项，且其数额越来越大，使人们觉得竞选政治实质上就是金钱政治，媒体政治也有金钱政治的影子。在这个意义上说，媒体在报道候选人中必然会带有党派的偏见，也即政治性偏见，绝对的中立与公正也是不可能的。

第五节　美国媒体与白宫

尽管媒体和政府相互依赖，相互利用，它们的目标和任务在一定程度上是相互冲突的，两者在不同的控制机制下活动。它们不可能完全和平地相处，但也不可能完全分离，形成美国政治上和文化上的一道独特的风景线。

新闻界以不同于政治家的视角观察世界，并以此来描述世界。他们受拥有本身的寡头利益所左右，受新闻业本身赢利目的所驱使，专事写作激动人心的充满戏剧性的消息以吸引大批受众。于是，他们专事挖掘冲突和争议，这些事情政府官员从其本身的角度出发却希望掩饰过去。

系统的研究表明媒体对于美国政府，特别是总统的事务相当关注。表6-8显示从1990年7月到1991年6月，ABC、CBS和NBC在每晚的新闻节目中每月平均播映131条关于总统的新闻，这大约等于所有政治新闻的30%；关于国会和最高法院的报道要少得多。每月平均92条新闻关于国会，12条新闻关于最高法院。表6-8表明对政府的各部门的报道分布不平衡。和里根总统相比，对布什总统的关注下降得很厉害，关于高级法院的报道略降，而关于国会的报道却骤然上升。电视网每月报道布什总统8个小时，国会是5小时，最高法院是1小时半。表6-9表明三大电视网之间在新闻报道量和时间分配上的差异不大。总统占有60%的电视播映时间，国

表 6 − 8　1990 年 7 月至 1991 年 6 月电视晚间新闻
对政府三部门的报道

日期	总　统		国　会		最高法院	
	次数	时间	次数	时间	次数	时间
1990 年						
7	124	6:00	136	6:15	26	1:42
8	135	13:26	67	4:21	2	0:01
9	146	8:44	107	5:10	13	0:26
10	160	8:35	150	7:48	14	0:23
11	129	9:32	88	5:29	6	0:09
12	115	7:07	71	4:03	1	0:01
1991 年						
1	117	10:11	72	6:18	9	0:11
2	146	11:55	47	3:07	2	0:01
3	96	4:18	67	2:58	16	0:24
4	100	5:31	91	4:21	6	0:08
5	172	6:07	107	4:34	15	0:24
6	132	5:28	100	4:21	38	1:31
总数	1572	96:54	1103	58:45	148	5:21
月平均	131	8:04	92	3:06	12	0:27

资料来源：Doris Graber。

表 6 − 9　电视晚间新闻对政府三部门的报道

单位：%

电视网	总　统	国　会	最高法院
ABC	60.2	36.1	3.7
CBS	61.6	35.1	3.3
NBC	58.6	38.4	3.0

资料来源：Doris Graber。

会是 36.5%，最高法院是 3.5%。新闻报道模式和电视相似，但报
道模式的相似并不意味着各媒体组织描述相同的公共官员的形象。
例如，在一份地方性的精英报纸和电视网报道里根总统建议削减税
收和总统 1984 年到欧洲的访问中，研究人员发现在报道中有三种
不同的形象描述。《德海姆论坛晨报》，一份独立分析的报纸，报道

新闻主要采自通讯社发的稿件，消息反映白宫的思想和视野，从积极的角度报道总统和事件。虽然《纽约时报》也按白宫意图报道了这些事件，但它具有一定的批判性，同时报道了总统对手的观点，它所描述的国家事务就不全是积极的了。CBS 的报道更是一幅复杂的图景，主持人口头评论相当地否定总统，而视觉形象却相当地肯定总统。受众从它们那儿得到关于相同事件的报道，但阐释却全然不同。

美国媒体为美国政府起四个作用，这些作用基本上是辅助性的，是为其政治体制服务的。①媒体向政府提供当前发生的事件的消息，包括在政府其他部门发生的事件，这有可能奠定政策的政治基础。当媒体突出报道了问题，政府每每紧接着不得不采取行动。媒体常常比官僚系统更快地提供每日要闻。肯尼迪总统在每天开始工作前习惯读《纽约时报》，因为该报报道的外交事件比国务院的日报要快 24 小时。②媒体通过报道公众舆论使政府官员了解美国人的心理和所关心的主要问题。③媒体使政府得以将它的思想传播给公众和政府内外的政治精英。④媒体使主要执政官员得以在政治舞台上出现在公众面前，可能在公众面前显示他们的风度和政治能力。报纸、电视、电台不断报道总统的日常活动，报道总统个人生活是相当深入的。例如，当里根总统在 1981 年因枪击而在养伤时，每天的新闻通报会使公众了解日常的进展。媒体报道了总统的状况，包括他的精神状态和情绪，他所经历的医疗过程和他的食谱。富有人性的报道帮助在任总统和人民之间缔结一种个人的关系，这有助于在他们之间建立一种相互信任的关系。媒体和政府的关系的政治含意更为重要。共和党人纽特·金里奇坦言"如果你不是每天读《华盛顿邮报》，你很可能就根本没有存在"。媒体报道是美国政治的生命线，因为它代表体制规范美国精英对现实的看法，而在这之上建立政治行动的基础。媒体不仅描述政治环境，而且描述政治环境的内涵。正因为一般公众接触主要领导人的可能性是非常有限的，媒体为所有参与政治过程的人规范形象。电视政治的时代大大增加了媒体的社会影响力和媒体的力量。今天，全国成百万的人在电视上看到消息，有些消息有可能引起巨大的社会震动，有可能迫使政治家不得不起而采取某些行动。政治家今天也有可能同时访问成百万家庭的客厅，以建立某种个人之间的情感。在电视上的露面给一位国会议员前途带来的好处比他在重要的国会委员会工作要管用得多。媒体通过扩大对政治感兴趣的公民圈子和制造新一类的政治家，将美国政治权力的天平大大倾向于总统。在大选之后，总统政策是否会成功，总统政治生命的长短、活力和效力以及对美国政治体制的总的支持程度都依赖于媒体所传达的形象。对总统的支持率与媒体新闻报道的认可或否定十分紧密地相关。例如，独立检察官在独立检察后，追踪克林顿总统的欺骗行为时，克林顿通过媒体承认了自己的错误，对误导公众的行为深感后悔。他获得了公众的谅解，仍得到三分之二的人的支持。当电视新闻报道和谴责美国海军陆战队夷平越南村庄、美国士兵屠杀越南平民之后，对越南战争的支持率就下降了。1968年在克朗凯特宣布美国不可能赢得越战之后，约翰逊总统就意识到再要重新赢得公众对战争的支持已不可能了。大卫·霍尔克斯塔姆（David Halkerstam）说：“这在美国历史上第一次由一位电视主持人宣布一场战争的结束。”媒体提出一系列问题，而总统往往希望掩盖起来，如预算赤字、枪支控制、犯罪贫困问题，等等。导致尼克松总统辞职的“水门事件”表明媒体的追踪报道对总统可能具有毁灭性的力量。媒体揭露的丑闻包括与伊朗的私下交易，在储蓄和贷款机构中的腐败等。媒体的报道可以增加也可以削弱对总统政策的支持。在美国面临国家危机、国会和公众支持对总统来说很生命攸关的时候，这尤为显著。在1964年8月，仅仅42%的美国公众支持约翰逊总统的越南政策。在总统广播演说对他的政策作了阐释之后，支持率升至72%。同样，尼克松在1970年4月派遣军队到柬埔寨。在他的电视广播演说之后，支持率达50%。在此之前，支持率仅仅7%。当媒体报道了1978年戴维营会议埃及和以色列达成和平协议之后，对卡特总统的支持率就从

22%上升到56%。在促使参议院通过总统提名人选中，媒体报道也可能是非常重要的。在里根时期，媒体攻击罗伯特·伯克（Robert H. Bork）在民权、女权和隐私权上的观点，使他的提名为最高法院大法官受挫，而金斯伯格也因为被揭露曾使用过大麻而被否定。同样，媒体揭露参议员约翰·托尔（John Tower）调戏妇女、酗酒和其他个人品质上的问题而未能被提名为布什总统的国防部长。

所有的美国总统都声称新闻自由和政府公开的原则，但是实际上他们对于揭露政府丑行的报道是很不欢迎的。在历史上就曾发生过华盛顿暗地资助支持者办报，为他说好话的事。正如肯尼迪总统在1962年说的："我越读这些新闻，我就越不喜欢它们。"媒体报道不仅有时使他们窘迫，使他们对政治形势失去控制的能力，有时也可能迫使他们以陈词滥调说话，减少了他们行动的空间。媒体泄露秘密活动，诸如军事干预或冻结价格计划，往往会束缚住总统的手脚。由于新闻的过早泄露，讨价还价的可能性大大降低；由于媒体过于强调细节、冲突和公共官员丑行的报道而忽略事实本身的意义。尽管总统对新闻不悦，但总统与新闻界的公开对抗情况甚少。虽然他们有时相互指责，报界指责政府操纵和欺骗，而政府指责报界歪曲事实，但双方都明了相互都有依赖。如果总统拒绝与记者谈话，像尼克松和里根总统做的那样，如果总统指示下属和主要的政府部门拒绝采访，媒体就不可能得到第一手的材料。将自己与主要的政府消息来源疏远，对媒体来说是灾难性的。记者急于要获取第一手材料反过来给总统以影响新闻报道内容的杀手锏。媒体也可以不发布总统希望发布的消息。它们可以强调消息正面的或反面的方面；它们可以自己选择消息发布时间，选择实况转播或者推迟发布。在1987年，3家电视网中有2家拒绝里根总统要求实况转播他就提名伯克为最高法院大法官的讲话。3家电视网都拒绝播送他的请求额外援助尼加拉瓜反政府武装的消息。美国新闻研究人员把政府与媒体的关系比喻为一种摇摇欲坠的婚姻。他们认为这种婚姻的主调是两个"怨家"之间的亲密友好，每一方都需要对方的友谊。

它们经常共同研究政治问题，相互勾结。如 1980 年，报界推迟发布美国计划入侵伊朗以拯救美国人质；在 1987 年，报界删去了窃听苏联海军电缆的技术数据。人们描述它们的关系一般经历三个阶段：①总统刚上任时的蜜月阶段；②媒体和总统对峙的阶段；③双方都从敌意态度上后撤而变得较为理性和温和。

虽然总统和媒体的关系在大的框架上是不会变动的，但他们的关系也因总统而异。肯尼迪总统、里根总统和媒体关系很好，而尼克松总统和媒体关系很糟糕。有人说，如果尼克松和媒体关系好一些，也许"水门事件"就不会演变成一件丑闻了。总统和媒体的关系还因地而异。华盛顿记者团和白宫的摩擦最大。东北沿海的媒体在传统上就很具批判性。所以，有些总统故意绕开东北沿海而到别处作主要的政策声明。尼克松竞选班子副主任杰布·马格鲁德（Jeb Magruder）说："我们牵涉进了媒体政治之中，我们不仅希望通过传统的新闻发布和记者招待会说话，我们还希望绕过怀有敌意的媒体向人民直接说话。"同样，卡特、里根和布什总统经常访问一些小的社区，通过地方媒体而达到向全国媒体传递信息的目的。布什总统在白宫接受地方电视台采访通过卫星技术转播到全国。手提的短波发射器可以向 22500 英里以上的卫星发送录像信号，这样总统也可以通过实况转播与地方电视主持人对话。除了绕开东部新闻界以外，总统还使用一系列方法来影响和控制新闻的内容和调子。一般有三种方法：①总统竭力赢得记者的欢心；②总统控制新闻的流动；③总统安排日程以创造较有利的媒体报道的机会。为了讨好记者，总统向记者提供好的消息材料，偶尔还给一些独家内幕新闻，使记者的消息比同行略胜一筹而沾沾自喜。他们答应记者随时采访，尊敬记者，为他们安排舒适的食宿以赢得记者的友谊。为了制服记者，总统会直接地或旁敲侧击地威胁收回给他们所有的特权，如随总统专机采访，特别的面对面的采访，或者在记者招待会上回答他们的问题，等等。总统也会因为不合心意的报道而攻击个别的记者或新闻机构。肯尼迪总统对《纽约时报》出版人亨利·卢斯（Henry Luce）抱怨该报记者关于猪湾危机的报道不精确。总统通过增加自己的评论或控制与新闻界的接触而控制新闻的流动。例如，关于向尼加拉瓜非法运输武器的新闻对里根政府造成危害时，新当选的新闻办公室主任汤姆斯·格里斯科姆（Thomas C. Griscom）设法将媒体的注意力从此事上引开。为了控制消息的流动并保证政府以一个声音说话，总统有可能要求属下不要在公开场合表示与总统政策的分歧，否则就要遭到除名。同时，他们还会要求政府部门在会见记者前将讲稿送交白宫审阅以免造成在公共政策上发生相互矛盾的表态。卡特和里根政府坚持敏感部门在会见记者前必须获得上级批准。为了躲过东部报界的批评，他们或者不先散发讲话的未定稿，或者将讲话安排得很晚，东部的早报便无法刊登。总统也可能加大新闻发布间隔的时间，这样新闻发布可以处于一个稳当的、可控制的流动范围之内。如果他们希望记者注意力集中在某一个特定的消息上，他们就会撤回同时发布的其他足以与之竞争的平分秋色的消息。有时候，又故意制造一系列消息以将记者的注意力从敏感的事态上引开。例如，在1976年总统大选中，卡特担忧在加利福尼亚州和新泽西州失利。于是，为了将记者的注意力引向他可能成功的俄亥俄州，他改变了他的行程，主要前往俄亥俄州。他同时给芝加哥市长戴利打电话，戴利正要举行一个记者招待会。在记者招待会上，戴利将这一信息传达给了报界。卡特竞选班子的人说他们成功地引开了记者对加利福尼亚和新泽西初选的注意力，而将他们的注意力移向俄亥俄州。卡特的竞选预测人帕特·卡德尔（Pat Caddell）坦率地说："我们操纵了那件事。我们在新泽西遇到麻烦，但是我们知道我们会在俄亥俄获胜。戴利传递了信息。当然，我们操纵了这一切！"安排活动以制造有利的报道的办法是很多的，例如，制造有新闻价值的事件，在宣布主要政策前故意拖延新闻封锁的时间，组织公众集会，等等。将政治上的成功与政治上的失败巧加安排，以将人们的注意力从失败上移开而专注于成功的方面。卡特政府将与中华人民共和国建立正式外交关系的消息安排在 1978 年末，以冲淡以色列和埃及和平谈判失败的不利报道。同样，里根政府希望美国海军陆战队成功占领格林纳达岛可以冲淡 1983 年美国海军陆战队轰炸黎巴嫩的形象。这种安排有时可能达到欺骗报界的程度，以给公众提供一个虚假的信息，作为烟幕，混淆视听。如 1961 年，肯尼迪政府告诉迈阿密记者 5000 名美军侵占了古巴的猪湾。这一消息意在煽动古巴人起来反叛以支持入侵军。实际上，只有 1000 名美军参加此次行动。当美军遇到麻烦后，官方承认只有几百名美军参加行动，他们的主要任务只是为古巴的反卡斯特罗游击队提供给养和装备，而不是侵略古巴。当记者发现他们被利用来发布假消息之后，十分气愤。这造成了政府与记者之间的摩擦。

总之，从总统与媒体的关系中，我们可以看到白宫与媒体相互利用的一面。总统为了推行其公共政策和国际事务方面的策略，需要媒体为其开路和摇旗呐喊；媒体为获取有新闻价值的消息和内幕新闻也必须与白宫搞好关系。另一方面，他们又处在冲突之中。媒体为了追求新闻的戏剧效果，每每注重了事件的一个侧面和一个细小的细节而忽略其政治含意，这往往会激怒美国政治的化身——总统本人。白宫和媒体之间的矛盾与冲突仅仅是美国总的政治体制内的矛盾与冲突而已，在根本的利益上——即维护美国主流价值的问题上——他们永远是一致的。

第六节　美国媒体与国会山

电视时代改变了美国政治权力传统的平衡，使总统处于主导的中心的地位，而国会处于较为其次的地位。威廉·富布赖特（William Fulbright）参议员在 1970 年对国会说："电视如此大大地扩大了总统的权力以至于有一天会通过一项宪法修正案正式废除政府三权分立说。"这当然仅仅是印象和表面现象而已。如果我们将有关立法的报道加上关于国会的明确的报道，美国媒体对总统和国会的关注大体上是相等的。特别需要指出的是，关于国会议员的报道大多都在各州内进行，这些地方性报道对于每一位国会议员都是至关重要的。从报道内容来讲，关于总统和关于国会的报道并没有显著的差别。表6-10就10个问题对电视有关总统和有关国会的报道作一比较，得分是ABC、CBS和NBC报道的总和。3个电视

表6-10　1990年7月至1991年6月电视晚间新闻关于总统和
国会报道的最多的10个问题

单位：%

问　题	新闻级别					
	1	2	3	时间	次数	% of 次数
总　统						
波斯湾危机	62	26	13	50:57	535	34.0
预　算	69	21	10	7:01	97	6.2
与苏联的关系	53	25	23	5:58	80	5.1
伊拉克动乱	75	20	5	4:40	61	3.9
最高法院	68	28	4	1:52	25	1.6
民权法案	39	46	15	1:08	26	1.7
南美之行	73	27	—	1:01	11	0.7
布什健康	65	20	15	0:53	20	1.3
11月大选	33	58	8	0:53	12	0.8
经　济	57	36	7	0:52	14	0.9
平均/总数	60	31	10	75:15	881	56.2
国　会						
波斯湾危机	47	32	21	21:00	187	16.9
预　算	67	20	13	7:23	106	9.6
最高法院	62	28	10	1:51	29	2.6
与苏联的关系	83	—	17	1:26	18	1.6
11月大选	33	52	14	1:22	21	1.9
伊拉克动乱	64	29	7	1:15	14	1.3
民权法案	33	52	15	1:10	27	2.4
储蓄与贷款	43	38	19	0:59	21	1.9
枪支控制	54	15	31	0:41	13	1.2
内尔·布什和储蓄信贷银行	40	50	10	0:26	10	0.9
平均/总数	53	32	16	37:33	446	40.3

资料来源：Doris Greaber。

网在选择问题时的模式几乎相同，它们都关注总统和国会，然后是波斯湾危机和预算，电台播送的消息模式也差不多。这表明对新闻的判断它们是一致的。但各电视网在各类新闻分配的时间是不同的，它们花更多的时间报道总统消息，而不是国会消息。花费在波斯湾危机消息上的大量时间表明媒体对高度戏剧性事件的关注。表6－10 显示，在 12 个月中，波斯湾危机的消息占总统消息的 34%，占国会消息的近 17%。而经济新闻只占总统和国会消息的近 1%。表 6－8 表明在晚间新闻中，国会每月平均占 5 个小时的报道时间，而总统占 8 个小时。原因如下。

（1）总统作为一个象征美国政治体制的个人是媒体较为理想的新闻目标。

这给媒体和受众提供一种熟悉的、戏剧化的形象。即便是来源于国会的消息，也常常以总统为主要的角色。关于总统或国会的71% 消息来自立法消息来源，但国会作为主角的消息只占 48%。反之，来自政府消息来源的关于总统和国会的 29% 的消息中，52% 关注总统。在过去 10 年中，国会要求进行电视转播，3/11 被接受，而总统要求进行电视转播，44 次中有 43 次被接受。

（2）与总统相比，国会仅仅是许多议员组成的一个联合体而已，缺乏一个单一的为广大受众熟悉的人格化的形象，而人格化形象正是媒体孜孜以求的。

它的活动在国会山 100 多处地方同时展开。没有任何一个议员可以随心所欲地要求全国性电视上报道他。即使著名的参议员和众议员也是被看做代表他们自己的观点，而不是国会的发言人。他们的名人地位与他们在国会中的立法活动毫不相关。事实上，国会从来就没有过发言人，无论众议院还是参议院都不愿他们中有人代他们发言。所以，国会的消息大部分是关于个人的或关于一个具体问题上的立法活动的，而不是作为一个整体。

（3）这与国会的性质有关。

立法机构拟定法律，在各相互冲突的利益中找一个契合点。关于政府行为的报道比关于国会冗长的平淡无奇的立法过程的报道要戏剧性得多。国会的最令人感兴趣的方面，即拟定宏观的政策指针，往往也被媒体报道为政府工作的一部分。关于国会的报道对于一般公众来说没有太多的兴趣。在立法过程的初期，当公民还有可能影响法案时，媒体却很少报道。媒体往往报道立法的最终结果。接受者只知道新的政策是什么，但不知道它们是经过怎样的讨论和争论达成的。国会的实况报道正在改变这种状况，使国会暴露于选民和利益集团的压力之下。国会是在 20 世纪 70 年代后期才同意实况报道国会辩论的。在 1979 年以前，只有少数能引起人们兴趣的委员会听证会，如关于劳务讹诈或者高层腐败，才会实况电视转播。这些实况转播的听证会成了充满戏剧性的道德剧。参议员杜鲁门、埃斯蒂斯·基福弗（Estes Kefauver）和萨姆·欧文（Sam Ervin）就是因为这些听证会而成为全国知名人物的。而被调查的对象却成为这些报道的牺牲品，即使他们后来得到平反昭雪，但坏名声一直在受众中持续下去。《费城问询报》说，在听了参议员基福弗的委员会举行的关于有组织的犯罪情况的听证会之后，"无异于看到将人往狮子口里喂"。在 1979 年众议院解除了它禁止电视报道众议院会议的条令。这一行动部分是为了与受到媒体青睐的政府平分秋色。众议院会议由一个众议院主持的闭路系统转播。关于报道的规定是很严格的：只准转播演说者，而不准转播坐席上聆听的人。这一规定使观众无法见到每每是空空如也的众议院大厅和心不在焉的众议员。在 1986 年，参议员也开始允许电视实况转播参议院会议，因为惧怕参议院成为"国会不为人所见的另一半"。正如参议员罗伯特·伯德说的，"在报道当今重要问题上，我们大大落后于白宫和众议院"。参议员多尔称电视实况转播参议院会议是"构筑一条通向美国人的电子桥梁"。但即使这样，总统和国会之间新闻报道的不平衡并没有根本改变。

国会领导人每天举行新闻发布会。主要报纸如《华盛顿邮报》和《纽约时报》，主要连锁报业如 Gannet, Hearst 和 Knight，主要电视网和通讯社都派遣记者常驻国会。有些记者本身就是某些政策领域的专家;有些通讯社记者为西部或南方发专稿。还有受聘为各家新闻媒体写专稿的记者。《国会季刊》为专业人士报道国会消息。在参议院和众议院一共驻有 3500 多名记者。国会新闻稿和书面报告为没有常驻国会记者的媒体机构服务。国会新闻秘书负责编写和散发这些文件。国会新闻稿使国会议员有可能用自己的话讲述自己的观点。这给那些能产生有新闻价值的议员办公室以极大的优越性。在 1970 年,只有 16% 的众议院议员办公室有新闻秘书,而在 1986 年,这数字上升为 76%。参议员获得的新闻报道量比众议员要多得多,即使两院的常驻记者是相同的。在电视网络中,这比例为 6∶1。这也许是因为参议员更为显要,知名度更高,更加受人尊敬,选民区也更广泛些。一般的说,参议员和众议员的新闻报道量主要视他们的领导地位和是否是国会老手而定。提出重要议案却不会引起很大的报道量,这就意味着大约一半的国会议员是不可能在全国性电视上露脸的。在参议院,大约只有 20 名参议员占有大部分的国会报道量。和总统不同,国会议员不管他们说什么或做什么并不能自然享有媒体报道,即使他们不断发布新闻或举行记者招待会。在有些话题上,如税务政策,对政府行为的调查、对克林顿总统的与多个女友关系的调查或科索沃问题,媒体便会寻求国会议员采访。许多国会议员通过他们开的专栏或通过电视、电台节目在地方媒体获得报道。他们与地方媒体的关系比他们与中央一级的媒体的关系要好得多。地方媒体在谋求采访它们选区的国会议员,以获得对地方问题的一种全国性视野,或者对全国问题有一种地方性视野。

国会与媒体的关系和总统与媒体的关系相仿。但他们的关系有一个主要的差异,即国会与媒体之间的相互依赖与互补不像总统与媒体之间明显。全国性媒体在与个别国会议员疏离的情况下并不妨碍它们采访国会的新闻。同样,除非牵涉到通过主要的有争议的法律,议员无须全国性媒体报道,他们只要有选区媒体报道就可以了。关于全国性的新闻的报道和关于公众舆论的报道对于国会议员来说不像对于总统那样的重要。对于国会议员来说，家乡的媒体更为重要，它们在提供关于家乡的消息同时将他们在华盛顿工作的情况传达给他们的选民。1986 年对新闻秘书的一次调查显示他们认为地方时报、周刊和新闻稿是最为宝贵的新闻载体；国会实况转播、《纽约时报》报道和全国电视网报道被认为是最无效的。

对于有些国会议员来说，他们可以借助全国性媒体的关注而跃上更高的职位，甚至问鼎总统。国会议员一旦得到媒体关注，他们的名声会不胫而走，不断有人来找他们采访，当发生全国性争论时，会有记者来询问他们的观点。但是，国会议员不可能获得像总统获得的那样广泛的持续的媒体关注。即使像汤姆斯·奥尼尔（Thomas P. O'Neill），由于他是反里根的象征，他成为历史上报道最多的议长，但他也只占电视网晚间新闻报道的 7%。而总统却占据了 97% 的时间，每天至少一条新闻，有时 2 条到 3 条。对大部分议员来说，媒体关注使他们成为游说集团的目标。这有助于在再次竞选中获得利益集团的支持或资助。

媒体和国会的关系也是一种既爱又恨的关系。参议员和众议员都抱怨对他们的计划和发言报道太少，抱怨媒体把他们当成欺骗公众的痞子。正如表 6 - 11 显示的，他们完全有理由抱怨。事实上，关于国会的反面报道比关于总统和最高法院的反面报道要多得多。国会议员抱怨记者往往以一种检察官的姿态审问他们。他们认为记者往往注意的是一些细小的情节、绯闻和内部的纷争，却忽略国会一致的方面，忽略国会通过的重要的法律。他们认为国会威望降低全然是因为媒体的缘故。而媒体抱怨议员们试图通过他们的专业的新闻官员控制新闻报道。它们认为议员缺乏真诚与坦率，经常将记者从许多重要的国会会议排除在外。电视台记者抱怨国会对报道国会会议控制很严。国会不允许他们录制自己的新闻，他们可以摄制的有关国会的题材非常有限。

表 6 - 11　对国会的报道

单位：%

报　纸	正　面	反　面	中　性
亚特兰大宪法报	9	34	56
波士顿环球报	14	32	53
芝加哥太阳时报	5	26	68
达拉斯晨报	5	18	78
丹佛报	12	32	57
洛杉矶时报	4	20	75
迈阿密先驱报	6	27	67
明尼苏达星报	5	29	66
费城问询报	8	40	53
华盛顿邮报	5	21	75

资料来源：Charles M. Tidmarch and John J. Pitney, Jr.。

　　国会很少使用它的立法权力来制定通讯政策，将它视为易引起政治纷争的马蜂窝。唯一的例外是 1934 年通过通信法，通信法授予联邦通讯委员会（FCC）以广泛的权力。虽然一般的说参议院对FCC 的控制很少，但仍然存在严格的控制。所有对通讯政策感兴趣的各方，包括白宫和最高法院，必须十分注意这种参议院严格的控制。国会控制邮寄费用和补助，对报业连锁和合并的立法，对经营不善的报纸的法律，印刷和电子媒体的版权法，等等。它同时还控制通信卫星、广播频谱的分配和电缆电视的政策和管制。控制媒体程序的法律有时对媒体内容和政策会产生影响。例如，FCC 鼓励电台多样化，这导致在 20 世纪 80 年代产生大批调频摇滚音乐台。国会还审查纪录片。国会审查了关于一所著名大学吸毒情况的纪录片，发现片中的情景是导演的，而不是真实的，因而予以否定。对于有关五角大楼非法活动的报道，国会也要审查。前民主党参议员约翰·帕斯托（John Pastore）十分关注电视暴力，帮助建立了公共卫生局医务长官电视与社会行为顾问委员会，委员会调查了电视节目中的暴力，为国会采取行动作准备。

　　总之，国会与媒体的关系和总统与媒体的关系并没有本质上的差异。它们也是一种既爱又恨的关系。国会通过 FCC 控制美国的传媒，控制美国的通讯政策。那种认为美国传媒是完全地绝对地自由的说法是不符合事实的，是没有根据的。

第七节　美国媒体与外交事务

　　到美国深入生活的人都会发现，世界第一强国的美国公众却仅仅关心在美国发生的一切，而对外国和外交事务却知之甚少。中学生无法在地图上指出许多人们熟知的国家和城市已成为笑料。他们对于外国语的热忱远远低于发展中国家的青年学生。当美国人选择阅读新闻时，他们一般不会选择看外交新闻报道。1987 年 12 月当 NBC 在晚间黄金时间播映了一小时之久的对苏联领导人戈尔巴乔夫的采访，只有 15% 的国内观众观看这一节目。有一半平时在这段时间观看 NBC 娱乐节目的观众将频道调到别的电视台。民意测验显示 2/3 或者更多的人对重要的国际新闻茫然无知，即使媒体对这一国际新闻的报道量相当大。美国名记者波琳·弗雷德里克曾评论说："有人认为，除非国外发生什么戏剧性事件，美国人的兴趣主要在他们的后院。因为说到新闻时，人们还是像托马斯·哈迪说过的那样，'人们能就战争写出精彩的历史，而关于和平的报道读起来却让人兴味索然。'对战争的大量报道使人们形成了这样一种看法，即只有与暴力或暴力威胁有关的事态才是最重要的国际新闻。"虽然大部分美国人对国际新闻没有兴趣，媒体，特别是电视网，对国际新闻报道量却相当大。正如表 6 - 12 表明的，从 1990 年 7 月到 1991 年 8 月，芝加哥报纸花费 6.8% 的版面报道国际新闻，2.1% 版面报道国内新闻，3.7% 的版面报道当地新闻。和国内新闻相比，国际新闻一般较简短，占时较少，自由主义的精英报纸如《纽约时报》和《华盛顿邮报》是例外。选择国际新闻的标准非常苛刻，刊登或播映的国际新闻必须与美国所关心的政治的经济的或文化的问题有关。它们必须与地位很高的高层人士有关，或带有暴力或灾难的戏剧性新闻含意。在有些牵涉到美国人生命的危机中，报道量会成倍增加，那时，国际新闻会淹没国内新闻。

表 6 - 12　1990 年 7 月至 1991 年 8 月新闻题材报道的频率

单位：%

新闻题材	《太阳报》(6323)	《芝加哥先驱报》(5668)	全国电视台			地方电视台		
			ABC (172)	CBS (168)	NBC (138)	ABC (210)	CBS (287)	NBC (228)
政　　治								
全国政府	3.7	4.2	22.7	21.4	19.6	7.6	8.7	6.1
选　举	1.0	1.5	0.0	2.4	0.7	2.8	2.4	2.6
州 政府	1.2	1.7	1.7	2.4	0.7	0.5	1.0	0.4
地方政府	2.1	2.1	0.6	0.0	0.0	4.3	1.7	2.6
国际新闻	5.9	6.8	17.4	20.2	21.7	8.1	4.9	7.0
国内新闻	2.3	2.1	4.6	10.7	11.6	2.4	3.8	6.6
地方事务	3.4	3.7	—	—	—	9.0	9.4	7.4
总　　数	19.6	22.1	47.0	57.1	54.3	34.7	31.9	32.7
经济问题								
经　济	1.4	1.8	4.0	5.9	5.8	0.5	0.3	0.4
商　务	7.7	9.5	2.9	1.8	1.4	2.3	1.0	0.9
劳　务	1.4	1.3	3.5	0.6	0.7	0.9	0.7	0.9
贷　款	0.1	0.4	1.2	1.2	2.2	0.5	0.3	0.4
运输/能源	2.2	2.3	2.9	1.2	2.2	1.4	1.4	2.6
健　康	0.4	0.7	2.9	2.4	0.0	0.5	1.7	0.4
总　　数	13.2	16.0	17.4	13.1	12.3	6.1	5.4	5.6

　　虽然美国人对国际事务的兴趣是有限的，但他们的兴趣时涨时落，随政治走势而起伏。其中很重要的一条原因就是该国际事件是否会影响普通美国人的生活或命运。在越战时期和 20 世纪七八十年代和 90 年代中东危机期间，这种兴趣就很高。当 1983 年美国驻贝鲁特总部被炸，241 名美国士兵死亡以及后来美国士兵在格林纳达岛登陆，美国人对国际事务的兴趣达到高潮。1987 年国会关于向伊朗出售武器的问题的听证会和 20 世纪 90 年代苏联解体以及东欧剧变，

1991 年对伊拉克的战争以及 1999 年以美国为首的北约对南联盟进行轰炸时，公众对国际事务的关注也相当高。当国际新闻不再为公众所关注时，驻外的记者数就会减少。1968 年，美国有 637 名记者常驻越南南部。后来，当美国逐渐从越战中脱身时，1970 年记者数降到 392 名，1972 年降至 295 名。到 1974 年中期，记者数降到 33 名。

　　媒体采集和报道国际新闻是一个非常集约化的过程，大部分世界新闻是由 5 家通讯社采集的。它们是美联社（AP）、路透社（Reuters）、法新社（AFP）、1991 年前的塔斯社（Tass）和新华社（Xinhua）。在这些世界性通讯社中，美联社最大。它在 70 个国家中建有 84 家分社，通过现代电子手段向全世界发布新闻。有两家电视新闻供应者，它们是 Visnews 和 WTN，主要为路透社、英国广播公司和英国独立电视新闻网所拥有。除了世界性通讯社之外，美国新闻市场由报业辛迪加，诸如《纽约时报》、《华盛顿邮报》和《洛杉矶时报》所占有。这些报纸自己派遣驻外记者。像这样自己派遣驻外记者的精英报纸占美国报纸总数的 1%。ABC、CBS、NBC 和 CNN 等电视台也派驻有自己的记者在国外。CNN 作为 24 小时的电视新闻网络是近代在收集与报道国际新闻中的一个发明与创造。它成立之后的第 10 年，即 1990 年，它建立了 10 个海外新闻分社进行 24 小时新闻采集，向美国 5300 万家庭和 100 个国家的 2 亿观众传送新闻。除了全面的新闻采集机构外，CNN 主要特点就是对危机的追踪报道，如 1985 年 TWA 飞机被劫事件，1991 年对伊拉克的战争和 1999 年的科索沃危机。由于是实况报道，记者往往既拍摄现场，又进行现场人物采访，一般对新闻不进行分析与评论。CNN 还播映来自全世界消息来源的简短的报道，作为它每星期的 2 小时半的"CNN 世界报道"。美国驻外记者的总的数目有升有降。在国际危机发生时，派驻外国的记者就多，危机过后，驻外记者的数目就会降下来。总的来说，美国驻外记者的数目自第二次世界大战以来是下降了。固然这是由于航空旅行的便捷造成的，美国记者可以在很短的时间内乘飞机到达危机热点地区。同时还由于通信技术的发展。但还有另一个原因，那就是费用的昂贵。在 20 世纪 90 年代，维持一个驻外记者每年要花费 30 万美元。驻外记者的分布是不平衡的，在被认为是对美国友好的国家驻有更多的记者，在被认为中立或对美国敌视的国家便少驻扎一些记者。表 6 - 13 显示 1991 年美国记者驻外分布的情况以及美国驻外记者和外国驻美国记者的比较。

表 6 - 13　1991 年国外记者分布

单位：%

主要地区	美驻外记者		外国驻美记者		美/外国记者比较
西　欧	777	40	687	45	- 5
东　亚	313	16	307	20	- 4
拉　美	249	13	140	9	+ 4
中　东	187	10	116	8	+ 2
南　亚	125	7	62	4	+ 3
苏　联	90	5	39	3	+ 2
南撒哈拉非洲	66	2	27	2	+ 1
东　欧	50	3	28	2	+ 1
南　亚	41	2	28	2	0
加拿大	28	2	45	3	- 1
其　他	—	—	46	3	
总　数	1926	1525			

资料来源：Ralph Kliesch。

　　表 6 - 14 表明 4 家主要新闻机构是如何派遣它们的记者的。人们可以看出，美国驻外记者的分布是非常稀少的，在各国首都之间跨度极大，人们戏称之为"'踢房子'新闻"。一个典型的美国驻外记者一般一定是一个盎格鲁—撒克逊白人男子，40 多岁，大学毕业，有 10 年以上的新闻从业经验。驻外记者不一定熟悉当地语言。在一次调查中，驻在西欧和拉美的 80% 的美国记者能读和说当地语言，而驻东欧和非洲的美国记者只有一半能读和说当地语言。而在中亚和东亚，只有 9% 的记者能读当地艰涩的文字，18% 的记者能非常困难地说当地语言。据多丽丝·格雷伯（Doris A. Graber）的披露，外国政府往往雇用公关机构来改善其形象，这是关于外国新

表 6 – 14　美主要新闻机构驻外记者分布

地 区	城 市	《纽约时报》	《华盛顿邮报》	《芝加哥先驱报》	CNN
亚 洲	东 京	3	2	—	3
	北 京	3	1	1	1
	马尼拉	—	1	—	1
	新德里	1	1	—	1
	曼 谷	1	—	—	2
小 计		8	5	1	8
中 东	阿 曼	—	—	—	2
	耶路撒冷	1	1	1	1
	开 罗	1	1	—	—
小 计		2	2	1	3
欧 洲	伦 敦	3	1	1	4
	巴 黎	5	2	—	1
	罗 马	1	—	—	1
	柏 林	1	1	—	1
	波 黑	1	—	—	—
	华 沙	1	2	1	—
	莫斯科	3	3	2	3
	日内瓦	1	—	—	—
	布鲁塞尔	—	—	—	1
小 计		16	9	4	11
非 洲	约翰内斯堡	1	1	1	—
	内罗毕	1	1	—	1
	阿比让	1	—	—	—
小 计		3	2	1	1
北 美	多伦多	2	1	—	—
	墨西哥城	1	1	—	—
小 计		3	2	1	—
中美洲	萨尔瓦多	1	1	—	—
	巴拿马	—	—	1	—
	马那瓜	—	—	—	1
小 计		1	1	1	1
南 美	布宜诺斯艾利斯	1	1	1	—
	里约热内卢	1	—	—	1
	圣地亚哥	—	—	—	1
小 计		2	1	1	2
总 数		35	22	10	26

闻的往往被忽略的方面。例如，在 1987 年，161 个外国政治单位一年花费 80 万美元试图通过媒体传达对美国的信息。公共关系单位可以通过操纵或扣发新闻报道来改善一个国家在美国媒体的形象，改善美国政治家和公众对这个国家的印象。例如，在 1989 年，巴基斯坦政府雇用民主党全国委员会前主席、卡特总统助手马克·西格尔（Mark Siegel），策划了巴基斯坦新总理贝纳齐尔·布托（Benazir Bhutto）的访美。西格尔在 5 天之内发了一系列消息和文章，认为巴基斯坦的民主进程是美国政治价值的一个胜利。他安排巴基斯坦总理在访美前就在 "60 分钟" 和 "McNeil/Lehrer 新闻时间" 节目中出现。在访问中，布托在美国国会、哈佛大学毕业典礼上和白宫讲话。这次访问使美国增加了对巴基斯坦的援助，同时也不再反对巴基斯坦增强其国防实力。

美国的驻外记者必须在美国政治和美国政治文化大的框框内工作。虽然他们个人很可能倾向于左派，可能是自由主义的，也可能是保守的，但他们在写稿时必须保持中间立场。他们的新闻稿必须反映美国价值结构和取向，而且必须顺应业已形成的美国思想模式，如人权。当美国记者从秘鲁发回军人政府改革的新闻，该新闻被拒绝了，因为它们与现行的美国关于军人政府的看法相左。对于国际新闻的发播存在比国内新闻更大的公开的与非公开的政治压力。国际新闻对世界各地的关注的程度是不均衡的。一个国家的人口与关于这个国家的报道量不相关。一般与美国外交关系较密切的国家和地区报道量就大。这些国家和地区包括英国、法国、德国、意大利和俄罗斯、以色列和埃及、中国和日本。对非洲和拉丁美洲报道量较少。这都与美国的霸权与外交关注有关。

美国社会学家赫伯特·甘斯（Herbert Gans）在分析了电视台和新闻杂志报道的国际新闻后归纳了 7 个国际新闻常常报道的话题：①美国在国外的活动，特别是总统和国务卿的访问；②影响美国人的主要事件（战争，石油禁运等）；③美国与专制主义国家的关系，特别强调这些国家的国内问题和军事问题；④国外的民主总统选举；⑤戏剧性的政治冲突（战争、政变、革命、抗议运动）；
⑥严重的自然灾害；⑦外国独裁者的过分行为（如乌干达的阿明）。
在选择外国新闻中，特别强调暴力、冲突、灾难、时间性、戏剧
性、新闻的新颖性和受众的熟悉程度。比如，美国人较为熟悉的西
欧的稿子就比其他地区的稿子容易播发。编辑对于来自不熟悉的地
区的稿子就十分小心，只有在他看来十分有道理的、符合他的西方
中心论的模式的稿子才会播发或刊印。这种偏向和成见使遥远的文
化上陌生的国家的形象很难在美国人心目中改变。媒体对正在发生
的事件的要求使新闻报道集中在正在迅速演变的事件，而并不关注
事件内在的意义。发展中国家的长期的社会计划，如改善公共卫
生、减少文盲人数等等，由于缺乏最近的戏剧性和色彩而未能成为
报道的对象。由于对时间性和新颖性的要求，消息一般写得支离破
碎，它们既没有过去，也没有将来，只有现在赤裸裸的事件。例
如，久受战争摧残的萨尔瓦多在 1982 年 3 月举行选举。美国许多
记者云集萨尔瓦多，每天连续不断地发消息。选举之后，报道突然
减少。大部分媒体没有能很好解释选举后的形势。同样的情况也发
生在科索沃。有时过分的报道会帮倒忙。从 1979 年 11 月 4 日到
1981 年 1 月 20 日美国人在伊朗被扣为人质。媒体对此事件进行了
过分的报道，几乎每天都报道被扣压的美国年轻人，反美示威和忧
虑的家人。在危机最初 6 个月中，几乎每晚晚间新闻 1/3 报道这一
事件。表 6－15 描述了 1991 年海湾战争中同样的情况，57% 的新
闻报道这场战争。许多报道重复，缺乏信息。由于媒体关注一个特
定的国际事件，其他国际消息便被忽略了。记者的视野和对一个事
件的成见（朋友或敌人）会造成全然不同的报道模式。在 1983 年，
苏联战斗机击落韩国航空公司 007 班机，死亡 269 人。5 年之后，
在 1988 年，美国战舰击落伊朗航空公司 655 班机，死亡 290 人。
苏联人说击落韩国飞机完全是合理的，因为它被认为是一个怀有敌
意的目标。这两件事件非常雷同，照常理报道也应差不多。然而事
实却不是那样。《时代》、《新闻周刊》、《纽约时报》、《华盛顿邮报》

表 6 – 15 1990 年 7 月至 1991 年 6 月美电视网对世界各地的报道

单位：%

地　区	1990.7	1990.8 ~ 1991.2	1991.3 ~ 6	年度总计
西　欧	26	16	12	15
苏　联	23	12	15	13
东　欧	11	2	5	4
中　东	8	57	45	51
非　洲	8	3	6	4
南　亚	1	1	4	2
东南亚	7	2	4	3
东　亚	7	3	5	4
拉　美	7	2	4	3
加拿大	1	1	1	1

资料来源：Vanderbilt Television News Archives data。

和 CBS 晚间新闻对这两个事件报道截然不同，把苏联的行为说成是违反道德的，而把美国的行为说是一种令人遗憾的技术错误。对苏联击落班机事件的报道量是美国事件的 2 倍，虽然美国事件中死亡人数还要多一些。在韩国班机被击落后，《新闻周刊》在封面写道："空中的谋杀"；《时代》在封面写道，"苏联人开炮击落班机"。《新闻周刊》在 1988 事件后却在大标题中写道，"海湾悲剧"，没有提及主犯；《时代》仅在封面一角写道，"在海湾发生了什么错事？"杂志的文章谴责苏联在知道是民航班机的情况下击落韩国飞机，而对美国海军的行为却解释为无知因而是可原谅的；将苏联行为归咎于它的领导人，而对美国行为却没有这样做。关于韩国飞机被击落的新闻着重强调人的悲剧，使用"暴行"、"罪恶"、"屠杀"、"谋杀"等词汇，而关于伊朗班机的报道却竭力避开"人的悲剧"的方面。在调查美国海军军舰的过程中，有人怀疑军舰上的士兵是否真的一无所知，杂志均在极不显要的位置报道这种反面的怀疑意见。有的评论也确实认为苏联人在击落班机一事中纯属偶然，但这样的评论也被淡化。这样的报道会产生美国主流社会希望的政治后果。在 1983 年，在国会议员和美国公众中挑起反苏情绪，大大地减缓了两国之间正在进行的关于核武器的谈判。1988 年的伊朗班机事件亦然。美国媒体的报道产生压力，使原来要求美军从波斯湾地区撤军受挫。

美国国际新闻忽略外国社会问题，特别是政治和经济发展问题。社会问题很难在很短的新闻中阐释清楚。有些外国社会问题本身十分复杂，对于美国记者来说，要懂得它们是十分困难的。美国记者的笔或电视机镜头往往关注社会问题的戏剧性或落后方面：经济匮乏、饥饿、冲突和分裂。正如委内瑞拉前总统拉菲尔·考尔德拉（Rafael Caldera）在华盛顿全国记者俱乐部说的，对于美国媒体来说，"没有消息是好消息"变成了"好消息不是消息"；几乎从不提及（发展中国家）文化的或科学的成就。例如中国，美国媒体就很少报道中国自改革开放以来在政治生活和社会中发生的巨大的进步。美国媒体只关心自然的或人为的灾难。在美国媒体中充斥反面的和冲突性的报道，这是在许多其他社会中不多见的。例如，在加拿大，电视中播放的暴力率仅及美国的一半。在 1980 年，当魁北克从加拿大分离出来的问题上投票时，《华盛顿邮报》夸大其词，警告可能会发生内战。美国报纸大量报道蒙特利尔的骚乱。而《多伦多环球邮报》只是在不显要的位置报道了魁北克的小型动乱。加拿大报纸从没提及内战，并认为这样说"非常可笑"。在伊朗人质事件中，《纽约时报》将穆斯林描述成一种固定的喜欢暴力的程式的原教旨主义的人；而法国报纸《世界报》则将穆斯林描述为一个和平得多的人群。

美国新闻媒体追求冲突，一味报道冲突，其结果在美国媒体中，美国之外则成为一个混乱不堪的世界。一般性的国际新闻都浓缩在短讯之中，而关于社会动乱和屠杀的报道却总是处在显著的头条位置。这些新闻报道都是过分简单化，并是从美国的价值观念的视角来写的。这种视角有可能是非常不合适的，非常带有偏见的。美国记者关心的是新领导人对美国是友好还是敌视，是否会影响以美国为霸权的国际格局的均衡。美国媒体的国际新闻提供对美国政府政策的支持。媒体接受美国政府关于谁是朋友，谁是敌人的思想，按政府的意图来阐释他们的动机。只要关系一改变，媒体便立即反映出来。如关于以美国为首的北约对中国驻南联盟使馆的轰炸，美国媒体几乎一致地坚持官方的说法，认为这是因为使用了过时的地图造成的。如果将《纽约时报》对柬埔寨和东帝汶战事的报道以及尼加拉瓜和萨尔瓦多选举的报道作一比较，对柬埔寨和尼加拉瓜的报道要反面得多。相反，对同样情况的东帝汶和萨尔瓦多的报道则要友善得多。因为外事消息的主要来源是总统和政府人士，他们便可以通过接见记者对报道的精神进行预先设定。

电视可以改变重要的政治事件的实质，这有可能减少政治领导人的选择余地。在一场危机中，电视可以做三件事：①它将公众的注意力全集中在危机上，有可能影响整个国家的日程。例如，在1987 年股票市场危机中，电视将美国军队攻击伊朗在波斯湾的军事基地和国内一次坠机事件的新闻处理成次等重要的新闻。要是没有股票危机存在的话，这些事件都可能成为头条新闻的。②实况报道危机有可能给总统带来压力，迫使他加速作出反应，不给世人以软弱的印象。正如卡特总统白宫顾问列奥伊德·卡特勒（Lloyd Cutler）说的：“一旦电视上播映了一件不祥的外国事件，总统和他的顾问就会觉得有必要在次日晚间记者招待会上作出回应。”时间这么短促，就不可能对新闻报道的事件作调查或等待外国官员作出解释。媒体预先代替了正常的外交途径。③电视对政治精英和公众的影响有可能使总统运作的空间变得更为狭窄。

公共官员非常明白电视可能大大地影响他们的行动。对 95 名与政策有关的官员的调查，81% 说他们依靠媒体获得决策的信息。53% 认为媒体对决策过程的早期阶段有重大影响。77% 认为正面的和反面的媒体关注增加官方和公众对一个问题的注意。78% 认为记者担当外交官重任是一个坏主意。81% 认为电视给国际政治带来新的因素，特别是所谓的国际的市民社会和非政府组织。71% 认为电视加速了决策的进程。肯尼迪总统在柏林墙建了 8 天之后才作评论，而布什总统必须当夜就柏林墙的被拆作出回应。奥赫弗南（O'Heffernan）说："电视在美国外交政策决策过程中起着一个特别的作用。它对事件和决定所起的作用，就是其他媒体加在一起也不及。"媒体对有关国际问题的公共舆论有很大的影响。威廉·亚当斯（William C. Adams）对 20 世纪 70 和 80 年代电视报道阿拉伯—以色列冲突消息进行分析，得出媒体造成公共舆论的五个重要的变化：①对埃及更有利；②对阿拉伯世界内部分歧更敏感；③对以色列不利；④对巴勒斯坦更同情；⑤总体来说，更为倾向于阿拉伯世界。在 1976 至 1980 年间，对埃及印象较好的上升了 25 个百分点，对阿拉伯世界总体印象变好的上升 12 个百分点。

　　总之，美国新闻的偏见在国际报道中特别明显地反映出来。美国传媒并不是一块"两袖清风"的圣地。外国政府和机构都有可能用金钱买通公关机构来改善其在美国政治家和美国公众心目中的形象。美国的驻外记者，大都信奉美国的主流价值观，他们的国际采访和写作都是在美国政治文化大的框架下进行的，他们必须顺应美国主流价值的思想模式，反映美国政府对朋友抑或敌人的观点。

第八节　互联网，一种全新的新闻主义

　　在 21 世纪最初 10 年中，由于科技的发展和进步，美国印刷版报纸，遭遇了互联网的空前挑战。这是美国报业内发生的一个带倾向性的重要趋势。

　　美国新闻产业面对咄咄逼人的互联网的日新月异的发展举步维艰，越来越多的报纸处于破产的边缘。曾经是美国最好的报纸，诸如《洛杉矶时报》、《巴尔的摩太阳报》、《迈阿密先驱报》、《费城询问报》、《德梅因纪事报》、《哈特福特新闻报》、《路易斯维尔信使新闻报》、《圣荷西信使报》、《圣路易斯快邮报》都逐步缩小了版面，裁减了新闻从业人员，包括常驻国外和首都的机构。

　　从报纸的发行和销售来讲，它的前景也非常的不妙。在 2009

年的第一季度，报纸的销售下降了 26 亿美元。就 2008 年全年来说，报纸的销售在工作日下降 4.6%，在周末下降了 4.8%。在 2009 年，在底特律有两家报纸将向家庭邮递报纸的日数降为一星期 3 天，以减少传递的成本。2009 年 3 月 17 日，在美国金融危机的冲击下，有百年历史的《西雅图邮讯报》（Seattle Post-Intelligencer）因为财政困难而停止发行印刷版，只发行网络板，而《落基山新闻报》（Rocky Mountains News）则完全停业。2009 年 3 月至 9 月，《华尔街日报》印刷版发行量下跌 2.4%。《纽约时报》近年发行量下跌，连续 4 年获利下降，2009 年第四季财报显示，《纽约时报》公司亏损 6 亿 4800 万美元。《纽约时报》旗下的《波士顿环球报》每年亏损 5000 万美元，在 2009 年的夏天险些破产，只是在《纽约时报》的帮助下才脱离险境。受到《波士顿环球报》（Boston Globe）拖累的《纽约时报》自己的日子也不好过，2009 年 1 月，向墨西哥亿万富翁卡洛斯·斯利姆·赫卢（Carlos Slim Helú）借款 2 亿 5000 万美元，年利率高达 14%。

为什么拥有 500 亿美元资产的新闻产业会如此快地衰退呢？原因之一便是它失去来自自身难保的汽车、就业和房地产等产业的广告的支持，这些产业的广告曾经是印刷版报纸的主要的经济来源。

第二个原因便是互联网几乎毫无限制的空间的拓展使网上的广告成本很低，广告费极其戏剧性地下降，同时提供免费分类广告，印刷版报纸大量地失去他们传统的广告报价和客户。

美国印刷版报纸的衰落的第三个原因是，新闻单位通过兼并和收购越来越集中，大量的资金从新闻采写业务投向股市，投向股东的口袋。收购和兼并别的报纸的冲动用尽了报业公司本身的资金，使报业公司负债累累。论坛报业公司自 2009 年 10 月之后，因为其董事长、芝加哥亿万富翁山姆·才尔（Sam Zell）通过高度杠杆化的手段购买《洛杉矶时报》和它的母公司——时报－镜报公司而几乎陷于破产的边缘，宣布正式申请破产保护，表示不堪背负高达近 130 亿美元的债务。而时报－镜报公司也一直在忙于并购其他报纸。

它兼并了长岛的《新闻日报》、《巴尔的摩太阳报》和《哈特福特新闻报》等报纸。美国第八大报业公司麦克拉奇报业公司（McClatchy Newspapers）收购美国第二大报业集团奈特瑞德报业集团（Knight Ridder），收购的交易价值约为 65 亿美元，其中包括交易完成时约 20 亿美元的债务。

这种高度集中化的趋势由于在 21 世纪初的几年中美国政府解除对媒体的管制便愈演愈烈了。布什政府在自由经济的名义下，废除了一系列旨在鼓励竞争和多样化的政策。当时国务卿鲍威尔的儿子迈克尔·鲍威尔作为联邦通讯委员会的主任极力推动了这次媒体集中的趋势。到 2007 年，8 个媒体集团，即美国互联网公司，时代华纳，AT&T，Bertelsmann，CBS，通用电气，Viacom，Vivendi Universal 和迪斯尼，统治了美国的新闻与娱乐事业。它们不仅涵盖了提供新闻的机构，而且还包括电影制片厂、广播电台、音乐制作中心、地方电视台、书籍和杂志出版社以及商业电子产品的制造商。在 2007 年 2 月，曾有人提议将 Sirius 和 XM 这两家公司合并，以垄断卫星广播，此建议遭到国会的强烈反对。在 2007 年随后的几年中，这些巨型的媒体集团的集中化趋势又推进到全球的范围。

当 2007 年 5 月，有消息传出拥有《华尔街日报》的班恩·克罗夫特家族要将该报以 50 亿美元卖给媒体大亨默多克，引起新闻界一片哗然。因为《华尔街日报》不是一般的报纸，它与《纽约时报》、《华盛顿邮报》一样被视为美国新闻的支柱性报纸。它们长期以来都是由家族来控制的。家族控制的报纸有可能避开华尔街的命令和干扰，而保持自己的独立性，发表高质量的，但也是高成本的新闻。对于这些家族控制的报纸来说，虽然利润对于报纸的生存是非常重要的，但不是首要的，在他们看来，首要的是报纸是一种准公共机构，挣钱仅仅是它的价值的一部分；报纸应该引导，对社区负有一定的责任。然而，对于公司收购后的报纸，它的目的就变得狭隘多了，挣钱成为它的唯一目的。

在 2011 年 2 月初，据报道，美国互联网公司（AOL）以 3.15

亿美元收购美国知名时事评论博客网站，"全球最有话语权的博客"，每月独立访问用户量约为 2500 万的《赫芬顿邮报》（Huffington Post）。这是美国互联网公司于 2009 年 12 月从母公司时代华纳分拆出来后所进行规模最大的一起并购活动。美国互联网公司希望通过这起交易，能够全面加强它的原创内容实力，内容不但涉及美国全国、地区及财经新闻，而且也涵盖美国互联网公司旗下 MapQuest（出行路线地图查询服务）和 Moviefone（电影娱乐新闻及服务）等业务。

越来越集中的新闻集团之间的关系，以及它们与其他经济部门的联系引起人们的强烈关注。在 20 世纪年代初期，ABC、CBS、NBC 的主要持股人是 Chase Manhattan 等大银行。CBS 的董事包括 IBM，Philip Morris，AT&T，花旗银行，大都会人寿等大公司的总裁。这种联系被认为是对新闻独立性的一种威胁，因为经济压力有可能影响新闻的取材和写作。由于大公司占有这种垄断性质的新闻集团，而这些大公司又是向政府提供与新闻无关的产品和服务的供应商，这也有可能给予它们以政治上的影响。例如，通用电气拥有 NBC，它的电缆电视新闻网络以及它的 200 多家地方电视台，同时，它又是五角大楼国防设施的主要承包人。这就不能不使人怀疑通用电气有可能在政治上影响 NBC 的报道。主要持股人的政治倾向与经济利益必然会影响报纸的独立性和客观性。

CNN 就是在 20 世纪 80 年代在美国报业逐渐萎缩的情况下诞生的。美国报纸的广告收入到 1999 年从占全国的一半降到 22%。大部分美国人主要依赖电视获取它们的新闻来源。在 2005 年 6 月的一次民意调查中，大约四分之三的答卷者说，他们从电视获知新闻。电视的戏剧性地实时地对国外发生的事件的新闻报道比印刷媒体有明显的优越性。但是，由于电视报道追求视觉效果，他们在选材上自然就倾向于选择有感官效果的新闻事件，而忽略同样重要但缺乏视觉冲击力的新闻事件，例如国际性的高层会议之类的新闻。同时，这也可能使它们忽略诸如全球变暖、经济不平等、人口增长、大规模杀伤性武器的扩散等长期性问题的报道。

在一代人之前还完全未知的互联网的冲击简直是势不可挡。互联网改变了印刷版报纸的作用和影响力。它为政府和个人提供了几乎是无限的表达的可能性，同时也为公众提供了几乎是无限的新闻信息。

根据最近的数据，美国的网民数达 2 亿 4000 万，占世界网民总数的 12.2%。在 2006 年，美国的网民数为 2 亿零 400 万，在 4 年中增加了 3600 万。据 Netcraft 的数据，互联网上的网址在 2006 年超过 1 亿，比 2004 年 5 月增长了一倍。而在 1997 年 4 月网址数仅为 100 万，到 2000 年 2 月增加到 1000 万。

互联网成为美国市民社会内人与人之间的交往的主要媒介之一。据 Hitwise 的数据，现在在美国社会交往网站（social networking）中，哈佛学生马克·扎克伯格（Mark Zuckerburg）在 2004 年冬天在哈佛学生宿舍创立的脸书（Facebook）是第一大网站，点击率占全美点击率的 7.07%。其次才是谷歌（Google）。互联网最近几年的突飞猛进式的发展得益于博报（blogsphere）的开发，博报成为个人或团体就广泛的议题发表意见和思想的平台。数百万小公司和企业也建立了它们自己的网站，在世界市场上推销它们的产品和服务。

电子邮件是互联网的第二大组成部分。电子邮件的使用者得以发表他们的看法，询问问题，和其他有共同兴趣的使用者分享信息。这种"双车道的电子街道"又由于 PDA（personal digital assitants）、短信、可以与互联网链接的手机的诞生而变得更为热闹，大大方便并增加了全球通信量。以前往往需要几天，甚至于数星期才能抵达的邮件在数秒钟内便可以抵达收件人。

互联网改变了美国人的社会和文化生活。

自 2000 年以来互联网的突飞猛进的发展，使互联网形成了一个与众不同的产业。它不仅成为人们获取新闻的一个主要的来源，而且也大大补充了传统的新闻媒介。

人们对互联网上的新闻发生兴趣也是经历过一个过程的。根据皮尤调查中心 2006 年的一个调查，在互联网使用者中，不到 10% 的人每天花费 30 多分钟的时间阅读网上的新闻，而电视观众中，却有一半以上的人观看新闻。互联网使用者往往漫游到诸如谷歌和雅虎网站迅速浏览新闻简报，而不是阅读全国性或当地报纸的电子版的深度报道。美国总的新闻消费水平在 1996 年为每天 66 分钟，在 2006 年仅仅稍为上升到每天 67 分钟。然而根据皮尤调查中心 2008 年的一个调查，人们对互联网上的新闻的兴趣越来越浓厚。互联网使用者 2008 年每星期在互联网上阅读新闻的时间每星期为 53 分钟，而在 2007 年仅为 41 分钟。皮尤优秀新闻计划调查发现，对互联网上新闻的兴趣"主要是由于青年人的推动"。在美国曾经对新闻不感兴趣的所谓"音乐电视的一代"已经让位给所谓"奥巴马的一代"，他们对新闻有强烈的兴趣。

对于美国来说，互联网除了是一种新闻的来源之外，还代表了美国强大的文化影响力，也即如约瑟夫·奈所谓的软实力。从文化意义上来说，互联网这一通信模式助长了美国的"美国中心论"世界观。在互联网网址上，英语是一种占统治地位的语言，访问网址的点击率，在 2006 年 80% 以上是点击美国的网址；互联网所有的通信几乎 20% 存在于美国人之间。

在 20 世纪最后的几年中，互联网上首先出现了新闻网站，大部分报纸给读者提供免费自由浏览。在开始的一段时间里，这种自由免费浏览的政策使访问量与日俱增，与此同时，广告收益也逐步增加。然而，这种状况没有维持多久。到 2006 年，新闻免费浏览的思想遭受了现实无情的打击，各报业网站收入锐减，难以为继。与此同时，另一个雪上加霜的问题便是印刷版报纸发行量的剧烈下降，即所谓的"发行量出血"。他们最终发现，当人们在网上可以不用花钱就能阅读到新闻时，他们便不会再花钱去订阅报纸了。

于是，在 2002 年，《阿肯色州民主党人报》（Arkansas Democrat-Gazette）率先实行网上付费浏览新闻的做法。它获得 3400 个网上付费订阅者，同时订阅它的印刷版报纸的读者仍然维持在 18 万人左右。这引起了连锁反应，第二年许多报纸起而仿效，在网上设立所谓的"付费门槛"。有些报纸建立一种"杂交"模式，即部分付费，部分自由免费浏览，这样，既留住了印刷版报纸的订阅读者，又使网上浏览新闻的读者稳步上升。杂交模式又分两类。一类，如《金融时报》实行配额制，也就是说，访问者每月可以浏览一定量的文章，如果还想阅读更多的文章，那便要付费了。这样，该报获得 117000 名订阅者，每人每年付费 299 美元。由于该读者群都是受过良好教育，收入丰厚的精英，这便吸引了不少广告客户，使报纸获利不少。《华尔街日报》实行的只是一种泛泛的做法，即读者可以免费浏览其政治、文化和其他一般类别的题材，而阅读该报的商务和金融报道则需要付费。当默多克在 2007 年收购该报时，贸然宣布该报电子版向读者全部免费开放。然而，过不了多久，他又往后退缩，恢复了商务和金融新闻浏览的付费门槛。目前，该报拥有 110 万名网上订阅者，每人每年付费 100 至 140 美元。截至 2009 年 4 月，访问该报商务和金融电子版的读者已达 1200 万人之多。

但是，对于付费浏览网上新闻的做法在业界也有反对的声音。如互联网第一大报《赫芬顿邮报》创始人之一、总编辑亚利安娜·赫芬顿（Arianna Huffington）认为，"建立带有围墙的花园是不足取的"。她以《纽约时报》在 2005 年 9 月所设立的 TimesSelect 为例。《纽约时报》花费了大量人力和资金经营它的电子版 NYTimes.com。该网站将《纽约时报》资深新闻评论员的评论全设立付费门槛，读者需每年付 49.95 美元才能进入它的网站。两年之后，由于网站独立访问者锐减，便不得不取消了付费门槛。

正如《金融时报》编辑里昂内尔·巴伯（Lionel Barber）所指出的，建立一个网上付费门槛模式的前提是你必须要有好的内容，人们必须想阅读的内容。在现代新闻业界，极其重要的一点是，你必须清楚你的比较优势在哪儿。如果你向任什么人提供任什么东西，撒胡椒面，那你肯定会遇到麻烦。他认为，《纽约时报》的比较优势在于它的"全球网络"和"有创见的深度报道"。印刷版《纽约时报》吸引年纪稍大的读者，而网络版《纽约时报》却吸引比较年轻的读者，平均年龄 37 岁。目前印刷版《纽约时报》有110 万订户，但每天有 150 万人阅读网络版《纽约时报》。《纽约时报》完全可以依靠它的高质量的能引起一般公众兴趣的新闻报道——它的强项——而赢得网上付费的读者。《华尔街日报》则可以依靠它的宝贵的商务新闻而赢得在线付费读者。2009 年 3 月至 9月，包括网站订户在内，《华尔街日报》发行量比上年同期上升0.6%。同样，《华盛顿邮报》将可以依赖其政治报道的优势，《洛杉矶时报》则可以依靠其报道娱乐业的优势而赢得在线付费读者。真正值得忧虑的是那些大城市的日报，如《波士顿环球报》、《巴尔的摩太阳报》、《迈阿密先驱报》，由于它们没有自己的新闻强势，很可能会在互联网的冲击下而遭到没顶之灾。

美国的新闻性网站所关注的对象是美国的 2500 万富有的受过高等教育的群体。在众多的新闻性网站中，最出色的要算 Slate 网络杂志、Politico 和谈点备忘录（TalkingPoints Memo）了。Slate 是美国知名网络杂志，1996 年在微软的帮助下创刊，以其政治评论、离奇新闻和艺术特写等内容而闻名遐迩。作为唯一一本网络杂志入选"期刊 top 100"，更以网络杂志身份获得"美国期刊奖"的最佳网站奖。Slate 如今已经建成全球独家最丰富的评论网络和时政漫画网络。2004 年 12 月被微软卖给了《华盛顿邮报》，在保持其独立性的前提下，开始赢利。其 95% 的收入来自广告，这主要得益于《华盛顿邮报》的支持和其自身的新闻报道方针，即撰写尖锐的批评性文章，供读者在线免费阅读。它还开辟了 ForeignPolicy.com，一方面向读者免费提供《外交政策》杂志的文章，同时还刊登富有思想性的引发争论的博客文章，其博客包括军事记者、哈佛教授、作家和专栏评论家。在其"Cable"的栏目下，劳拉·罗珍（Laura Rozen）对美国外交决策中的幕后交易作出即时报道。

Politico 是专门从事政治新闻报道的全新媒介。它超越了传统媒体和新媒体的界限，制作的电视节目不仅通过自己的网络播出，还与多家电视台合作同步播出；同时，创办一份报纸和一个网站，实行网报互动。在印刷版报纸面临巨大挑战的今天，这无疑为人们提供了一个新的思路。在不到 3 年的时间内，它平均每月吸引 320 万名点击者。它主要依靠广告收入维持日常的运转，而广告收入的大部分还是来自它所出的印刷版报纸。该报纸在国会开会时每星期出 5 期，免费在国会议员和读者中发行 32000 份报纸。

谈点备忘录在 9 年之中，由记者乔希·马歇尔（Josh Marshall）从一个个人博报网站起步，而发展成一个每月平均拥有 150 万读者的政治性网络杂志。它运用了众包的方法，走读者路线，从读者中获取即时发生的新闻线索，甚至给读者布置任务来采访或报道新闻事件。它的立足点就是，有些读者也许比新闻编辑室里的编辑知道得更多。它是唯一一份既不靠印刷版报纸，也不靠财务上的资助者而赢利的一个网站，收入的主要来源是广告，广告涵盖电缆公司和圆领衫公司的商品。

《赫芬顿邮报》（Huffington Post）比谈点备忘录更为年轻，更为时髦。自 2005 年正式上线开始，《赫芬顿邮报》就拥有遍布世界各地的博报写作群体，达几千人，从一开始的政治性的博客渐渐成为一份全面的报纸，报道各种广泛的题材内容，包括政治、经济、文化、娱乐、饮食、宗教等。美国大选证明了该报所拥有的强大阵容，2008 年大选后这家网站已成为一家重要的主流新闻站点。其"博客新闻"比传统的新闻具有更强的互动性及实时性。该报非常注重运用技术手段，实时快速地报道新闻。实时快速地报道新闻有助于公众形成即时的观点。

在美国各大报纸因广告收入下滑而纷纷裁员之时，美国一家致力于提供国际新闻的网站《环球邮报》（Global Post）于 2009 年 1 月 12 日以近 1000 万美元的私人启动资金正式上线。《环球邮报》拥有 74 名业余记者，遍布世界 50 个国家，免费向网民提供绝大部分内容，但对部分有重要价值的新闻仍设立付费门槛。《环球邮报》

希冀抓住目前各大印刷版报纸缩减国际报道阵营的机会获得发展，当一般美国公众希望寻觅国际新闻报道的时候，他们会自然而然地来到《环球邮报》的网站。

《环球邮报》总部设在波士顿，全职编辑 16 名。它支付每位业余记者每月 1000 美元，每月定额为 4 篇新闻稿。该报的收入来源主要有三个方面：广告、会员制、联营。在联营方面，它已试验性地与《匹兹堡邮报》（Pittsburgh Post-Gazette）、《纽瓦克明星纪事报》（Newark Star-Ledger）等 10 家报纸签订了合同，这些报纸将刊登《环球邮报》的国际新闻稿件，而花费仅仅是美联社要价的一个零头。

面对美国印刷版报纸日益衰落的现状，耶鲁大学管理捐助的负责人大卫·斯文逊（David Swensen）撰文提出，考虑到报纸目前面临的巨大困难，它们应该考虑将自己变成一种类似大学那样的依靠捐助的非赢利机构。他认为，依靠捐助将使报纸具有更多自治的权力，而不用受经济力量的掣肘。他估算，《纽约时报》大约需要 50 亿美元的捐助，以维持日常运作和其他费用。还有斯蒂夫·科尔（Steve Coll）在《纽约客》撰文，估算《华盛顿邮报》大约需要 20 亿美元的捐助。他呼吁巴比特按此数给该报写一张支票。虽然这些想法都是不现实的，理想主义的，《纽约时报》和《华盛顿邮报》的老板是不会主动放弃他们的财富的，但还是有人在实践非商业化新闻的路子。得克萨斯州风险投资家、慈善家约翰·商顿（John Thornton）看到报道得克萨斯的记者越来越少，便决定募集资金创办了一家非赢利的在线网站 Texas Tribune。他募集了 100 万美元，自己捐助 100 万美元，目标是 400 万美元。他已将得克萨斯州高素质记者，如将《得克萨斯月刊》前编辑伊凡·斯密斯（Evan Smith）招募到他的旗下。

无独有偶，风险投资家巴兹·沃里（Buzz Woolley）2005 年 2 月创办了圣地亚哥之声网站，报道该城和地区新闻以及评论。该网站仅雇用 9 名专业记者，流动资金仅 100 万美元。40% 资金来自骑士基金会和圣地亚哥基金会等基金会，30% 来自个人捐助，其余来自公司资助和个人的小额捐助。该网站报道搞得有声有色。该网站主管斯考特·刘易斯（Scott Lewis）认为，如果网站能募集到 200万至 300 万美元的话，它还能做更为出色的事。他由此得出结论，认为新闻报道完全可以在非赢利的网站模式中得以生存，甚至得以繁荣。

自 2007 年开始，非赢利网站陆续在纽约、明尼阿波利斯、圣保罗、纽黑文、西雅图、圣路易斯和芝加哥诞生，如双子城的MinnPost。其中最卓有成效的是常驻在纽约的 ProPublica，该网站专门从事调查性新闻的写作与报道。近几年，它的记者调查了墨西哥海湾石油泄漏事件，医药公司给医生回扣推销自己的药品，房屋抵押危机等等，于 2010 年底由于其杰出的调查性新闻报道而获得普利策奖。

NPR（前美国国家广播公司）在各大报纷纷遭遇财政困难、举步维艰的情况下却独树一帜，不仅生存了下来，并且还得以发展。它在 20 世纪 70 年代和 80 年代早期还由联邦政府拨款资助，随后逐渐摆脱了联邦控制，以后不再接受联邦拨款。它是一个由私人和公共资金组成的非赢利的媒体辛迪加组织。它的听众平均年龄为 50岁，年收入平均为 78000 美元，80% 的听众是白人，20% 为非白人。在 2008 年，每星期收听它的每日新闻的累积听众数增加了9%，计 2090 万，达历史最高纪录。2009 年，它收入 1 亿 6400 万美元。它竟然在国外维持 17 个分社，在国内经营 19 个分社。这主要得益于它的多渠道的资金来源：捐助、基金会的资助、公司捐款、860 多个地方台作为会员所缴纳的会费。地方台缴纳的会费是它的最大的一笔收入，占 43%；1.5% 来自公司捐款。这表明，NPR 的支出主要是由它的产品的消费者，即听众来承担的。这与印刷版报纸因失去广告收入而失血的情况正成反照。

NPR 设想将其旗下的地方台通过网站而联系成一个全国的系统。美国国家广播公司的实践和设想给人们提供了一个进一步思考的启示。有人认为这将形成一个全新的基于公共广播电台的美国新闻传播系统。这一系统将弥补由于印刷版日报的人员紧缩而留下的报道地方新闻的空缺。而且，这也为和各赢利的和非赢利的新闻网站合作提供一个平台。这一非商业性系统又可以和在新闻收集方面无法替代的印刷版报纸合作。同时，它还可以为博客提供虚拟空间。

在互联网上写博客在20世纪末21世纪初开始成为一种时尚。这成为人们互相传递信息的一种即时、迅捷的方法。它最初发轫于1998年，当时仅有几十个博客网站，由于开发了免费的博客工具Blogger，人们可以简捷地建立自己的博客网站，到1999年末博客有了爆炸性的发展，出现了几千个博客网站。到2003年末，则出现了200万个博客网站。且这一数字每隔5个月便可能翻一番。据Technorati调查，2006年初，有2700万个博客网站，到2007年末，则有了1亿博客网站。许多博客发表时评，自认为在实践新闻传播。

互联网是否有可能替代报纸呢？从目前的情况来看，还不太可能。目前的互联网新闻，正如人们所比喻的，像是一个10岁的打工的孩子，骑着自行车每天早晨将报纸扔进人们的门廊里那种传播的方式。互联网上的新闻都是标题式的，如果读者想阅读深入的报道，还得求助于印刷版报纸。而且，目前在网络上发表的新闻80%来自于印刷版报纸。目前的互联网站不可能具有一家中等城市报纸所拥有的记者和编辑力量。就拿谷歌和雅虎公司来说，它们目前也没有兴趣建立自己的新闻报道渠道和网络。谷歌公司拥有自己的Google News自动新闻网站，筛选数百家网上的报纸和通讯社的新闻。雅虎将通讯社的新闻包括在自己的新闻频道Yahoo News内。这两家互联网公司都没有自己的报道记者阵容，也不撰写自己独立来源的新闻。

然而，不管怎么样，在互联网时代，一种全新的新闻主义，一个有别于报纸版新闻的全美新闻系统在21世纪初诞生了。

参 考 文 献

[1] L. T. Hobhouse, *Liberalism*, Oxford: Oxford University Press, 1964.

[2] Richard Wightman Fox & James T. Kloppenberg, eds. , *A Companion to American Thought*, Malden, Massachusetts: Blackwell Publishers, 1998.

[3] Howard Brick, *Daniel Bell and the Decline of Intellectual Radicalism*, Madison: The University of Wisconsin Press, 1986.

[4] Robert W. Hefner, *Democratic Civility*, New Brunswick: Transaction Publishers, 1998.

[5] Daniel Bell, *The End of Ideology*, New York: the Free Press, 1962.

[6] Irving Louis Horowitz, C. Wright Mills, *An American Utopian*, New York: The Free Press, 1983.

[7] David Riesman, *The Lonely Crowd*, New Haven: Yale University Press, 1977.

[8] 《爱默生文选》，范道伦编选，张爱玲译，三联书店，1986。

[9] 丹尼尔·贝尔，《资本主义文化矛盾》，赵一凡、蒲隆、任晓晋译，三联书店，1989。

[10] Adam Seligman, *The Idea of Civil Society*, New York: The Free Press, 1992.

[11] Emory Elliott, ed. , *Columbia Literary History of the United States*,

New York: Columbian University Press, 1988.

[12] Daniel Hoffman, ed. , *Harvard Guide to Contemporary American Writing*, Cambridge, Massachusetts: Harvard University Press, 1979.

[13] *The Harper American Literature*, New York: Harper & Row. 1987.

[14] *Anthology of American Literature*, New York: Macmillan Publishing Co. , Inc. 1980 Marcus Cunliffe, The Literature of the United States, Penguin Books, 1975.

[15] 《世界文学精粹》，李文俊编，浙江文艺出版社，1993。

[16] 《麦田里的守望者》，施咸荣译，漓江出版社，1983。

[17] 《美国短篇小说选》，王佐良编，中国青年出版社，1980。

[18] 《美国当代小说家论》，钱满素编，中国社会科学出版社，1987

[19] 《无形人》，任绍曾、张德中、黄云鹤、尹惟本译，译林出版社，1998。

[20] 《外国现代派作品选》，袁可嘉、董衡巽、郑克鲁选编，上海文艺出版社，1993。

[21] 《契弗短篇小说选》，外国文学出版社，1984。

[22] 《在路上》，文楚安译，漓江出版社，1998。

[23] 《裸者与死者》，蔡慧译，上海译文出版社，1997。

[24] 《赫索格》，宋兆霖译，漓江出版社，1985。

[25] 《兔子，跑吧》，万正方译，河南人民出版社，1998。

[26] 《兔子归来》，罗长斌译，同上，1998。

[27] 《兔子富了》，韩建中译，同上，1998。

[28] Barbara Rose, *American Art Since 1900: A Critical Hisotry*, New York: Frederich A. Praeger Publishers, 1967.

[29] *The Popular Arts in America*, eds. , Bernard Rosenberg & David Manning White, New York: The Free Press, 1957.

[30] Irving Sandler, *Art of the Postmodern Era*, New York: Icon Editions, 1996.

[31] Grover Sales, Jazz, *America's Classical Music*, New York: Da Capo Press, 1992.

[32] Doris A ·. Graber, *Mass Media & American Politics*, Washington D. C. : CQ Press (Congressional quarterly Inc.), 1993.

[33] *Democracy and the Mass Media*, eds. , Judith Lichtenberg, Cambridge University Press, 1990.

[34] Michael Janeway, *Republic of Denial—Press, Politics, and Public Life*, New Haven: Yale University Press, 1999.

[35] Steven W. Hook, *U. S. Foreign Policy*, Washington D. C. : CQ Press, 2008.

[36] Michael Massing, *A New Horizon for the News*, The New York Review of Books, September 24, 2009, p. 31.

[37] Russel Baker, Goodbye to Newspapers? *The New York Review of Books*, August 16, 2007.

[38] Andrew Field, *The Life and Art of Vladimir Nabokov*, New York: Crown Publishing, Inc. , 1966.

[39] Richard Dorment, What is an Andy Warhol? *The New York Review of Books*, October 22, 2009.

美国研究系列丛书·相关链接

美国是中国最重要的研究对象国之一，美国问题研究对中国各界的重要性自不待言。经过长期筹备，中国社会科学院美国研究所与社会科学文献出版社共同推出美国研究系列著作，有《美国蓝皮书》、《美国研究丛书》、《美国研究译丛》和《当代美国丛书》共四个系列。

《美国蓝皮书》是中国社会科学院美国研究所和中华美国学会编撰的国内首部美国问题研究报告，每年出版一本，旨在对美国的内政外交等诸方面进行跨年度梳理和归纳，并对其来年的走势适当进行预测。《美国研究丛书》收录国内学者关于美国问题的最新专题性优秀研究成果。《美国研究译丛》收录海外美国问题研究的重要著作，为读者提供一个了解、认识美国的域外视角。《当代美国丛书》此次修订出版，依然坚持深入浅出的著述风格，在科学性的基础上兼顾可读性，在全方位、多角度的前提下深入地剖析美国的方方面面。

美国蓝皮书

黄平　倪峰　主编
2011 年 6 月出版
69.00 元

ISBN 978-7-5097-2390-6

美国研究丛书

王孜弘　主编
2011 年 6 月出版
39.00 元

ISBN 978-7-5097-2256-5

卢咏　著
2011 年 4 月出版
49.00 元

ISBN 978-7-5097-2119-3

美国研究丛书

樊吉社　张帆　著
2011年1月出版
49.00元

美国军事
沙战后的战略调整

ISBN 978-7-5097-1974-9

9 787509 719749 >

张金翠　著
2010年12月出版
45.00元

美国对华军事制裁
从根本"人权"制约走"双赢"

ISBN 978-7-5097-1765-3

9 787509 717653 >

美国研究译丛

〔美〕罗伯特·卡根　著
袁胜育　郭学堂　葛腾飞　译
2011年6月出版
89.00元（上、下）

危险的国家

ISBN 978-7-5097-2310-4

9 787509 723104 >

〔法〕夏尔－菲利普·戴维
路易·巴尔塔扎　于斯丹·瓦伊斯　著
钟震宇　译
2011年1月出版　49.00元

美国对外政策
基础　主体与历程

ISBN 978-7-5097-1996-1

9 787509 719961 >

〔美〕尼娜·哈奇格恩
〔美〕莫娜·萨特芬　著
张燕　单波　译
2011年1月出版　39.00元

美国的下个世纪

ISBN 978-7-5097-1768-4

9 787509 717684 >

〔美〕理查德·罗斯克兰斯
顾国良　主编
2010年8月出版　29.00元

力量●克制
中美关系的共同愿景

ISBN 978-7-5097-1247-4

9 787509 712474 >

当代美国丛书

朱世达　著
2011年6月出版
59.00元

当代美国文化

ISBN 978-7-5097-2322-7

9 787509 723227 >

刘杰　著
2011年6月出版
49.00元

当代美国政治

ISBN 978-7-5097-2261-9

9 787509 722619 >

相关链接

更多信息请查询：www.ssap.com.cn

当代美国丛书

当代美国法律
何家弘　主编
2011 年 6 月出版
59.00 元
ISBN 978-7-5097-2201-5
9 787509 722015 >

当代美国经济
陈宝森　王荣军　罗振兴　主编
2011 年 6 月出版
59.00 元（估）

其他

美国研究文选 (1987—2010)
黄平　胡国成　赵梅　主编
2011 年 6 月出版
189.00 元（上、下卷）
ISBN 978-7-5097-2289-3
9 787509 722893 >

美国研究所青年学者论文选
黄平　主编
2009 年 7 月出版
39.00 元
ISBN 978-7-5097-0835-4
9 787509 708354 >

美国国家安全战略的基本逻辑
周建明　著
2009 年 5 月出版
45.00 元
ISBN 978-7-5097-0781-4
9 787509 707814 >

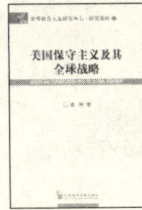

美国保守主义及其全球战略
姜琳　著
2008 年 3 月出版
39.00 元
ISBN 978-7-80230-984-5
9 787802 309845 >

美国经济与政府政策
陈宝森　著
2007 年 5 月出版
99.00 元
ISBN 978-7-80230-431-4
9 787802 304314 >

美国和拉丁美洲关系史
徐世澄　主编
2007 年 5 月出版
46.00 元
ISBN 978-7-80230-404-8
9 787802 304048 >

其他

解析美国"新经济"
Analysis of New Economy in U.S.

陈宝森 著
2007 年 4 月出版
45.00 元

ISBN 978-7-80230-433-8

9 787802 304338 >

美国民主制度输出
EXPORT OF AMERICAN DEMOCRACY

刘国平 著
2006 年 8 月出版
45.00 元

ISBN 7-80230-157-2

9 787802 301573 >

奥巴马：他将改变美国
BARACK OBAMA

刘亚伟　吕芳 著
2009 年 4 月出版
35.00 元

ISBN 978-7-5097-0367-0

9 787509 703670 >

美国实力的衰落
The Decline of American Power

〔美〕伊曼纽尔·沃勒斯坦 著
谭荣根 译
2007 年 7 月出版　29.00 元

ISBN 978-7-80230-703-2

9 787802 307032 >

美国总统全书
THE COMPLETE BOOK OF U.S. PRESIDENTS

〔美〕威廉·A.德格雷戈里奥 著
周凯　王红　郑怀涛　刘源源 译
2007 年 1 月出版　99.00 元

ISBN 978-7-80230-469-7

9 787802 304697 >

美国国家安全战略
解密文献选编

周建明　王成至 主编
2010 年 3 月出版
248.00 元

ISBN 978-7-5097-1182-8

9 787509 711828 >

图书在版编目（CIP）数据

当代美国文化/朱世达著．修订本．—北京：社会科学
文献出版社，2011.6
（当代美国丛书）
ISBN 978 - 7 - 5097 - 2322 - 7

Ⅰ．①当… Ⅱ．①朱… Ⅲ．①文化 - 概况 - 美国 -
现代 Ⅳ．①G171.2

中国版本图书馆 CIP 数据核字（2011）第 092497 号

·当代美国丛书·

当代美国文化（修订版）

著　　者／朱世达

出 版 人／谢寿光
总 编 辑／邹东涛
出 版 者／社会科学文献出版社
地　　址／北京市西城区北三环中路甲 29 号院 3 号楼华龙大厦
邮政编码／100029

责任部门／编译中心（010）59367139　　责任编辑／祝得彬　李建科　段其刚
电子信箱／bianyibu@ ssap. cn　　　　　责任校对／李　惠
项目统筹／祝得彬　　　　　　　　　　　责任印制／董　然
总 经 销／社会科学文献出版社发行部（010）59367081　59367089
读者服务／读者服务中心（010）59367028

印　　装／北京季蜂印刷有限公司
开　　本／787mm×1092mm　1/20　　　印　张／21.4
版　　次／2011 年 6 月第 1 版　　　　　字　数／364 千字
印　　次／2011 年 6 月第 1 次印刷
书　　号／ISBN 978 - 7 - 5097 - 2322 - 7
定　　价／59.00 元